Annika Brockschmidt

DIE BRANDSTIFTER

Wie Extremisten die Republikanische Partei übernahmen

Rowohlt

2. Auflage Oktober 2024
Originalausgabe
Veröffentlicht im Rowohlt Verlag, Hamburg, März 2024

Satz aus der DTL Dokumenta bei Dörlemann Satz, Lemförde
Druck und Bindung GGP Media GmbH, Pößneck
ISBN 978-3-498-00330-2

FSC
www.fsc.org
MIX
Papier | Fördert gute Waldnutzung
FSC® C014496

Inhalt

1 Das Erbe

Die Wurzeln der Republikanischen Partei

«Wir werden unser Land nicht retten, solange wir nicht akzeptieren, dass Opfer gebracht werden müssen, dass es Pfeile gibt, die uns treffen werden. Die Menschen, die 1776 ihr Leben […] und ihre heilige Ehre verpfändet haben, wussten, dass ihnen der Kopf abgehackt worden wäre, wenn sie nicht gesiegt hätten.»

Ron DeSantis, Gouverneur von Florida, auf der «Moms for Liberty»-Konferenz in Philadelphia, 30. Juni 2023

Als es hieß, das hier sei eine Terrororganisation …» Nikki Haley hob lächelnd eine Hand, aus dem Publikum kam Gelächter. Tiffany Justice, die Moderatorin und Mitgründerin von «Moms for Liberty», die neben ihr auf einem cremefarbenen Sofa saß, deutete auf ihr Gesicht und witzelte: «Das ist scheinbar das Gesicht des Terrorismus!» Haley, die ein elegant geschnittenes Business-Kleid trug, das genauso rot war wie die Farbe der Republikanischen Partei, machte eine kleine Kunstpause, dann fuhr sie mit einem breiten Grinsen fort: «Da sagte ich: Dann zählt mich dazu, als eine ‹Mom for Liberty›!»[1] Das Publikum klatschte begeistert und jubelte.

Die Stimmung auf dem Jahrestreffen der Moms for Liberty, das Anfang Juli 2023 in Philadelphia stattfand, war euphorisch, ja fast übermütig. Die Anwesenden beklatschten allerdings weniger die Präsidentschaftskandidatin Nikki Haley, die von dem Publikum aus rechtsextremen Aktivistinnen im Franklin-Ballsaal des Marriott-Hotels zuvor eher lauwarm empfangen worden war, sondern die stolze und trotzige Aneignung der Bezeichnung *domestic terrorist* («einheimischer Terrorist»), die sie keineswegs als Beleidigung, sondern als Auszeichnung betrachteten.[2]

Kurz vor der Konferenz hatte das Southern Poverty Law Center, eine Bürgerrechtsorganisation, die sich der Bekämpfung von Hass und Rassismus verschrieben hat, die Moms for Liberty als extremistische Organisation klassifiziert.[3] Statt sich gegen diese Einordnung zu wehren, nahm man sie hier stolz an – wie schon ein Jahr zuvor auf der einflussreichen Conservative Political Action Conference (CPAC) in Dallas, bei der ein Panel unter dem Titel «We are all domestic terrorists» stattfand.[4] Alles natürlich nur ironisch gemeint – oder etwa doch nicht? CPAC ist schließlich nicht irgendeine obskure Konferenz, sondern eine Art jährliches Gipfeltreffen der Republikanischen Partei und Vertreter*innen des amerikanischen Konservatismus und zog auch 2022 große Namen wie Donald Trump und Ted Cruz als Redner an. Sie wurde 1974 von der rechten Lobbyorganisation «American Conservative Union» ins Leben gerufen, und auf ihr treffen alljährlich Politiker*innen auf den härtesten Kern der Basis.

Der Terrorismusvorwurf als Auszeichnung war bei der Zusammenkunft der Moms for Liberty in Philadelphia immer wieder Thema, sei es als Einzeiler auf der Bühne, der Lacher und Jubel garantierte, oder in den Gesprächen der Gäste untereinander. Überhaupt war der Tonfall scharf, und die Botschaft der Redner*innen an die Versammelten war unmissverständlich: Es liege an ihnen, den besorgten Müttern, das Land vor dem Abgrund zu retten.

«Mamas sind die wichtigste politische Kraft im Jahr 2024, und wir müssen uns diese Energie zunutze machen!», rief Ron DeSantis von der Bühne des Ballsaals, in dem sich 650 «fröhliche Kriegerinnen», wie sie sich selbst nennen, zum insgesamt erst zweiten jährlichen «Moms for Liberty Summit» versammelt hatten. Der Gouverneur von Florida erntete tosenden Applaus – genau wie bei seiner Behauptung, dass «die Linke [...] die mächtigste Kraft im Land geweckt hat: die Mama-Bären!»

Das Bild von stylishen «Mama-Bären», die ihre Jungen leidenschaftlich beschützen, das 2008 die Gouverneurin von Alaska und Vize-Präsidentschaftskandidatin Sarah Palin bekannt gemacht hatte, war fünfzehn Jahre später auf der Konferenz allgegenwärtig: In der Merchandise-Ecke konnte man sogar das entsprechende T-Shirt kaufen, samt Aufdruck einer brüllenden Bärin mit der Aufschrift «Mama Bear» und «Hands off my cubs!» («Finger weg von meinen Jungen!»).

Ron DeSantis war, wie auch andere Präsidentschaftskandidat*innen wie Nikki Haley, Vivek Ramaswamy und Donald Trump, nach Philadelphia gepilgert, um dem aktuellen Star des amerikanischen Konservatismus die Treue zu schwören: den Moms for Liberty. Während vor dem Konferenzhotel ein Gegenprotest in der von kanadischen Waldbränden verräucherten Hitze die Stellung hielt, herrschte drinnen ekstatische Stimmung. Die Teilnehmerinnen waren förmlich elektrisiert von der tanzenden Gegendemo und von der Tatsache, dass zahlreiche mediale Augen an diesem Wochenende vor dem 4. Juli auf sie gerichtet sein würden.

Gleichzeitig war die Konferenz der «fröhlichen Kriegerinnen» eine Machtdemonstration und bewies schon allein durch ihre prominente Gästeliste, dass sich das Kräfteverhältnis zwischen der Republikanischen Partei und den extremen Gruppen der amerikanischen Rechten umgekehrt hat.

Ursprünglich wurde Moms for Liberty 2021 von Tiffany Justice und Tina Descovich in Florida gegründet – aus Protest gegen die Schließung von Schulen während der Covid-Pandemie. Inzwischen hat sich die Organisation jedoch anderen Themen zugewandt und ist zu einer ernst zu nehmenden Kraft im sogenannten Kulturkrieg der amerikanischen Rechten geworden, die Schulbezirksleitungen, Erzieher*innen und Lehrer*innen im ganzen Land bedroht und belästigt. Sie ist eine der wichtigsten Organisationen in den USA, die die Bemühungen um ein Verbot von Büchern über LGBTQ-Themen und Rassismus vorantreibt und generell die moralische Panik der Rechten schürt. Dafür, dass sie erst seit 2021 existiert, waren die Größe und der enorme Planungsaufwand der Konferenz beeindruckend.

Doch auch wenn sich Moms for Liberty gerne als Graswurzelbewegung «ganz normaler Mütter» darstellt, steht hinter ihr in Wirklichkeit ein Powerhouse des rechten Aktivismus: das von dem erzkonservativen Morton Blackwell gegründete Leadership Institute. Blackwell – der in Philadelphia mit dem «Schwert der Freiheit» ausgezeichnet wurde – ist einer der Begründer der organisierten Religiösen Rechten. Blackwell und sein Institut bilden seit Jahrzehnten konservative Aktivist*innen aus, versorgen sie mit Informationen und Anleitungen, wie man eine effektive Wahlkampagne gestaltet und Spenden sammelt, verbindet sie mit Politiker*innen und Publizist*innen und sorgt dafür, dass anfänglich kleine, lokale Gruppen wie Moms for Liberty zu großen Playern im rechten Politzirkus werden können. Das Institut hilft Aktivist*innen, eine inhaltliche Agenda umzusetzen, ein professionelles Image zu pflegen, und lehrt sie politische Krisenkommunikation.

So auch an diesem Wochenende: Zwischen den Hauptreden im großen Ballsaal verteilten sich die Teilnehmer*innen auf verschiedene Kurse, die unter anderem vom Leadership Institute, rechten Aktivist*innen und ultrakonservativen Stiftungen abgehalten wurden. Dort konnten sie lernen, wie man «in der Minderheit gewinnt», lokale Schulbehörden übernimmt und eine rechte Agenda durchsetzt, sobald man gewählt ist. Die angebotenen Seminare umfassten auch Medientraining und juristische Strategien: Die Southeastern Legal Foundation♦ gab beispielsweise einen Workshop, der genauso gut den Titel «Wie man seinen Schulbezirk am besten verklagt» hätte tragen können.

♦ Die Southeastern Legal Foundation ist eine Organisation, die sich nach ihrer Selbstdarstellung «der Verteidigung der Freiheit und dem Wiederaufbau der amerikanischen Republik» widmet. Sie gehört zum juristischen Netzwerk der politischen Rechten.

Die anwesenden Frauen und vereinzelten Männer – «Danke an die anwesenden ‹Dads for Liberty›!», rief eine Rednerin – waren bester Laune, während sie apokalyptische Geschichten über ein Amerika austauschten, wie es rechte Medien wie *Fox News*, *Breitbart* und *Newsmax* tagein, tagaus an die Wand malen. In diesem Amerika werden Christ*innen verfolgt, Weiße♦ Menschen diskriminiert sowie Kinder und Jugendliche sexualisiert, von Dragqueens belästigt und in staatlichen Bildungseinrichtungen mit «woker Ideologie» indoktriniert. Das düstere Bild, das die Teilnehmerinnen in ihren Gesprächen untereinander schufen, schien ihre blendende Laune jedoch keineswegs zu schmälern. Die Stimmung war aufgekratzt – eine seltsame Mischung aus dem Treffen einer *Sorority* (Schwesternschaft) und einem rechtslibertären Sommercamp, bei dem sich Frauen und ein paar Männer in ihrem Hass auf «die Linke», die LGBTQ-Gemeinschaft und den Antirassismus bestärkten – pro forma wird der bigotte Kern hinter neutral klingenden Schlagworten wie «Elternrechten» versteckt.

«Wie konnte es so weit kommen?», hatte schon der *Fox-News*-Moderator Steve Doocy am Tag nach dem Sturm auf das Kapitol am 6. Januar 2021 gefragt.[5] Dieselbe Frage stellt sich im Angesicht der eben beschriebenen Konferenz, in der prominente Vertreter*innen der Republikanischen Partei den Schulterschluss mit rechtsextremen Aktivist*innen suchten. Und genau dieser Frage geht auch dieses Buch nach: Wie konnte es passieren, dass die Republikanische Partei – die Partei Lincolns und der Sklavenbefreiung – zu einer Partei geworden ist, die Ausgrenzung, Nativismus,♦♦ Rassismus und Hetze zu ihren

♦ Zuordnungen wie «Weiß» und «Schwarz» werden in diesem Buch großgeschrieben, um zu verdeutlichen, dass es um kulturelle Konzepte und nicht um reine Farbzuschreibungen geht.

♦♦ Der Nativismus kombiniert Nationalismus mit Migrationsfeindlichkeit und priorisiert die Rechte der als «einheimisch» klassifizierten Menschen vor denen, die als «Zuwanderer» angesehen werden.

Hauptmerkmalen zählt? Wie ist es zu erklären, dass ihre politischen Hoffnungsträger*innen auf der Jahresversammlung einer so extremistischen Organisation wie Moms for Liberty auftreten und derart rechten Kräften ihre Treue schwören?

Auch wenn sich dieses Buch auf den Zeitraum von der Mitte des letzten Jahrhunderts bis zur Gegenwart konzentriert, müssen wir zunächst einen kurzen Blick auf die wichtigsten Strömungen des amerikanischen Konservatismus und der Republikanischen Partei in der Zeit davor werfen – und auf die Abgrenzung zur Demokratischen Partei.

Die Stammwählerschaft der Demokraten bestand Anfang des 20. Jahrhunderts traditionell aus Weißen Südstaatlern, Befürworter*innen der Segregation, die der Überzeugung waren, dass Menschen verschiedener Hautfarbe getrennt voneinander leben sollten, sowie aus der Weißen Arbeiterklasse des Nordens. Die Republikaner hatten währenddessen die Mehrheit der Schwarzen Bevölkerung, die Mittelschicht und die Unternehmerschaft hinter sich.[6] In den Jahrzehnten nach dem Bürgerkrieg hatte sich der Fokus der Republikaner immer mehr von Lincolns ursprünglicher Idee – dem Schutz des Einzelnen durch einen starken Staat[7] – entfernt. Die *Grand Old Party* oder kurz GOP, wie die Republikanische Partei auch genannt wurde, erwarb sich mehr und mehr den Ruf einer Partei, die für die Interessen von großen Wirtschafts- und Finanzunternehmen eintrat und Politik gegen die Arbeiterklasse machte.[8]

Doch um 1900 trat, angeführt von Theodore Roosevelt, eine neue Generation progressiver Republikaner aus dem Schatten der «Alten Garde» der Partei, die deren Abneigung gegen staatliche Sozialleistungen, gegen die Senkung von Zöllen, gegen den Schutz der Arbeiterschaft nicht teilte. Sie hatten erkannt, dass die GOP angesichts der sozialen und wirtschaftlichen Probleme, mit denen vor allem die Arbeiter*innen in der frisch industrialisierten Gesellschaft zu kämpfen hatten, Gefahr lief, mit ihrer bisherigen Politik große Teile ihrer Wählerschaft gegen sich aufzubringen.[9] Der «amerikanische» Traum – das Versprechen des Kapitalismus, dass harte Arbeit reich belohnt wird – hatte mit der Lebensrealität vieler Arbeiter*innen nichts zu tun. Nur durch einen starken Staat, glaubten Roosevelt und seine Mitstreiter, könnten die Freiheit und der Besitz des Einzelnen geschützt werden. Anders als die «Alte Garde», die sich noch lebhaft an den Bürgerkrieg erinnerte und Isolationismus propagierte, waren sie außerdem entschlossen und bereit, die «amerikanische Idee» im Rahmen einer expansionistischen, imperialistischen Außenpolitik auch international zu verbreiten.[10]

Die «Alte Garde» hatte eigentlich gehofft, Roosevelt nach der Präsidentschaftswahl im Jahr 1900 als Vizepräsidenten des wiedergewählten William McKinley politisch aufs Abstellgleis manövriert zu haben. Doch ihre schlimmsten Befürchtungen wurden wahr, als McKinley im September 1901 einem Attentat zum Opfer fiel und Roosevelt sein Nachfolger wurde.[11]

Roosevelts Pläne, die neben umfassenden Sozialreformen unter anderem die Einführung einer Erbschafts- und Einkommensteuer vorsahen, kamen bei der zunehmend gebeutelten Bevölkerung gut an, und so wurde er 1904 als Präsident bestätigt. Seine Reformbemühungen scheiterten jedoch immer wieder am Kongress und am Obersten Gerichtshof, aber eben auch am Widerstand in seiner eigenen Partei. Roosevelts Nachfolger im Amt war von 1909 bis 1913 sein Freund und Kriegsminister William Howard Taft. Er war – anders als Roosevelt – nicht laut oder rhetorisch begabt, er golfte lieber und scheute die Öffentlichkeit.

Roosevelt hatte gehofft, Taft würde seine Reformen fortführen. Doch dieser begann, einen konservativen, unternehmerfreundlichen Kurs zu fahren, was Roosevelt so erzürnte, dass er, als die Republikaner ihm eine erneute Kandidatur verwehrten, 1912 in die *Progressive Party* eintrat und als deren

Präsidentschaftskandidat antrat.◆ Bei der Wahl im selben Jahr erhielten Taft und Roosevelt zusammengenommen zwar die Mehrheit der Stimmen, doch weil die Republikanische Wählerschaft gespalten war, gewann am Ende der Demokrat Woodrow Wilson – ein sozialer Reformer und ausgesprochener Rassist.[12]

Die Idee der Kandidatur für eine Drittpartei, die Roosevelt wenig Erfolg gebracht hatte, sollte in Zukunft immer wieder für Diskussionen vor allem in ultrakonservativen Kreisen sorgen: Auf welchem Weg ließen sich die eigenen Ideen am ehesten umsetzen? Sollte man, wie Roosevelt, eine dritte Partei gründen oder lieber versuchen, die Republikanische Partei zu kapern, indem man ihre Basisränge besetzte und sie langsam von unten nach oben übernahm – bis sie fest in der Hand der Ultrakonservativen sein würde?[13]

Bis in die erste Hälfte des 20. Jahrhunderts bestand ein wichtiger Unterschied zwischen Demokraten und Republikanern unter anderem in ihrer Haltung bezüglich *race*.◆◆ Die Demokraten versammelten in der Tradition der früheren Konföderation Anhänger*innen von Segregation und Sklaverei hinter sich, während die Republikaner sich als die Erben Lincolns verstanden. Darüber hinaus unterschieden sich die beiden Parteien deutlich in ihrer Wirtschaftspolitik: Abgesehen von den schon erwähnten Roosevelt-Jahren waren die Republikaner in den letzten Jahrzehnten des 19. und in der ersten Hälfte des 20. Jahrhunderts vor allem die Partei des Unternehmertums.

◆ Erst seit 1951 hat ein amerikanischer Präsident nur zwei Amtszeiten (22. Zusatzartikel zur Verfassung, 1947 eingebracht, 1951 von allen Bundesstaaten ratifiziert.)

◆◆ In diesem Buch wird bewusst auf die Übersetzung einiger Diskursbegriffe aus dem englischsprachigen Raum verzichtet. «Race» und «White Supremacy» sind mittlerweile fest in der deutschen Debatte etabliert, da die deutschen Übersetzungen hierfür nicht deckungsgleich sind und zudem eine problematische Bedeutungsgeschichte mit sich bringen.

Letzteres hatte neben ideologischen auch praktische Gründe: Die Republikaner zählten auf die finanzielle Unterstützung von Großindustriellen und «Big Business» – den Finanzeliten, die an der Ostküste die Wirtschaft dominierten. Im Gegenzug sorgten sie für möglichst wenig staatliche Regulierungen und niedrige Steuern – ungebremster Kapitalismus und der amerikanische Traum waren für sie deckungsgleich. Ihren vorübergehenden Flirt mit progressiven, sozial angehauchten Ideen seit Roosevelt beendete dann allerdings spätestens die Wahl des Demokraten Woodrow Wilson 1913.[14] Progressive Kräfte sollten in den folgenden Jahrzehnten zwar immer wieder mal gegen den dominanter werdenden Einfluss der Konservativen in der GOP aufbegehren, doch am Ende würden sie stets den Kürzeren ziehen. Dass jemand wie Wilson, dessen Vater in der Armee der Konföderierten als Kaplan gedient und Sklaven in seinem Haushalt beschäftigt hatte,[15] jetzt die Geschicke des Landes lenkte, entsetzte viele Republikaner, darunter auch Roosevelt – dabei waren Wilsons wirtschaftliche Reformen seinen eigenen, die er im Wahlkampf 1912 als «Neuen Nationalismus» betitelt hatte, sehr ähnlich.[16] In den Augen der Republikaner bedrohte Wilsons Präsidentschaft Amerika: Für sie war er ein Konföderierter, ein Sozialist und ein Kommunist, und seine isolationistische Politik zu Beginn des Ersten Weltkrieges empfanden sie als Landesverrat.[17] Als Professor, dessen war sich ein Senator sicher, werde Wilson die Regierung ebenfalls mit Professoren füllen, und so werde der Bolschewismus Einzug in die USA halten.[18] Die regelrechte Panik der GOP vor arbeiterfreundlichen Wirtschaftsreformen, hinter denen man – erst recht, wenn sie von Demokratischer Seite kamen – Kommunismus oder Bolschewismus witterte, sollte einer der roten Fäden sein, die sich durch die Geschichte der Partei bis in die Gegenwart zieht.

Die von dem Demokratischen Präsidenten Franklin D. Roosevelt in den 1930er Jahren eingeführten Sozial- und Wirtschaftsreformen werden gemeinhin unter dem Begriff *New Deal* zusammengefasst. Mit den Reformen wollte Roosevelt, wie der Historiker Kiran Klaus Patel hervorhebt, nicht nur den Kapitalismus, sondern auch das Vertrauen in die Demokratie retten, da die bisherige Politik den Menschen nicht geholfen hatte, die Folgen der Weltwirtschaftskrise von 1929 zu bewältigen.[19] Roosevelt betonte schon im Wahlkampf von 1932, kein Patentrezept für die Überwindung der Krise zu haben. Umso entschiedener wollte er aber nach neuen Wegen suchen.[20] Neben einem Gesetz zur Bankenregulierung unmittelbar nach seinem Amtsantritt Anfang 1933 setzte er in den ersten hundert Tagen umfangreiche Reformen durch, die in den folgenden Jahren weiter ergänzt wurden.[21] Finanziert wurden sie durch staatliche Investitionen in Milliardenhöhe. Sie flossen in Arbeitsbeschaffungsmaßnahmen, in Infrastruktur (etwa Straßen- und Brückenbau, Ausbau von Strom- und Wassernetzen), in Landwirtschaft und Industrie. Es gab regulierende Eingriffe in die Wirtschaft und eine Industriepolitik, die die Gewerkschaften stärkte. Roosevelt schuf außerdem erstmals ein landesweites Sozialversicherungssystem und setzte einen gesetzlichen Mindestlohn sowie eine Begrenzung der Wochenarbeitszeit durch.[22]

All diese Reformen waren das Schreckgespenst der *Old Right*, der alten amerikanischen Rechten. Sie rekrutierte sich aus Republikanern und einigen Demokraten und war aus dem Widerstand gegen die Sozialreformen der «Roosevelt-Revolution» in den 1930er Jahren entstanden. Die «Alte Rechte» sah das Reformpaket des Demokratischen Präsidenten als kommunistische Tyrannei an und verstand sich als gegenrevolutionäre Bewegung – mit dem Kernziel, Roosevelts Errungenschaften rückgängig zu machen.[23] Die alte Garde des amerikanischen Konservatismus bestand vor allem aus reichen Geschäftsmännern, die eigens angeheuerte Milizen zum Teil gewaltsam gegen Gewerkschaften vorgehen ließen. In ihren Augen handelte es sich dabei um eine legitime Gegenreaktion, denn für sie waren Gewerkschaften und Roosevelts Sozialreformen das Ergebnis kommunistischer Subversion, mit dem Ziel, Amerika in den Abgrund zu treiben.[24] Bis heute ist der *New Deal* für amerikanische Konservative ein rotes Tuch, zuletzt, als sich Präsident Biden mit seinem Infrastrukturprogramm 2020 ausdrücklich auf Roosevelt bezog.[25]

In der ersten Hälfte des 20. Jahrhunderts gab es sowohl in der Demokratischen als auch der Republikanischen Partei konservative wie moderate und liberale Stimmen, die um die Deutungshoheit und Macht innerhalb ihrer jeweiligen Partei rangen. Im Verlauf weniger Jahrzehnte sollten im Rahmen dessen, was in der Geschichtswissenschaft als Ära der «Neuausrichtung» (*realignment*) der Parteien bezeichnet wird, die Grenzen zwischen Konservativen und Liberalen immer stärker entlang der Parteigrenzen verlaufen. Die Republikanische Partei ist heute die Heimat für Konservative, Ultrakonservative und Rechtsextreme, während in der Demokratischen Partei – im Vergleich mit dem deutschen Parteienspektrum – Positionen von CDU / CSU bis Linkspartei abgedeckt sind.

Die Entwicklung der Republikanischen Partei in den zurückliegenden knapp 150 Jahren ist geprägt von unbedingtem Machtwillen, von einem politischen Establishment, das lange glaubte, die radikalen Elemente in den eigenen Reihen kontrollieren und für sich politisch nutzen zu können. Veranstaltungen wie die eingangs geschilderte Konferenz der Moms for Liberty sind ein Beleg für den zunehmenden Einfluss rechtsextremer Kräfte, auf die die Parteiführung zur Mobilisierung einer über Jahrzehnte hinweg radikalisierten Basis angewiesen ist. Die ideologische Brandstiftung hat lange vor Donald Trumps Erscheinen auf der politischen Bühne der USA begonnen und ihre verheerende Wirkung entfaltet.

2 Konservative Revolutionäre

Konservatismus *made in America*

«Ich bin ein Revolutionär gegen die bestehende liberale Ordnung.»

William F. Buckley Jr., 1957

Nach dem Sturm auf das Kapitol am 6. Januar 2021, einem versuchten Staatsstreich, angezettelt von Donald Trump und seinem Umfeld, sah es kurz so aus, als würde die gewählte Spitze der Republikanischen Partei das Richtige tun. Mitch McConnell, politisches Urgestein und zu dem Zeitpunkt Minderheitsführer der *Grand Old Party* im Senat, verurteilte das Geschehen und sagte hinter verschlossenen Türen, dass Trump Verantwortung für den Angriff auf das Herz der amerikanischen Demokratie trage. Wie Tonaufnahmen belegen, die Journalisten der *New York Times* vorliegen, äußerte McConnell zudem die Hoffnung, dass die Demokraten Trump «erledigen» würden. Auch Kevin McCarthy, McConnells Pendant im Repräsentantenhaus, ist in dem Mitschnitt zu hören. Er schien sogar davon auszugehen, dass ein Amtsenthebungsverfahren im Senat mit Republikanischer Zustimmung ablaufen würde, und kündigte an, er werde Trump zum Rücktritt raten.[1]

Doch dieser Anflug von Moral – oder der Anschein, einen demokratischen Mindeststandard einzuhalten – währte nicht lange. Denn schnell wurde klar: Die Republikanische Basis sah in dem versuchten Staatsstreich keineswegs einen unverzeihlichen Fehler – im Gegenteil. Unverzeihlich war für sie vielmehr, dass einige gewählte Republikanische Vertreter*innen sich gegen die Lüge vom angeblichen Wahlbetrug aussprachen und Trump zur Verantwortung ziehen wollten. Und so vollführten die Republikaner, mit einigen wenigen Ausnahmen, schon sehr bald eine Kehrtwende aus reinem Machtkalkül. Bereits im Februar 2021 verkündete Mitch McConnell, er werde Trump selbstverständlich wieder unterstützen, sollte «The Donald» bei den nächsten Wahlen erneut der Präsidentschaftskandidat der Partei sein. Zwar hatte er Trump nur einen Monat zuvor vor dem versammelten Senat die Schuld am 6. Januar gegeben,[2] ungeachtet dessen aber auch da schon gegen dessen Amtsenthebung gestimmt.[3] Das Verhalten von GOP-Granden wie McConnell ist symptomatisch für die Partei seit der Nominierung Trumps 2016. Andererseits lässt sich schon lange vor Trump in Teilen des amerikanischen Konservatismus ein unerbittlicher Machtwille beobachten. Die Erkenntnis, dass es dieser Bewegung nicht um ideologische Kohärenz geht, sondern um Machterhalt, ist insofern nicht neu. Vor dem Hintergrund der sich wandelnden demographischen Zusammensetzung der USA tritt dieser machiavellistische Machtwille, für den der Wille der Bevölkerungsmehrheit keine Rolle spielt, inzwischen jedoch immer deutlicher zutage.

Unübersehbar befindet sich die Republikanische Partei nicht erst seit dem Januar 2021 in einer sich beschleunigenden Radikalisierungsspirale. Diese wird nicht nur von rechtsextremen Akteur*innen angetrieben, sondern auch von einem Partei-Establishment, das lange dachte, es könne diese Kräfte für die eigenen politischen Zwecke nutzen und kontrollieren. Dabei bestimmen die Geister, die sie riefen, längst die Agenda, und ein Ende der Radikalisierung ist nicht abzusehen. Im Gegenteil: Seit dem 6. Januar 2021 lässt sich beispielsweise eine massive Eskalation in der Rhetorik beobachten. Einige Republikanische Politiker*innen äußern seither offen Gewaltfantasien. So verbreitete Paul Gosar, ein Abgeordneter aus Arizona, im November 2021 ein Anime-Video, in dem er seine Kollegin im Justizausschuss, die Demokratin Alexandria Ocasio-Cortez, mit einem Schwert erstach und Präsident Biden mit zwei Schwertern angriff.[4] Diese unzweideutige Morddrohung gegenüber einer Parlamentarierin und dem Präsidenten der Vereinigten Staaten hatte für Gosar weder parteiintern noch strafrechtlich irgendwelche Folgen.

Einige Wochen später sorgte Gosar erneut für Schlagzeilen, diesmal zusammen mit Marjorie Taylor Greene, einer Abgeordneten aus Georgia. Beide nahmen an einer vom Holocaust-Leugner und White Nationalist Nick Fuentes veranstalteten Konferenz teil. Sie waren nicht die einzigen gewählten Republikaner bei dieser Versammlung von Neonazis und White Supremacists.♦ Marjorie Taylor Greenes Auftritt als Hauptrednerin der rechtsextremen Konferenz zog lediglich eine Rüge durch den damaligen Fraktionsführer im Repräsentantenhaus Kevin McCarthy nach sich.[5] Eine so zahme Reaktion wäre noch wenige Jahre zuvor undenkbar gewesen: 2019 schloss die GOP den Abgeordneten Steve King wegen Äußerungen aus dem White-Nationalist-Spektrum, die keineswegs extremer waren als das, was Greene regelmäßig von sich gibt, von allen Ausschüssen im Kongress aus. Zwar verlor am Ende auch Greene ihre Sitze in wichtigen Ausschüssen und damit ihre Möglichkeit, Gesetzgebung aktiv mitzugestalten, allerdings nicht auf Initiative ihrer eigenen Partei. Im Gegenteil, McCarthy nannte die Entscheidung der Demokraten, Greene unter anderem wegen Todesdrohungen gegen Demokraten auszuschließen, den Versuch einer «parteiischen Machtergreifung».[6]

Es zeichnet sich immer deutlicher ab: Wer in der Republikanischen Partei die Rhetorik von White Supremacy verwendet oder auf deren Konferenzen und Versammlungen auftritt, wer dem politischen Gegner mit Gewalt oder gar dem Tod droht, der hat nicht mehr zu befürchten als eine verbale Rüge. Aus

♦ White Supremacists sind von einer Weißen Überlegenheit und Vorherrschaft gegenüber Menschen überzeugt, die anderen «Rassen» – hier im pseudobiologistischen Sinne verstanden – angehören. White Nationalists verfolgen zudem das Ziel eines Weißen homogenen Ethno-Staats.

Sicht des Historikers Thomas Zimmer von der Georgetown University ist «die Führungsriege der GOP sich darüber im Klaren, dass das Meiste an Energie und Aktivismus genau von diesem rechten Flügel kommt». Zugleich werde diese Form des Radikalismus in weiten Teilen der Rechten und der Republikanischen Partei als gerechtfertigt angesehen. Greene möge sich zwar extremer ausdrücken als andere Mitglieder der Partei, so Zimmer, aber die Weltsicht, die ihren Aussagen zugrunde liege, sei größtenteils «auf einer Linie mit dem zentralen politischen Projekt der GOP und der Rechten im weiteren Sinne: Sie sind vereint in ihrer Mission, Weiße, reaktionäre Herrschaft zu implementieren.»[7]

Die zunehmende Radikalisierung der Republikanischen Partei, die seit 2016 immer offensichtlicher wird, kann einen nur überraschen, wenn man von der Prämisse ausgeht, dass die USA eine seit 250 Jahren funktionierende Demokratie sind.[8] Ja, die USA sind tatsächlich die älteste derzeit bestehende Demokratie der Welt. Aber sie war lange Zeit nur für Weiße, christliche, Land besitzende Männer eine Demokratie. Wer nicht in diese Kategorie gehörte, für den war das Land alles andere als demokratisch: Schwarze, Frauen, nicht-Weiß gelesene Einwanderer – sie alle hatten in unterschiedlichem Maße unter der herrschenden Klasse zu leiden.[9] Noch bis ins Amerika der 1950er Jahre waren alle Schwarzen Bürger*innen zweiter Klasse und einem brutalen Regime von Polizeigewalt, Lynchjustiz und Segregation ausgesetzt. Das änderte sich erst mit der Bürgerrechtsbewegung, die in den 1950er und 1960er Jahren dafür kämpfte, die jahrhundertelange Unterdrückung der Schwarzen durch die Weiße Bevölkerung zu beenden. Es ist kein Zufall, dass die konservative Bewegung in den USA zeitgleich damit begann, *gegen* die neuen bürgerrechtlichen Errungenschaften zu mobilisieren, *gegen* all diese Leute, die plötzlich auch ein Stück vom Kuchen abhaben wollten.

Vor der Suche nach den Gründen für die Radikalisierung des amerikanischen Konservatismus im Allgemeinen und der GOP im Besonderen gilt es jedoch als Erstes zu klären, was der Begriff «Konservatismus» im amerikanischen Kontext überhaupt bedeutet. Am treffendsten scheint mir die Definition des Historikers John S. Huntington: «Allgemein gesprochen, vereint der amerikanische Konservatismus ein Misstrauen gegenüber Reform, Argwohn gegenüber zentralisierter Macht und das Bestreben, den sozialen Status quo zu bewahren. Während des Kalten Kriegs verschärften sich diese Tendenzen und führten zu libertärer Angst vor einem übergriffigen Staat, zu einer nervösen Verteidigung von sozialen und kulturellen Normen sowie zur Übernahme eines evangelikalen Antikommunismus.»[10] Der Historiker George Hawley spricht davon, dass es trotz der verschiedenen Denkschulen, die der amerikanische Konservatismus in sich vereint, einen gemeinsamen Nenner gibt: Im Unterschied zu linken Bewegungen betrachte der Konservatismus Gerechtigkeit nicht als das oberste, erstrebenswerte Gut. In diesem Punkt unterscheide sich der Konservatismus von linken Bewegungen, so Hawley.[11] Der frühere Republikanische Stratege Bill Kristol sagte mir: «Ich denke, Konservatismus war immer schon ein sehr elastischer Terminus bezüglich politischen Denkens und Ideologie, denn was bedeutet es, etwas zu ‹bewahren›?»[12] Sprich: Die Radikalität von Konservatismus hängt auch davon ab, *was* er «konservieren» will.

Der Konservatismus verfügt über das, was die Politikwissenschaftlerin Natascha Strobl treffend ein «eigenständiges ideologisches Inventar» nennt.[13] Anstelle des Glaubens an Gleichheit stehe im Konservatismus der Glaube an Ungleichheit, die als gottgewollt und unveränderlich gilt; Religion besitze in seinem Weltbild einen besonderen Stellenwert.[14] Der moderne Konservatismus hat laut Strobl seine Basis im Bürgertum: Für Konservative sei der Erhalt materieller wie kultureller Hierarchien die Garantie für soziale Stabilität und gesellschaftliche Sicherheit.[15] Eine entsprechend hohe Bedeutung haben im Konservatismus daher das Privateigentum und sein Schutz – ähnlich wie auch im Liberalismus.

Der amerikanische Konservatismus umfasst ein Spektrum, das unübersichtlich wirken kann, weil es aus so vielen, oft miteinander im Clinch liegenden Fraktionen besteht. Der Historiker John Huntington hat einen hilfreichen Weg gefunden, zwischen den wichtigsten Akteur*innen begrifflich zu unterscheiden: Wenn man sich vor dem inneren Auge das klassische Rechts-links-Schema vorstelle, in Form einer Strecke von A nach B, finde sich am äußersten rechten Rand der gewaltbereite Rechtsextremismus, vertreten durch faschistische Elemente wie die *American Nazi Party* und White-Supremacist-Gruppen, näher zur Mitte hin befänden sich die, die Huntington als «pragmatische Konservative» bezeichnet – also diejenigen, die bereit sind, bestimmte Ansichten zu moderieren und «innerhalb des politischen Zentrums» zu operieren. Doch diese Fraktion, wie auch die der gewalttätigen Extremisten am äußersten rechten Ende der Skala, sei eher klein. Die Basis des modernen amerikanischen Konservatismus, das zeigt Huntingtons Forschung, bildeten von Beginn an Ultrakonservative. Sie waren es, die den größten Teil der Bewegung ausmachten.[16] Sie waren im amerikanischen Konservatismus von Anfang an tonangebend, auch wenn ihre Vertreter*innen lange als «Spinner» ohne Einfluss verlacht wurden. Doch sie stellten einen Großteil der Fußtruppen des modernen Konservatismus, und das moderatere konservative Establishment verließ sich auf ihre hoch motivierten Netzwerke zur Mobilisierung an der Wahlurne.[17] Und sie hatten durchaus Fürsprecher in den höchsten politischen Kreisen: Robert A. Taft, auch genannt «Mr. Republican», Senator für Ohio, Sohn des Präsidenten William Howard Taft und der vielleicht bekannteste Vertreter des konservativen Flügels der GOP im Kongress. Taft wird der Wiederaufbau der GOP nach den Jahren der Wirtschaftskrise zugeschrieben. Er war durchaus bereit, überparteiliche Kompromisse zu finden – doch er fungierte auch als eine Art respektabler Übersetzer von Rechtsaußen-Ideen für den amerikanischen Mainstream.[18] So behauptete er beispielsweise: «Die Gefahr des Eindringens totalitärer Ideen aus dem New-Deal-Kreis in Washington ist viel größer als die, die jemals von den Aktivitäten der Kommunisten oder des Nazi-Bundes ausgehen wird.» Und er verkündete, ein amerikanischer Eintritt in den Krieg gegen Hitler würde «eher die amerikanische Demokratie zerstören als die deutsche Diktatur».[19]

Neben der eben beschriebenen «Alten Rechten», die sich schon im 19. und 20. Jahrhundert formierte, bildete sich ab den 1950er Jahren eine Strömung, die als «Neue Rechte» bezeichnet wird. Einige dieser Konservativen seien früher selbst kommunistisch gewesen, hätten sich dann aber unter anderem wegen des Beginns des Kalten Krieges, mit wachsenden Spannungen zwischen den USA und der Sowjetunion sowie wegen des Bekanntwerdens von Stalins Gräueltaten immer weiter von dieser Ideologie distanziert, erzählt der Historiker A. J. Bauer. Trotzdem lasse sich das revolutionäre Potenzial dieser Generation von Konservativen wohl besser verstehen, wenn man sich ihre Taktiken anschaue. «Sie sind keine Kommunisten mehr, aber sie benehmen sich nach wie vor wie Kommunisten», analysiert Bauer, der an der University of Alabama lehrt. Nicht, was ihre Glaubenssätze angehe, sondern was die Strategie betreffe: «Dazu gehört der Aufbau von Tarnorganisationen, die Fokussierung auf die Basis, die Mobilisierung bei Themen von gemeinsamem Interesse, die Organisation von Gesprächen sowie die Kontrolle und der Aufbau von Medienapparaten.» Bauer betont: «Das bedeutet nicht, dass sie verkappte Kommunisten sind oder dass die konservative Bewegung den Stalinismus einführen wird. Aber Menschen lernen von dem Milieu, in dem sie aufwachsen. Wenn man in einem Gewerkschaftshaushalt aufgewachsen ist, denkt und spricht man anders über Politik als jemand, der nicht so aufgewachsen ist.»[20]

Die zunehmende Demokratisierung der Gesellschaft seit dem Zweiten Weltkrieg barg in den Augen vieler Vordenker des heutigen amerikanischen Konservatismus große Gefahren. Der Konservatismus steht – nicht nur in den USA, sondern weltweit – für eine laut Strobl «antiegalitäre, antirevolutionäre, klassenharmonisierende Haltung, deren höchste Werte Ordnung und Eigentum sind».[21] Zwischen Konservatismus und Rechtsextremismus, der Gewalt oder die Androhung von Gewalt als legitimes politisches Mittel sieht, bestehen zwar Grenzen, diese können sich aber unter bestimmten Bedingungen verwischen. So beschreibt Natascha Strobl das Phänomen großer, konservativer «Volksparteien», die sich rechtsextremen Positionen öffnen, als «radikalisierten Konservatismus».[22] Gerade in Zeiten größerer sozialer und wirtschaftlicher Veränderungen ließen sich in manchen konservativen Räumen sogar «Faschisierungsdynamiken» beobachten. Strobl warnt in diesem Zusammenhang vor der Zusammenarbeit mit Vertreter*innen eines radikalisierten Konservatismus, da rechtsextreme Positionen so für die Öffentlichkeit normalisiert würden. Der Prozess sei so dynamisch, dass er sich nicht stoppen lasse, sodass «sich faschistisches Denken in der Gesellschaft» ausbreite.[23] Der Soziologe Wilhelm Heitmeyer setzt tiefer an, wenn er vor «Normalitätsgrenzen» warnt, die sich schleichend verschieben. Diesen Verschiebungen müssen aus seiner Sicht keine großen Diskurse vorausgehen. Aber wenn beispielsweise die Ausgrenzung marginalisierter Gruppen als normal empfunden werde, führe das allmählich zu gesellschaftlichen Veränderungen.[24]

Der klassische Faschismus unterscheidet sich dem britischen Historiker Roger Griffin zufolge vom Konservatismus dadurch, dass er explizit revolutionär und gewaltsam sei: Während der Konservatismus nach seinem Selbstverständnis das alte System bewahren wolle, strebe der Faschismus eine komplett neue Herrschaftsform an, die sich völkisch und antidemokratisch verstehe und auf einer mythischen Vergangenheit, einem palingenetischen,[25] populistischen Ultra-Nationalismus und manchmal biologistischen Determinismus basiere.[26] Während der Konservatismus innerhalb eines demokratischen Spektrums existieren kann, agiert der Faschismus bewusst außerhalb der Grenzen der Demokratie. Das Kernprojekt des Konservatismus war und ist dagegen die Aufrechterhaltung von Hierarchien und Abhängigkeitsverhältnissen – im privaten wie im öffentlichen Raum.

Doch die gängige Charakterisierung des Konservatismus als dezidiert antirevolutionär übersieht meiner Ansicht nach, dass er unter bestimmten Umständen sehr wohl auch seine radikale und revolutionäre Seite zeigen kann. Zum Beispiel dann, wenn marginalisierte Gruppen den Platz in der gesellschaftlichen Ordnung verlassen, der ihnen von der materiell und religiös oder im konservativen Sinne «natürlich» begründeten Hierarchie zugewiesen wurde, oder wenn wirtschaftliche Krisen politische Bewegungen wie den Sozialismus erstarken lassen, die eine gerechtere Verteilung der Besitzverhältnisse fordern. Der Historiker A. J. Bauer sieht in der Selbstdarstellung des Konservatismus vor allem eine erfolgreiche Marketingstrategie: «Ich denke, wenn man den modernen Konservatismus als antirevolutionär betrachtet, übersieht man die bedeutenden Anleihen, die moderne Konservative bei den revolutionären kommunistischen Parteien gemacht haben, ganz zu schweigen von den faschistischen Revolutionären.»[27] Die Faszination für den faschistischen spanischen Diktator Francisco Franco besonders in katholischen Teilen des amerikanischen Konservatismus, auf die Bauer hier anspielt, fand sich übrigens nicht nur dort, sondern auch in Teilen der deutschen Christdemokratie jener Zeit.[28]

Was Strobl als radikalisierten Konservatismus beschreibt, ist jedenfalls kein neues Phänomen: Sie selbst verweist auf eine solche Radikalisierung konservativ-bürgerlicher Kreise, die sich etwa in der «Konservativen Revolution» im Deutschland der Zwischenkriegszeit beobachten lässt.[29] An ihr hat sich später – ohne die direkten Bezüge zum Nationalsozialismus – die sogenannte *Nouvelle Droite,* die «Neue Rechte» in Frankreich Ende der 1960er Jahre, orientiert. Deren Vordenker bedienten sich wiederum bei dem marxistischen Theoretiker Antonio Gramsci und dessen «Hegemonietheorie».[30] Diese fußte auf dem Gedanken, dass sich politische Macht nicht durch revolutionäre Gewalt wie einen Staatsstreich dauerhaft erringen und erhalten lässt, sondern indem man die Menschen in Debatten vom Sinn und der Legitimität der eigenen Vorstellungen überzeugt und so eine Art kultureller Hegemonie herstellt.[31] Die Vordenker der *Nouvelle Droite* nutzten Gramscis Ideen nur als «Steinbruch, aus dem man für die eigene Theorie willkürlich die passenden Stücke entnehmen konnte».[32] Gramsci ging es um die Überwindung des kapitalistischen Systems, der *Nouvelle Droite* hingegen um die Bildung eines ausgeprägt hierarchischen, autoritären Gesellschaftssystems und um die Zerstörung des demokratischen Diskurses.[33] Ihr Ziel einer «Kulturrevolution von rechts» wollte sie erreichen, indem sie Intellektuelle für ihre Ideen gewann, die dann als Multiplikatoren in die Gesellschaft wirken sollten.[34] Sie gründete Think Tanks und Zeitschriften, veranstaltete Kolloquien und versuchte so rechtsextreme Inhalte in den Mainstream zu schleusen.[35] Gleichzeitig ermöglichte es der bürgerlich-akademische Hintergrund der *Nouvelle Droite,* wie schon bei ihren Vorbildern der Weimarer Konservativen Revolution, neben neuen Bündnissen auch Kontakte in offen faschistische Milieus zu unterhalten, während sie sich weiterhin politisch als «Mitte der Gesellschaft» inszenierte.

Ein weiterer Faktor der Radikalisierung von innen ist das,

was der Soziologe Wilhelm Heitmeyer als «rohe Bürgerlichkeit» bezeichnet. Heitmeyer versteht «Bürgerlichkeit» nicht allein als wirtschaftlichen Marker, sondern meint damit vor allem auch eine zunehmend autoritäre Grundhaltung, die sich hinter «zivilisiert» gebenden «Umgangsformen» verberge.[36] Hinter einer bürgerlichen oder akademischen Fassade versteckten sich so Ungleichheitsdenken und Verachtung für Bevölkerungsgruppen, die als weniger «wertig» angesehen werden. Damit verbunden seien nicht nur Gefühle moralischer Überlegenheit, sondern auch kapitalistische Interessen, denn wenn etwa Sozialleistungen für ärmere Bevölkerungsschichten gekürzt werden, bleibe mehr für die, die das Geld «verdienen», so der Soziologe Jörg Flecker.[37]

Weitere Merkmale des «radikalisierten Konservatismus», die Strobl herausarbeitet und die uns in den letzten Jahrzehnten vermehrt im amerikanischen Konservatismus und sukzessive auch in der Republikanischen Partei begegnen, sind bewusste Verstöße gegen Normen und Regeln, die Dämonisierung des politischen Gegners, die Ausrichtung auf eine starke Führungsfigur, die Unterwanderung staatlicher Institutionen und die Schaffung einer parallelen Realität.[38] Eine besondere Rolle sieht Strobl im taktischen Ausspielen etablierter Medien, weil durch soziale Medien die Öffentlichkeit direkt erreicht werden kann und etablierte Medien so zunehmend ihre Wächterfunktion verlieren.[39] Gleichzeitig lassen sich auch interne Mediendynamiken feststellen, wenn beispielsweise Medien bei ihrem Versuch, dem von rechts ertönenden Vorwurf einer «linken Voreingenommenheit» zuvorzukommen, vor allem konservative Stimmen prominent platzieren.

Der Erfolg Donald Trumps bei der Präsidentschaftswahl 2016 und die fortschreitende Radikalisierung der Republikanischen Partei und des amerikanischen Konservatismus waren und sind Anlass für zahllose Essays und Artikel, in denen politische

Beobachter*innen und einstige Mitglieder der Partei mehr oder weniger fassungslos im Grunde ein und dieselbe Frage stellen: «Was ist nur aus meinem Konservatismus geworden?»

Anfang 2022 ging dieser Frage beispielsweise auch der konservative Autor David Brooks im Magazin *The Atlantic* nach.[40] Die Republikanische Partei sei nicht mehr wiederzuerkennen, beklagte er und bediente damit ein Narrativ, das von vielen sogenannten Never-Trumpern verbreitet wird – Konservativen, die sich weigern, Trump zu unterstützen. Sie fühlen sich durchaus noch immer dem Konservatismus verbunden, haben aber wegen Trump mit ihrer früheren Partei gebrochen. Konservative Abgeordnete wie Liz Cheney und Adam Kinzinger werden seit dem Sturm auf das Kapitol auch in Demokratischen Kreisen als Helden der Demokratie gefeiert, weil sie Widerstand gegen die Angriffe der Republikaner auf die Grundfesten des amerikanischen Staates geleistet hätten. Einerseits ist das verständlich: Man ist um jeden Verbündeten froh, erst recht wenn es jemand ist, der vorher auf der anderen Seite der Parteilinie gestanden hat. Wer Trump und diejenigen, die ihm nacheifern, ablehnt, ist deshalb aber nicht automatisch auch Gegner des von ihnen betriebenen politischen Projekts als solchem. Weder von Cheney noch von Kinzinger, der bei der Kongresswahl 2022 nicht mehr antrat und somit politisch nichts mehr zu verlieren hatte, war realistischerweise zu erwarten, dass sie sich für Demokratische Reformen der Wahlgesetzgebung, des Abtreibungsrechts oder des Senats einsetzten, die angesichts des Republikanischen Angriffs so dringend nötig gewesen wären, um elementare Bürgerrechte zu schützen. Trotzdem ist es wichtig, dass sie sich gegen Trump gestellt haben.

Einer, der noch weiter gegangen ist und mittlerweile bereit ist, die Bezeichnung als Konservativer abzulegen, ist der frühere konservative Stratege Bill Kristol. Ich fragte ihn, wie er die Entwicklung seiner ehemaligen Partei sieht und ob das, was man von der GOP sieht, für ihn überhaupt noch Konservatismus ist. Seine Antwort hat mich überrascht: «Wenn alle anderen, die sich als konservativ bezeichnen, diese Sachen unterstützen, dann kann man sich natürlich hinstellen und sagen: ‹Na ja, das ist nicht wirklich Konservatismus, hier ist Edmund Burke und hier sind, Sie wissen schon, Bill Buckley, und hier sind die Neokonservativen›, und was auch immer. Aber in der Politik ist es bis zum gewissen Grad, was es ist.» Oder, anders formuliert: Wenn Menschen, die sich als Konservative verstehen, sich größtenteils geschlossen hinter eine bestimmte Politik stellen, dann ist das konservative Politik, ob es einem gefällt oder nicht. Kristol hat daraus Konsequenzen gezogen: Er ist aus der Republikanischen Partei ausgetreten und sieht sich heute eher in der Tradition eines alten Liberalismus.[41]

Es sind nicht nur ehemalige Republikaner, Never-Trumper und einige als respektabel geltende Konservative, die den Mythos eines «sauberen» Konservatismus und einer GOP mit blütenweißer Weste am Leben halten. Auch ein großer Teil des Weißen Demokratischen Establishments hegt nach wie vor ein Bild von der Republikanischen Partei, das im Grunde noch nie der Wirklichkeit entsprochen hat. Nach wie vor findet sich etwa die Vorstellung, in der GOP gebe es einen «vernünftigen» Konservatismus, die Sehnsucht nach einer vermeintlich einfacheren Zeit – in der allerdings die Glut der zunehmenden Radikalisierung längst schwelte. Auch die einflussreiche Demokratin Nancy Pelosi, bis 2022 Sprecherin des Repräsentantenhauses, schien dem politischen Gegner weiterhin Vernunft und Reformbereitschaft zu unterstellen. So sagte sie auf der Aspen Ideas Climate Conference im Mai 2022: «Ich [...] bin der Meinung, dass dieses Land eine starke Republikanische Partei braucht [...]. Wir brauchen keinen Kult, sondern eine starke Republikanische Partei.» Daher lautete ihr Ratschlag: «Anstatt zu sagen: ‹Nun, wir müssen sie besiegen›, lasst uns einfach versuchen, sie zu überzeugen. Ich will, dass die Republikanische

Partei sich die Partei zurückholt, die noch am Recht einer Frau, [über ihren Körper] zu entscheiden, und an der Umwelt interessiert war.»[42] Was aber, wenn die Gegenseite keinerlei Dialogbereitschaft mehr erkennen lässt, auf die Pelosi setzt? Wenn die Gegenseite eine wahrhaft pluralistische, multiethnische Demokratie gar nicht für erstrebenswert hält, wenn sie marginalisierte Gruppen wie LGBTQ-Menschen und Frauen ihrer körperlichen Selbstbestimmung berauben will?

Wenn sich ein prominenter Never-Trumper wie David Brooks also im Jahr 2021 wundert, was bloß aus dem guten alten Konservatismus eines Edmund Burke, des englischen Staatsphilosophen aus dem 18. Jahrhundert, geworden sei,[43] so lässt er exemplarisch einen verbreiteten blinden Fleck in der Wahrnehmung des amerikanischen Konservatismus erkennen: Dieser hat nämlich von Beginn an extreme Strömungen in seinen Reihen toleriert – unter anderem, weil man sich von ihren Netzwerken politischen Gewinn versprach. Diese Tolerierung konnte man lange erfolgreich dadurch kaschieren, dass man ebenjene Extremist*innen aus der Führungsriege der eigenen Bewegung heraushielt. Die Saat der rechten Übernahme der Republikanischen Partei wurde so letztlich bereits vor Jahrzehnten ausgebracht und ist seither von Generationen von Politiker*innen gewässert und gepflegt worden.

Wenn sich Rassismus und Ressentiments in der GOP heute nicht mehr hinter einer bürgerlichen Fassade verbergen müssen, so liegt das auch daran, dass sich die Rahmenbedingungen für den Konservatismus verändert haben. Eine solche Entwicklung haben führende Köpfe der modernen Religiösen Rechten schon vor Jahrzehnten vorausgesehen.♦ Zu ihnen zählte auch Paul Weyrich. Als er Mitte der 1960er Jahre in Washington,

♦ Religiöse Rechte und Politische Rechte werden in diesem Buch als Fachbegriffe großgeschrieben.

D.C., ankam, war seine Enttäuschung über die Niederlage des Republikanischen Präsidentschaftskandidaten Barry Goldwater im Jahr 1964 noch immer zu spüren. Immerhin hatte er für Goldwater Wahlkampf gemacht.

Doch Aufgeben kam für den jungen Katholiken nicht infrage: Die demographische Entwicklung, so viel war ihm und seinen Mitstreitern schon damals klar, lief gegen die Konservativen – ganz besonders gegen religiöse Konservative. Ihre politischen Positionen würden auf Dauer nicht mehrheitsfähig sein. Doch statt diese Positionen deshalb in irgendeiner Weise abzumildern und dadurch anschlussfähiger zu machen, beharrten sie erst recht auf ihnen. Außerdem beschlossen sie, gezielt und strategisch all die Schlupflöcher im amerikanischen politischen System auszunutzen, die dafür sorgten, dass ihre Weiße, ländliche und christliche Wählerschaft bevorzugt wurde – und somit weiterhin verlässlich Republikanische Wahlsiege ermöglichte. Die Schlussfolgerung, zu der sie damals gelangten, entspricht letztlich dem, was Akteur*innen der amerikanischen Rechten in den vergangenen Jahren immer unverhohlener proklamieren: Der Erhalt der Weißen, christlichen, konservativen Vorherrschaft hat im Ernstfall Vorrang vor dem Schutz der Demokratie.[44]

Die immer radikaleren Attacken, welche die GOP heute auf das Wahlrecht von BPoC auf Bundesstaatsebene reitet,♦ stehen somit in einer langen Tradition. Bereits 1980 sprach Weyrich – die Haare zurückgekämmt, in dunkelblauem Anzug mit hellblauem Hemd – vor einer Versammlung von Pastoren aus, was zum strategischen Kern der modernen Republikanischen Partei werden sollte: «Ich will nicht, dass alle zur Wahl gehen. Wahlen werden nicht durch eine Mehrheit des Volkes gewonnen. Das war seit den Anfängen unseres Landes nie der Fall und ist es auch jetzt nicht. Tatsache ist, dass unser

♦ BPoC: positive Selbstbezeichnung für Black and People of Color.

Einfluss bei Wahlen in dem Maße zunimmt, wie die Zahl der Wähler abnimmt.»[45] Weyrich fasste dabei das Grundverständnis einer ganzen Bewegung zusammen: Die Demokratie war nur so lange nützlich, wie die «richtigen» Leute wählen gingen, andernfalls war die Weiße, christliche Vorherrschaft politisch wie kulturell bedroht.

Wer die Entwicklung des Konservatismus und der Republikanischen Partei verstehen will, muss den Blick einerseits auf die wichtigsten Protagonist*innen der amerikanischen Rechten und deren Netzwerke richten, andererseits aber auch auf die Fußsoldat*innen und ihre Mobilisierung im konservativen und ultrakonservativen politischen Projekt. Besonders wichtig ist dabei, nachzuverfolgen, wie Radikalisierungsdynamiken entstanden sind und gedeihen konnten. Bei näherem Hinsehen zeigt sich: Die radikalen Wurzeln des amerikanischen Konservatismus sind zum Verständnis der heutigen GOP genauso wichtig wie deren systematische Bedienung von alten, rassistischen Ressentiments im Gewand staatlicher Deregulierung und der Spagat seitens der Führungsriege der konservativen Bewegung, einerseits extreme Graswurzel-Aktivist*innen einzubinden, um Wähler*innen zu mobilisieren, und sich andererseits von als «verrückt», sprich, als zu extrem geltenden Akteur*innen zu distanzieren. Die Verbindungen von rechten Milizen, die bis in den Kongress reichten, das Hofieren von Bürgerwehren und Anti-Establishment-Bewegungen wie der Tea Party oder neueren Formen desselben alten Geistes wie Moms for Liberty – all das sind nötige Puzzleteile, um zu begreifen, was aus der ehemaligen «Partei Lincolns» geworden ist. Denn die Extremisten, in deren Händen die Republikanische Partei heute ist, sind nicht vom Himmel gefallen. Ihnen haben vielmehr jahrzehntelang geistige Brandstifter den Weg bereitet.

3 Der Sturz des Heiligen

William F. Buckley und der «respektable Konservatismus»

«Die zentrale Frage […] ist, ob die Weiße Gemeinschaft im Süden das Recht hat, solche Maßnahmen zu ergreifen, die notwendig sind, um sich politisch und kulturell in Gebieten durchzusetzen, in denen sie zahlenmäßig nicht überwiegt? Die ernüchternde Antwort lautet: Ja – die Weiße Gemeinschaft ist dazu berechtigt, weil sie derzeit die fortgeschrittene Rasse ist.»

William F. Buckley Jr.: «Why the South Must Prevail»,
National Review, *1957*

Jede politische Bewegung hat ihre Heiligen. Für den modernen amerikanischen Konservatismus ist William F. Buckley eine solche Galionsfigur. Wer die jüngere Entwicklung der Republikanischen Partei und des amerikanischen Konservatismus verstehen möchte, kommt nicht umhin, sich mit ihm auseinanderzusetzen – und dem Mythos um seine Person, den er erfolgreich geschaffen hat.

Buckley war Sohn eines Millionärs – sein Vater hatte mit Öl ein Vermögen gemacht. Er selbst hatte jedoch nichts mit dem Klischee eines texanischen Ölbarons gemein, sondern war vielmehr ein Gewächs der reichen, privilegierten Ostküste: Seine Eltern erzogen den Jungen und seine neun Geschwister streng katholisch und schickten sie auf Privatschulen. Als Student der Yale University war er Präsident der *Yale Daily News,* und seine Leitartikel waren gefürchtet. Unter anderem verfasste er 1951 ein Buch mit dem Titel *God and Man at Yale,* in dem er seiner eigenen Universität vorwarf, zu vernachlässigen, was seiner Ansicht nach ihre Hauptaufgabe war: zu lehren, was die Yale-Alumni gut fanden, und eine explizit konservative, christliche

Hochschule zu sein.[1] Das Buch wurde zum Bestseller und bildet gleichzeitig die Blaupause für sämtliche konservative Klagestücke der Gegenwart aus dem Genre der Campus-Panik: dass Universitäten Horte linker, permissiver Radikalität seien, an denen Konservative unterdrückt würden.

Das Selbstverständnis des jungen Buckley entsprach damals noch nicht unbedingt dem des vernünftigen Gatekeepers eines gesellschaftlich akzeptablen amerikanischen Konservatismus, ein Bild, das er selbst später so eindrucksvoll von sich zeichnen würde. Am deutlichsten wird seine Haltung in einem Interview von 1946 mit Mike Wallace. Der Moderator fragte den 21-jährigen Buckley, ob er «die Herrschaft der Mehrheit» – also die Demokratie – als politische Herrschaftsform unterstützen würde. Buckley bejahte, um sogleich einschränkend hinzuzufügen: «Außer die Mehrheit entscheidet, dass wir kommunistisch werden wollen. Ich würde versuchen, jede kommunistische Gesellschaft zu unterwandern.» Wallace hakte nach: «Sie würden zum Revolutionär werden?» Daraufhin lieferte Buckley eine schmissige Zusammenfassung des Selbstverständnisses junger Konservativer, die dem eigentlich antirevolutionären Charakter des Konservatismus widersprach: «Ja. Ich bin jetzt schon ein Revolutionär gegen die aktuelle liberale Ordnung. Ein intellektueller Revolutionär.»[2]

Buckley besaß einen scharfen Verstand, er war streitlustig und elitär. Sein 1955 gegründetes Magazin *National Review* wurde schnell zum von Politiker*innen gefürchteten Organ, denn es machte es sich zur Aufgabe, Republikaner dafür zu kritisieren, nicht wahrhaft konservativ zu sein.[3] Programmatisch heißt es in der allerersten Ausgabe des Magazins: Ein Konservativer «steht vor der Geschichte und schreit ‹Stopp›, wenn niemand anderes es tut».[4]

Zwar heißt es immer wieder, es sei Buckley zu verdanken, dass der amerikanische Konservatismus in den 1950er und 1960er Jahren von «Spinnern», Radikalen und Rechtsextremisten gesäubert wurde. In Wirklichkeit aber hatte Buckley zumindest in jüngeren Jahren zutiefst antidemokratische, rassistische Ansichten – und machte daraus auch gar keinen Hehl. In seinem Essay «Why the South Must Prevail» von 1957, also zur Hochzeit der Bürgerrechtsbewegung, kommen sie deutlich zum Ausdruck. Im Süden des Landes lebten mehr Schwarze als Weiße, das war es, was ihn umtrieb. Sollten Erstere das Wahlrecht erhalten, würden sie die Mehrheit stellen und die Weiße Minderheit aus ihrer politischen und kulturellen Machtposition verdrängen. Die Weiße Kultur sei aber nun einmal die überlegene, weshalb die demokratische Machtübernahme durch Bürgerrechtler unbedingt zu verhindern sei. Buckleys Schlussfolgerung war glasklar: Sollte die konservative Bewegung vor der Wahl stehen, sich zwischen Demokratie und ihrem eigenen Machterhalt zu entscheiden, müsse die Demokratie den Kürzeren ziehen. Es sei somit das Recht der Weißen Südstaatler, Schwarze zu diskriminieren.[5]

Später revidierte Buckley diese Aussagen und kleidete die Aufrechterhaltung rassifizierter Hierarchien in eine gesellschaftlich akzeptable Sprache von «Farbenblindheit», die die Realität von strukturellem Rassismus und Diskriminierung abstritt.[6] Der Begriff von der «Farbenblindheit» tauchte erstmals in der Minderheitsmeinung von Richter John Marshall Harlan auf, der 1896 als einziger Richter am Supreme Court gegen Segregation in der Öffentlichkeit stimmte – weil White Supremacy sich seiner Ansicht nach von alleine durchsetzen würde.[7]

Der ehemalige prominente Republikanische Stratege Stuart Stevens, der 2012 beispielsweise den Präsidentschaftswahlkampf für Mitt Romney leitete und der die Partei mittlerweile verlassen hat, entschuldigt sich in seiner Abrechnung mit der GOP und Anerkennung seiner eigenen Schuld unter dem Titel *It Was All a Lie* («Es war alles eine Lüge») dafür, dass er nicht wahrhaben wollte, dass Rassismus die Basis der modernen

Republikanischen Partei sei. Er zieht eine direkte Linie von Buckley zu Trump und widerspricht seinen ehemaligen Parteifreunden und Weggefährten, die behaupten, dass zwischen beiden inhaltlich ein großer Unterschied bestehe: Bei Buckley handele es sich lediglich um «eine geschliffenere Version derselben tiefen Hässlichkeit und Bigotterie, die das Markenzeichen des Trumpismus ist».[8]

«Konservative», erklärt der Historiker A.J. Bauer mir im Gespräch, «haben ein intuitives Gespür für die Bedingungen dessen, was im öffentlichen Diskurs möglich ist. Was geht zu weit? Was ist noch nicht zu weit rechts? Deshalb waren sie so geschickt darin, sich in der neoliberalen ‹farbenblinden› Ära zurechtzufinden, indem sie *Dog Whistles*♦ benutzen und beginnen, über ‹Recht und Ordnung› zu reden.»[9]

Mit seinem Magazin als Plattform wollte Buckley den Konservatismus intellektuell festigen und zu einem respektierten Bestandteil der öffentlichen Debatte machen. Buckleys Pitch an wohlhabende Spender lautete wie folgt: Ohne die Hilfe der liberalen Presse wäre es nie zum New Deal gekommen. Es brauche ein verlässlich konservatives Medium, um eine erneute derartige Katastrophe zu verhindern. Hauptfinanziers seines publizistischen Projektes waren am Ende Roger Milliken, ein einflussreicher Textilmagnat aus South Carolina, der Gewerkschaften und die Bürgerrechtsbewegung verabscheute, der Öl-Millionär Henry Salvatori und Buckleys eigener reicher Vater.[10]

Buckley pflegte mitunter Freundschaften mit Autoren, die in der *National Review* publizierten, etwa mit dem Anti-

♦ *Dog Whistle* oder Hundepfeife: Eine Hundepfeife hat einen so schrillen, hoch liegenden Ton, dass ihn das menschliche Ohr (im Gegensatz zum Hund) nicht wahrnimmt. Im übertragenen Sinn gebraucht man den Begriff für eine Form von codierter Sprache, die jemand in Texten oder Reden verwendet und die nur von einem Teil seines Publikums, der für diese Anspielungen empfänglich ist, verstanden wird.

semiten Revilo Pendleton Oliver. Oliver wurde 1908 in Corpus Christi, Texas, geboren. Er lehrte als Professor an der University of Illinois, war Philologe, Altertumswissenschaftler und Sanskrit-Experte, vor allem aber ein gewaltiger Snob und Antikommunist, der McCarthy verehrte. Intellektuell passte er hervorragend zur *National Review*, für die er 1955 zu schreiben begann. Oliver war ein unangenehmer Mensch, aber eben auch hochgebildet – und somit ein willkommener Sparringspartner für Buckley.[11] Doch Oliver wurde im Dezember 1958 auch ein Gründungsmitglied der verschwörungsgläubigen, antikommunistischen John Birch Society.[12] Sein Antisemitismus war beileibe kein Geheimnis: Buckley hatte schon vor dem öffentlichen Bruch mit Oliver 1959 im persönlichen Gespräch mit seinem engen Freund und Schwager Brent Bozell zugegeben, dass Oliver ein Antisemit sei, aber offenbar noch keinen Anlass gesehen, die Freundschaft mit ihm zu beenden. Im Sommer 1957 weilte Oliver sogar mehrere Wochen auf Buckleys Yacht.[13] Und seine Texte erschienen weiterhin bis in die späten 1950er Jahre in der *National Review*.

Gegenüber Robert Welch, dem verschwörungsgläubigen Geschäftsmann, der 1958 die John Birch Society gründen würde, hielt Buckley Distanz. Das lag jedoch weniger an Welchs paranoiden Theorien über eine kommunistische Weltverschwörung, sondern vor allem daran, dass der Süßigkeitenmagnat für Buckleys Geschmack nicht intellektuell genug war. Allerdings bat er auch ihn in den Anfangstagen der *National Review* um eine Finanzspritze. Mit Erfolg: Welch spendete 1000 Dollar für Buckleys publizistisches Projekt.[14]

Die Beziehung zwischen Buckley und Oliver war Ende der 1950er Jahre bereits angespannt, aber Buckley bemühte sich, die Freundschaft nicht zerbrechen zu lassen. Als Oliver eine Rede auf dem von dem White Nationalist Willis Carto gegründeten Congress of Freedom in Colorado Springs hielt und darin gegen die angebliche Unterwanderung der amerikanischen Politik und Gesellschaft durch kommunistische Agenten wetterte, mahnte Buckley seinen Freund, es seien vor allem die Nicht- und sogar noch mehr die Antikommunisten – wie zum Beispiel Dwight D. Eisenhower –, «die über unseren Untergang herrschen».[15] Wie der Historiker David Walsh erklärt, waren sich die beiden im Kern gar nicht so uneins, wie Buckley es später darstellte. Der entscheidende Unterschied bestand darin, dass Oliver nicht glaubte, dass dem Konservatismus genug Zeit bliebe, um Amerika vor dem Untergang zu retten.[16]

Olivers expliziter Rassismus war in der *National Review* der 1950er und 1960er Jahre nichts Ungewöhnliches. Zahlreiche ihrer Autoren, einschließlich Buckleys, waren Verteidiger einer angeblich biologisch begründeten Überlegenheit der «weißen Rasse». Olivers Antisemitismus war im Vergleich zu seinem Rassismus ein größeres Problem – allerdings erst, als er damit öffentliche Aufmerksamkeit erregte und so die Respektabilität des Magazins und des «vernünftigen» Konservatismus gefährdete.[17]

In den Jahren nach seinem Bruch mit Buckley radikalisierte sich Oliver weiter. Er kam zu dem Schluss, dass der Konservatismus und das Christentum nicht nur keine effektiven Werkzeuge seien, um das «Überleben der Weißen Rasse» zu sichern, sondern im Gegenteil seinem Anliegen eher schadeten, und so wurde er zu einer wichtigen Figur der entstehenden White-Power-Bewegung.[18]

Wer herausfinden will, wo genau die Trennlinie zwischen Konservativen wie Buckley, die auf «Respektabilität» Wert legten, Ultrakonservativen und Rechtsextremen wie Revilo Oliver und Neonazis verlief und wo die sich verschiebenden Grenzen des Sagbaren innerhalb konservativer Kreise waren, der sollte sich anschauen, wer alles in der *National Review* publizieren durfte. Zu ihnen zählte etwa James J. Kilpatrick, der als Chefredakteur einer Tageszeitung aus Virginia ein lautstarker Verfechter von Segregation und White Supremacy war.[19] Im Jahr 1964 sagte er auf einer Veranstaltung, dass «Schwarze als Rasse den Weißen nicht gleichgestellt» seien und «keine bedeutenden Beiträge zur westlichen Zivilisation geleistet» hätten.[20] Das war nicht weit weg von dem, was Buckley selbst noch 1957 in seinem Magazin geschrieben hatte, aber die Zeiten und die gesellschaftliche Reaktion auf derartige Aussagen hatten sich verändert, und ebendas war das Problem für Buckley, weniger die Aussagen an sich. Buckley schrieb 1964 in einem Brief: «Mein Standpunkt zum moralischen Aspekt der Rassentrennung ist, dass Rassentrennung moralisch falsch ist, wenn sie eine bösartige Sichtweise einer Rasse ausdrückt oder impliziert, nicht aber, wenn sie nichts dergleichen beabsichtigt oder impliziert.»[21]

Während der 1960er Jahre waren die Texte in der *National Review* insgesamt sogar rassistischer als die im Magazin *American Opinion* der John Birch Society. Buckley war ein «standfester Verteidiger von White Supremacy», fasst David Walsh seine Position zusammen. Zwar trat er etwa ab 1964 nicht mehr offen als Segregationist auf, doch die *National Review* veröffentlichte weiterhin Artikel über die angebliche genetische Überlegenheit Weißer gegenüber Schwarzen.[22]

Was Konservative wie Buckley und andere Autoren der *National Review* mit den Segregationisten des Südens, aber auch der späteren White-Power-Bewegung verband, war die Überzeugung, dass die Überlegenheit der Weißen Rasse nicht nur politisch und kulturell, sondern auch biologisch begründet sei. Dementsprechend sahen sie in den globalen Bestrebungen der Schwarzen Befreiungsbewegung eine Gefahr für die «westliche Zivilisation».[23]

In den 1960er Jahren kam es zu einer Spaltung der amerikanischen Rechten, nachdem zuvor der Antikommunismus Intellektuellen wie Buckley und Extremisten wie Revilo Oliver eine gemeinsame Basis geboten hatte. «Die amerikanische Rechte im Allgemeinen versteht die Bürgerrechtsbewegung in einem globalen Kontext als Teil des globalen Dekolonisierungskampfes. Alle, von den Birchern über William F. Buckley bis hin zu offenen Neonazis wie George Lincoln Rockwell, sind in diesem Punkt sehr deutlich. Und deshalb sehen sie auch die Bürgerrechtsbewegung als grundlegend kommunistisch beeinflusst an», erklärt David Walsh. Alle seien sich einig gewesen, dass der Kommunismus die Hebamme dieses globalen Dekolonisierungskampfes sei. Die Spaltung in den 1960er Jahren zwischen der konservativen Bewegung und dem, was dann zur zeitgenössischen White-Power-Bewegung werden sollte, stellt einen entscheidenden Punkt in der Entwicklung der amerikanischen Rechten dar. Laut Walsh ergab sie sich letztlich aus der unterschiedlich ausgeprägten Bereitschaft, die «Weiße Rasse» zu verteidigen. Beide Seiten hätten im Grunde die gleichen Ansichten geteilt. Die einen seien jedoch bereit gewesen, «bescheidene Zugeständnisse an die ‹Farbenblindheit› zu machen».[24] «Der amerikanische Konservatismus des 20. Jahrhunderts war nicht gleichbedeutend mit Faschismus, aber er entwickelte sich aus einer rechten Volksfront, die faschistische und quasifaschistische Elemente enthielt», so Walsh.[25]

Kurzum: Es existierte keine scharfe Trennlinie zwischen Rechtsradikalen und Konservativen. Erstere wurden in Buckleys Augen erst dann zum Problem für die *National Review*, die er als Flaggschiff eines respektablen Konservatismus verstand, wenn sie als «unvernünftige Rechte» in Erscheinung traten.[26] Buckleys Rolle in der Bewegung war also nicht die des effektiven Gatekeepers – eine Erkenntnis, die weitreichende Folgen für das Verständnis des amerikanischen Konservatismus hat. Denn wie sein Biograph, der Pulitzer-Preisträger Sam Tanenhaus, schreibt, lieferte die *National Review* mit ihrem «autoritären, antikommunistischen Freier-Markt-Libertarismus und ihrer harten Opposition gegenüber der Bürgerrechtsgesetzgebung die ideologische Saat, die dann 1964 in der Präsidentschaftskandidatur von Barry Goldwater aufging».[27]

Buckleys trockener Witz, seine intellektuelle Leichtfüßigkeit und seine scharfe Zunge machten ihn nicht nur zu einem erfolgreichen politischen Strategen, sondern auch zu einem Medienstar. Seine Fernsehsendung *The Firing Line* war ein Publikumshit und etablierte gleichzeitig die politische Debatte als Wettkampf, als Spiel. Buckley wusste zudem um die Macht politischer Stunts, selbst wenn sie keinerlei Aussicht auf Erfolg hatten. So verschaffte ihm seine Kandidatur für den Bürgermeisterposten in New York 1965 landesweite Bekanntheit. Auch hier kombinierte er Schlagfertigkeit und Witz mit radikalen, rassistischen Inhalten, was nicht nur beim Publikum gut ankam, sondern auch regelmäßig für Schlagzeilen sorgte.

Kurz nachdem im März 1965 Polizisten Teilnehmer*innen des von dem Bürgerrechtler John Lewis angeführten Marsches nach Selma brutal niedergeknüppelt hatten, hielt Buckley eine Rede auf einer Versammlung katholischer Polizisten, dem Holy Name Society Communion Breakfast. Darin beklagte er, die Medien hätten die Polizeigewalt in Selma einseitig beleuchtet, und verteidigte die Polizei Alabamas.[28] Ein ähnliches Narrativ verbreiten heute Gegner*innen der Black-Lives-Matter-Bewegung, die sich gegen die Polizeigewalt an der Schwarzen Bevölkerung wendet, mit ihrer sogenannten *Thin-Blue-Line*-Erzählung. Danach bewahrt nur die «blaue Linie» der Polizisten die Gesellschaft davor, in Anarchie zu versinken.

Buckley und seine Gefolgsleute waren die Stars des aufstrebenden amerikanischen Konservatismus. Die *National Review* diente der jungen Bewegung nicht nur als Sprachrohr, sie fungierte gleichzeitig auch als Pool für vielversprechende konservative Strategen. In den Reihen ihrer Autoren fanden sich auch solche, die die Demokratie als Staatsform grundsätzlich ablehnten. Zu ihnen zählte William S. Lind, ein bekennender

Monarchist,[29] der gemeinsam mit Paul Weyrich nicht nur mehrere Bücher schrieb, sondern auch in den 90er Jahren den rechtsextremen und antisemitischen Verschwörungsmythos des «Kulturmarxismus» verbreitete.[30] Und auch Buckleys eigene Ansichten waren in der jüngeren Vergangenheit nicht so moderat, wie es mancherorts suggeriert wird: 1986 schlug er in einem Gastartikel in der *New York Times* vor, dass an Aids Erkrankte mit einem Tattoo gekennzeichnet werden sollten: «Jeder, bei dem Aids festgestellt wird, sollte am oberen Unterarm tätowiert werden, um Nutzer von Nadeln zu schützen, und am Gesäß, um zu verhindern, dass andere Homosexuelle zu Opfern werden.»[31]

Buckleys Stern strahlt so hell am Himmel des amerikanischen Konservatismus, dass der Mann an seiner Seite, dessen Einfluss rückblickend viel größer war als der Buckleys, außerhalb von konservativen oder wissenschaftlichen Kreisen fast gänzlich unbekannt ist: L. Brent Bozell Junior. Es waren Bozells, nicht Buckleys Ideen, die die Jahrzehnte überdauern und heute den Kern der Republikanischen Partei prägen sollten.

Der energische, rothaarige Bozell und Buckley lernten sich während des Studiums in Yale kennen, wo sie im Debattierclub ihre rhetorischen Fähigkeiten schärften. Die beiden schlossen Freundschaft – verbunden durch Politik und Katholizismus (Bozell war 1947 konvertiert). Die Bande zwischen ihnen wurden noch enger, als Bozell Buckleys Schwester heiratete. Buckley vertraute seinem Freund und Schwager so sehr, dass er ihn für den Fall seines Todes testamentarisch als Erben einsetzte. Die beiden schrieben 1954 gemeinsam das Buch *McCarthy and His Enemies*, eine glühende Verteidigung von Joseph McCarthy, dem Senator aus Wisconsin, der Jagd auf vermeintliche Kommunisten in den USA machte. McCarthy war für sie der Inbegriff eines patriotischen Konservativen, einer, der «die Roten» gnadenlos zur Strecke brachte. Sie erklärten zwar, ihnen gehe es nur um den Kampf gegen Kommunisten, ließen ihre Leserschaft aber bereits wissen, wohin die Reise gehen würde: «Eines Tages könnte die Geduld Amerikas endgültig erschöpft sein, und dann werden wir gegen die Liberalen losschlagen.»[32]

In einem weiteren Buch mit dem Titel *The Warren Revolution: Reflections on the Consensus Society* empörte sich Bozell 1966 über die Ausweitung der Bürgerrechte und die Aufhebung der Segregation an Schulen, die er als gravierende Verletzung der «States' Rights» ansah – der Rechte der Bundesstaaten. Bozell beließ es nicht bei dieser *Dog Whistle* für Segregationisten, sondern fragte außerdem für alle Fälle schon einmal, «welche Waffen für die Revolution zur Verfügung» stünden.[33]

Bozells aufrührerische Worte waren alles andere als bloß heiße Luft: 1970 organisierte er beispielsweise einen gewalttätigen Protest gegen Abtreibung und wurde dabei festgenommen, weil er einen Polizisten mit einem anderthalb Meter hohen hölzernen Kreuz angegriffen hatte – gekleidet in die Uniform der von ihm gegründeten «Söhne des Donners», angelehnt an die der spanischen Carlisten – katholische, erzreaktionäre Monarchisten.[34] Im selben Jahr veröffentlichte er in der *New York Times* einen Meinungsartikel unter dem Titel «Encouraging Murder». Darin fand er klare Worte zum Thema Abtreibung – zu einer Zeit, als selbst die Southern Baptist Convention, eine Organisation, die sich 1845 von der Gesamtdenomination der Baptisten getrennt hatte, weil diese sich gegen Sklaverei ausgesprochen hatte, und die heute eine zentrale Kraft in der Anti-Abtreibungsbewegung der amerikanischen Religiösen Rechten ist, in vielen Fällen noch Abtreibung unterstützte: «Es ist ein republikanisches Regime, das diese Politik anführt; aber in puncto Verantwortung gibt es keine nützliche Unterscheidung zwischen Republikanern und Demokraten, Konservativen und Liberalen. Das Heilmittel wird, wenn überhaupt, von einer militanten Anhängerschaft kommen, die sich vor allem der Heiligkeit des Lebens widmet. In dieser Militanz werden Christen ihre Rolle spielen.»[35]

Prophetische Worte, die damals wohl niemand außerhalb von Bozells eigenem Zirkel ernst genommen haben dürfte – doch im Sommer 2022, 52 Jahre später, kippte der Oberste Gerichtshof der USA das drei Jahre nach Veröffentlichung von Bozells Artikel durch das Urteil im Fall *Roe v. Wade* verfassungsmäßig geschützte Recht auf Abtreibung. Die Richter*innen der rechten, extremistischen und katholischen Mehrheit am Supreme Court erweisen sich damit als die geistigen Erben Bozells.

Buckley und Bozell waren nicht bloß Freunde und Kommilitonen, sondern laut dem Historiker Geoffrey Kabaservice «politische Seelenverwandte». Bozells fortschreitende Radikalisierung machte ihn allerdings für Buckley, der seine Aufgabe darin sah, das «respektable» Gesicht des amerikanischen Konservatismus zu wahren, zunehmend untragbar. Geplagt von Alkoholismus und Depressionen, verschwand Bozell schließlich in der Versenkung der Geschichte. Mag sein Einfluss auf seine Zeitgenossen auch begrenzt gewesen sein, so ist er doch eine der Schlüsselfiguren zum Verständnis der extremistischen Wurzeln des amerikanischen Konservatismus und wirft daher einen langen Schatten bis in die Gegenwart. «Es ist Bozell, nicht Buckley, der es verdient, als nicht anerkannter Pate der Tea Party erinnert zu werden», schreibt Kabaservice.[36]

Bozell gehörte in den 1950er und frühen 1960er Jahren zu den aufstrebenden jungen Katholiken in den Reihen einflussreicher Konservativer, die uns im weiteren Verlauf des Buches immer wieder begegnen werden: Wie Paul Weyrich, Phyllis Schlafly, Antonin Scalia, Pat Buchanan und Buckley selbst war er einer derjenigen, die vorhatten, die Republikanische Partei in eine konservative Partei zu verwandeln – auch wenn sich ihre Vorstellungen darüber, wie weit man dabei gehen sollte, durchaus unterschieden.[37] Mitte des 20. Jahrhunderts war die GOP nämlich nicht nur keine mehrheitlich konservative Partei – allein die Vorstellung, in einer der beiden großen Parteien des Landes könnte sich in den folgenden Jahrzehnten eine extrem konservative Agenda mit reaktionärem Gedankengut und offenem weißem Nationalismus durchsetzen, schien den meisten politischen Kommentator*innen damals lächerlich. Der Konservatismus galt als Relikt vergangener Zeiten, ohne Zukunft – politisch tot.

Mit den Bürgerrechtsreformen ging jedoch eine immer stärkere Polarisierung des Landes einher – zwischen denen, die eine pluralistische, multiethnische Demokratie befürworteten, und denen, die die Weiße Vorherrschaft auch weiterhin sichern wollten. Diese Lagerbildung hatte bereits Jahrzehnte zuvor begonnen, verstärkte sich aber deutlich, als der Demokratische Präsident Harry Truman 1948 erste Maßnahmen gegen die Segregation in den Streitkräften auf den Weg brachte. Viele Südstaaten-Demokraten zeigten sich daraufhin immer unzufriedener mit dem landesweiten Kurs ihrer Partei. Einige von ihnen traten schließlich sogar aus und gründeten die *State's Rights Democratic Party*, deren Mitglieder «Dixiecrats» oder «Dixie Democrats» genannt wurden. In ihren Augen war die Vorherrschaft der Weißen gottgegeben und rechtschaffen.

Da die Demokraten in den Südstaaten infolge dieser Abspaltung an Zustimmung verloren hatten, witterten einige Republikaner ihre Chance. Als Partei der Sklavenbefreiung hatten die Republikaner im Süden der USA ursprünglich kaum Aussicht auf Erfolg gehabt, vielerorts hatte die Partei bis dahin nicht einmal auf dem Wahlzettel gestanden. Doch nachdem viele Farmer im Süden nach der Wirtschaftskrise ihre Felder verlassen mussten und klassische Angestellten-Jobs annahmen – und jetzt nicht mehr, wie zuvor, direkt von staatlichen Subventionen profitierten, sondern Steuern zahlen mussten, die ihrer Ansicht nach in die Taschen Schwarzer Amerikaner*innen wanderten –, bot sich der GOP hier eine Gelegenheit, ein neues Wählerreservoir zu erschließen. Es half, dass die boomende Rüstungsindustrie im Süden Bewohner*innen aus dem Norden anzog, die schon vorher Republikaner waren und keinen Grund für einen Parteiwechsel sahen.[38]

In den folgenden Jahren nutzten nun Republikanische Strategen und Politiker*innen die Gelegenheit, die sich durch den Riss in der Demokratischen Partei bot, und signalisierten, sie würden die Anliegen Weißer Südstaaten-Demokraten und Segregationisten vertreten. Es war der Beginn einer Zeitenwende in der politischen Ordnung Amerikas.

Rassismus und Segregationismus waren allerdings nach wie vor in beiden politischen Parteien zu finden: Nachdem der Oberste Gerichtshof 1954 in dem Verfahren *Brown v. Board of Education* entschieden hatte, die Segregation an öffentlichen Schulen wegen des Verstoßes gegen den Gleichheitsgrundsatz der Verfassung zu untersagen, verstärkte sich der Widerstand vieler Südstaaten-Demokraten gegen die neue, bürgerrechtsfreundliche Position, die ihre Partei auf nationaler Ebene inzwischen vertrat. Auch der Republikanische Präsident Dwight D. Eisenhower schimpfte über das Urteil des Obersten Gerichtshofs und verfluchte sich später sogar dafür, Chief Justice Earl Warren für den Supreme Court nominiert zu haben («der größte verdammte blöde Fehler, den ich je gemacht habe»).[39] So entsandte Eisenhower erst drei Jahre später die Nationalgarde nach Little Rock in Arkansas, wo sich Bundesstaat und Universität beharrlich weigerten, die Aufhebung der Segregation an Schulen und Universitäten zuzulassen oder gar durchzusetzen.[40] Als schließlich der Demokratische Präsident Lyndon B. Johnson 1964 den Civil Rights Act unterschrieb – ein Gesetz, das Schwarzen Amerikaner*innen endlich dieselben Bürgerrechte einräumte wie ihren Weißen Mitbürger*innen –, äußerte er die Befürchtung, den Süden damit für die Dauer einer Generation verloren zu haben («There goes the South for a generation»).[41] Seine Sorge erwies sich als prophetisch – und sogar als untertrieben.

In den 1950er Jahren gab es also nach wie vor in beiden Parteien Konservative sowie offene Befürworter von Segregation – und keine wirklich greifbare, organisierte konservative Bewegung. Tafts Niederlage in den Vorwahlen gegen Eisenhower 1952 hatte Konservative auf die Barrikaden getrieben.[42]

Präsident Eisenhower wurde 1956 für eine zweite Amtszeit gewählt und verfolgte innenpolitisch einen moderaten Kurs. Während des Wirtschaftsbooms der Nachkriegsjahre hatten die Amerikaner*innen den Weg der Mitte gewählt – es schien, als hätten sie extremen politischen Positionen dauerhaft eine Absage erteilt. Buckley, Bozell und ihre Mitstreiter*innen, die von einer landesweiten konservativen Bewegung träumten, standen damit allem Anschein nach auf verlorenem Posten. Was ihnen und der amerikanischen Rechten fehlte, war ein charismatischer Anführer, der einen härteren Tonfall anschlug, der die eigenen Anhänger*innen begeisterte und eines Tages vielleicht sogar eine politische Revolution innerhalb der GOP möglich machen könnte.

4 Der Business-Prinz und die Bircher

Das Aufflackern des Extremismus unter Barry Goldwater

«Extremismus bei der Verteidigung der Freiheit ist keine Sünde! Lasst mich euch daran erinnern, dass Mäßigung bei der Verteidigung der Freiheit keine Tugend ist!»

Barry Goldwater auf dem GOP-Parteitag 1964

Barry Goldwater war der Prinz von Arizona. Gäbe es in den USA Adelsfamilien, seine wäre die königliche Familie des Wüstenstaates gewesen. Goldwater pflegte das Image eines Business-Cowboys: Er betrachtete sich selbst als die Verkörperung jenes Individualismus, der für ihn den amerikanischen Westen auszeichnete. Optisch passte das Bild des kernigen Selfmademans: Goldwater war braungebrannt, mit stechendem Blick und scharfkantigen Gesichtszügen. Als junger Mann hatte er das Geschäft des Vaters übernommen, für das er sich allerdings nicht wirklich interessierte. Seit 1949 war er politisch aktiv. Seiner Ansicht nach würden die Menschen in Arizona hervorragend ohne die Regierung im fernen Washington klarkommen.

Dabei beruhte der Wohlstand seiner eigenen Familie zu einem großen Teil auf den staatlichen Strukturen, gegen die Goldwater so gern wetterte. Sein Großvater Mike, genannt «Big Mike», ein jüdischer Einwanderer aus Polen, war 1860, zur Zeit des Goldrauschs, nach Arizona gekommen – damals noch kein Bundesstaat, sondern lediglich ein Territorium und Basis für die Armee der Vereinigten Staaten im Kampf gegen die indigene Bevölkerung. Mit dem Gewinn aus lukrativen Verträgen mit der Regierung in Washington konnte Big Mike sein erstes Bekleidungsgeschäft eröffnen und wurde so einer der reichsten Männer Arizonas.[1]

In Arizona machte sich Barry Goldwater schnell einen Namen als Politiker, der gegen Gewerkschaften wetterte. Auf der nationalen Politbühne weckte er zum ersten Mal das Interesse erzkonservativer Aktivist*innen, als er sich im Juni 1938 in einem bissig formulierten offenen Brief in der *Phoenix Gazette* an Präsident Franklin D. Roosevelt über die Verabschiedung eines Gesetzes über Mindestlohn und maximale Arbeitszeit für Arbeitnehmer*innen beschwerte.[2] Mit dem von Goldwater so verabscheuten New Deal waren 342 Millionen Dollar Fördergelder nach Arizona geflossen, sodass die Infrastruktur des Staates modernisiert werden konnte.[3] Obwohl Arizona also von staatlichen Subventionen profitiert hatte, war die Kritik an Roosevelts Politik in der Republikanischen Partei heftig. Goldwaters Worte waren Musik in den Ohren der alten Garde der Partei, seine politischen Aktivitäten klangen für sie vielversprechend: In der Lokalpolitik in Phoenix war Goldwater im Kampf gegen Gewerkschaften aktiv geworden. Als Vorsitzender des «Veterans Right to Work Committee» setzte er sich für deren Schwächung ein. Eine Radio-Werbung für das Komitee warnte etwa vor den angeblichen Gefahren organisierter Arbeitnehmer*innen: «Es ist fast so, als würden wir im Vorkriegsdeutschland leben. Wir dürfen nicht zulassen, dass so etwas hier passiert! Diese despotischen kleinen Gewerkschaftsgangster, die Möchtegern-Hitlers, müssen jetzt zerstört werden – ein für alle Mal, bevor es zu spät ist.»[4]

Während des Zweiten Weltkriegs wurde Arizona – wie auch Kalifornien – nicht zuletzt wegen seines laxen Arbeitnehmerschutzes und seiner idealen geographischen Bedingungen zu einer wichtigen Basis für die US-Streitkräfte.[5] Die neuen Arbeitsplätze lockten zahlreiche Familien in den Südwesten der USA, und die Mehrheit dieser neuen Bewohner*innen waren Republikaner. Noch heute ist etwa Orange County im Süden eine Republikanische Hochburg im ansonsten Demokratischen Kalifornien.

Goldwater gewann 1952 als Außenseiter die Wahl um einen der beiden Senatssitze für Arizona – dank seiner Bekanntheit und seines genialen Wahlkampfstrategen. Im Senat wurde Goldwater schon bald einer der engsten Freunde des bereits erwähnten Senators Joseph McCarthy vom rechten Rand der GOP. Als Vorsitzender des «Komitees für unamerikanische Umtriebe» polarisierte dieser schon seit 1950 durch seine Hexenjagd auf Menschen in Armee, Administration, Wissenschaft und Kultur, denen man Mitgliedschaft in der oder eine angebliche Nähe zur Kommunistischen Partei, Homosexualität oder die Teilnahme an einer möglichen Verschwörung vorwarf. McCarthys Kreuzzug richtete sich vor allem gegen linke Intellektuelle, und seine öffentlichen Verhöre mit Unterstellungen und Drohungen waren berüchtigt. «Eisenhower war der Präsidentschaftskandidat der Republikanischen Partei, aber McCarthy war ihre dunkle Seele», beschreibt der Journalist David Corn den Parteitag der GOP 1952, auf dem die Partei McCarthy feierte – nicht trotz, sondern wegen seiner abstrusen Hexenjagd.[6]

Als McCarthy 1957 schließlich starb, war das Saatkorn seiner Paranoia längst aufgegangen. Die Traktate und sonstigen Äußerungen der McCarthyisten und ihrer späteren Geistesgenoss*innen von der John Birch Society klingen kaum anders als Ergüsse aus heutigen QAnon-Foren und die Tiraden von rechtsextremen Medienfiguren wie Alex Jones oder Tucker Carlson.[7]

Die John Birch Society wurde 1958, wie bereits erwähnt, von dem Süßigkeits-Magnaten Robert Welch gegründet, der sie nach einem in China ermordeten amerikanischen Missionar benannte. Welch war ein fanatischer Antikommunist, der an jeder Ecke eine kommunistische Weltverschwörung witterte. Seine Society entwickelte sich rasch zu einer mächtigen Stimme im sogenannten Sun Belt, der Region südlich des 37. Breitengrades, zu dem auch Arizona und Kalifornien gezählt werden. Wie ihr Anführer waren die Bircher davon überzeugt, dass das politische System auf höchster Ebene von Kommunisten, von Feinden Gottes und der Freiheit infiltriert worden war. Sie sahen überall kommunistische, okkulte, antiamerikanische Eliten und globale Finanzmächte am Werk, die angeblich versuchten, sich Amerika untertan zu machen. Zu den Gründungsmitgliedern der Society zählten einige der einflussreichsten Geldgeber der amerikanischen Politik, darunter der Ölmagnat Fred Koch (Vater von Charles und David Koch, die später wichtige Finanziers der Tea Party werden) und Harry Bradley, der spätere Gründer der gleichnamigen Foundation, die seit Jahrzehnten Spenden in Millionenhöhe in rechte Politik pumpt. Welch hatte eine Koalition aus ultrakonservativen bis rechtsextremen Geschäftsmännern geschmiedet, die die Politik der USA für immer verändern sollte.[8] Für die Bircher war die Demokratie eine Tyrannei der Mehrheit – weshalb sie darauf pochten, dass die Vereinigten Staaten gar keine Demokratie seien. Ihr Schlachtruf, dass die USA eine «Republik, keine Demokratie» seien, machte sie damals zu Randfiguren in der öffentlichen Debatte. Heute hat genau dieses Motto längst in den Mainstream der Republikanischen Partei Einzug gehalten und wird gerne von prominenten Vertretern wie Senator Mike Lee aus Utah wiederholt.[9] Dieser Slogan ist nicht die einzige Parallele zwischen der Ideologie der modernen Republikanischen Partei und den Birchern: Schon in den 1960er Jahren forderten die Bircher, dass «Sozialismus» aus öffentlichen Schulen verbannt werden müsse und dass dort stattdessen christliche, konservative Werte gelehrt werden sollten.[10]

Die Mitglieder des Vereins waren vor allem in den wohlhabenden Vorstädten der USA zu finden. Das Buch der Historikerin Lisa McGirr über die John Birch Society in Kalifornien trägt daher den treffenden Titel *Suburban Warriors* – «Vorstadt-Krieger».[11] Hausfrauen spielten eine bedeutende Rolle bei der Verbreitung der Botschaft, dass die Vereinigten Staaten von Kommunisten unterwandert seien.[12] Von ihrer Gründung bis in die frühen 1970er Jahre mobilisierte die Society zwischen 60 000 und 100 000 hochmotivierte, überwiegend christliche Männer und Frauen, vorrangig aus Weißen, wohlhabenden Vorstädten, die sich als Fußsoldat*innen im Überlebenskampf gegen einen geheimen Feind im Innern der USA sahen.[13]

Lange Zeit ist die John Birch Society als Splittergruppe der extremen Rechten abgetan und zu einem Randphänomen in der Geschichte des amerikanischen Konservatismus erklärt worden. Vor allem William F. Buckley sorgte dafür, dass von den Birchern häufig nur als *kooks*, als «Spinnern», die Rede war. Eine neue Generation von Historiker*innen konnte inzwischen jedoch zeigen, wie wichtig die Birch Society für die weitere Entwicklung des amerikanischen Konservatismus und nicht zuletzt auch für die politische Entwicklung der Republikanischen Partei gewesen ist.

Die Bircher begnügten sich nämlich keineswegs damit, lediglich Verschwörungsmythen auszutauschen. Welch war vielmehr davon überzeugt, dass die Bircher die Kommunisten mit deren eigenen politischen Guerillataktiken schlagen müssten, um Amerika zu retten. Konkret bedeutete das für ihn: Mitglieder der Society sollten für lokale politische Ämter wie Stadträte oder School Boards kandidieren, also bei Wahlen, die traditionell eher wenig Aufmerksamkeit erhielten und eine geringe Wahlbeteiligung aufwiesen. Auf diese Weise sollten diese und weitere Institutionen nach und nach von innen übernommen werden.[14] Diese Taktiken würden mit der Zeit innerhalb der im Entstehen begriffenen konservativen politischen Infrastruktur Schule machen und in der Gegenwart von Gruppen wie Moms for Liberty, denen wir eingangs begegnet sind, mit finanzieller und organisatorischer Unterstützung etablierter konservativer Institutionen perfektioniert werden.

Die Bircher waren hochpolitisch und extrem motiviert, und sie schreckten nicht vor schmutzigen Methoden zurück, wenn es darum ging, Kandidat*innen politisch zu zerstören, die ihrer Ansicht nach nicht konservativ genug waren. Die Republikanerin Patricia Hitt, eine enge Vertraute von Richard Nixon, bekam das 1962 zu spüren: In einem lokalen Wahlkampf terrorisierten Mitglieder der John Birch Society sie und ihre Familie mit Telefonanrufen und gingen dann dazu über, registrierte Republikanische Wähler*innen anzurufen und Hitt als Kommunistin anzuschwärzen – mit Erfolg: Hitt verlor die Wahl. Besonders schockiert war die Republikanerin von dem Hass der Gruppe, die sie als «eine extrem destruktive Kraft» beschrieb.[15]

Einschüchterung, politische Sabotage und die Gründung von Tarnorganisationen zur Bewerbung ihrer politischen Ansichten gehörten zur Standardausrüstung des politischen Werkzeugkastens der Society – so ermöglichten sie es Konservativen, die nicht direkt mit der Society und ihrem Extremismus in Verbindung gebracht werden wollten, ihre Aktionen trotzdem zu unterstützen, ohne in Verlegenheit zu geraten.[16] Lange vor der Religiösen und Politischen Rechten wandte die John Birch Society bereits sogenannte Kulturkampf-Taktiken an. So behauptete sie beispielsweise, Sexualkunde sei ein «dreckiges kommunistisches Komplott» – ein Vorwurf, der heute sein Echo dort findet, wo Befürworter*innen von LGBTQ-Akzeptanz und altersgerechter Sexualkunde in Schulen als «Groomer» beschimpft werden – ein Narrativ, das sich inzwischen längst zahlreiche hochrangige Republikaner zu eigen gemacht haben.[17] Goldwaters Hinwendung zu den Birchern war ein erster Schritt zur seither stattfindenden Integration verschwörungsgläubiger Extremist*innen in die Basisränge der Republikanischen Partei.

Im Jahr 1960 sorgte Goldwater mit seinem Buch *Conscience of a Conservative* («Das Gewissen eines Konservativen») für großes Aufsehen.[18] Die Tatsache, dass es von einem Ghostwriter und nicht von Goldwater selbst verfasst worden war, schmälerte seine Wirkung keineswegs. Verlegt wurde das etwas über 120 Seiten umfassende Bändchen von dem ehemaligen Demokraten Clarence Manion, der jetzt als rechter Radiomoderator, konservativer Geldgeber, Bircher und Autor der *National Review* aktiv war. Er war es auch gewesen, der Goldwater im gleichen Jahr gebeten hatte, für die Präsidentschaft zu kandidieren.[19] Manion, Welch und ihre Verbündeten waren sich sicher, dass die Zeit für jemanden wie Barry Goldwater reif war. So entstand die Idee für ein Buch, mit dem sich Wahlkampf machen ließ. Manion heuerte den uns schon bekannten L. Brent Bozell als Ghostwriter an, der das Pamphlet innerhalb von sechs Wochen herunterschrieb.[20]

Das schmale Buch erwies sich als publizistische Sensation und stürmte sogleich die Bestsellerliste der *New York Times*. Es war insofern radikal, als es den Konservatismus von jeder Assoziation mit alten, behäbigen Männern befreite. *Conscience of a Conservative* sollte der vielleicht wichtigste Text des amerikanischen Konservatismus in der zweiten Hälfte des letzten Jahrhunderts werden.

Bozell bewegte sich bei seiner Argumentation in historischen Fußstapfen – denen von James Henry Hammond.[21] Hammond, ein Demokrat und Verteidiger der Sklaverei, hatte einst South Carolina in beiden Kammern des Kongresses und als Gouverneur vertreten. Von ihm stammt der berühmte Ausspruch «Cotton is King!».[22] Weit weniger bekannt ist seine sogenannte Mud-sill-Theorie, die er 1858 in einer Rede vor dem Kongress thematisierte. Der englische Begriff *mud sill* bezeichnet eigentlich das Fundament von Häusern, doch Hammond benutzte ihn, um die unterste Bevölkerungsklasse zu beschreiben, die Arbeiter. Seiner Ansicht nach funktionierte eine Gesellschaft am besten, wenn eine kleine Elite reicher, gut ausgebildeter (Weißer) Männer die Geschicke des Landes lenkte. Mit diesem Argument wiederum verteidigte er die Institution der Sklaverei. «In allen sozialen Systemen», so Hammond, «muss es eine

Klasse geben, die die niederen Aufgaben ausführt, die die Schufterei des Lebens leistet. Diese Klasse benötigt somit nur einen niederen Intellekt und wenig Fähigkeiten. Stattdessen braucht sie Kraft, Fügsamkeit und Treue. Ohne eine solche Klasse gäbe es keine andere Klasse, die für Fortschritt, Zivilisation und Kultiviertheit sorgt. Sie macht das Fundament [*mud sill*] einer Gesellschaft und eines Staates aus. [...] Glücklicherweise hat der Süden eine Rasse gefunden, die sich zu diesem Zweck eignet.»[23]

Hammonds Sichtweise stand Lincolns Weltbild diametral entgegen. Für Lincoln sorgten arbeitende Menschen für den Wohlstand der Gesellschaft. Eine funktionierende Gesellschaft habe daher dafür zu sorgen, dass der Staat Arbeitern dabei half, zu größerem Wohlstand zu gelangen. Bozell wiederum plädierte in Goldwaters Buch zwar nicht für die Sklaverei, bediente sich aber sehr wohl der Argumentation derer, die das einst getan hatten – wie James Henry Hammond.

Beispielsweise sei den Massen nicht zuzutrauen, die richtigen politischen Entscheidungen zu treffen – sie würden ihre Stimmen nämlich immer demjenigen geben, der ihnen bessere finanzielle Verhältnisse verspreche. Daher, so Bozell und Hammond, müsse eine kleine Elite die politischen Entscheidungen treffen – und genau das sei die Idee der Gründerväter gewesen. Demnach sei Freiheit in Besitz begründet: Wenn der Staat etwa Steuern erhebe, sei das ein Angriff auf das Eigentum und damit auf die Freiheit an sich. Hammond war der Überzeugung gewesen, dass der Staat drei Aufgaben zu erfüllen habe: die innere Ordnung aufrechtzuerhalten, das Recht durchzusetzen und äußere Feinde abzuwehren. Bozell fügte eine vierte Aufgabe hinzu: den Wohlstand zu sichern. Allein die Gesetze Gottes und der Natur hätten Geltung, so Bozell wie Hammond vor ihm, und nur eine kleine Elite könne die Besitzrechte von Amerikanern schützen, die durch politisch aktive Arbeiter*innen und deren Streben nach Umverteilung des Wohlstands gefährdet seien.[24]

In Goldwaters Namen behauptete Bozell, dass die Gründerväter explizit keine Demokratie geschaffen hätten, sondern ein politisches System, das nicht nur vor «der Tyrannei des Einzelnen», sondern auch vor der «Tyrannei der Massen» geschützt werden sollte.[25] Daher sei eine Rückkehr zu den States' Rights unabdingbar. Entsprechend kritisierte Bozell die Entscheidungen des Obersten Gerichtshofs zur Aufhebung der Segregation an Schulen und zu Arbeitsschutzgesetzen. Die Entscheidung über eine Aufhebung der Segregation sollte seiner Ansicht nach in der Zuständigkeit der einzelnen Bundesstaaten liegen. Die Steuern sollten niedrig sein, und außerdem müssten die USA das stärkste Militär der Welt aufbauen, um ein Bollwerk gegen den Kommunismus zu errichten. Gleichheit, so Bozell, dürfe nicht das Ziel einer Gesellschaft sein, im Gegenteil: Diejenigen, die eine «egalitäre Gesellschaft» anstrebten, täten der «Charta der Republik und dem Naturgesetz Gewalt an […] Wir sind gleich nur vor den Augen Gottes und sonst in keiner anderen Hinsicht.»[26]

In dem Pamphlet finden sich darüber hinaus bereits Elemente des Verschwörungsglaubens, der die Republikanische Partei in den folgenden Jahrzehnten plagen und schließlich regelrecht beherrschen sollte: Die Vereinten Nationen etwa seien in Teilen «eine kommunistische Organisation», und für ihre Mitglieder würden «marxistische Verteilungsregeln» gelten.[27] Bozell beklagte zudem eine in der amerikanischen Bevölkerung verbreitete «feige Angst vor dem Tod» angesichts eines möglichen nuklearen Konflikts mit der Sowjetunion. Den Leuten werde eingeredet, dass es wichtiger sei, am Leben zu sein als frei – ein Framing, das sich übrigens unter anderem in der Reaktion vieler Rechter auf Maßnahmen zur Eindämmung der Corona-Pandemie wiederfand.[28]

Besonders entlarvend – vor allem in Bezug auf die heutige Republikanische Partei und die Mehrheit von rechten Richter*innen am Obersten Gerichtshof – ist schließlich eine Passage, in der Bozell alias Goldwater schreibt, es gehe nicht darum, «neue Gesetze zu erlassen», sondern bereits bestehende aufzuheben, um so den administrativen Staat zu schwächen.[29]

Nach Ansicht der Historikerin Heather Cox Richardson begründete Bozells Manifest den *Movement Conservatism*, also das, was man als organisierten, modernen Konservatismus bezeichnet. Die Botschaft war eindeutig: Die Uhr müsse zurückgedreht werden – in die Zeit vor dem Bürgerkrieg.[30] Das Buch trug dazu bei, Goldwater den Weg zur Nominierung für die Präsidentschaftskandidatur zu ebnen – wenn auch erst vier Jahre später. Derweil entwickelte sich Bozell, der eigentliche Autor, von einem der jungen Stars des Konservatismus zu einem ernsten Imageproblem. Jahrzehnte bevor der rechte Starmoderator Tucker Carlson Autoritarismus-Ferien in Viktor Orbáns Ungarn machen sollte, reiste er nach Spanien. Dort wurde er zu einem derart glühenden Franco-Fan, dass er den faschistischen Geist des katholischen Spaniens unter dessen Herrschaft am liebsten auch in die USA bringen wollte. Bozell und seine Ehefrau Patricia schwärmten davon, wie allgegenwärtig der Katholizismus im Leben der spanischen Bevölkerung verankert sei.[31]

Bozell ließ seine theokratischen Fantasien schließlich in seinem eigenen Magazin *Triumph* (1966–1976) weiterleben, das amerikanische Katholiken an die Freuden eines autoritären katholischen Integralismus heranführte – eine Vorstellung, die heute wieder in Teilen der Republikanischen Partei in Mode ist.

Sein Einfluss auf den amerikanischen Konservatismus wurde lange unterschätzt. Dabei lässt sich durchaus behaupten, dass der autoritäre Katholik die Vorlage für den von rechten, katholischen Ideologen dominierten Obersten Gerichtshof heute lieferte. «Zu Lebzeiten oft unterschätzt als Kauz», meint auch der Journalist Jacob Heilbrunn, «hat Bozell mehr als vielleicht jeder andere getan, um die Blaupause für den militanten Konservatismus zu schaffen, der nun am Obersten Gerichtshof und in den Basisrängen [der Republikanischen Partei] triumphiert.»[32] Der Historiker Geoffrey Kabaservice sieht einen ähnlichen roten Faden von Bozells faschistoiden Fantasien von damals bis heute und schreibt: «Die radikalen Konservativen am heutigen Obersten Gerichtshof haben sich, ob bewusst oder nicht, Bozells Vision zu eigen gemacht und sind dabei, die auf Bürgerrechten basierende liberale Vision von Gleichheit umzustürzen, die in vielerlei Hinsicht mit dem Urteil im Fall *Brown v. Board of Education* begann.»[33] Gleichzeitig stehe Bozell schon früh für das, was unter Ronald Reagan als «Fusionismus» bekannt wurde: die Verbindung von Libertarismus, Antikommunismus und Traditionalismus.[34] Während Bozell sich im Laufe der Zeit also auch seinerseits immer mehr von Buckley distanzierte, weil der ihm nicht mehr radikal genug war, nahmen seine eigenen persönlichen Entscheidungen die Radikalisierung der Republikanischen Partei um Jahrzehnte vorweg.

Im Unterschied zu Bozell hatte Buckley ein Gespür dafür, dass Goldwaters Extremismus auf viele Wähler*innen eine abschreckende Wirkung haben würde. Goldwaters Nähe zur John Birch Society stellte aus Buckleys Sicht auch deshalb ein Problem dar, sprach der Extremismus des Vereins sich doch nach und nach herum. Der Golden Boy Arizonas lehnte es aber nach wie vor ab, sich von den Verschwörungsgläubigen zu distanzieren, denn er brauchte die von ihnen aufgebauten Netzwerke, um seine Schriften und vor allem sein Wahlkampfmaterial unter die Leute zu bringen. Doch mit seinen abstrusen Theorien erregte Robert Welch zunehmend negative Aufmerksamkeit und schadete so dem Wahlkampf Goldwaters. Beispielsweise behauptete er, Eisenhower, der beliebte General und Ex-Präsident, sei ein geheimer Kommunist. Konservative, die sich noch mit Birchern abgaben, machten sich angesichts solchen Unsinns Sorgen, zum Gespött zu werden – sogar Russell Kirk, einer von Buckleys konservativen Verbündeten, witzelte: «Eisenhower ist kein Kommunist, er ist ein Golfer!»[35]

Schadensbegrenzung war gefragt, und zwar schnell.[36] In Absprache mit Goldwaters Team beschloss der Gründervater des modernen amerikanischen Konservatismus am Ende, sich von Welch zu distanzieren – nicht aber von der John Birch Society. Goldwater seinerseits forderte Welch zum Rücktritt auf. Doch auch wenn liberale Medien über ihn lachten – Goldwater blieb fest an der Seite der John Birch Society. Statt als Rechtsextremisten und Verschwörungsgläubige stellte Goldwater deren Mitglieder einfach als besorgte Bürger dar. Als bei einem Fernsehauftritt der Moderator die Botschaft einer Goldwater-Werbehotline abspielte, die die baldige Übernahme der USA durch eine kommunistische Verschwörung prophezeite, ließ sich Goldwater nicht vom Gelächter des Studiopublikums beirren und verteidigte die darin ausgedrückte Paranoia: «Statt über diese Menschen zu lachen, respektiere ich sie als Menschen, die sich sorgen, als Menschen, die erkennen, dass einige Dinge in dieser Regierung nicht so ablaufen, wie sie es wollen.» Er mache sich stattdessen viel mehr Sorgen wegen eines übergriffigen Staates und Plünderern auf den Straßen. Das Publikum spendete daraufhin Beifall.[37]

Nicht nur Konservativen wie Buckley, sondern auch moderaten Kräften in der Republikanischen Partei bereitete der Senator aus Arizona mit dem dicken, schwarzen Brillengestell und dem kantigen Kiefer erhebliche Bauchschmerzen. Goldwaters Nähe zu Extremisten empfanden sie als unmöglich, und seine Ansichten waren ihnen zu radikal. Sie sollten recht behalten. Goldwater forderte im Wahlkampf den Abbruch der diplomatischen Beziehungen zur UdSSR, sprach sich gegen ein 1963 zwischen den USA, Großbritannien und der Sowjetunion geschlossenes Abkommen zum Verzicht auf Atomwaffenversuche aus und forderte seine Zuhörer gar zum «Kreuzzug» gegen den Kommunismus auf.[38] Er schmähte die mögliche Einführung einer staatlichen Krankenversicherung für Behinderte, ältere Menschen und Bedürftige, die Präsident Lyndon B. Johnson plante, als «sozialisierte Medizin»[39] und lehnte den *Civil Rights Act* von 1964 ab, der jede Diskriminierung aufgrund von Ethnie, Hautfarbe, Religion und Geschlecht verbot. Ein Mitarbeiter des moderaten Republikaners und Gouverneurs von New York Nelson Rockefeller bemerkte zu den immer lauter werdenden konservativen Stimmen in der Partei, die in den 1950er Jahren eine Annäherung an die Dixiecrats forderten: «Sie glauben, indem sie reaktionärer werden als sogar die Southern Democratic Party, könnte die Republikanische Partei Südstaaten-Konservative anlocken, die bisher Demokraten waren, und indem sie die Partei mit der konservativen Stärke im Mittleren Westen und im Westen konsolidieren, könnten die Republikaner den Liberalismus des Nordostens abschütteln und sich endlich durchsetzen.» Bei Goldwater machte diese Argumentation Eindruck.[40] Laut dem Historiker Kevin M. Kruse hatte Goldwater schon 1953 als einer der ersten Republikaner eine Neuausrichtung der beiden Parteien wahrgenommen.[41] Er sollte der erste Republikanische Präsidentschaftskandidat der extremen Rechten sein.

Goldwater war bei weitem nicht der einzige bekannte Vertreter des konservativ-libertären Spektrums, der gegen die Einführung des Civil Rights Act war. Auch der bekannte Ökonom Milton Friedman[42] sprach sich gegen diese Bürgerrechtsgesetzgebung aus, ebenso ursprünglich William F. Buckley. Wegen seiner eindeutigen Haltung zur Segregation an Schulen, seines «Aufrufs zum Kreuzzug» gegen die Kommunisten, wegen seiner falkenhaften außenpolitischen Positionen gegenüber der Sowjetunion und seiner Inszenierung als einzig aufrechter Konservativer wurde Goldwater zum Liebling der aufstrebenden amerikanischen Rechten.

Unter den Moderaten in der GOP sorgte sein Auftreten hingegen für Verzweiflung: Viele wehrten sich gegen seinen extremen Kurs. Unter anderem waren sie fassungslos über sein kategorisches «Nein» zu einem neuen *Voting Rights Act*, einem neuen Wahlgesetz, das die Benachteiligung von Minderheiten bei Wahlen verbieten sollte. Goldwaters Position war umstritten: Innerhalb der Republikanischen Partei herrschte in den frühen 1960er Jahren nach wie vor Unsicherheit in der Frage, ob man wirklich eine Koalition mit den Südstaaten-Demokraten eingehen sollte. Immerhin hatten sich doch selbst führende Konservative wie der frühere US-Präsident und Bundesrichter William Howard Taft immer auch in der Tradition der «Partei Lincolns» gesehen und waren daher gegenüber Bürgerrechten für Schwarze nicht automatisch negativ eingestellt gewesen. Gleichzeitig hatte die GOP schon während Eisenhowers Präsidentschaft (1953–1961) begonnen, sich auf unzufriedene Südstaaten-Demokraten zuzubewegen.[43] Unter ihm vertrat die GOP eine deutlich zurückhaltendere Position in Sachen Bürgerrechte, anders noch als in den frühen 1940er Jahren. Einer, der früh spürte, dass sich die tektonischen Platten der amerikanischen Politik zu bewegen begannen, war Barry Goldwater. 1953 schrieb er in sein Tagebuch, dass er glaube, dass sich eine Koalition aus konservativen Republikanern des Westens und Mittleren Westens und Südstaaten-Demokraten abzeichne, mit der es gelingen könnte, den moderateren Ostküsten-Flügel, der die Partei so lange dominiert hatte, zu stürzen. «Ich spüre hier eine Neuausrichtung», schrieb er.[44] Goldwater hatte den richtigen Riecher – und sah schon damals das Ende der *New-Deal*-Koalition der Demokraten am Horizont. Eisenhowers Investition in den Aufbau von Parteistrukturen im Süden zahlte sich aus – doch mit dem fortschreitenden Erfolg der Bürgerrechtsbewegung wurden diese neu etablierten Strukturen schnell von denen übernommen, die gegen die Aufhebung der Segregation eintraten.[45]

Im Jahr 1961 schrieb William Loeb, der Herausgeber des *Manchester Union-Leader*, Republikaner sollten sich auf die Stimmen Weißer Südstaatler konzentrieren: «Indem sie die Partei des Weißen Mannes werden, können sie definitiv die Mehrheitspartei des Weißen Mannes im Süden werden. Auf diesem Weg werden wir endlich die konservativen Rechten und die States'-Rights-Rechten im Norden und Süden in der Republikanischen Partei zusammenbringen.»[46] Genau so sollte es kommen.

Der Flügel, der mit Goldwater erheblich an Macht gewinnen sollte, war derjenige, den wir am ehesten mit der Republikanischen Partei von heute verbinden: harte Rechte mit extremen Ansichten, die Moderate oder Progressive als Verräter in den eigenen Reihen betrachten.[47] Diese Entwicklung war nicht zuletzt den Versäumnissen des Republikanischen Establishments zuzuschreiben: Eisenhower und seine Verbündeten hatten es verpasst, nach seinem Wahlsieg 1953 die Begeisterung, die ihn ins Amt getragen hatte, in ein robustes und resilientes politisches Netzwerk umzuwandeln, auf das zukünftige Generationen der Partei würden aufbauen können. Ohne wirkliche politische Erben hatten die Moderaten in der Partei jedoch ein Machtvakuum hinterlassen, das dann aufstrebende Konservative zu füllen wussten. Das schon erwähnte Buhlen Eisenhowers um die Stimmen unzufriedener Südstaaten-Demokraten hatte die Tür für eine neue Koalition mit Weißen Südstaatlern und Segregationisten bereits einen Spaltbreit geöffnet. Andere würden sie in den nächsten Jahren entschlossen aufstoßen. Oder wie der Historiker Kabaservice es formuliert: «Die GOP war reif für die Übernahme.»[48]

Der erkennbare Rechtsruck in der Republikanischen Partei sorgte in der Presse für Aufsehen, auch wenn man ihn nicht wirklich ernst nahm. «Die Rechten werden ohne Zweifel versuchen, Kontrolle über die Republikanische Partei zu erlangen», schrieb etwa der Journalist Alan Barth 1961 in der *New York Times*, «doch es ist unwahrscheinlich, dass sie damit Erfolg haben. Ihr momentaner Liebling ist Goldwater. Aber der Senator wird sich schon bald zwischen der Unterstützung der Rechten und der Unterstützung echter Republikaner entscheiden müssen, die nicht beabsichtigen, die Traditionen ihrer Partei für eine [...] Art von Faschismus aufzugeben.»[49] Eine dramatische Fehleinschätzung.

Die Übernahme der Republikanischen Partei durch Konservative hatte in den 1950er und frühen 1960er Jahren auf bundesstaatlicher Ebene in Kalifornien begonnen: Dort hatten sich moderate Republikaner wie der Chef der kalifornischen GOP, Caspar Weinberger, zwar gegen aufkommende radikalere Stimmen in den eigenen Reihen gewehrt, aber letztlich hatten sie deren enormer Finanzkraft und ihren politischen Taktiken nur wenig entgegenzusetzen.[50] Und auch in anderen Staaten des *Sunbelts*, wie Barry Goldwaters Arizona, sah sich die Republikanische Partei mehr und mehr in der Hand von Politiker*innen, die sich als Gegenentwurf zur moderateren GOP der Ostküste sahen, die die nationale Parteipolitik so lange dominiert hatte.[51]

Goldwaters Wahlkampf erhielt 1964 Auftrieb durch die Veröffentlichung des Buches *A Choice Not an Echo* von Phyllis Schlafly. Schlafly war eine einflussreiche erzkonservative Aktivistin und gilt heute als Mitbegründerin des modernen amerikanischen Konservatismus. Ihr Pro-Goldwater-Manifest war ein verschwörungsgläubiges Pamphlet und entwickelte sich zum Kassenschlager.

Schlafly lieferte eine wahrhaft apokalyptische Vision: Sie warnte vor «tausend Jahren Dunkelheit»[52] und beschrieb ein düsteres Netz aus Bankern, Küsteneliten und geheimen Königsmachern, die mit Hilfe von Gehirnwäsche und Manipulation falsche Konservative in die Republikanische Partei eingeschleust hätten, um die Medien und den amerikanischen Staat im Sinne kommunistischer Verschwörer zu kontrollieren. Das Manifest war ganz nach dem Geschmack der Bircher und erinnerte nicht zufällig an eine der bekanntesten antisemitischen Hetzschriften der Geschichte, die «Protokolle der Weisen von

Zion».[53] Das sollte nicht weiter überraschen, denn entgegen Schlaflys Behauptungen zu Lebzeiten lassen jüngst entdeckte Quellen darauf schließen, dass sie tatsächlich selbst ein Mitglied der John Birch Society war.[54] Ihr paranoides Machwerk war nur eines von mehreren extremistischen Büchern, die sich landesweit wachsender Beliebtheit erfreuten und Goldwaters Weltbild stützten. Vertrieben wurden sie vor allem durch lokale Republikanische Büros und durch Buchläden der John Birch Society.[55]

Unter der Oberfläche der Republikanischen Partei brodelte es, und Barry Goldwater war entschlossen, den gärenden Extremismus für sich zu nutzen.

Seine Kür zum Präsidentschaftskandidaten der Republikaner auf dem Parteitag 1964 wurde zum Skandal. Zunächst sprach New Yorks Gouverneur Nelson Rockefeller, der als moderater Erzrivale Goldwaters in den Vorwahlen seine Kandidatur aufgegeben hatte.[56] Er brachte in seiner Rede die John Birch Society mit «Schmutz und Hassliteratur, brutalen Taktiken, Bombendrohungen und Bombenanschlägen» in Verbindung und warnte die versammelten Delegierten eindringlich vor der «Infiltration und Übernahme etablierter politischer Organisationen durch Methoden der Kommunisten und Nazis».[57] Laut Augenzeugenberichten kam es daraufhin beinahe zum Tumult. Rockefeller ließ sich jedoch nicht beirren: «Manche von euch wollen das nicht hören. Aber es ist die Wahrheit. Die Republikanische Partei muss diese Leute verstoßen.»[58] Die Stimmung war inzwischen mehr als aufgeheizt, die Menge buhte ihn aus. Eine damalige Teilnehmerin erinnerte sich später, der Zorn der Menge sei «furchtbar» gewesen: «Ich fühlte mich wie in Nazi-Deutschland.»[59]

Der Mob, der Rockefeller ausbuhte, und jener, der im Januar 2021 das Kapitol stürmte, einen Galgen für den Vizepräsidenten Mike Pence errichtete und sich auf die Jagd nach Nancy

Pelosi und anderen Demokraten machte, unterscheiden sich zweifellos, und doch haben beide etwas gemeinsam: Sie stehen für Verschwörungsglauben, Rassismus und Rechtsextremismus. Der Geist der Bircher, der am Vorabend des Sturms auf das Kapitol und am Tag selbst die Menge elektrisierte und antrieb, hatte auch schon Goldwater umweht, der sich immer wieder geweigert hatte, auf Distanz zur Society zu gehen, und stattdessen nur leichte Kritik an ihrem Anführer Welch übte.[60]

Jackie Robinson, ein Schwarzer Republikaner, schrieb nach dem Nominierungsparteitag 1964: «Eine neue Sorte Republikaner hat die GOP übernommen. Sie will Amerikanern eine Doktrin verkaufen, die so alt ist wie die Menschheit selbst – [...] die Doktrin von rassistischen Vorurteilen, die Doktrin von *White Supremacy*.» Sein Urteil über den Parteitag war vernichtend: «Wenn ich mein Gefühl, als ich der Dampfwalze dieser Operation zusah, in einen einzigen Satz fassen sollte, dann wäre es dieser: Ich würde sagen, ich weiß jetzt, wie es sich anfühlte, ein Jude in Hitlers Deutschland zu sein.»[61] Auf dem Parteitag waren die wenigen anwesenden Schwarzen Republikaner von Goldwater-Anhängern gewaltsam angegriffen worden.[62] Einem von ihnen wurde sogar der Anzug angezündet, wobei der Angreifer schrie: «Bleib da, wo du hingehörst!» Wie zwei Journalisten des *Daily Oklahoman* bemerkten, hatte keine der Delegationen aus dem Süden Schwarze oder jüdische Mitglieder in ihren Reihen.[63] Eisenhower erzählte im Anschluss an den Parteitag, dass seine Nichte von Goldwater-Anhängern sexuell belästigt worden sei.[64] Er war entsetzt über die Nominierung Goldwaters, war sie doch ein Zeichen dafür, dass sich der Wind innerhalb der Partei gedreht hatte. Während Eisenhower sich noch als Intellektueller verstanden hatte, der in Geschichte und Philosophie ebenso versiert war wie in militärischer Strategie, machten Goldwaters Anhänger, unter ihnen Phyllis Schlafly, aus ihrem Abscheu gegenüber Intellektuellen keinerlei Hehl.

Die Worte, mit denen Goldwater in die Geschichte eingehen und die ihn noch Jahre später verfolgen sollten, fielen in seiner Parteitagsrede, mit der er die Präsidentschaftsnominierung der GOP annahm: «Extremismus bei der Verteidigung der Freiheit ist keine Sünde! Und lasst mich euch daran erinnern, dass Mäßigung bei der Verteidigung der Freiheit keine Tugend ist!»[65] Diese Sätze sorgten sowohl für stehende Ovationen seitens der begeisterten Menge als auch für tiefes Entsetzen bei moderaten Republikanern. Goldwaters Aussage wurde allgemein als Positionierung in Sachen Bürgerrechte und als Befürwortung des Einsatzes von Atomwaffen im Vietnamkrieg interpretiert – als eine Billigung an die extremen Stimmen der John Birch Society und als generelle Absage an Maß und Vernunft. Nach Einschätzung der Historikerin Nancy McLean traf das zwar zu, aber dennoch habe sich Goldwater missverstanden gefühlt.[66] Seine Aussage sei dem Libertarismus zuzuordnen und werde von Demokraten nur dazu benutzt, ihn als Extremisten darzustellen, behauptete er. Geschrieben hatte die geschichtsträchtigen Worte, die Goldwater auf dem Parteitag der GOP sprach, übrigens nicht der Kandidat selbst, sondern der politische Philosoph und Leo-Strauss-Schüler Harry Jaffa, dessen geistige Erben am Claremont Institute, einer der einflussreichsten konservativen Denkfabriken der USA, gut fünfzig Jahre später zu Trumps größten Unterstützern im intellektuellen Flügel der amerikanischen Rechten werden sollten.[67]

Goldwater hatte sich Extremismus jetzt offiziell auf die Fahnen geschrieben – als Tugend. Sein folgender Wahlkampf gegen den Demokraten Lyndon B. Johnson war dann allerdings eine Katastrophe. Nach der Ermordung von Präsident John F. Kennedy bei einem Attentat am 22. November 1963 hatte dessen Vize Johnson das Amt übernommen. Das Land befand sich in Schockstarre – und auch wenn Kennedy von einem Kommunisten erschossen worden war, waren große Teile der amerikanischen Öffentlichkeit der Ansicht, dass Goldwater und seine politischen Verbündeten mit ihrer Hetze gegen den Demokratischen Präsidenten ein Klima des Hasses geschaffen hatten.[68] Goldwater reagierte in Interviews zunehmend gereizt und ungehalten, trat wiederholt unwirsch auf. Das, was er immer als seine große Stärke angesehen hatte, nämlich dass er aussprach, was er dachte, wurde ihm nun zum Verhängnis: Denn was er sagte, machte vielen Amerikaner*innen Angst. Auch die Presse wirkte teils ungläubig, wenn Goldwater seine Sprüche vom Stapel ließ, so als könnten sie nicht fassen, dass die Republikaner wirklich diesen Mann zu ihrem Präsidentschaftskandidaten gemacht hatten.[69]

Auch wenn sich der Kandidat selbst strategisch ungeschickt aufführte, so war die Rhetorik seines Wahlkampfteams doch raffiniert, indem sie auf Emotionen setzte. «Fühlst du dich auf der Straße sicher?», wurde da etwa in einer Broschüre gefragt. Und auf einem Werbeplakat stand: «Bist du der vergessene Amerikaner?»[70] Einer aus dem Team, Russ Walton, fasste die Werbestrategie so zusammen: «Wir wollen sie [die Wähler] einfach wütend machen, sodass sich ihnen der Magen umdreht. Wir wollen diese latente Wut und die Sorge, die jetzt existieren, nehmen, sie aufbauen, subtil drehen und lenken.»[71]

Goldwaters Weigerung, sich von der John Birch Society und anderen extremistischen Elementen zu distanzieren, stieß viele Amerikaner*innen ab. Und selbst in den wenigen Fällen, in denen Goldwater auf Abstand zu Extremisten ging, blieb deren Unterstützung doch ein Problem für ihn. Als die Führungsriege des Ku-Klux-Klans im Sommer 1964 verkündete, der Klan sei auf Goldwaters Seite, ließen erst sein Kandidat für die Vizepräsidentschaft, William E. Miller, und der Vorsitzende des Republican National Committee, Dean Burch, verlauten, sie seien für Unterstützung seitens des Klans offen. Burch sagte in einem Fernsehinterview: «Die Republikanische Position gegenüber dem Ku-Klux-Klan und jeder

Organisation ist: Solange diese Organisation nicht versucht, die Regierung der Vereinigten Staaten mit Gewalt zu stürzen, wie es die Kommunistische Partei tut, geht es uns darum, Stimmen zu bekommen. Es geht uns nicht darum, Stimmen abzulehnen [...].»[72]

Goldwater musste handeln. Er verkündete, dass sein Team keine Spenden vom Klan annehmen werde.[73] Doch da war es für Schadensbegrenzung längst zu spät. Der Chef des Klans zeigte sich in der *New York Times* davon gleichwohl wenig beeindruckt: «Senator Goldwater hat das Recht, jeden – oder jede Gruppe, die er will – zu denunzieren. Aber er kann nicht das Recht eines jeden Bürgers verweigern, selbst zu entscheiden, wen er wählen will.»[74]

Die führenden Köpfe der amerikanischen Rechten bereiteten sich schon vor dem Wahlabend auf das Schlimmste vor: Bereits im September 1964 stimmte William Buckley eine Versammlung junger Konservativer auf die drohende Niederlage ein. Die Mitglieder der Young Americans For Freedom hatten sich für Goldwater die Füße wund gelaufen, unzählige Briefe verschickt, an zahllose Türen geklopft. Um eine erfolgreiche Gegenrevolution durchzuführen, brauche es jahrzehntelange Planung, bekamen sie nun von Buckley zu hören. Goldwater sei zwar der richtige Kandidat gewesen – aber die Zeit sei noch nicht reif: «Ein großer Regenguss hat die durstige Erde überschwemmt, bevor wir Zeit hatten, uns angemessen darauf vorzubereiten. Ich spreche natürlich über die anstehende Niederlage Barry Goldwaters.» Buckleys Worte trafen auf dröhnende Stille, nur vereinzelt waren Schluchzer zu hören. Es sei nicht das Ziel gewesen zu gewinnen, fuhr er fort, sondern Menschen für die konservative Bewegung zu rekrutieren: «Nicht nur für den dritten November, sondern für zukünftige November.♦

♦ Die Präsidentenwahl in den USA findet immer am Dienstag nach dem ersten Montag im November statt.

Den konservativen Geist in so vielen Menschen zu entfachen, dass wir am vierten November mit Recht nicht auf die Asche der Niederlage blicken, sondern auf die wohl gesäten Körner der Hoffnung, die an einem großartigen November der Zukunft erblühen werden […], falls es eine Zukunft gibt.»[75] Noch gebe es dieses Umdenken in der Bevölkerung nicht, das nötig sei, um eine Gegenrevolution erfolgreich bis ins Weiße Haus zu führen.[76]

Es war eine prophetische Einschätzung: Am Wahltag führte Goldwater die Republikanische Partei tatsächlich in die schlimmste Niederlage ihrer Geschichte. Die Nation wählte mit überwältigender Mehrheit Lyndon B. Johnson. Er gewann 61,1 Prozent der Stimmen und 486 Stimmen im Electoral College. Sogar die Wähler*innen des sonst verlässlich Republikanischen Mittleren Westens ließen Goldwater im Stich. Der konnte lediglich fünf Staaten im tiefen Süden (Alabama, South Carolina, Louisiana, Georgia und Mississippi) und – sehr knapp – seinen Heimatstaat Arizona für sich gewinnen.[77] Für konservative Aktivist*innen wie William Rusher war Goldwaters Kandidatur allerdings trotz der krachenden Niederlage ein Erfolg. In ihren Augen hatte Goldwater immerhin die Partei nach rechts rücken können und es ermöglicht, entscheidende Positionen in der Partei in den Basisrängen mit Gleichgesinnten zu besetzen.[78] Außerdem hatten die Republikaner zum ersten Mal seit der Reconstruction-Ära♦ nach dem Bürgerkrieg Staaten der früheren Konföderation gewonnen.

Politische Beobachter*innen waren sich dagegen einig: Die amerikanische Bevölkerung hatte dem extremen Konservatismus, für den Goldwater stand, eine klare Absage erteilt. Die konservative Bewegung lag in Trümmern und würde so bald

♦ Als Reconstruction-Ära (1865–1877) bezeichnet man die Jahre nach dem Ende des Bürgerkrieges, eine Zeit der Klärung des rechtlichen Status zuvor versklavter Schwarzer Amerikaner*innen und der Reintegration der ehemaligen konföderierten Staaten in die Vereinigten Staaten von Amerika.

nicht mehr daraus auferstehen. Die *New York Times* fällte am Tag nach der Wahl ein vernichtendes Urteil: «Barry Goldwater hat gestern nicht nur die Präsidentschaftswahlen verloren, sondern auch die konservative Sache. Er hat seine Partei für lange Zeit in den Ruin getrieben und ist wahrscheinlich nicht einmal in der Lage, die Trümmer zu beseitigen.»[79] Einer der bekanntesten Historiker des Landes verkündete: «Es handelt sich bei dieser Epoche so sicher um eine liberale, wie das späte 19. Jahrhundert konservativ war.»[80] Und das Magazin *The New Yorker* schrieb: «Diese Wahl hat die Goldwater-Schule der politischen Reaktion beendet.»[81]

Wie der Historiker Rick Perlstein rückblickend analysiert, hätten all diese Pressestimmen jedoch nicht wahrgenommen, dass sich «der Boden unter ihren Füßen verschob». Ebenso wenig hätten «sie bemerkt, dass Amerika mit jedem Jahr und mit jeder Krise nach und nach mehr geteilt als vereint wurde».[82] Die tektonischen Platten der amerikanischen Politik waren in Bewegung geraten, aber weder das Gros der Presse noch die überwiegend aus Moderaten bestehende Führungsriege der Republikanischen Partei bekamen etwas davon mit. So gab es lediglich vereinzelt warnende Stimmen. «Der rechte Flügel kontrolliert noch einen großen Teil der Partei-Maschinerie und wird extrem schwer auszuheben sein», schrieben etwa Reporter der liberalen Zeitung *St. Louis Post-Dispatch*. «Viele andere Amerikaner, einschließlich manche der führenden Figuren in beiden Parteien, müssen erst noch verstehen, was geschehen ist.»[83]

Goldwaters Niederlage war nicht das Ende, sondern der Anfang. Trotz der verlorenen Wahl sahen konservative Aktivist*innen in seinem Wahlkampf eine potenzielle Blaupause für zukünftigen politischen Erfolg: Goldwater hatte vor allem auf niedrigere, dafür aber umso zahlreichere Spenden einzelner Wähler*innen gesetzt, um nicht auf die Großspender angewiesen zu sein, die traditionell eher dem Republikanischen Establishment zugetan waren. Gleichzeitig hatten die Mitglieder von Goldwaters Graswurzelbewegung den nötigen Enthusiasmus für den Wahlkampf vor Ort mitgebracht: So hatte Goldwater die Vorwahl in Kalifornien nur dank des Engagements der John Birch Society hauchdünn gewinnen können. Und bei der Präsidentschaftswahl hatten sage und schreibe 3,9 Millionen Amerikaner*innen als Freiwillige für sein Wahlkampfteam gearbeitet – doppelt so viele, wie für Johnson aktiv geworden waren.[84] Das System hoch motivierter Basisaktivist*innen war demnach offenbar auch auf die nationale Ebene übertragbar, und so kam es beispielsweise 1964 zu der Gründung von weiteren Organisationen wie der American Conservative Union (ACU). Die ACU hatte enge Verbindungen zu Buckleys *National Review* und sollte später jährlich die einflussreiche Conservative Political Action Conference (CPAC) ausrichten, die noch heute als eine Art Gradmesser der Stimmung der Republikanischen Basis gilt.[85]

Buckley war jetzt, nach Goldwaters Niederlage, entschlossen, das Problem mit der John Birch Society ein für alle Mal zu lösen. Die *National Review* veröffentlichte im Oktober 1965 eine Ausgabe, in der die Society für ihren Extremismus gescholten wurde – was viel zu dem Mythos beigetragen hat, Buckley und andere «vernünftige» Konservative hätten die Bircher gleichsam vom Hof gejagt. Dabei wird übersehen, dass die «Säuberung» aus rein taktischen Gründen erfolgte: Die Verbindung zu den Birchern hatte Goldwater geschadet, die Wahl war verloren, und Buckley konnte sich jetzt gefahrlos positionieren.

Die Konservativen waren nach Goldwaters Niederlage zwar schwer angeschlagen, aber nicht komplett am Boden zerstört, ja sie sahen sogar einen Silberstreif am Horizont: Sicher, Goldwater hatte nur wenige Staaten gewonnen, aber dass er es geschafft hatte, Demokratische Hochburgen im Süden wie

Louisiana, Georgia, Mississippi, Alabama, South Carolina und Arizona zu gewinnen, ließ darauf schließen, dass dort seine rassistische *Dog Whistle* – der Verweis auf «States' Rights» – verfangen hatte. Es war jedenfalls kein Zufall, dass einige der wichtigsten Akteure, die im Anschluss an die Niederlage zu den Architekten der Religiösen und Politischen Rechten des Landes werden sollten, zuvor Goldwaters Wahlkampfteam angehört hatten: Paul Weyrich, Richard Viguerie und Morton Blackwell. Blackwell sollte in seinem Leadership Institute die neue konservative Elite von morgen ausbilden, die Buckley im September 1964 noch so schmerzlich vermisst hatte. Weyrich gründete mit anderen ab den 1970er Jahren eine ganze Reihe von Institutionen, die den amerikanischen Konservatismus bis in die Gegenwart hinein entscheidend prägen sollten, darunter den Council for National Policy (CNP), der bis heute als eine Art Dachorganisation der Religiösen Rechten fungiert, den American Legislative Exchange Council (ALEC), der Gesetzentwürfe für lokale Politiker*innen, aber auch auf Bundesebene vorbereitet, sowie die Heritage Foundation, die als rechter Think Tank bis heute aktiv die Politik der GOP beeinflusst.[86] Viguerie wiederum entwickelte eine ausgeklügelte Mobilisierungsmaschinerie, der die Demokraten bis heute nichts Vergleichbares entgegensetzen konnten, was nicht einer gewissen Ironie entbehrt, hatten sich die Konservativen doch ursprünglich an den Strukturen liberaler Organisationen orientiert.

Der Erdrutschsieg der Demokraten unter Lyndon B. Johnson sollte die konservativen Kräfte des Landes in hohem Maße mobilisieren. Johnsons Implementierung von Hilfsprogrammen zur Armutsbekämpfung, für eine staatliche Krankenversicherung für Alte und Bedürftige, für eine bessere Bildung und zum Abbau von Diskriminierung, mit denen er seine Vorstellung einer *Great Society* umsetzen wollte, bereiteten den Konservativen Albträume und spornten sie umso mehr an, aktiv zu werden, die Fehler des Goldwater-Wahlkampfs klar zu identifizieren, um beim nächsten Mal besser vorbereitet zu sein. Nicht zuletzt wollte man mit Stiftungen, Think Tanks, Ausbildungsstätten und Instituten eine politische Infrastruktur schaffen, die jener des politischen Gegners überlegen war – ein Ziel, das die amerikanische Rechte tatsächlich erreichen sollte.[87]

5 Eine Partei für Weiße

Nixons Southern Strategy

«Vergesst nie: Die Presse ist der Feind, die Presse ist der Feind, die Presse ist der Feind. Das Establishment ist der Feind, die Professoren sind der Feind, die Professoren sind der Feind. Schreibt das hundertmal auf die Tafel und vergesst es nie.»

Richard Nixon in einem Gespräch mit seinen Sicherheitsberatern Henry Kissinger und Alex Haig, 1972

Richard Nixon hatte schon früh das Gefühl, nicht richtig dazuzugehören. Er war in einer ärmlichen, evangelikalen Quäkerfamilie im ländlichen Kalifornien aufgewachsen. Nixon war intelligent, scharfsinnig, – bekam Stipendien und stieg in die obersten Kreise der Gesellschaft auf – und fühlte sich doch immer als Außenseiter. 1946 wurde der Jurist mit 33 Jahren Abgeordneter im Kongress. Er gehörte zwar nicht zum Ostküsten-Adel, der die höchsten Ränge der Republikanischen Partei besetzte und den Ton angab, machte sich aber schnell als strammer Antikommunist national einen Namen und wurde zu Beginn der 1950er Jahre in den Senat gewählt. Auf der Karriereleiter stieg der erst Vierzigjährige 1953 zum Vizepräsidenten (bis 1961) unter Dwight D. Eisenhower auf – der ihn persönlich nicht ausstehen konnte und ihm das auch recht unverhohlen zeigte.[1] Nixon haftete etwas Unfeines, Ungehobeltes an, er war kein *Country Club Republican* – weshalb man ihm miese Tricks im Wahlkampf weniger verzieh als so manchem Ostküsten-Patrizier.

Nixon hatte gelernt, dass man nur durch harte Arbeit zu etwas wurde – und war sich nicht zu schade, sich die Hände schmutzig zu machen. Im Wahlkampf um den Senatsposten in Kalifornien verpassten ihm die Demokraten den Spitznamen, den er zeit seines Lebens behalten würde: *Tricky Dick*, weil er seine Demokratische Gegenkandidatin teils mit schmutzigen Tricks ausgebootet hatte. Das führte dazu, dass der Karikaturist Herbert Lawrence Block (alias Herblock) von der *Washington Post* ihn gern als Geschöpf der Unterwelt zeichnete oder als Figur, die gerade aus einem Gullyloch kriecht. Die wenig subtile Botschaft: Nixon griff zu Methoden, die zum Himmel stanken.[2] Nixon war kein Ultrakonservativer, im Gegenteil: Während Goldwaters Präsidentschaftskandidatur 1964 zählte er wie Rockefeller zu den innerparteilichen Kritikern des Senators aus Arizona und ermahnte die Republikaner, sie dürften Ansichten wie die Goldwaters nicht in ihrem Zelt der großen Ideen dulden. Nixon galt als moderat, was Bürgerrechte für Schwarze Amerikaner*innen anging: Als Vizepräsident – der gleichzeitig auch als Senatspräsident fungiert – erlaubte er 1957 eine Regeländerung im Senat, die die Verabschiedung des Civil Rights Act ermöglichte. Das war Teil seiner Strategie, bei Schwarzen Wähler*innen zu punkten – eine Strategie, von der er hoffte, dass sie ihm die Präsidentschaft einbringen würde.[3]

Doch 1960 verlor Nixon als Republikanischer Präsidentschaftskandidat die Wahl gegen die Personifizierung all dessen, was er nicht war – gegen den Demokraten John F. Kennedy. Der war Teil einer Ostküsten-Dynastie, katholisch, reich und gutaussehend – der Golden Boy gegenüber dem Gullymann. Es gab Gerüchte, dass es in Texas und Illinois zu Wahlbetrug gekommen sei, was aber, selbst wenn es gestimmt hätte, nicht genug gewesen wäre, um Kennedy den Sieg zu sichern.[4] Nixon entschied sich schnell, das Ergebnis nicht anzufechten, fühlte sich aber dennoch betrogen. «Natürlich haben sie die Wahl gestohlen», herrschte er 1960 einen neuen Angestellten an.[5] Die Paranoia sollte ihn während seiner ganzen politischen Laufbahn begleiten – und schließlich sein Untergang sein.

Nach seiner Niederlage im Kampf um das Gouverneursamt in Kalifornien 1962 schien seine politische Karriere beendet.

Doch es juckte ihn in den Fingern. Er wollte zurück in die Politik und es all denen, die über ihn gelacht und ihn schon immer für eine Witzfigur gehalten hatten, so richtig zeigen.

1968, vier Jahre nach seiner Warnung vor Goldwaters Extremismus, war von diesem Appell zur Mäßigung nichts mehr zu spüren. Bei seiner Antrittsrede als Präsidentschaftskandidat der Republikaner entwarf Nixon auf dem Parteitag in Miami im August 1968 ein düsteres Szenario der Situation Amerikas nach der Präsidentschaft des Demokraten Lyndon B. Johnson. «Wenn wir auf Amerika schauen, sehen wir Städte, gehüllt in Feuer und Rauch. Wir hören Sirenen in der Nacht», sagte er vier Jahre nach Goldwaters Wahldebakel im Duktus eines pathetischen Grabredners, die Hände auf die Seiten seines Rednerpults gelegt, die Haare zurückgegelt und genauso schwarz wie sein Anzug. «Wir sehen Amerikaner, die auf fernen Schlachtfeldern im Ausland sterben. Wir sehen Amerikaner in der Heimat, die sich hassen, bekämpfen und einander töten. Und während wir diese Dinge sehen und hören, schreien Millionen Amerikaner vor Schmerz auf.»[6]

Die apokalyptischen Bilder eines zerrissenen Landes, geplagt von Gewalt und Tod, die Nixon malte, ähnelten denen, die knapp fünfzig Jahre später ein anderer Präsidentschaftskandidat der Republikanischen Partei, ebenfalls in seiner Antrittsrede, heraufbeschwören sollte – Donald Trump: «Unser Parteitag findet in einem Moment der Krise für unsere Nation statt. Die Angriffe auf unsere Polizei, der Terrorismus in unseren Städten bedrohen unseren Lebensstil. Jeder Politiker, der diese Gefahr nicht begreift, ist unfähig, unser Land anzuführen. Amerikaner, die diese Rede heute sehen, haben die jüngsten Bilder von Gewalt in unseren Straßen und das Chaos in unseren Communitys gesehen. Viele haben Gewalt selbst erlebt, manche sind selbst zu Opfern geworden.»[7] Nixon und Trump betonten in ihren jeweiligen Reden, sie sprächen für das «wahre Amerika».

Nixon wusste, dass er den konservativen Flügel seiner Partei überzeugen musste. Der war nämlich überhaupt kein Fan von *Tricky Dick*. Zwar hatte Nixon in der Vergangenheit mit seinem knallharten Antikommunismus bei den Rechten punkten können, doch in vielen anderen Politikfeldern war er ihnen viel zu liberal. Beispielsweise trat er für eine aktive Rolle der USA in der Weltpolitik ein, und er hatte den Marshall-Plan für den Wiederaufbau Europas befürwortet.[8] Als Vizepräsident des moderaten Eisenhower war Nixon den Konservativen seiner Partei nicht geheuer gewesen, doch nun war er entschlossen, sich nicht von seinem Weg abbringen zu lassen. Er sei ihre Stimme, versprach er den versammelten Vertreter*innen seiner Partei in Miami, «die Stimme der großen Mehrheit der Amerikaner, der vergessenen Amerikaner: derer, die nicht schreien, derer, die nicht demonstrieren. [...] Ich sage euch heute Nacht, dies ist die wahre Stimme Amerikas.»[9] Auch Trump sollte später das Bild einer vergessenen, von der politischen Elite vernachlässigten Mehrheit malen: «Ich habe die gefeuerten Fabrikarbeiter besucht und die Communitys, die von unfairen Handelsabkommen zerstört wurden. Dies sind die vergessenen Männer und Frauen unseres Landes. Menschen, die hart arbeiten, aber keine Stimme mehr haben. ICH BIN EURE STIMME.»[10]

Die Unterteilung in «wahre Amerikaner» und solche, die keine volle Partizipation in der Gesellschaft verdienten, ja sogar eine Bedrohung für eine friedliche amerikanische Gesellschaft seien, war der Kern beider Wahlkampfkampagnen, auch wenn sie fast fünfzig Jahre auseinanderlagen. Das von Gewalt und Kriminalität geplagte Amerika brauche jemanden, der Recht und Ordnung wiederherstelle. Wie sein parteiunabhängiger Gegenkandidat aus Alabama, der konservative Ex-Demokrat George Wallace, und zahlreiche Republikanische Präsidentschaftskandidaten nach ihm präsentierte sich Nixon als Vertreter von «Law and Order». Die Ordnung, die wiederhergestellt werden sollte, implizierte dabei durchaus auch die Möglichkeit, gewaltsam gegen die Gruppen vorzugehen, die vermeintlich nicht zu den «wahren Amerikanern» gehörten. So sagte beispielsweise George Wallace im Verlauf des Wahlkampfs über Demonstrierende: «Wenn ich Präsident bin und einer dieser Anarchisten sich vor mein Auto legt, ist es das letzte Ding auf dieser Erde, vor das er sich gelegt hat.»[11] Nixon und Wallace hatten etwas gemeinsam: Sie waren beide ursprünglich als vergleichsweise moderat in Sachen *race* positioniert, hatten damit aber keinen Erfolg gehabt. Eine 180-Grad-Wende brachte beiden schließlich politische Erfolge, da sie Rassismus höchst effektiv als Wahlkampfstrategie einsetzten.

Im Jahr 1963, als Wallace noch Demokratischer Gouverneur von Alabama war, hatte er an der Universität des Bundesstaates die Aufnahme Schwarzer Studierender zu verhindern versucht. Berühmt wurde sein Ausruf: «Segregation jetzt, Segregation morgen, Segregation für immer!»[12] Seine Worte sollten zum Schlachtruf für alle werden, die an der Segregration festhalten wollten. 1964 hatte er bei den Vorwahlen der Demokraten für die Präsidentschaftskandidatur gegen Lyndon B. Johnson keine Chance. Deshalb trat er nun, vier Jahre später, als unabhängiger Kandidat gegen den Republikaner Richard Nixon und den Demokraten Hubert Humphrey an.[13] Im Wahlkampf 1968 entwarf Wallace das Feindbild einer arroganten Elite, die sich mit abgehobenen Fragen beschäftige, während die «einfachen Leute» vergessen würden.[14] Sein Erbe zeigt sich auch heute noch in den rechten Angriffen auf Medienhäuser und Universitäten, wie sie Reagan später perfektionieren würde. Für den Historiker David Greenberg wurzeln die Vorwürfe eines angeblichen Linksdralls großer Medienhäuser «in George Wallace' schonungslosem Krieg gegen nationale Nachrichtenagenturen, deren Reporter, wie er und andere Weiße Südstaatler glaubten, ihren Kampf um die Erhaltung von Jim Crow♦ verzerrt darstellen würden».[15]

♦ Die sogenannten Jim-Crow-Gesetze waren rassistische Gesetze, die nach der Abschaffung der Sklaverei in den Südstaaten verabschiedet wurden, um die White Supremacy aufrechtzuerhalten: Sie setzten die Segregation in

Damit Nixon für Segregationisten aus dem Süden wählbar war, nahm er Strom Thurmond, einen ultrarechten Südstaaten-Demokraten und Gegner der Bürgerrechtsbewegung mit guten Verbindungen zur John Birch Society, in sein Team auf und versprach als Gegenleistung, keine liberalen – also für Bürgerrechte offenen Richter für den Obersten Gerichtshof zu ernennen. Um die Wallace-Wähler*innen zu ködern, musste Nixon Toleranz, wenn nicht gar Sympathie gegenüber deren rassistischen Positionen signalisieren, allerdings in einer Rhetorik, die nicht ganz so offen rassistisch wirkte wie die von Wallace. Die Entscheidung, unzufriedene Weiße Demokraten aus den Südstaaten zu hofieren, fiel im Rahmen der sich bereits abzeichnenden Neuordnung der Parteien: Zwar zählten die Demokraten noch immer offene Rassisten in ihren Reihen, doch die Position der Partei insgesamt hatte sich zu verschieben begonnen, und zwar hin zur Unterstützung der Bürgerrechtsbewegung. Wie schon im vorigen Kapitel erwähnt, bot dies für den konservativen Flügel der GOP eine günstige Gelegenheit, die mit dieser Neuausrichtung der Demokraten unzufriedenen Wähler*innen abzuwerben. Nixon erschien die Chance verlockend, einen Keil in die Demokratische Koalition zu treiben, die seit den 1930er Jahren und Roosevelts New Deal zwischen progressiven Demokraten im Norden, der Weißen Arbeiterklasse und Segregationisten im Süden bestand. Der gemeinsame Nenner dieser Koalition bestand in der Wirtschaftspolitik, doch mit dem Aufkommen der Bürgerrechtsbewegung gefährdete Rassismus das Bündnis – denn nun würden auch Schwarze Arbeiter*innen von den Sozialreformen des New Deal profitieren.[16] Nixon und seine Berater waren entschlossen, das für sich auszunutzen.

Für Nixon selbst bedeutete dieses strategische Manöver eine 180-Grad-Wende: Noch 1960 hatte er an seine eigene Partei

der Öffentlichkeit durch und verwehrten Schwarzen Amerikaner*innen volle Bürgerrechte.

appelliert, auf der Jagd nach Weißen Stimmen aus dem Süden nicht das Erbe Lincolns und die historische Verpflichtung der Republikaner gegenüber Schwarzen Amerikaner*innen zu vergessen. Politisch hatte sich diese Haltung für ihn jedoch nicht ausgezahlt. Und so waren Nixon und seine Berater nun, im Jahr 1968, entschlossen, so viele Unterstützer*innen von Wallace wie möglich von sich zu überzeugen und dabei die Demokratischen Staaten im Süden, die Goldwater vier Jahre zuvor gewonnen hatte, auf ihre Seite zu bringen. Dazu mussten sie eine Koalition mit Segregationisten eingehen, und so wurde die sogenannte Southern Strategy geboren – zumindest Nixon selbst sah es so. «Die Idee, dass Goldwater die Southern Strategy erfunden hat, ist Bullshit», empörte er sich später gegenüber einem Biographen. Goldwater sei als «rassistischer Kandidat» angetreten und habe versucht, die Stimmen von «Schaum-vor-dem-Mund-Segregationisten» für sich zu gewinnen. Deswegen habe Goldwater den «tiefen Süden» gewonnen – Staaten, die 1968 Wallace gewann, während Nixon sich auf südliche «Randstaaten» ausrichtete.[17] Unabhängig von der Frage der Urheberschaft gab es nach Ansicht des Historikers Kevin M. Kruse einfach verschiedene Versionen der Southern Strategy: Goldwater hatte offen rassistische Positionen vertreten, während Nixon es verstand, seinen Ton zu mäßigen und dennoch die gleiche Botschaft wie Goldwater an Weiße Segregationisten zu senden.

Historiker wie Kruse argumentieren heute zu Recht, dass die Bezeichnung «Suburban Strategy» eigentlich treffender wäre, denn Nixons in viele Anspielungen gehüllter Rassismus war nicht ausschließlich auf den Süden ausgerichtet, sondern auch auf Weiße Vorstadtbewohner im Norden, um deren rassistische Angst vor «Schwarzem Verbrechen» und Ressentiments gegen eigentlich beliebte Sozialprogramme, von denen auch Schwarze profitierten, zu schüren.[18] Die veränderte demographische und geographische Verteilung der Bevölkerung machte die Weiße Mittelschicht zu einem Wähler*innenblock, dessen Rassismen sich für den Republikanischen Wahlkampf zynischerweise nutzen ließen: Denn während die Weiße Mittelschicht in den 1950er und 1960er Jahren vermehrt in die Vorstädte gezogen war, um dort den amerikanischen Traum vom Eigenheim und dem weißen Gartenzaun zu leben, blieben Schwarze und People of Color in den langsam zerfallenden Innenstädten zurück. Ihre Wut über die desaströsen Lebensbedingungen trieb sie schließlich auf die Straße, es kam zu Ausschreitungen und Unruhen. Die Weiße Mittelschicht beobachtete diese Szenen im heimischen Wohnzimmer am Fernseher. In ihren Augen waren die Ausschreitungen der Beweis dafür, dass Schwarze trotz Ausweitung der Bürgerrechte und staatlicher Hilfsprogramme (von denen nach wie vor vor allem Weiße profitierten) keine Ruhe gaben – und es folglich nicht verdienten, dass Steuergelder für die Verbesserung ihrer Lebenssituation verwendet würden. Die apokalyptischen Bilder, die Nixon in seiner Nominierungsrede zeichnete, sollten gezielt Gedanken an solche Fernsehbilder von Ausschreitungen in amerikanischen Städten und von sterbenden US-Soldaten in Vietnam in den Köpfen der Zuschauer*innen hervorrufen.

Die Southern Strategy sollte sich für Nixon lohnen. Ihr Erfolg im Wahlkampf, so die Historikerin Mary Stuckey, hing bei den politischen Akteur*innen von zwei grundlegenden Bedingungen ab: «Es brauchte einen Sprecher, der bereit war, in Codes zu reden, und die Bereitschaft von anderen Eliten, die codierte Sprache nicht als solche anzusprechen.» Das habe weitreichende Folgen auf nationaler Ebene gehabt: Da niemand von anerkannter Autorität die rassistischen Elemente dieser codierten Sprache und ihre Absicht benannt und verurteilt habe, hätten politische Eliten den Weg dieser rassistischen Erzählung in den Mainstream erst möglich gemacht – und so seien *Dog Whistles*, wie man die codierten Botschaften nannte, zum festen Bestandteil des politischen Vokabulars geworden.

Das Hundepfeifen-Prinzip ermöglichte es dem Sprechenden, glaubhaft abzustreiten, sich rassistisch geäußert zu haben, während die eigentliche Zielgruppe den rassistischen Appell sofort als solchen verstand und positiv rezipierte.[19]

In ihren internen Unterhaltungen nahmen Nixon und seine Berater jedoch kein Blatt vor den Mund. So empfahl etwa H. R. Haldeman, Nixons späterer Stabschef, in einem Memo, Nixon solle sich auf die «ethnics» konzentrieren. Damit meinte er bestimmte Untergruppen von Einwanderern, die angeblich ebenfalls «Angst vor Schwarzen» hätten: Italiener, Polen, Mexikaner und Iren. In der Zwischenzeit solle das Wahlkampfteam außerdem mit dem «Pro-Schwarzen-Scheiß aufhören»,[20] so Haldeman. Nachdem Nixon 1960 das erste Fernsehduell zweier Präsidentschaftskandidaten gegen Kennedy verloren hatte, bereitete nun sein Wahlkampfteam um Roger Ailes die Kampagne 1968 mediengerecht fürs Fernsehen vor. Ailes, der spätere Gründer von *Fox News*, damals erst 29 Jahre alt, plante bis ins kleinste Detail orchestrierte Wahlkampfveranstaltungen. So wollte er den eigentlich drögen, steifen Nixon als präsidiale Figur präsentieren – die kunstvolle Fernseh-Inszenierung sollte das Publikum vergessen lassen, wie langweilig sie Nixon eigentlich fanden.[21] Ailes war überzeugt: Das Fernsehen hatte den Präsidentschaftswahlkampf revolutioniert. «So werden sie von jetzt an gewählt werden. Die nächsten Kerle werden Performer sein müssen», sinnierte er.[22]

Nixon profitierte davon, dass sich die innenpolitische Situation seit der katastrophalen Niederlage Goldwaters verändert hatte. Für viele Angehörige der Weißen Mittelschicht fühlte es sich 1968 in den USA wirklich so an, als wäre die Welt um sie herum aus den Fugen geraten. An Universitäten demonstrierten Studierende gegen den Vietnamkrieg, Hippies protestierten gegen traditionelle Lebensentwürfe, Feministinnen forderten mehr Rechte, und nach dem Mord an dem Bürgerrechtler Martin Luther King am 4. April 1968 in Memphis, Tennessee, kam es in über hundert Städten zu gewaltsamen Zusammenstößen und Straßenschlachten mit der Polizei und der Nationalgarde, bei denen 39 Menschen starben und über 20 000 Demonstrierende festgenommen wurden. Angesichts dieser Ereignisse war die Frage nach Extremismus auf Republikanischer Seite in der öffentlichen Wahrnehmung plötzlich nicht mehr zentral – die Extremisten, das waren jetzt diejenigen, die sich Straßenschlachten mit Polizisten lieferten.[23] Aus Sicht Weißer Vorstadtwähler*innen braute sich eine unheimliche neue Welt am Horizont zusammen.[24]

Nixon versprach dem amerikanischen Volk während seines Wahlkampfs 1968, den ungeliebten Krieg in Vietnam zu beenden. Hinter den Kulissen sabotierte er derweil Friedensbemühungen zwischen Hanoi und der Demokratischen Administration in Washington, weil er sich – zu Recht – größere Chancen ausrechnete, wenn der Krieg bis zur Wahl andauern würde.[25] Nixon sabotierte Johnsons Friedensverhandlungen, indem er über die Republikanerin Anna Chennault Zweifel beim Verbündeten Südvietnam weckte, dass Johnson in ihrem Sinne handelte – mit Erfolg. Die Friedensverhandlungen scheiterten, und Nixon konnte die Außenpolitik der Demokraten erfolgreich als desaströs darstellen, nachdem diese nach der Ermordung von Martin Luther King Junior und Robert Kennedy sowie nach einem von Protesten und Zusammenstößen mit der Polizei begleiteten Parteitag ohnehin im Chaos versanken.[26] Vor diesem Hintergrund gelang es Nixon, sich als vernünftiger Saubermann mit einer vergleichsweise moderaten politischen Agenda zu präsentieren, der als Präsident für Ordnung sorgen würde – im In- wie im Ausland.

Sein Wahlkampfteam machte vor allem die Bekämpfung von Kriminalität und Drogen zum Thema und brachte beides immer wieder in Verbindung mit Schwarzen Amerikaner*innen, indem es rassistische Dog Whistles verwendete. Nixons Chefberater für innere Angelegenheiten, John Ehrlichman, beschrieb 1994 in einem Interview sehr offen die damalige Strategie: «Das Nixon-Wahlkampfteam 1968 und danach das Weiße Haus unter Nixon hatten zwei Feinde: die Antikriegs-Linke und Schwarze Menschen. [...] Wir wussten, dass wir es nicht illegal nennen konnten, den Krieg abzulehnen oder Schwarz zu sein, aber indem wir die Öffentlichkeit dazu gebracht haben, die Hippies mit Marihuana und die Schwarzen mit Heroin zu assoziieren und dann beides heftig zu kriminalisieren, konnten wir beide Communitys zerstören. Wir konnten ihre Anführer verhaften, ihre Meetings stören und sie Nacht für Nacht in den Abendnachrichten diffamieren. Wussten wir, dass wir in Bezug auf die Drogen gelogen haben? Natürlich wussten wir das.» Der «Krieg gegen die Drogen», Nixons zynische Erfindung, sollte von da an von Republikanischen wie Demokratischen Präsidenten für ihre jeweiligen politischen Zwecke genutzt werden.[27]

Da Nixon trotz seines Rufs als Antikommunist allein nicht die Referenzen hatte, um auf die Südstaaten-Demokraten wirklich verlässlich zu wirken, fiel die Wahl für seinen potenziellen Vizepräsidenten auf den reaktionären Spiro Agnew – eine Strategie, nach der Jahrzehnte später auch John McCain bei seiner zweiten Präsidentschaftskandidatur verfahren sollte, indem er die erzkonservative Sarah Palin, die mit ihrem populistischen Auftreten bei der republikanischen Basis ankam, zu seinem Running Mate machte. Agnew, damals Gouverneur von Maryland, war ein Demagoge und Rassist: Er polterte gegen aufrührerische Studierende und Schwarze, war für seine rassistischen Schimpfwörter bekannt und konnte Dinge sagen, die Nixon lieber in blumige Worte kleidete. Agnew hatte ein Faible für das Dramatische, ja für apokalyptische Übertreibung. Er hetzte gegen die Presse, gegen «verweichlichte» Professoren, gegen radikale, bedrohliche Studierende, die Teil einer finsteren Verschwörung seien und nur ein Ziel verfolgten: Amerika zu zerstören. Er schürte Groll, Zorn und Hass unter seinen

Fans – seine Angriffe auf die genannten Gruppen schufen laut dem Politikwissenschaftler Charles Holden eine «rhetorische Infrastruktur, die diese emotionale Gemeinschaft» seiner Fans «in Selbstverteidigung gegen ihre eigenen und die Feinde der Nation zusammenhielt».[28] Es ist dieselbe Strategie, die Trump nutzt: Überzeuge die eigenen Fans davon, dass du das Ziel von Verschwörungen deiner Feinde bist, und sie werden dir alles verzeihen.

Wallace, Agnew und Nixon schöpften aus dem, was die Sozialwissenschaftler Samuel Perry und Philip Gorski die «Heilige Dreifaltigkeit des Weißen christlichen Nationalismus» nennen: Freiheit (für uns), Ordnung (unsere Ordnung, die den «anderen» auferlegt wird) und Gewalt für den Fall, dass andere sich dieser Ordnung nicht beugen wollen.[29] Alle drei Politiker – Nixon in der Öffentlichkeit subtiler und codierter als Wallace und Agnew – schürten die Verschwörungserzählung, wonach antiamerikanische Kräfte versuchten, das Land von innen her zu zerstören. Ihre Rhetorik von Law and Order diente dem Zweck, Weißen Amerikaner*innen reaktionäre, rassistische Ängste einzuflößen.[30] Diese sind bis heute der Kern der Erzählung von Law and Order, und nach wie vor ist diese Wendung rassistisch konnotiert, wie man etwa an der Republikanischen Reaktion auf die Black-Lives-Matter-Proteste nach der Ermordung von George Floyd im Sommer 2020 sehen konnte. Es war eine abgeschwächte Version des alten McCarthy-Geistes, den Agnew und Nixon heraufbeschworen – mit Erfolg. Während Agnew zum Gift-und-Galle-Spucken in den Süden geschickt wurde, präsentierte sich Nixon als ein Kandidat, der für alle Amerikaner*innen eine bessere Welt wollte. Der Historiker Christopher N. Lasch schreibt zur Etablierung rassistischer Codes: «Rufe nach ‹Segregation für immer› wichen Rufen nach ‹Recht und Gesetz›. Die Verlagerung von ‹explizitem Rassismus› hin zu ‹institutionellem Rassismus› und ‹farbenblinder› Rhetorik findet hier ihren Anfang.»[31] Dank Agnews Kandidatur und Thurmonds Fürsprache waren jetzt auch die *Kooks*, die «Spinner», die Goldwater zum Verhängnis geworden waren, mit an Bord, ohne dass sich jemand daran störte. Einer von ihnen, der Textilmogul Roger Milliken, der Verbindungen zur John Birch Society hatte, finanzierte eine massive Werbekampagne für das Nixon / Agnew-Ticket.[32]

Nixons Koalition mit Verteidigern der Segregation zahlte sich aus: Er gewann die Präsidentschaftswahl, wenn auch knapp, mit 43,4 Prozent der Stimmen. Der Kandidat der Demokraten, Hubert Humphrey, erhielt 42,7 Prozent, während George Wallace immerhin auf 13,5 Prozent kam – Nixon hatte also fast zehn Millionen Wähler*innen an den Segregationisten verloren. Die Mehrheit der Amerikaner*innen hatte demnach nicht für Nixon gestimmt,[33] und doch war dessen Southern oder Suburban Strategy aufgegangen: Fünf ehemals konföderierte Staaten, einst Demokratische Hochburgen, hatten für den Republikanischen Kandidaten gestimmt.

Kevin Phillips, ein Republikanischer Stratege, fasste diese Strategie in seinem 1969 erschienenen Buch *The Emerging Republican Majority* ganz offen zusammen: Die Koalition mit Weißen ehemaligen Demokraten sollte der Republikanischen Partei den Weg zur dauerhaften Dominanz im Süden und Südwesten des Landes ebnen – traditionell Demokratischen Bastionen, und gleichzeitig das Machtzentrum vom moderaten Ostküsten-Establishment weg, hin zu einer neuen konservativen Mehrheit bewegen.[34] Für Phillips war Politik ein Spiel – während des Wahlkampfs 1968 sagte er einem Journalisten: «Das ganze Geheimnis der Politik besteht darin, zu wissen, wer wen hasst.»[35]

Das Buch lieferte die Grundlage für die weitere Strategie Nixons und der GOP, und sein Einfluss ist bis heute spürbar. Schon damals erkannten Zeitgenossen die Relevanz des Werks, das dafür argumentierte, auch den sogenannten Sun Belt, also die Gebiete südlich des 37. Breitengrades, als Region für eine neue Republikanische Mehrheit zu erschließen: Das Magazin

Newsweek nannte das Buch daher auch «die politische Bibel für die Nixon-Ära».[36] Und tatsächlich: Nixon und seine Berater hatten erkannt, dass der Rassismus und der Groll Weißer Wähler*innen mächtige Mobilisatoren waren, die sich zum eigenen politischen Vorteil nutzen ließen – eine Erkenntnis, die die Republikanische Partei und ihre Wahlkampfstrategien von nun an stark beeinflussen sollte.

Während seiner ersten Amtszeit als Präsident 1969 bis 1973 setzte Nixon darauf, sich als moderierende Kraft zu präsentieren – weder zu progressiv noch wirklich konservativ. Immer wieder sprach er davon, die «stille Mehrheit» des Landes zu vertreten, die Amerika gegen die «laute Minderheit» derjenigen verteidigen müsse, die versuchten, radikale Veränderungen durchzusetzen – gemeint waren Feminist*innen, Schwarze Amerikaner*innen und Studierende.[37] Spiro Agnew fungierte weiterhin als Nixons Bluthund, der auf Medien und abgehobene Eliten schimpfte, ganz im Stile eines George Wallace.[38] Dem wiederum war durchaus aufgefallen, wie sehr sich Agnew und Nixon seines Playbooks bedient hatten: «Ich wünschte, ich hätte mir meine Reden durch Copyright schützen oder patentieren lassen», bemerkte er süffisant.[39]

Nixons Politik war, wie auch seine Rhetorik, in sich widersprüchlich: Einerseits unterstützte er eine Politik, die dem liberalen oder moderaten Flügel der Republikaner gefiel, darunter zum Beispiel die sogenannte «Affirmative Action» (staatliche oder institutionelle Maßnahmen, mit denen man gezielt der Benachteiligung marginalisierter Gruppen entgegenwirken will, indem man ihnen einen Nachteilsausgleich gewährt), ein Komitee, das die Aufhebung der Segregation an Schulen durchsetzen sollte und die Gründung der Umweltschutzbehörde. Andererseits versuchte er, seine Koalition mit Weißen Südstaatlern auf die Weiße Nordstaaten-Arbeiterklasse auszuweiten, indem er Letztere beispielsweise mit rassistischen *Dog Whistles* gegen Sozialhilfe für Schwarze Amerikaner*innen aufstachelte.

Nachdem es nach der Bombardierung des nominell unabhängigen Kambodschas[40] im Mai 1970 zu Studierendendemonstrationen an der Kent State University in Ohio mit vier Toten gekommen war,[41] gab es auch in New York einen Zusammenstoß zwischen protestierenden Student*innen und Bauarbeitern, der als «Hard Hat Riot» in die Geschichte New Yorks eingehen sollte. Für den Chef der Bauarbeitergewerkschaft Brennon, der später Nixons Arbeitsminister werden sollte, bot sich hier die Möglichkeit, von der rassistischen Stimmung unter seinen meist Weißen Mitgliedern abzulenken, die von «Affirmative Action» nichts wissen wollten und für die Studierende verwöhnte Wohlstandskinder waren. Mit der patriotischen Positionierung als Gegner der Antikriegsdemonstrant*innen ließ sich ein positives Narrativ vorschieben.[42] Nixon lud die paramilitärischen Schläger ins Weiße Haus ein. Auch wenn Gewerkschaftler zunächst von spontanen Aktionen der Arbeiter sprachen, waren sie von führenden Gewerkschaftlern in Abstimmung mit der Nixon-Administration orchestriert worden.[43]

Einer von Nixons Beratern schrieb in einem Memo, dass noch vor wenigen Jahren keiner der Schläger für Nixon gestimmt hätte, doch jetzt seien sie «unsere Leute, wenn wir sie wollen».[44] Und Nixon wollte sie zweifellos: «Ich danke Gott für die ‹Hard Hats›!», rief er aus. Es war ein entscheidender Moment in der Neuordnung der Parteienlandschaft: 1970 war das Jahr, in dem Nixon sich endgültig auf die Seite der Konservativen schlug.[45] Der Jurist und frühere Arbeitsminister unter Clinton Robert B. Reich bezeichnete die Ereignisse vom Mai 1970 als «Schlüsselmoment, der zu den Kulturkriegen führte, die heute die amerikanische Politik durchziehen».[46] Nixon habe den Arbeitern keine arbeiterfreundliche Politik geboten, um sie für sich zu gewinnen, sondern er habe auf «kulturelle Themen wie Patriotismus und Unterstützung der Truppen» gesetzt.

Während Nixons Regierung zuvor nach außen hin eher moderat gewirkt hatte, waren die Gespräche zwischen dem Präsidenten und seinen engsten Mitarbeitern im Weißen Haus schon die ganze Zeit über von Antisemitismus, Rassismus und Verschwörungsdenken geprägt gewesen. Die Aufzeichnungen und später veröffentlichte Tonbandaufnahmen von Bob Haldeman, Nixons Stabschef im Weißen Haus, vermitteln einen Eindruck davon, welche Weltsicht Nixon und sein unmittelbares Umfeld hatten. So notierte Haldeman einmal: «Es gab eine beträchtliche Diskussion über das schreckliche Problem, das sich aus der totalen jüdischen Dominanz in den Medien ergibt, und es herrschte Einigkeit darüber, dass dies etwas ist, mit dem man sich befassen muss.»[47] Auch in Nixons Gesprächen mit dem evangelikalen Prediger Billy Graham, der damals ganze Stadien füllte, treten der Rassismus und Antisemitismus der beiden offen zutage.[48] Unter Weißen Evangelikalen wird Billy Graham auch heute gern in einem Atemzug mit Martin Luther King Jr. genannt. Dabei wird übersehen, dass Graham trotz seiner angeblichen Freundschaft mit King nicht bereit war, die Bürgerrechtsbewegung aktiv zu unterstützen, und dass er sich zudem weigerte, Kings Bitte nachzukommen, nicht mehr gemeinsam mit Befürwortern der Segregation aufzutreten.[49]

Die Abgründe in Nixons Weißem Haus waren tief: Korruption, Erpressung und Paranoia hatten dort Einzug gehalten, und je näher die nächste Präsidentschaftswahl rückte, desto schlimmer wurde es. Die Veröffentlichung der «Pentagon Papers», die belegten, dass die letzten beiden Demokratischen Präsidenten, Kennedy und Johnson, die Bevölkerung über den Stand des Vietnamkrieges belogen hatten, lösten ein politisches Erdbeben aus. Sie betrafen Nixon zwar nicht direkt, doch ihr Leak an die Presse bestärkte ihn in seiner Paranoia, dass eine geheime Verschwörung gegen seine Vietnam-Strategie im Gange sei. Der als Whistleblower enttarnte Daniel Ellsberg müsse in der Presse fertiggemacht werden, schäumte Nixon gegenüber seinem Stabschef Haldeman. Als Reaktion auf die Pentagon Papers wurde im Weißen Haus eine investigative Einheit – intern die «Plumbers», die Klempner, genannt – eingerichtet, die undichte Stellen aufspüren und kompromittierendes Material etwa über Ellsberg finden sollte.[50] Dabei schreckten ihre Mitglieder, darunter G. Gordon Liddy, ein ehemaliger FBI-Beamter, und Everette Howard Hunt, auch nicht vor illegalen Aktionen wie dem – allerdings vergeblichen Einbruch – bei Ellsbergs Psychiater zurück.[51]

Nixon ließ außerdem das Committee to Re-Elect the President, oft abfällig CREEP abgekürzt, gründen, dessen Mitglieder Sabotageakte gegen Demokraten verübten, sie ausspionierten und andere üble Methoden anwandten, die unter dem Begriff *ratfucking* bekannt wurden, den Nixons Anwalt Don Segretti für diese Machenschaften gewählt hatte.[52] «Es gibt zwei einfache philosophische Grundlagen für *ratfucking*», schreibt der Autor Charles P. Pierce. «Die erste ist, dass politische Sabotage um ihrer selbst willen ein ausreichendes Ziel ist. Um das zu glauben, muss man natürlich zuerst glauben, dass Politik grundsätzlich ein Nullsummenspiel der Macht ist. […] Der zweite philosophische Grundsatz des *ratfucking* ist, dass es eigentlich Mobbing ist. […] Es ging nicht darum, Wähler davon zu überzeugen, dass die Opposition falschlag.»[53]

Nixons Hass auf die Presse war legendär. «Die Presse ist der Feind, die Presse ist der Feind, die Presse ist der Feind, schreibt euch das hundertmal auf eine Tafel», sagte er nach seiner Wiederwahl als Präsident 1972 zu seinen Mitarbeitern. J. Edgar Hoover, der FBI-Chef, erstellte auf Nixons Wunsch Listen mit unliebsamen homosexuellen Journalisten, so wie einst McCarthy. Der Präsident ordnete zudem die illegale Beschattung und das Abhören ihm verhasster Journalist*innen an. Nixons paranoide Angst vor undichten Stellen innerhalb seiner eigenen Administration wurde durch investigative Berichte wie die des Journalisten Jack Anderson nur noch verstärkt. Der verärgerte ihn durch seine Recherchen – wie einen Artikel 1971 in der *Washington Post*, in dem Anderson aufdeckte, dass Nixon als Präsident Beziehungen zu Männern pflegte, die in der Vergangenheit als Faschismus-Sympathisanten, Nazi-Kollaborateure und Nazi-Kriegsverbrecher aufgefallen waren. Einige von ihnen mussten gehen – doch andere durften auf ihren Posten in der Administration bleiben.[54] «Wir müssen etwas gegen diesen Hurensohn tun», schimpfte er über den Journalisten. Im März 1972 schmiedeten drei seiner engsten Mitarbeiter – der Rechtsberater des Weißen Hauses Charles Colson, Hunt und Liddy – ein Mordkomplott gegen Anderson. Liddy war «begeistert» über die Mordpläne gegen ein Mitglied der freien Presse und sprach von einem «gerechtfertigten Mord», doch die drei Verschwörer konnten sich nicht auf eine möglichst effektive Mordmethode einigen. Liddy bot schließlich an, Anderson zu erstechen und das Ganze wie einen gewöhnlichen Raubüberfall aussehen zu lassen.[55] Nixons Rolle in dem Mordkomplott ist bis heute nicht geklärt. Es sei jedoch unwahrscheinlich, dass die drei Männer einen Mord planten, ohne dass er davon wusste, argumentiert der Journalismus-Historiker Mark Feldstein von der University of Maryland, der die Verschwörung 2022 aufdeckte.[56] Der geplante Anschlag auf Anderson wurde kurzfristig abgeblasen, weil etwas anderes Vorrang hatte: der Einbruch in das Watergate-Gebäude in Washington und die Verwanzung des Hauptquartiers der Demokraten, mit dem Ziel, Material gegen die Demokraten und für Nixons Wiederwahl zu sammeln. Liddy und Hunt gestanden später ihre Rolle in dem Mordkomplott gegen Anderson, Colson hingegen schwieg. Alle drei landeten letztlich wegen ihrer Beteiligung am Watergate-Skandal im Gefängnis.

Als kurz vor der Präsidentschaftswahl 1972 die Journalisten Bob Woodward und Carl Bernstein von der *Washington Post* aufdeckten, dass Nixon selbst die Demokraten ausspionieren ließ, sollte ihm der Skandal zunächst nicht weiter schaden. Tatsächlich wurde er trotz allem sogar wiedergewählt, und zwar mit einer deutlichen Mehrheit von 61 Prozent der Stimmen. 1973 einigte sich Nixon mit Hanoi auf ein Friedensabkommen – der Abzug amerikanischer Truppen sollte sich allerdings noch bis 1975 hinziehen.

Als dann der Senat aber im Mai 1973 mit den Watergate-Anhörungen begann und diese live im Fernsehen übertragen ließ, versank Nixons Regierung nach und nach im Chaos. So musste Vizepräsident Spiro Agnew im Oktober 1973 nach Bestechungsvorwürfen zurücktreten. Ihm folgte Gerald Ford im Amt des Vizepräsidenten. Archibald Cox, der von Nixon selbst eingesetzte Sonderermittler im Fall Watergate, wollte den Präsidenten per Vorladung dazu zwingen, Tonbandaufnahmen herauszugeben, die in seinem Auftrag heimlich im Oval Office gemacht worden waren. Nixons umfassende Paranoia erstreckte sich nämlich nicht nur auf den politischen Gegner, sondern auch auf das eigene Weiße Haus. Daraufhin befahl Nixon seinem Justizminister, Cox zu feuern. Der Minister und auch sein Stellvertreter weigerten sich jedoch und traten beide aus Protest gegen Nixons versuchten Machtmissbrauch zurück – die Episode ging als «Saturday Night Massacre» in die Geschichtsbücher ein.[57]

Auf die zunehmenden Proteste reagierte Nixon mit dem mittlerweile berühmten Satz: «I am not a crook!» («Ich bin kein Gauner»). Seine Regierung rückte eine Auswahl der Tonbandaufnahmen heraus, auf denen, wie sich bald herausstellte, mehr als 18 Minuten aus einer Unterhaltung zwischen Haldeman und Nixon nach dem Watergate-Einbruch fehlten. Die Aufnahme sei bei der Transkribierung versehentlich gelöscht worden. Was das Gespräch beinhaltete, dieses Geheimnis haben beide Männer mit ins Grab genommen.[58] Der Oberste Gerichtshof ordnete schließlich die Herausgabe der übrigen Tonbandaufnahmen an, auf denen zu hören ist, wie Nixon und Haldeman planen, die CIA behaupten zu lassen, die nationale

Sicherheit sei in Gefahr, weshalb das FBI die Untersuchung zum Watergate-Einbruch einstellen müsse. Es war diese Aufnahme, die als *smoking gun* in die Geschichte einging – der eindeutige Beweis, dass der Präsident seine Macht und sein Amt missbraucht hatte.[59]

Nixon hatte zuvor versucht, die Herausgabe der Aufnahmen durch Verweis auf sein «Exekutiv-Privileg» zu verhindern.[60] Dabei ist dieses angebliche Privileg nicht mehr als ein konstitutioneller Mythos, der Versuch, die unkontrollierte Macht des Präsidenten zu legitimieren, und doch wird es bis heute immer wieder zitiert.[61] Die Bekanntgabe der Aufnahme war der letzte Nagel in Nixons politischem Sarg: Was bisher hinter den verschlossenen Türen des Weißen Hauses vorgefallen war – Nixons Tiraden, sein Hass, seine schmutzigen Geschäfte, seine illegalen Intrigen –, kam nun alles ans Licht. Das Repräsentantenhaus beschloss im Juli 1974, ein Amtsenthebungsverfahren gegen den Präsidenten einzuleiten. Die Vorwürfe lauteten: Machtmissbrauch, Behinderung der Justiz und Missachtung des Kongresses. Eine Verurteilung im Senat war absehbar. Den Republikanern wurde klar: Die Beweislage war so erdrückend, dass Nixon nicht mehr zu halten war. Da die Republikaner außerdem befürchteten, sein Verbleib im Amt könnte der Partei irreparablen Schaden zufügen, beschlossen sie, Nixon fallen zu lassen. Dass ihm dann ausgerechnet Barry Goldwater die Aufforderung zum Rücktritt überbrachte, war eine besondere Ironie der Geschichte.

Am Ende war es nicht seine Politik, die ihn zu Fall brachte, sondern sein Hang zur Paranoia und sein eklatanter Machtmissbrauch. Nixon hatte während seiner Präsidentschaft kontinuierlich versucht, die Macht seines Amtes auszuweiten. Er war bei weitem nicht der Erste, der das tat – nicht umsonst sprechen Historiker*innen auch von Lyndon B. Johnsons Amtszeit als «imperialer Präsidentschaft». Seit den Tagen von Franklin D. Roosevelt war der Einfluss der Exekutive erheblich gewachsen. Gerechtfertigt wurde diese massive Ausweitung präsidialer Autorität jedes Mal mit der Notwendigkeit von Geheimhaltung – auch vor dem Kongress – im Namen der nationalen Sicherheit.[62]

Nixon hatte sich darüber hinaus geweigert, bereits vom Kongress gebilligte Haushaltsgelder freizugeben, wenn ihm die entsprechenden Programme nicht gefielen – insgesamt 18 Milliarden US-Dollar, mehr als jeder andere Präsident vor ihm.[63] Dieser Ausweitung präsidialer Kontrolle über die Haushaltsausgaben setzte der Kongress schließlich 1974 den «Congressional Budget and Impoundment Control Act» entgegen, der Nixons Praxis untersagte.[64]

Als Präsident war Nixon gescheitert, und er wurde mit Schimpf und Schande aus dem Weißen Haus gejagt – aber sein Amtsverständnis und seine für die GOP richtungsweisende Koalition mit Rassist*innen sowie sein Werben um die Weiße Arbeiterklasse mit kulturellen Themen sollten für die Partei in den kommenden Jahrzehnten noch von großer Bedeutung sein: Die Geister, die Goldwater gerufen und Nixon willkommen geheißen hatte, sollten nicht mit *Tricky Dick* von der politischen Bühne verschwinden – im Gegenteil. Je nachdem, wen man unter Konservativen fragte, war Nixons tiefer Fall entweder ein Zeichen dafür, dass es eine geheime Verschwörung gegen den organisierten Konservatismus gab, in die auch die Presse verwickelt war, oder ein Beweis dafür, dass der administrative Staat zutiefst böse war und mehr denn je bekämpft werden musste. Sie dachten jedenfalls nicht daran aufzugeben, sondern waren motivierter denn je, endlich einen der Ihren ins Weiße Haus zu bringen.[65]

Nixon selbst gestand sein Versagen drei Jahre später in einem Interview mit dem britischen Journalisten David Frost ein: «Ich habe das amerikanische Volk im Stich gelassen und werde diese Bürde bis ans Ende meines Lebens zu tragen haben.»[66]

In demselben Interview äußerte er einen Satz, der seine Sicht auf die Machtfülle des Präsidenten deutlich werden ließ: «Wenn der Präsident etwas tut, bedeutet das, es ist nicht illegal.» Dieser Satz, den viele als bloße Arroganz verstanden, verwies auf etwas Tieferliegendes: auf ein zutiefst autoritäres Verständnis der Präsidentschaft. Unter Präsident Reagan würden konservative Juristen Nixons Aussage zu einer ausgewachsenen Rechtsphilosophie entwickeln, um die Ausweitung präsidialer Macht zu legitimieren – und Donald Trump würde sich fast fünfzig Jahre später mit genau dieser Argumentation für seine Taten rechtfertigen.[67] Anders als Nixon verlor Trump deshalb jedoch nicht die Unterstützung seiner Partei. Für Nixon blieb der Watergate-Skandal letztlich ohne strafrechtliche Folgen, da ihn sein Vizepräsident und Nachfolger Gerald Ford, der die Wahlperiode zu Ende brachte, noch im September 1974 begnadigte.[68]

6 Make America Great Again

Reagan und der Aufstieg der Rechten

«Glaubst du daran, dass Amerika für die Lawine an Pornographie, Abtreibung, Homosexualität, Mord, Vergewaltigung und Kindesmissbrauch bestimmt war, die über uns hereingebrochen ist? [...] Bring Gott zurück in die amerikanische Führung und wähle Ronald Reagan zum Präsidenten der Vereinigten Staaten von Amerika.»

Flyer der Gruppe «Christians for Reagan»[1]

Er war schon früh in seiner politischen Karriere ein Liebling der Konservativen, ein Posterboy für Rechtsextreme. Ronald Reagan hatte alles, was ihnen gefiel: das Cowboy-Auftreten, das sie schon aus seinen Filmen kannten, und anders als Goldwater begegnete er jedem charmant mit einem fröhlichen Lächeln, bei dem einem die weißen Filmstar-Zähne entgegenblitzten. Aber vor allem seine extremen Ansichten kamen bei Rechtsaußen-Gruppierungen gut an. Reagan, der erst 1962 mit über fünfzig Jahren in die Republikanische Partei eintrat, hatte zuvor schon als Vorsitzender der Schauspielergewerkschaft für Aufsehen gesorgt. So warnte er bei seiner Aussage vor McCarthys Ausschuss für unamerikanische Umtriebe vor einer Unterwanderung Hollywoods durch Kommunisten. Er hatte außerdem eine Gruppe unterstützt, die Earl Warren, einen progressiven Richter am Supreme Court, hängen wollte.[2] Der Historiker Matthew Dallek formuliert es so: «Hätte man politisch aktive Kalifornier Ende 1962 nach ihrer Meinung zu Ronald Reagan befragt, dann hätten sie ihn als Extremisten bezeichnet. Ein angenehmer vielleicht, aber trotzdem ein Mann am äußersten Rand des Spektrums.»[3]

Reagan unterstützte 1964 den Wahlkampf Goldwaters, teilte er doch dessen Ablehnung der Bürgerrechtsbewegung sowie dessen Vorliebe für einen schlanken Staat und strammen Antikommunismus. Seine damalige Wahlkampfrede mit dem Titel «A Time for Choosing», die im Fernsehen übertragen wurde, machte ihn 1964 zum neuen Darling der Rechten. Mit seinen freundlich strahlenden Augen und dem Filmstar-Lächeln überbrachte Reagan den amerikanischen Wähler*innen eine düstere Botschaft im respektablen Gewand – mit einer gehörigen Portion Theatralik. «Sie und ich haben ein Rendezvous mit dem Schicksal», verkündete er. Nur die Republikaner könnten in der Zukunft einen Sieg der Sowjetunion im Kalten Krieg verhindern. «Wir werden unseren Kindern diese letzte große Hoffnung der Menschheit auf Erden erhalten, oder wir werden sie dazu verurteilen, den letzten Schritt in tausend Jahre Dunkelheit zu tun.»[4]

«Er war selbst kein Bircher, aber er redete wie einer», schreibt der Journalist David Corn.[5] In Kalifornien galt er in den 1960er Jahren als rechtsextremer Ideologe, was ein Problem für ihn war: Denn Ronald Reagan wollte dort Gouverneur werden. Goldwater hatte in Kalifornien 1964 jedoch nur 41 Prozent der Stimmen gewonnen. Mit anderen Worten: Auch wenn der Staat über eine beeindruckende politische Infrastruktur von Birchern verfügte, würde das bei weitem noch nicht für einen konservativen Sieg reichen.

Um 1967 Gouverneur von Kalifornien zu werden, musste Reagan Goldwaters Fehler vermeiden. So galt es zunächst, das Etikett des extrem rechten Politikers loszuwerden, ohne dabei die rechtsreaktionären Kräfte zu verprellen. Im Unterschied zu Goldwater bot er potenziellen Wähler*innen eine positive Aussicht: Statt seine Kampagne auf düstere Apokalypse-Szenarien zu beschränken, malte er jetzt ein Bild von amerikanischer Stärke, das er stets mit einem charmanten Filmstar-Lächeln unterstrich. Schließlich ging er auch öffentlich auf Distanz zu Goldwater.[6] Reagan gelang ein bemerkenswerter Spagat: Einerseits zeichnete er ein optimistisches Bild der

USA, andererseits verband er dieses positive Bild mit einem konstanten Strom rassistischer Ressentiments, er sprach sich gegen Sozialleistungen aus, die er mit «innerstädtischer Gewalt» – eine *Dog Whistle* für Gewalt von Schwarzen – verband, und er wetterte gegen «Big Government», also gegen einen Staat, der sich angeblich zu sehr in die Belange der Menschen einmischte.[7] Wie viele Konservative – und im Unterschied zu den Libertären – war Reagan jedoch nicht gegen den Einsatz staatlicher Macht: Er war ein großer Verfechter davon, die Staatsgewalt zur Bestrafung und zur Aufrechterhaltung der bestehenden gesellschaftlichen Ordnung einzusetzen.[8] Seine Botschaft war eindeutig: Den «richtigen» Amerikaner*innen bot sich eine Zukunft voller Wohlstand – antiamerikanischen Kräften, arbeitsunwillig und jederzeit bereit, den guten Willen der Regierung auszunutzen, standen schwere Zeiten bevor.

Es war eine Fortführung von Goldwaters Strategie, die Weiße Arbeiterklasse im Norden gegen Schwarze Amerikaner*innen aufzubringen und den Demokraten so einen Teil ihrer traditionellen Koalition abspenstig zu machen. Außerdem hatte Reagan aus Nixons strategischen Fehlern gelernt: Hatte der sich 1960 noch vehement von den Birchern distanziert, vollführte Reagan während seines Wahlkampfs um das Gouverneursamt einen kunstvollen Drahtseilakt vor dem Hintergrund einer veränderten innenpolitischen Lage.[9]

Reagan musste in den Reden während seines Wahlkampfes gar keine Szenen der Zerstörung und Anarchie heraufbeschwören, die konnten die Fernsehzuschauer nämlich täglich selbst im Fernsehen verfolgen. Am 11. August 1965 kam es beispielsweise in Los Angeles zum sogenannten *Watts Riot* in dem gleichnamigen Stadtteil, bei dem sich die Wut und die Verzweiflung der Schwarzen Bevölkerung angesichts des oft brutalen Vorgehens der Polizei von Los Angeles gegen ihre Proteste Bahn brachen. Dabei wurden 600 Häuser beschädigt und 200 komplett zerstört. Es gab 3500 Festnahmen, 34 Menschen wurden getötet, davon 23 durch Polizisten.[10] Zur Niederschlagung der Unruhen musste schließlich die kalifornische Nationalgarde ausrücken. Vor dem Hintergrund solcher Bilder konnte Reagans Botschaft von Law and Order bei vielen aus der verunsicherten Weißen Mittelschicht verfangen.

Er bediente aber nicht nur rassistische Ressentiments, die im amerikanischen Zusammenhang bei der Begrifflichkeit von Law and Order immer mitschwingen, sondern er stilisierte auch «radikale Studenten» zum Feindbild der «echten Amerikaner». Reagan erklärte die University of California, Berkeley, zu einem Hort für Extremismus und kommunistische Umtriebe. Obwohl die Demokraten versuchten, Reagan selbst als Extremisten darzustellen, schien vielen Wähler*innen dieses Label angesichts der innenpolitischen Lage und der persönlichen Gefahr, die sie zu spüren meinten, nicht mehr so abschreckend zu sein, wie es noch bei Goldwater der Fall gewesen war.

Im Wahlkampf positionierte sich Reagan gegen den Fair Housing Act, ein Gesetzesvorhaben, durch das die Benachteiligung von Minderheiten bei der Vermietung und beim Verkauf von Wohnungen unterbunden werden sollte. Er verkündete: «Wenn jemand gegen Schwarze oder andere diskriminieren will, wenn es um das Verkaufen oder Vermieten seines Hauses geht, dann hat er ein Recht, das zu tun.»[11]

Solche markigen Sprüche verfingen besonders bei Weißen Vorstadtwähler*innen in Kalifornien, die keine Schwarzen Nachbarn haben wollten. Reagans Wahlkampfstrategie war symptomatisch für die Verschiebungen im konservativen Diskurs ab Mitte der 1960er Jahre. Dieser fokussierte sich zunehmend weniger auf Antikommunismus, sondern wandte sich nun stärker gegen die angebliche moralische Verkommenheit des Liberalismus, der in Amerika Einzug gehalten habe, und gegen intellektuelle Eliten an Universitäten, die keinen Bezug zum «echten Amerika» hätten.[12] Auch Reagan kontrastierte

Universitäten mit der Arbeiterklasse, dem Rückgrat des «wahren» Amerika – gemeint waren, wie auch in den folgenden Jahrzehnten, wenn Republikaner von der «amerikanischen Arbeiterklasse» sprachen, Weiße Arbeiter*innen.[13]

Zunehmend trat die in den USA immer von rassistischen Untertönen unterlegte Law-and-Order-Rhetorik in den Vordergrund: Reagan machte sich den sogenannten White Backlash – die Weiße, rassistische Abwehrreaktion auf die Schwarze Bürgerrechtsbewegung – zunutze und verwandelte ihn in eine effektive politische Waffe, während seine angenehme, charmante Art die Untertöne seiner Politik effektiv überspielte. Damit lieferte er das Vorbild für künftige politische Kandidaten, die ihre rechten und extremen Ansichten bei Wahlkämpfen in ein bürgerliches, freundlich erscheinendes Gewand kleiden sollten.

Reagans Strategie ging auf: Am 8. November 1966 wurde er mit 58 Prozent der Stimmen zum Gouverneur Kaliforniens gewählt, eine Position, die er zwei Amtszeiten lang innehaben sollte. Seine Wahl war ein Schock für die Demokraten und ein Vorzeichen für den Erfolg Nixons im Präsidentschaftswahlkampf zwei Jahre später.[14]

In seinen Jahren als Gouverneur verwendete Reagan eine religiös-apokalyptische Rhetorik als Strategie, um die Alternativlosigkeit seiner eigenen Politik zu betonen. So erklärte er 1968 – während Nixons Wahlkampf um das Präsidentenamt – in einer Rede auf der Jahrestagung der National Newspaper Association, die Zivilisation könne sich in dieser Zeit keine Demagogen leisten. Er zeichnete das Bild einer Nation am Abgrund: Städte als verbrannte Ruinen, Slums, Plünderungen, eine verwahrloste, amoralische Jugend, «Schwarze, die dem Gesetz nicht zu gehorchen brauchen». Es war ein rassifizierter, düsterer Entwurf von jenem Amerika, das unter Demokratischer Führung drohe.[15]

Reagan machte aber nicht nur Studierende zum Ziel seiner Attacken, die er «feige Faschisten» und «Freaks» nannte, sondern griff auch andere Vertreter der akademischen Welt, etwa liberale Professor*innen, verbal an – sie würden junge Menschen indoktrinieren. Vor diesem Hintergrund sagte er etwa drei Wochen vor dem bereits erwähnten Kent-State-Massaker am 7. Mai 1970 über studentische Antikriegs-Demonstrierende: «Wenn es ein Blutbad geben soll, lass es jetzt geschehen.»[16]

Während das Massaker an der Kent State University im öffentlichen Bewusstsein weitestgehend verankert ist, wird oft vergessen, dass es ein Jahr zuvor, am 15. Mai 1969, im kalifornischen Berkeley zum sogenannten Blutigen Donnerstag gekommen war. Zuvor hatte Gouverneur Reagan die Universität als eine Heimstätte für «Sympathisanten des Kommunismus, Demonstranten und sexuell Perverse»[17] bezeichnet. Als sich zwischen 2000 und 6000 Demonstranten versammelten, wurden 800 Polizisten geschickt, um sie zu vertreiben. Der *Bloody Thursday* endete mit 180 Verletzten und einem getöteten Studenten. Reagan verteidigte anschließend den Polizeieinsatz damit, dass die Demonstranten das Recht auf Eigentum und damit das «System» herausgefordert hätten.[18]

Nach seiner zweiten Amtszeit (bis Januar 1975) als Gouverneur trat Reagan nicht noch einmal zur Wahl an, obwohl das möglich gewesen wäre. Stattdessen profilierte er sich zunehmend auf nationaler Ebene, trat etwa in politischen Fernsehsendungen auf und wurde Mitglied der sogenannten Rockefeller-Kommission, die sich mit illegalen Aktionen der Geheimdienste befasste. Immer deutlicher kritisierte er den Republikanischen Präsidenten Gerald Ford, der ihm nicht konservativ genug war. Ende November 1975 verkündete er schließlich sogar, gegen Ford bei den Republikanischen Vorwahlen anzutreten. Das Schiff Amerika brauche «einen neuen konstruktiven Kurs», erklärte er.[19] Damit spielte er schon bei der Ankündigung seiner Kandidatur auf Fords Führungsschwäche an. An diesem kritisierte er außerdem dessen Entspannungspolitik und die angeblich ausufernde Regierungsbürokratie, gegen die er als Präsident nichts unternommen habe.[20]

Reagan verfeinerte bei seinen Wahlkampfauftritten Anfang 1976 das System der *Dog Whistles*, mit denen er die Weiße Unter- und Mittelschicht gegen die insgesamt sehr beliebten Sozialprogramme des New Deals aufzubringen versuchte. So sprach er im Februar 1976 von Sozialhilfebetrügerinnen, die er spöttisch *welfare queens* nannte. Als Beispiel stellte er eine Frau vor, die in der South Side von Chicago lebe – womit klar war, dass er eine Schwarze Frau meinte, ohne es explizit sagen zu müssen.[21] Reagan schlachtete diese verzerrte Anekdote von der Luxusautos fahrenden Arbeitslosen dennoch aus und nutzte sie als Argument gegen den Sozialstaat.[22]

Auf dem Nominierungsparteitag der Republikaner in Kansas City, Missouri, gewann Gerald Ford im August 1976 mit knappem Vorsprung gegen Reagan. Dessen improvisierte Rede sorgte bei den Delegierten jedoch für Begeisterungsstürme – der Vizechef der Texas-Ortsgruppe der «Citizens for Reagan» erinnerte sich, im Anschluss an die Rede von vielen Teilnehmenden gehört zu haben, sie hätten womöglich «den falschen Mann» nominiert.[23] Ford verlor tatsächlich die Wahl gegen Jimmy Carter. Dessen Erfolg zeigte, dass es Nixon nicht gelungen war, mit seiner Form der Southern Strategy den Süden des Landes dauerhaft für die Republikanische Partei zu sichern: Als sie die Wahl zwischen Ford, einem Ostküsten-Republikaner, und einem der Ihren hatten – einem Weißen Southern Baptist und Erdnussfarmer –, entschieden sich Südstaatler 1976 mehrheitlich für Identität, nicht für Ideologie.

Fords Scheitern zeigte also, dass Nixons Form der Southern Strategy kein Selbstläufer war. Zum großen, dauerhaften Erfolg würde sie erst Ronald Reagan führen, dem es gelang, die Identität des Südens von dessen geographischen Begrenzungen zu lösen und mit evangelikalem Christentum, Kapitalismus, Individualismus und Rassismus zu vermählen.[24] Reagan fühlte sich jedenfalls durch Fords Scheitern bestätigt und war fest entschlossen, bei der Wahl 1980 noch einmal in den Ring zu steigen.

Sein innerparteilicher Konkurrent um die Präsidentschaftskandidatur 1980 war George H.W. Bush, der deutlich moderatere Positionen vertrat als er. Während des Vorwahlkampfs bezeichnete Bush Reagans wirtschaftspolitische Vorstellungen noch als «Voodoo-Wirtschaftspolitik».[25] Diese sollten später nach ihrer Umsetzung in Regierungspolitik als *Reaganomics* bezeichnet werden und folgten den «Prinzipien des Neoliberalismus, die von den Nobelpreisträgern Milton Friedman und Friedrich Hayek sowie von konservativen Denkfabriken vorangetrieben wurden».[26] Reagan versprach massive Steuersenkungen. Durch den Wohlstand in der Mitte und vor allem an der Spitze der Gesellschaft würden Mittel für Investitionen und für den Konsum freigesetzt, die dann auch den untersten Schichten der Bevölkerung zugutekommen würden. So versprach er, Amerikas Wirtschaft aus der Rezession zu führen.

Reagan traf 1980 für seine Präsidentschaftskandidatur die strategische Entscheidung, die Religiöse Rechte zu hofieren. Er übernahm ihre Sprache, versprach ihnen, was sie hören wollten, und gewann sie so als loyale Unterstützer. Dabei entsprach er keineswegs dem so oft von ihnen beschriebenen frommen «Familienvater». So war er als Gouverneur von Kalifornien für eines der progressivsten Abtreibungsgesetze des Landes verantwortlich gewesen, er war geschieden und eher als Frauenheld denn als Kirchgänger bekannt.

Dass er dennoch die Gunst der Religiösen Rechten gewann, hatte nicht zuletzt mit dem noch amtierenden Präsidenten zu tun: Der fromme Demokrat Jimmy Carter hatte die Weißen Evangelikalen, eine einflussreiche Wählergruppe innerhalb der Religiösen Rechten, die sich langsam, aber sicher zu einem extrem wichtigen Wählerblock formierte, nämlich gerade erst bitter enttäuscht. Carter war seit Jahrzehnten mit derselben Frau verheiratet, ein Sonntagsschullehrer, einer, der seinen Glauben für alle sichtbar lebte. Doch das alles wog aus Sicht der Religiösen Rechten nicht seine politischen Sünden auf, denn er war eben auch der erste Präsident, der dafür sorgte, dass im Weißen Haus vermehrt Frauen und BPoC eingestellt wurden. Er setzte darüber hinaus in der Außenpolitik auf Deeskalation, und er unterstützte das Equal Rights Amendment, einen Verfassungszusatz, der Frauen gleiche Rechte garantieren sollte. Vor allem aber trat ihnen Carter außenpolitisch nicht breitbeinig genug auf.[27]

Carter verkörperte nicht die Art von Männlichkeit, die nach Ansicht der Religiösen Rechten für die nationale Sicherheit erforderlich war. Vor dem Hintergrund des globalen Kampfes gegen den Kommunismus, der für sie das politische Kernthema schlechthin war, wollten sie daher einen Präsidenten, der auch optisch und rhetorisch die Rolle des kraftvollen Kämpfers ausfüllte. Im Vergleich zu dem braven Carter wirkte da der kernige Cowboy Reagan wesentlich überzeugender.[28]

Aus Jimmy Carters Präsidentschaft zog die Religiöse Rechte jedenfalls die Lehre, dass es für den richtigen Kandidaten nicht genügte, einer von ihnen zu sein. Im Gegenteil: Von nun an sollte die religiöse Glaubwürdigkeit des von ihnen favorisierten Kandidaten eine untergeordnete Rolle spielen, wenn es um Macht und die Durchsetzung ihrer politischen Ziele ging. Die Entscheidung vor allem Weißer Evangelikaler, ihre Stimme am Ende Reagan und nicht Carter zu geben, lässt sich aber nicht allein mit solchen taktischen Abwägungen erklären. Vielmehr spielte – wie auch Jahrzehnte später bei Trump – das von dem Kandidaten verkörperte Männlichkeitsbild eine wichtige Rolle.

Als Reagan 1980 für die Republikaner ins Rennen um das Präsidentenamt ging, hatte er also die Unterstützung eines bis dahin noch kaum aktivierten Wähler*innen-Blocks: der Weißen Evangelikalen. Besonders eine konservative Lobbygruppe rührte die Werbetrommel für ihn: die erst im Jahr zuvor von dem einflussreichen Prediger Jerry Falwell gegründete «Moral Majority». Falwells Gruppe bestand vor allem, aber nicht nur, aus fundamentalistischen Baptisten und verstand sich als eine Art religiöser Flügel der von Nixon beschworenen «Silent Majority». Nixon war es gelungen, Fundamentalisten, moderate Evangelikale und Protestanten mit dem Versprechen von *Law and Order* zusammenzubringen – eine Tradition, die Falwell fortführen wollte.[29] Die Moral Majority nutzte ihre Kontakte zu Pastoren, um Gemeindemitglieder politisch zu beeinflussen.[30] Reagan übertrug dieses religiöse Framing nun auf seinen Wahlkampf und versah es mit seinem Markenzeichen: Optimismus.

Die Moral Majority investierte ganze zehn Millionen Dollar in Radio- und Fernsehwerbung.[31] Falwells Organisation zog jedoch auch scharfe Kritik von anderen Geistlichen auf sich. So warnte der Jesuit und Redakteur des Magazins *America*, Reverend Joseph O'Hare, die Moral Majority praktiziere «eine Art moralischen Faschismus», da sie Andersdenkende als «unmoralisch» und «unchristlich» bezeichne.[32]

Bei seinem Wahlkampf konnte Reagan auf die nach der verlorenen Wahl von Goldwater entstandenen rechten Netzwerke zurückgreifen. Paul Weyrich, Morton Blackwell und Richard Viguerie, die Architekten der modernen Religiösen Rechten, und ihre konservativen Geldgeber erkannten in Reagan den richtigen Kandidaten, der im Geiste Goldwaters, aber mit seiner positiven Ausstrahlung das Präsidentschaftsrennen für sich entscheiden konnte. Es war ihnen mit Hilfe ihrer Netzwerke nach 1964 schleichend gelungen, den Einflussbereich der Konservativen und Religiösen Rechten innerhalb der Republikanischen Partei auszubauen. Die konservativen Kräfte der Partei hatten nicht nur aus früheren Fehlern gelernt, sondern nutzten nun auch neue Methoden zur Mobilisierung von Wähler*innen, wie zum Beispiel «Direct Mail»-Kampagnen, im Grunde die analoge Form von personalisierten Werbeanzeigen, wie wir sie heute kennen. So landete politische Wahlwerbung in den Briefkästen von Amerikaner*innen, die zum Beispiel bereits für Barry Goldwater oder konservative Anliegen gespendet hatten.[33] Diese Form des Marketings wurde zum Markenzeichen der neuen Rechten, die Weyrich, Blackwell, Viguerie und Falwell aufgebaut hatten.[34]

Auch wenn Reagan öffentlich Abstand zu extremeren Elementen der amerikanischen Rechten wie der John Birch Society hielt, war die Religiöse Rechte, die seinen Aufstieg ermöglichte, sehr wohl eng mit den Birchern verbunden.[35]

Um den Identitäts-Bonus Jimmy Carters als frommer Evangelikaler und Südstaatler zu schlagen und Weiße Demokraten, die sich von den rassistischen *Dog Whistles* der Republikaner angezogen fühlten, für sich zu gewinnen, setzte Reagan die Nixon'sche Tradition der Southern Strategy fort und erweiterte sie, wie die Historikerin Angie Maxwell feststellt, «um ‹farbenblinde› Appelle für wirtschaftliche Gerechtigkeit». Dabei stellte er mit seiner Hetze etwa gegen angebliche *Welfare Queens* rassifizierte Minderheiten als unverdiente «Nehmer» dar und verschleierte so gleichzeitig den institutionellen Rassismus, der auf der wirtschaftlichen Ungleichheit beruht.[36]

Insofern war es kein Zufall, dass Reagan seine erste Wahlkampfveranstaltung nach der Nominierung zum Republikanischen Präsidentschaftskandidaten in Philadelphia, Mississippi, abhielt, genauer gesagt: auf der Neshoba County Fair, einer jährlich veranstalteten Landwirtschaftsmesse mit politischem Rahmenprogramm. Sie fand ganz in der Nähe des Tatorts des «Mississippi Burning»-Falls von 1964 statt. Hier hatte der Ku-Klux-Klan drei Bürgerrechtsaktivisten ermordet und in einem Damm verscharrt. Der Klan hatte in Mississippi immer wieder seine Macht demonstriert.[37]

Reagans Rede selbst war eine dröhnende Solidaritätserklärung an alle White Supremacists: «Ich glaube an die Rechte der Bundesstaaten», verkündete er der Menge. Es ging also einmal mehr um «States' Rights» – der Schlachtruf der Weißen Segregationisten der Südstaaten und derer, die Jahre zuvor die drei Bürgerrechtsaktivisten ermordet hatten.[38]

Reagan war der erste Präsidentschaftskandidat, der je auf der Neshoba County Fair auftrat, und laut Bob Herbert von der *New York Times* war der rassistische Kontext dieses Auftakts seines Präsidentschaftswahlkampfs unmissverständlich: «Reagan mochte zwar mit einem Hollywood-Lächeln und einer onkelhaften Art gesegnet sein, aber er steckte bis zu den Ellenbogen in derselben rassistischen Southern Strategy von Goldwater und Nixon. Er benutzte den Code. Wenn Politiker begannen, gegenüber Weißen Menschen in Orten wie Neshoba County über States' Rights zu sprechen, meinten sie damit eindeutig: Wenn es auf euch oder die Schwarzen hinausläuft, sind wir auf eurer Seite.»[39] Das bestätigte ein Jahr später auch Lee Atwater, der berüchtigte Republikanische Stratege, der jetzt auch Reagans Wahlkampf leitete. Atwater beschrieb die Southern Strategy folgendermaßen: «1954 fängt man damit an, ‹N*****, N*****, N*****› zu sagen. 1968 kann man nicht mehr ‹N*****› sagen – das schadet einem und geht nach hinten los. Also sagt man so Sachen wie ‹erzwungenes *busing*›, ‹*states' rights*› und diese ganzen Sachen, man wird abstrakt. Jetzt redet man über Steuersenkungen. All diese Dinge, über die man redet, sind wirtschaftliche Dinge, und ein Nebenprodukt von ihnen ist, dass Schwarze schlimmer davon getroffen werden als Weiße [...]. ‹Wir wollen das kürzen› ist viel abstrakter als selbst die *Busing*-Sache [...] und verdammt viel abstrakter als ‹N*****, N****›.»[40]

Was die Wahlkampfstrategie anging, gab es jedoch auch Unstimmigkeiten in Reagans Team – beispielsweise bei der Frage, wie man mit besonders kontroversen Vertretern der Religiösen

Rechten umgehen sollte. Als der rechtsextreme Pastor James Robison beispielsweise im August 1980 eine große Veranstaltung in Dallas organisierte, um dort 4500 Pastoren auf Reagan als den Kandidaten der Religiösen Rechten einzustimmen, schlug dieser die Bedenken seiner Berater in den Wind und saß während Robisons Rede auf der Bühne, nickte und klatschte.[41] Robison heizte der Menge ein und wetterte gegen die Bedrohung, die von «Liberalen, Homosexuellen und Kommunisten» ausgehe. «Entweder bekommen wir eine Machtergreifung à la Hitler oder sowjetische Herrschaft, oder Gott wird das Land übernehmen», rief er. «Man kann nicht gleichzeitig Gott und Staat trennen und eine erfolgreiche Regierung haben!»[42] Das Treffen wurde unterstützt durch Nelson Bunker Hunt, den Bircher-Tycoon, und die Rednerliste war ein Who's who der Religiösen Rechten.[43]

Landesweit rührte die Religiöse Rechte die Werbetrommel für den ehemaligen Filmstar aus Kalifornien – und sie tat dies hauptsächlich, indem sie potenziellen Wähler*innen Angst einjagte. In einem Brief, der im Rahmen einer Direct-Mail-Kampagne der rechtsreligiösen Lobbygruppe Christian Voice verschickt wurde, war etwa zu lesen, dass die Kinder durch «militante Schwule, liberale Erzieher, grausame Atheisten und gottlose Politiker» gefährdet seien.[44] Das Einzige, was zwischen der Nation und dem Abgrund stehe, so das Narrativ, sei Ronald Reagan. Reagan mobilisierte im Rahmen seiner Neuauflage der Southern Strategy vor allem auch Weiße Frauen aus dem Süden, indem er von der überparteilich geteilten Unterstützung des Equal Rights Amendments abrückte. Rückenwind erhielt er dabei durch die Auftritte von Phyllis Schlafly. Schlafly unkte, das Equal Rights Amendment werde Frauen dazu zwingen, lesbisch zu werden, ihre Kinder in eine Krippe zu geben und sich einen Job zuzulegen. Deshalb müssten Frauen für den Erhalt ihrer «Privilegien» – der «Privilegien»

Weißer Weiblichkeit – kämpfen.[45] Reagans Ablehnung des Equal Rights Amendments war eine einschneidende Kehrtwende: Die Republikanische Partei hatte das ERA bis dahin vierzig Jahre lang unterstützt. Jetzt, 1980, war es erstmals nicht mehr Teil des Parteiprogramms.

Es war ein Symptom für eine größere Weichenstellung: Reagan schaffte es, die Southern Strategy zu nationalisieren, indem er die strategische Nutzung rassistischer Ressentiments mit sozial konservativen Ansichten verknüpfte: der Befürwortung traditioneller Genderrollen und der Ablehnung von Feminismus und Abtreibung sowie von Rechten für Homosexuelle.[46] Der «Süden» war dank Reagan nicht mehr nur eine geographische Region, sondern ein Gefühl, ein in sich geschlossenes System von Glaubenssätzen.[47] Der Effekt ist bis heute spürbar: Soziolog*innen zeigen seit Jahren, dass diejenigen Weißen Amerikaner*innen, die sich als «Südstaatler» begreifen, nicht alle im tatsächlich geographisch definierten «Süden» – also den ehemaligen elf Konföderierten Staaten – leben.[48] Reagan und seine Erben hatten geschafft, woran Nixon noch gescheitert war: die Southern Strategy zur Long Southern Strategy – zu einer massentauglichen, langlebigen, nationalen Marke – zu machen.

In seiner Rede zur Annahme der Präsidentschaftskandidatur der Republikanischen Partei im Juli 1980 in Detroit versprach Reagan seiner Anhängerschaft die Rückkehr zu einem mythischen goldenen Zeitalter: «Denjenigen, die die Hoffnung aufgegeben haben, sage ich: Wir werden die Hoffnung wiederherstellen, und wir werden sie in diesem großen nationalen Kreuzzug begrüßen, um Amerika wieder groß zu machen.»[49] Knapp vierzig Jahre später sollte ein weiterer Republikanischer Präsidentschaftskandidat unter demselben Slogan – *Let's Make America Great Again* – Wahlkampf machen und wie Reagan am Ende ins Weiße Haus einziehen.[50]

Während Reagan die Bircher auf Distanz hielt, signalisierte er ihnen und ähnlichen Gruppierungen gleichzeitig, dass er manche ihrer Sorgen teile. Für Außenstehende, die nicht Teil des paranoiden Universums der Bircher waren, blieben diese Anspielungen oft unbemerkt. So sagte Reagan beispielsweise, dass 19 Mitglieder der Regierung unter Jimmy Carter frühere oder aktuelle Mitglieder der «Trilateral Commission» seien – einer von dem Politikwissenschaftler und Carter-Sicherheitsberater Zbigniew Brzezinski und dem Bankier David Rockefeller gegründeten Denkfabrik. Die Bemerkung war ein Wink mit dem Zaunpfahl an die extremen Ränder der Rechten, die in dieser Kommission eine Schattenkabale sahen, die angeblich eine neue Weltordnung etablieren wollte. Durch verschwörungsgläubige Gruppen wie die John Birch Society sei der Diskurs in den 1970er und 1980er Jahren immer stärker «weg von der kommunistischen Bedrohung und hin zu dem subtilen globalistischen Apparat unter der Führung der Trilateralen Kommission» verschoben worden, erklärt der Historiker Daniel John Smith. So seien Begriffe wie «Globalismus» und «Neue Weltordnung» popularisiert worden.[51] Reagans Bemerkung war ein Nicken in Richtung der Bircher, ohne dabei allzu auffällig zu sein.[52]

Reagans Rechnung ging auf: Sein erfolgreiches Werben um Weiße Evangelikale und States'-Rights-Unterstützer, seine Fortführung und Erweiterung der Southern / Suburban Strategy, seine ausreichende Distanz zu den Birchern, sein Versprechen von Steuersenkungen, wirtschaftlichem Aufschwung, einem schlanken Staat und einer glorreichen amerikanischen Zukunft, gepaart mit der Warnung vor angeblichen Radikalen, vor Feinden im Innern Amerikas, und nicht zuletzt sein persönlicher Charme und sein Charisma brachten ihm den Sieg bei der Präsidentschaftswahl. Die Neuauflage der Goldwater'schen Inszenierung als Vertreter des *Old West*, des zähen Individualismus, des gläubigen Cowboys, aber diesmal verbunden mit

Respektabilität und Optimismus und einer massentauglichen Southern Strategy, hatte funktioniert.

Nachdem die Religiöse Rechte ihren Anteil zu Reagans Triumph beigetragen hatte, wollte sie jetzt ihre Belohnung sehen. Zu ihrer Enttäuschung besetzte Reagan nach seinem Einzug ins Weiße Haus wichtige Regierungsämter jedoch nicht aus ihren Reihen. Überhaupt tummelten sich ihrer Meinung nach im Weißen Haus zu viele derjenigen, die sie als Republikanisches Establishment verachteten.

Reagan verärgerte seine konservativen Verbündeten durchaus noch öfter, wenn es um die Verteilung von einflussreichen Posten ging. So auch bei seiner Ernennung der moderaten Sandra Day O'Connor als erste Richterin überhaupt am Obersten Gerichtshof. Einige seiner Nominierungen, mit denen Konservative zufriedengestellt werden sollten, scheiterten jedoch oder wurden zum Skandal. Das wohl bekannteste Beispiel war die Nominierung von Robert Bork, den Reagan am Obersten Gerichtshof sehen wollte. Sie schuf den Mythos eines konservativen Märtyrers, dessen Auswirkungen noch heute zu spüren sind. Borks Nominierung war eine von bis heute nur vier Nominierungen für den Obersten Gerichtshof, gegen die die American Civil Liberties Union (ACLU), die sich für Bürgerrechte engagiert, Einspruch erhob (die anderen drei waren William Rehnquist, Samuel Alito und Brett Kavanaugh). Der Demokratische Senator Ted Kennedy fasste Borks Weltsicht, wegen der die Demokraten und die ACLU seine Nominierung blockierten, folgendermaßen zusammen: «In Robert Borks Amerika gibt es keinen Platz in der Herberge für Schwarze und keinen Platz für Frauen in der Verfassung.»[53]

Die Republikaner waren außer sich ob dieser angeblichen Unterstellung, doch Kennedy hatte den Nagel auf den Kopf getroffen. Bork war der Ansicht, dass es illegal gewesen sei, Bundesstaaten zu zwingen, ihre rassistischen Jim-Crow-Gesetze aufzugeben, die nach der Abschaffung der Sklaverei in den Südstaaten verabschiedet worden waren, um Segregation im öffentlichen Leben durchzusetzen und der Schwarzen Bevölkerung die in der Reconstruction-Ära erhaltenen Rechte – wie zum Beispiel das Wahlrecht – wieder zu nehmen. Bork setzte sich außerdem dafür ein, dass die Bundesstaaten das Recht haben sollten, verheirateten Paaren den Kauf von Verhütungsmitteln zu verbieten, und war der Meinung, dass Frauen keine geschützte Gruppe unter dem 14. Zusatzartikel der Verfassung seien. Laut Bork hatte der Oberste Gerichtshof auch den Fall *Roe v. Wade* falsch entschieden. Wiederholt äußerte er die Ansicht, dass Präsident Nixon das Recht hatte, ohne die Zustimmung des Kongresses Kambodscha bombardieren zu lassen. Ein weiterer Grund dafür, dass die Nominierung im Komitee scheiterte, war Borks Rolle im Watergate-Skandal. Nachdem die zwei Top-Beamten in Nixons Justizministerium sich geweigert hatten, den Sonderermittler Archibald Cox zu feuern, hatte Bork als dritthöchster Vertreter im Ministerium Nixons Order unterschrieben. Wie Bork in seinen posthum veröffentlichten Memoiren selbst berichtet, hatte Nixon ihm dafür einen Platz am Obersten Gerichtshof versprochen.[54]

Für Konservative war Borks gescheiterte Nominierung ein einschneidender Moment, den sie nicht so schnell vergessen würden – im Gegenteil. Der Senator für Kentucky, Mitch McConnell, gab den Demokraten ein Versprechen: Die Republikaner würden, wenn sich ihnen die Gelegenheit bot, dieselben Taktiken anwenden wie das, was sie als linksradikale Schmutzkampagne sahen, und ihnen unliebsame Nominierte eines Demokratischen Präsidenten blockieren. Der so angekündigte Moment der Rache für Borks Demütigung sollte 29 Jahre später kommen.[55]

Unter Reagan begann auch ein junger Anwalt namens John Roberts im Justizministerium seinen Kreuzzug gegen das Wahlrecht. Reagan selbst hatte den Voting Rights Act, der im Rahmen der Bürgerrechtsgesetze das Wahlrecht von BPoC stärken und bürokratische Hindernisse für die Abgabe der Wählerstimmen abbauen sollte, schon 1965 eine «Erniedrigung für den Süden» genannt. Auch nachdem der Kongress das Gesetz 1982 – mit Unterstützung beider Parteien – erneut autorisierte, ließen sich Roberts und seine Verbündeten nicht beirren – sie spielten das *Long Game.* Im Jahr 2013 sollte Roberts, inzwischen Chief Justice des Obersten Gerichtshofs, zusammen mit von der Federalist Society♦ handverlesenen rechten Richter*innen dafür sorgen, dass vom Voting Rights Act nicht mehr als die bloße Hülle übrigblieb.[56]

Reagans innenpolitische Prioritäten waren eindeutig: Ihm ging es um Deregulierung und um eine Politik, die gegen den New Deal und gegen die Gewerkschaften gerichtet war. Gleichzeitig erhöhte er die Ausgaben für Verteidigung massiv. Nachdem der Kongress Reagans Steuerreform 1981 gebilligt hatte, gelang es, die wirtschaftliche Rezession kurzfristig für die Jahre 1981 und 1982 zu überwinden, aber mittel- und langfristig stellte sich kein Erfolg mit den *Reaganomics* ein.[57] «Der [erhoffte] Trickle-Down-Effekt [das Durchsickern des Einkommenszuwachses der Reichen durch Steuersenkungen zu den unteren Bevölkerungsschichten, A. B.] blieb aus», stellen die Wirtschaftswissenschaftler John Komlos und Herbert Schubert fest.[58] Die folgende Rezession verhinderte zwar zunächst, dass Reagan sein politisches Programm umsetzen konnte, schadete ihm aber auch nicht wirklich. Reagans Versprechen an die amerikanische Bevölkerung war so einfach wie eingängig: Solange jeder Einzelne hart arbeitet, die Amerikaner*innen christlich sind und der Staat sich nicht zu sehr in die Angelegenheiten der Bürger einmischt, wird alles gut werden. Solange die Symbiose

♦ Die Federalist Society wurde 1982 von einer Gruppe konservativer Jurastudenten gegründet. Ihre Lobbyarbeit hat die Bundesjustiz in den letzten Jahrzehnten mehr als jede andere Organisation beeinflusst.

aus Christentum, Kapitalismus und Traditionalismus bestehen bleibe, werde es stetig bergauf gehen.[59]

In seinem Programm setzte Reagan letztlich das um, was L. Brent Bozell Junior zwanzig Jahre zuvor für Barry Goldwater zu Papier gebracht hatte. Damit verbunden war der Glaube, dass der Säkularismus die Wurzel allen irdischen Übels sei. Denn wenn der Kommunismus gottlos war, musste der Säkularismus mindestens genauso schlimm sein. Auch außenpolitisch übernahm Reagan dieses religiöse Framing: Im Kampf zwischen Gott und dem Bösen traten zwei Nationen, die USA und die Sowjetunion, gegeneinander an. Seine Bezeichnung der UdSSR als «böses Imperium» in einer Rede an die National Association of Evangelicals in Orlando, Florida, 1983 ging in die Geschichtsbücher ein.[60] Sie war prägend nicht nur für seine eigene Außenpolitik, sondern auch für seine Selbstdarstellung im nächsten Präsidentschaftswahlkampf.

Reagan, ein überzeugter Gegner von Roosevelts New Deal, ließ Sozialprogramme kürzen, vor allem solche zur Armutsbekämpfung. Gestrichen wurden unter anderem Ausgaben für Ausbildungs- und Beschäftigungsprogramme, für den staatlichen Sozialdienst, sogar für Essensmarken beim Schulessen. Die Ungleichheit in der Gesellschaft nahm in Reagans Amtszeit deutlich zu, Verlierer*innen waren vor allem Menschen mit geringen beruflichen Qualifikationen.[61]

Schon im ersten Jahr seiner Präsidentschaft, in dem er im März ein Attentat überlebt und daraus als begnadeter Politiker politisches Kapital für seine Beliebtheitswerte geschlagen hatte,[62] fügte Reagan den Gewerkschaften einen entscheidenden Schlag zu, von dem sie sich nicht mehr erholen sollten. Reagan wandte zur Beendigung des Streiks der Fluglotsen im September 1981 ein Gesetz von 1947 an, das eine Klausel für ein Streikverbot in einem nationalen Notfall enthielt. Er ließ unter Berufung auf dieses Gesetz nach Ablauf eines Ultimatums 11 000 Fluglotsen entlassen.[63] Die Streikgelder ihrer

Gewerkschaft wurden beschlagnahmt und die Gewerkschaft im folgenden Jahr aufgelöst. «Das läutete das Ende der gesellschaftlichen Bedeutung von Gewerkschaften in den USA ein. [...] Starke Gewerkschaften waren zuvor das Rückgrat der Mittelschicht, insbesondere der unteren Mittelschicht», analysieren Komlos und Schubert.[64] Diese Schwächung der Gewerkschaften brachte Reagan den Applaus der Libertären in seiner Partei ein und versöhnte Konservative, die enttäuscht waren, dass er nicht ihre Lieblingsthemen, wie etwa Beten in öffentlichen Schulen, durchdrückte.

Während der ersten Präsidentschaft Reagans erreichte auch ein anderer Kreis rechter Aktivist*innen das Weiße Haus: eine Gruppe von Konservativen, die sich als «Neue Rechte» verstanden, in Abgrenzung zur «Alten Rechten». Sie sahen sich als Radikale, die aus der Niederlage Goldwaters gelernt und seither ein beeindruckendes Netzwerk an Think Tanks und Organisationen aufgezogen hatten. Einige von ihnen sind uns in diesem Buch schon begegnet, so etwa Paul Weyrich, Morton Blackwell und Richard Viguerie. Ihnen war klar, dass vor allem ihre extreme Deregulationspolitik und ihr *Laissez-faire*-Kapitalismus bei der Mehrheit der Bevölkerung auf wenig Gegenliebe stieß. Um dennoch beides für den Mainstream genießbar zu machen, brauchte es eine Front an intellektuell und akademisch integer erscheinenden Institutionen, die nominell neutrale «Expert*innen» in Fernsehshows und zu Zeitungsinterviews schicken konnten, um den öffentlichen Diskurs zugunsten der Konservativen zu beeinflussen, ohne dass die Verbindung zu ihnen direkt ersichtlich wäre.[65]

Dieses gigantische Projekt erforderte Geld – Unmengen von Geld. Doch zum Glück hatte die Neue Rechte die richtigen Kontakte: zu Großindustriellen und Milliardären wie dem Bierbrauer und früheren Goldwater-Unterstützer Joseph Coors, zu den durch Öl und das Vermögen ihres Vaters unvorstellbar reich gewordenen Koch-Brüdern, zu dem Industriellen Harry Bradley, einem aktiven Mitglied der John Birch Society, und zu vielen anderen, denen daran gelegen war, dass konservativ-libertäre Ansichten gegenüber Unternehmen und den oberen Zehntausend einen intellektuellen Anstrich im öffentlichen Diskurs erhielten.[66]

Paul Weyrich, Edwin J. Feulner und Joseph Coors hatten 1973 die Heritage Foundation gegründet, die noch heute zu den einflussreichsten konservativen Denkfabriken gehört. Als Reagan 1981 ins Weiße Haus einzog, war die Foundation bereit und legte ihm unter dem Titel «Mandate for Leadership» ihren Strategieplan für die nächsten vier Jahre vor. Das Dokument umfasste mehr als 3000 Seiten, und es machte Eindruck: Reagan verteilte bei seinem ersten Kabinettstreffen Kopien an die Teilnehmenden, und eine auf knapp 1000 Seiten gekürzte Version wurde zum *New-York-Times*-Bestseller. Nach einem Jahr hatte die Reagan-Regierung 60 Prozent des Plans umgesetzt.[67] Auch wenn es trotzdem Beschwerden seitens der Heritage Foundation gab, das Ganze gehe nicht schnell genug, war klar: Die Neue Rechte hatte einen ersten Zenit der Macht erreicht.[68]

Die neue Generation, zu der auch die Heritage Foundation gehörte, war radikal und in ihrer Rhetorik aggressiv. Sie erhob den alleinigen Anspruch auf Moralität und auf die Definition dessen, was «wahre» Amerikaner seien. Es sei an der Zeit, Amerika für Gott zurückzugewinnen, wie es Jerry Falwell 1982 in seiner Einleitung zu einem Buch von Richard Viguerie erklärte: «Die gottlose Minderheit verräterischer Individuen, denen es erlaubt wurde, die nationale Politik zu gestalten, muss nun erkennen, dass sie nicht die Mehrheit repräsentiert. Man muss ihnen klarmachen, dass die moralischen Amerikaner eine mächtige Gruppe sind, die es ihnen nicht länger erlauben wird, unser Land mit ihren gottlosen, liberalen Philosophien zu zerstören.»[69]

Paul Weyrich hatte schon 1978 den revolutionären Geist der Neuen Rechten betont. Ihnen ging es nicht allein um die

Aufrechterhaltung sozialer Hierarchien, sondern sie träumten von der Entmachtung des Establishments.[70] Weyrich sagte in diesem Sinne über sich und seine Mitstreiter*innen: «Wir sind anders als frühere Generationen von Konservativen. Wir sind Radikale, wir arbeiten daran, die bestehenden Machtstrukturen zu stürzen.»[71] Weyrich war in Hochstimmung: «Die Neue Rechte – und zu einem gewissen Grad sind wir darin wie Kommunisten – fühlt, dass der Sieg unvermeidbar ist.»[72]

Unter Reagan schafften auch junge konservative Aktivisten wie Mitglieder der Young Americans for Freedom (YAF) den Aufstieg zum Zentrum politischer Macht: ins Weiße Haus. 1981 waren dort fünfzig YAFler angestellt – darunter Anthony Dolan als Redenschreiber des Präsidenten, andere waren in weiteren Behörden der Reagan-Regierung und vor allem im Netzwerk konservativer Organisationen tätig, die laut *New York Times* über Direct-Mail-Kampagnen jährlich 50 Millionen Dollar an Spenden einnahmen.[73]

Im Wahlkampf 1984 arbeitete Reagans Team hart daran, Reagan als die Personifizierung all dessen darzustellen, was an Amerika positiv war: Wer für das «wahre» Amerika sei, müsse Reagan wählen, so die Botschaft. Die Demokraten hingegen seien antiamerikanisch. Doch auch diese Botschaft war jovial verpackt. Reagans Markenzeichen war genau diese Verbindung von apokalyptischer Rhetorik mit ansteckendem Optimismus für die goldene Zukunft des Landes. Gleichzeitig setzte er bei dieser Wahl erneut auf Stimmen aus dem traditionell Demokratischen Süden und rief bei einer Rede in Macon, Georgia, der Menge den Schlachtruf der Neo-Konföderierten zu: «The South will rise again!»[74]

Bei allem Unmut darüber, dass Reagan innenpolitisch nicht alle ihre Wünsche erfüllt hatte, waren sich Konservative und Religiöse Rechte doch mehr oder weniger einig darin, dass er 1984 die Wahl für eine zweite Amtszeit gewinnen musste. Barry Goldwater kehrte zwanzig Jahre nach seiner eigenen

Nominierung auf die Bühne des Republikanischen Parteitages in Dallas zurück und wiederholte dort den Satz, der ihm zwei Jahrzehnte zuvor so viel Ärger eingebracht hatte: «Extremismus bei der Verteidigung der Freiheit ist kein Vergehen, sondern eine Tugend!» Was einst moderate Republikaner des Establishments wie Rockefeller entsetzt hatte, war jetzt selbstverständlich Teil des Mainstream-Parteiprogramms. Lee Atwater steuerte zum Wahlkampf die rassistische Komponente bei. In einem Memo schrieb er: «Die Demokraten haben sich auf die Seite der Schwarzen im Süden geschlagen, für sie gibt es kein Zurück mehr.»[75]

Einminütige Fernsehspots unter dem Titel «Morning in America» untermalten mit Alltagsszenen ein idyllisches Bild von Amerika.[76] Gleichzeitig machte Reagan immer wieder klar, dass die Demokraten keine wahren Amerikaner seien: Sie seien sogar so weit nach links gedriftet, dass sie «Amerika verlassen» hätten, behauptete er.[77]

1984 zementierte Reagan die Verbindung zwischen Weißen Evangelikalen im Besonderen, der Religiösen Rechten, Konservativen und der Republikanischen Partei. Während seiner Rede bei einem ökumenischen Gebetsfrühstück auf dem Parteitag der GOP fand er deutliche Worte: «Religion braucht Verteidiger gegen diejenigen, die sich nur um die Interessen des Staates kümmern. Die Wahrheit ist, dass Politik und Moral untrennbar miteinander verbunden sind – und da die Grundlage der Moral Religion ist, sind Religion und Politik notwendigerweise miteinander verbunden.» Er fuhr fort: «Wenn wir jemals vergessen, dass wir eine Nation unter Gott sind, dann werden wir eine untergegangene Nation sein.»[78] Abermals erwies sich Reagans Strategie als erfolgreich: Er und sein Vize George H. W. Bush gewannen die Wahl sehr deutlich mit 59 Prozent der Stimmen.[79]

Die Neue Rechte, die Reagan mit ins Weiße Haus getragen hatte und inzwischen über eine beeindruckende politische

Infrastruktur verfügte, war zur mächtigen, ja sogar tonangebenden Kraft in der Republikanischen Partei geworden. Unter denjenigen, die sich in der Tradition der Old Right sahen, der Alten Rechten, die sich von der New Right vor allem durch ihre isolationistische Außenpolitik unterschied, machte sich jedoch zunehmend Unmut breit. Lange hatte die alte Garde die Füße stillgehalten angesichts von Reagans Erfolg und seinem vehementen Antikommunismus, doch spätestens mit der Politik von Perestroika und Glasnost durch Michail Gorbatschow und dem sich andeutenden Niedergang der Sowjetunion war eines der Hauptargumente für eine expansive, imperialistische Außenpolitik zunehmend in den Hintergrund geraten. Und die Nachfolger der Alten Rechten, jetzt bekannt als Paläokonservative, waren zugleich immer weniger bereit, im Hintergrund zu bleiben. Hier spielten sicherlich auch persönliche Animositäten eine Rolle, denn das Reagan'sche Weiße Haus umgab sich vor allem mit Mitgliedern der Neuen Rechten, von denen einige aus dem Netzwerk von mittlerweile etwa siebzig konservativen Think Tanks sogar Kabinettsposten ergattert hatten, darunter CIA-Chef William J. Casey (Manhattan Institute for Policy Research), Justizminister Edwin Meese III. (Institute for Contemporary Studies) und Innenminister James G. Watt (Rocky Mountain Legal Foundation).[80] Kurz gesagt: Die Alte Rechte wurde neben allen inhaltlichen Streitereien auch deshalb ungemütlich, weil sie der Meinung war, die Bewegung aufgebaut zu haben, und nun zusehen musste, wie nicht sie, sondern die «Neulinge» absahnten.

Auch während Reagans zweiter Amtszeit waren konservative Akteure oft mit ihm unzufrieden – zumindest was die Innenpolitik betraf. Immerhin aber vermochte er ihnen etwas zu verschaffen, was mit Geld nicht zu bezahlen war: Legitimität. Die Architekten der Neuen Rechten, darunter Weyrich und Viguerie, bildeten nun das Zentrum des Konservatismus – an ihnen und vor allem an ihren Organisationen kam ab jetzt niemand mehr vorbei, der eine wichtige Stimme im amerikanischen Konservatismus werden wollte. Die Fortführung der Southern Strategy war eine Methode, unbeliebte wirtschaftspolitische Maßnahmen – Steuersenkungen für Reiche und Unternehmen – in ein kulturelles Gewand zu kleiden und somit auch für Bevölkerungsteile annehmbar zu machen, die für rassistische Ressentiments empfänglich waren, auch wenn sie dann unter Umständen gegen ihre eigenen finanziellen Interessen stimmten. Doch der Jurist Ian Haney-López argumentiert, dass die Trennung zwischen «wirtschaftlichen» und «kulturellen» Gründen für eine Wahlentscheidung fehlgeleitet sei: Denn für die Weißen Wähler*innen der Arbeiterklasse, die für Reagans Dog Whistles empfänglich waren, sei beides miteinander verbunden gewesen: Sie hätten die Bedrohung ihrer White Supremacy nicht nur als Verlust der bestehenden gesellschaftlichen Hierarchie, sondern auch ihres Status empfunden. Neben diesem Statusverlust erwähnt Haney-López materielle Folgen für die Weiße Arbeiterklasse – dieselben staatlichen Ressourcen waren jetzt plötzlich nicht mehr nur für Weiße da.[81] Doch all diese Faktoren waren nur Teile des Ganzen: Denn entgegen der beliebten Erzählung vom «vergessenen Amerika» war es nicht ausschließlich die arme Weiße Arbeiterklasse, die in den Armen des Konservatismus Zuflucht suchte – auch wohlhabende Weiße, die es sich leisten konnten, in Gegenden zu ziehen, zu denen Schwarze Amerikaner*innen keinen Zugang hatten, kehrten der Demokratischen Partei den Rücken.[82]

Reagans Wirtschaftspolitik führte nach zwei Amtszeiten zu einer gigantischen Staatsverschuldung, da die Staatseinnahmen aufgrund der Steuersenkungen und des schwachen Wirtschaftswachstums deutlich gesunken und gleichzeitig die Ausgaben für das Militär immer weiter angewachsen waren. Die Staatsverschuldung stieg von 965 Milliarden US-Dollar im Jahr 1981 auf 2740 Milliarden im Jahr 1989.[83] Die von Reagan gepushte Deregulierung der Finanzmärkte schuf überhaupt erst die Voraussetzungen, ohne die die Finanzkrise zwanzig Jahre später nicht möglich gewesen wäre.[84] Gleichzeitig nahmen Reichtum und politische Einflussmöglichkeiten von Unternehmern zu, die global agierende Konzerne führten und extrem von der Steuerpolitik der *Reaganomics* profitiert hatten.[85]

Unter Reagan begannen konservative Stimmen außerdem, erneut für eine Stärkung der exekutiven Macht des Präsidenten zu argumentieren. Für sie war Watergate kein Zeichen für die Gefahr durch einen Präsidenten, der zu viel Macht auf sich vereinte, sondern ein persönlicher Fehler Nixons, aus dem keine strukturellen Konsequenzen gezogen werden müssten. Das war neu, denn – mit Ausnahme von Nixon – waren es bis dahin Demokratische Präsidenten gewesen, die versucht hatten, ihre Macht über die Exekutive auszubauen. Der Historiker Charlie Savage erklärt diese neue Haltung mit einem Generationenwechsel im amerikanischen Konservatismus: Die neuen Konservativen hätten die Auseinandersetzungen der Republikaner mit Demokratischen Präsidenten, die versuchten, ihre Macht auszuweiten, nicht mehr selbst erlebt.[86] Reagan weitete die Macht der Exekutive durch den verstärkten Einsatz sogenannter Exekutivverordnungen aus und besetzte die Leitungsposten von Behörden, die mit der Regulierung und Kontrolle bestimmter Sektoren beauftragt waren, gezielt mit Leuten, die eine solche Regulierung dezidiert ablehnten, um so die Arbeit dieser missliebigen Behörden zu untergraben – eine Strategie, die auch andere Republikanische Präsidenten nach ihm anwenden sollten.[87]

Reagans Umgang mit der von Nixon gegründeten Umweltschutzbehörde führte schließlich dazu, dass sich Reagans Justizminister weigerte, einem Untersuchungsausschuss des Kongresses Unterlagen vorzulegen, die diesem nach einer infolge von Watergate eingeführten Reform zustanden. Seine Begründung: Die damals vom Kongress verabschiedete Regelung, dass ein Präsident einen unabhängigen Ermittler nicht ohne Grund feuern dürfe, verstoße gegen das «Exekutiv-Privileg» des Präsidenten. Der Fall landete schließlich 1988 als *Morrison v. Olson* vor dem Obersten Gerichtshof, wo Reagans Regierung 7:1 verlor. Der erzkonservative Chefrichter und Goldwater-Freund William Rehnquist verfasste das Urteil der Mehrheit. Selbst ihm ging die Forderung der Reagan-Regierung zu weit, wie auch einigen anderen Konservativen in Reagans Justizministerium, die die Bestrebungen der Generation der Neuen Rechten, präsidiale Macht auszubauen, als verfassungswidrig missbilligten. Einer der Richter, Anthony Kennedy, hatte sich für befangen erklärt und enthalten – vermutlich wegen seiner engen Beziehungen zu einzelnen Personen in Reagans Regierung.[88] Nur einer der Obersten Richter*innen war auf Reagans Seite: Der von ihm an den Obersten Gerichtshof berufene Antonin Scalia schrieb in seinem Widerspruch, dass dem Präsidenten die vollständige Macht über die Exekutive zustehe und es daher verfassungswidrig sei, wenn ein Ermittler nicht direkt der Kontrolle des Präsidenten oder jemandem unter Kontrolle des Präsidenten unterstehe.[89] Was auf den ersten Blick wie eine unwichtige Fußnote in der Geschichte der amerikanischen Rechten wirkt, sollte der Grundstein für den extremen Ausbau präsidialer Macht unter Bush Junior und Trump werden und in den strategischen Überlegungen konservativer Think Tanks für die Zeit nach dem Sieg des nächsten Republikanischen Präsidentschaftskandidaten eine wichtige Rolle spielen.[90]

Die zwanzig Jahre vor Reagans Präsidentschaft von Buckley befürwortete Koalition aus Sozial-Konservativen, (Rechts-) Libertären und Interventionisten – also jenen, die in der Außenpolitik ein Eingreifen der USA (diplomatisch, militärisch oder wirtschaftspolitisch) befürworteten – sicherte Reagan mit erheblicher Unterstützung der Religiösen Rechten zweimal die Präsidentschaft. Er selbst bezeichnete diese Koalition als «dreibeinigen Stuhl», der die Republikanische Partei darstelle, womit er implizierte, dass alle drei Fraktionen nötig seien, um Stabilität herzustellen. In der Realität bedeutete das die Kombination aus freier Marktwirtschaft (mit Steuersenkungen für Reiche und Unternehmen und möglichst wenig staatlicher Regulierung), Antikommunismus (mit hohen Verteidigungsausgaben und einem starken Militär) sowie konservativ-christlichen Werten (Ablehnung von Abtreibung und Homosexualität).

Seitdem wird allerdings an mindestens zwei Beinen des Stuhls geschraubt und gesägt – an dem der Interventionisten und dem der Rechtslibertären. In der Tradition der *America-First*-Aktivist*innen der 1930er Jahre und des America First Committee, das sich 1940 aus Protest gegen den Kriegseintritt der USA gegründet hatte,[91] warb etwa auch Trump 2015 für ein Ende amerikanischer Kriegseinsätze. Die Zeit der «endlosen Kriege [...] in fernen Ländern, von denen die meisten noch nie gehört haben, um uralte Konflikte zu lösen», sei zu Ende, so sein Versprechen.[92]

7 Trumps Blaupause
Pat Buchanan und der Geist der Old Right

«Deshalb rufen wir heute zu einem neuen Patriotismus auf, bei dem die Amerikaner beginnen, die Bedürfnisse der Amerikaner an die erste Stelle zu setzen; zu einem neuen Nationalismus, bei dem die amerikanische Seite bei allen Verhandlungen, sei es bei der Rüstungskontrolle oder im Handel, den Vorteil und den Sieg der Vereinigten Staaten anstrebt.»

Pat Buchanan bei der Verkündung seiner Präsidentschaftskandidatur, 10. Dezember 1991

Mit jungenhaftem Elan betrat der Mann den Dom der Sterne, stellte sich mutig den 4420 juchzenden Delegierten und Zehntausenden von fröhlich krähenden Parteigängern. Gelassen und doch gerührt blickte er mehrere Minuten lang über das bunte Menschenmeer, ließ sich geduldig umtosen von Wogen der Begeisterung. Mit nachlässiger Gebärde dann erzwang er sich Gehör.»[1] Der Redner, den der *Spiegel*-Journalist Carlos Widmann hier beschreibt, war Patrick Buchanan. Der eröffnete am Abend des 17. August in Houston, Texas, den Nominierungsparteitag der Republikaner 1992. Von der Bühne des bis auf den letzten Platz gefüllten Baseballstadions aus verkündete er: «Meine Freunde, bei dieser Wahl geht es [...] darum, wer wir sind. Es geht darum, was wir glauben und wofür wir als Amerikaner stehen. In diesem Land findet ein religiöser Krieg statt. Es ist ein kultureller Krieg, der für die Art der Nation, die wir sein werden, genauso entscheidend ist wie der Kalte Krieg selbst, denn in diesem Krieg geht es um die Seele Amerikas.»[2] Mit Ausnahme der Erwähnung des Kalten Krieges könnten diese Worte auch von einem aktuellen Vertreter der Republikanischen Partei stammen. Kaum jemand dürfte die immer weiter voranschreitende Radikalisierung der GOP in den zurückliegenden Jahrzehnten so stark mitgeprägt haben wie der 1938 geborene Pat Buchanan.

Buchanan war lange ein etabliertes Rädchen im Getriebe der GOP gewesen. Schon unter Nixon hatte er als Redenschreiber gearbeitet – er verstand sich quasi als dessen Ziehsohn – und hatte damals den Begriff von der «schweigenden Mehrheit» geprägt. Für kurze Zeit war er auch im Stab von Präsident Ford geblieben, um schließlich unter Reagan als Communications Director ins Weiße Haus zurückzukehren.[3] Der treue Parteisoldat, ein gläubiger Katholik aus einer streng religiösen Familie, verehrte William F. Buckley lange als einen seiner großen politischen Helden. Die von Buckley herausgegebene *National Review* war fast so etwas wie seine Bibel. «Auf den Seiten von Bill Buckleys blau umrandetem Magazin gab es nichts, womit ich nicht einverstanden war», erklärte er einmal. «Die *National Review* nahm das Wort Konservatismus, damals ein Synonym für spießige Orthodoxie, Republikanischen Standesdünkel und wirtschaftlichen Eigennutz, und verwandelte es in den knatternden Wimpel eines kämpferischen Glaubens.»[4]

Schon unter Nixon – dem Mann, dem Konservative misstrauten – war Buchanan im Weißen Haus eine der wichtigsten Stimmen der konservativen Bewegung. Als Nixon seine Berater darum bat, ihm Argumente für und gegen den vom Kongress 1971 verabschiedeten «Comprehensive Child Care Act» (Gesetz zur Kinderbetreuung) vorzulegen, verwiesen einige lediglich auf die hohen Kosten, die mit dem Gesetz verbunden seien. Buchanan hingegen, so der Autor John Ganz, bezeichnete das Gesetz als «eine Bedrohung für die Idee der Familie und damit für die westliche Zivilisation, die damals mit der doppelten Bedrohung durch den gottlosen Kommunismus im Ausland und den heimtückischen Liberalismus im eigenen Land konfrontiert war». Seine Worte fanden schließlich Eingang in das Veto des Präsidenten. «Noch bevor sich der Konservatismus später in den 1970er Jahren als politische Kraft an der Basis bemerkbar machen konnte», so Ganz, «war Buchanan seine Speerspitze.»[5]

Nachdem George H. W. Bush 1988 die Präsidentschaftswahl mit 53,4 Prozent der Stimmen gewonnen hatte und mit dem Slogan «Read my lips: no new taxes» («Lest es von meinen Lippen ab: Keine neuen Steuern») ins Weiße Haus eingezogen war, entwickelte sich Buchanan zu einem seiner schärfsten Kritiker. Wie viele Ultrakonservative war er von vornherein kein großer Fan von George H. W. Bush gewesen.

Bush war als zurückhaltender Episkopaler bekannt, der seinen Glauben nicht in den Vordergrund stellte und die Jerry Falwells der Welt mit Argwohn, wenn nicht gar Abneigung beäugte. Doch um die Präsidentschaft zu gewinnen, musste er sich auf ein Bündnis mit der Religiösen Rechten einlassen, also mit denjenigen, die schon zuvor versucht hatten, seine Vizepräsidentschaft unter Reagan zu torpedieren. Die konservativen und rechtsreligiösen Teile der GOP trauten ihm zwar nicht über den Weg und erwarteten wenig von ihm, was ihre eigenen Ziele betraf, unterstützten 1988 dann aber doch ihn und nicht den Fernseh-Prediger Pat Robertson, weil sie Bush insgesamt größere Chancen bei den Wähler*innen einräumten. Ihre Skepsis ihm gegenüber blieb allerdings bestehen.[6]

Pat Robertson hatte sich durch das Scheitern seiner Präsidentschaftskandidatur nicht entmutigen lassen. Ganz im Gegenteil: Eine an christlichen Werten ausgerichtete konservative Politik schien ihm angesichts der Präsidentschaft von George H. W. Bush umso notwendiger zu sein. Daher gründete er 1989 die Christian Coalition of America (CCA), die er als eine Art Nachfolgeorganisation von Jerry Falwells Moral Majority verstand. Die CCA sieht sich bis heute als Sammelbecken konservativer Evangelikaler, Pfingstkirchler, anderer protestantischer Gläubiger und Katholiken. Ihr Ziel war es von Anfang an, konservative Christen politisch zu mobilisieren.[7]

Unter der Führung des jungen Evangelikalen Ralph Reed begann die schleichende Übernahme der GOP schon während Bushs Präsidentschaft, aber die Führung der Partei wähnte sich zu diesem Zeitpunkt noch in Sicherheit.

Wie für Robertson war Bush auch für Buchanan in vielerlei Hinsicht nicht konservativ genug – was nicht bedeutete, dass dieser von den Wahlkampfstrategien Nixons und Reagans abgewichen wäre, im Gegenteil: Schon damals war klar, dass es sich bei Bushs scheinbar harmlosem Steuer-Motto um eine *Dog Whistle* handelte. So schrieb der *Spiegel*: «Selbst ein scheinbar so unverdächtiger Slogan wie das Versprechen, keine Steuern zu erhöhen [...], hat eine rassistische Komponente. Was der Kandidat suggeriert, ohne es aussprechen zu müssen, ist die Botschaft: Keine neuen Sozialprogramme, die vornehmlich Schwarzen zugutekommen würden.»[8]

Im Rennen 1988 gegen den Demokraten Michael Dukakis hatte Bush mit der Weiterführung der rassistischen Southern / Suburban Strategy Erfolg gehabt. Dazu schaltete sein Team einen der übelsten Fernsehspots in der US-amerikanischen Wahlkampfgeschichte, den sogenannten Willie-Horton-Werbespot. Horton war ein verurteilter Mörder – und ein Schwarzer Mann –, der während eines Hafturlaubs eine Weiße Frau vergewaltigt und ihren Freund erstochen hatte. Der daraufhin produzierte Werbespot stammte offiziell nicht vom Bush-Team, sondern von einem Political Action Committee (PAC).[9] Solche PACs sind nach amerikanischem Recht Lobbygruppen, die Politiker*innen unterstützen. Ihre Aufwendungen für Anzeigen, Flyer oder Werbespots sind im Gegensatz zur Höhe direkter Spenden an Politiker*innen nicht gedeckelt, solange keine Koordination mit den Kandidat*innen besteht. Somit existierte zwischen dem Auftraggeber des Werbespots und dem Bush-Team nur eine Scheindistanz, denn Bushs Chefstrategen hatten sich schon seit geraumer Zeit auf Horton eingeschossen. Lee Atwater frotzelte später, sie hätten Horton zu Dukakis' Vizepräsidentschaftskandidaten gemacht. Ihm war klar: «Wenn ich es schaffen kann, Willie Horton zu einem geflügelten Begriff zu machen, gewinnen wir die Wahl.» Medienstratege Roger Ailes war ganz seiner Meinung: «Die einzige Frage ist, ob wir Horton mit oder ohne Messer in der Hand abbilden.»[10]

Der Plan ging auf: Sobald Hortons Gesicht auf den Fernsehbildschirmen des Landes auftauchte, war Dukakis auf einmal nicht mehr das «Massachusetts-Wunder», sondern ein laxer Gouverneur und verantwortlich für die Vergewaltigung einer Weißen Frau sowie die Tötung ihres Freundes durch einen Schwarzen Mann, der zur Tatzeit als verurteilter Mörder auf Hafturlaub war. Es spielte keine Rolle, dass es ähnliche Resozialisierungsprogramme in allen anderen Bundesstaaten gab. Der Horton-Werbespot vermittelte aber nicht nur die Botschaft, dass den Demokraten und Dukakis nicht zu trauen sei, wenn es darum ging, die Bevölkerung vor gefährlichen Kriminellen zu schützen. Er bediente auch das alte rassistische Klischee, wonach Schwarze Männer und Gewaltverbrechen zusammengehörten. Nachdem der Werbespot große Empörung ausgelöst hatte, distanzierte sich das offizielle Bush-Wahlkampfteam zwar davon – aber die Botschaft war laut und deutlich gewesen.

Bush selbst kämpfte durchaus auch mit harten Bandagen. Sogar seine eigenen Parteifreunde seien entsetzt über den Tonfall und die rassistische Komponente seines Wahlkampfs, berichtete der *Spiegel*.[11] Bush hatte schon 1980, als er Reagans Vizepräsident wurde, bewiesen, dass er um der Macht willen bereit war, seine moderateren Ansichten – etwa bezüglich Abtreibung – über Bord zu werfen.[12] Im Wahlkampf von 1988 zeigte sich, dass er, wie auch Reagan und Nixon vor ihm, nicht davor zurückschreckte, sich für den Erfolg mit Leuten gemein zu machen, die in einer demokratischen Gesellschaft nichts zu suchen haben: Faschisten und Neonazis wie etwa der Anti-

Bolshevik Bloc of Nations.♦[13] Zum Ethnic Advisory Board (ethnischen Beirat) seines Wahlkampfteams gehörten berüchtigte Mitglieder des Republican Heritage Groups Council wie die Nazis Laszlo Pasztor und Florian Galdau. Im September 1988 entließ das Bush-Team zwar sieben seiner Mitglieder mit Verbindungen zu Faschisten, doch vier von ihnen, darunter Pasztor, saßen weiterhin im Heritage Groups Council, der 1969 von Pasztor selbst – auf Anregung Nixons – gegründet worden war.[14]

Bushs Sieg 1988 war eine Lektion für die Demokraten, die weitreichende Folgen für die amerikanische Innenpolitik haben sollte: Die Demokraten zogen aus dem Dukakis-Desaster den Schluss, dass sie im Bereich Kriminalität verwundbar waren. Doch statt die rassistischen Taktiken der Republikaner anzuprangern und einen Gegenentwurf zur autoritären Politik von Law and Order der Republikaner zu präsentieren, sollten sie dann unter Bill Clinton versuchen, den politischen Gegner auf diesem Gebiet sogar noch zu übertreffen. Joe Biden, damals noch grau- und nicht weißhaarig, war einer der Co-Autoren der *1994 Crime Bill*,[15] des umfangreichsten Kriminalitätsgesetzes der US-Geschichte. Es veranlasste hohe Investitionen in Gefängnisse, Präventivprogramme und Aufstockung von Personal, hatte aber auch fatale Auswirkungen, die noch heute von Racial-Justice-Advokaten angeprangert werden.[16] Das Strafmaß wurde teils drastisch erhöht, allein die Todesstrafe wurde für sechzig weitere Straftaten eingeführt. Nach Einschätzung von Bürgerrechtsorganisationen ist das Gesetz mitverantwortlich für den höchsten Prozentsatz von Inhaftierten

♦ Der Anti-Bolshevik Bloc of Nations war eine antikommunistische Organisation, die ursprünglich von Emigranten aus der Sowjetunion und anderen sozialistischen Staaten, die in die USA eingewandert waren, gegründet wurde und berüchtigt dafür war, in ihren Reihen ehemalige Nazis und Nazi-Kollaborateure zu haben.

weltweit, darunter überproportional viele Schwarze Amerikaner*innen.[17]

Bushs Präsidentschaft begann außenpolitisch erfolgreich. «Geschickt manövrierte er die geopolitischen Umwälzungen [...], allen voran den Fall der Mauer und das Ende der Sowjetunion», bewertete Marc Pitzke rückblickend Bushs Leistung im *Spiegel*.[18] Durch sein diplomatisches Geschick trug er entscheidend zur Wiedervereinigung der beiden deutschen Staaten bei. Auch Reagans Bemühungen um Abrüstung setzte er fort: Im Juli 1991 einigte er sich mit Gorbatschow auf den Start-I-Vertrag, der die Reduzierung und Kontrolle von Nuklearwaffen vorsah, und im Januar 1993 unterzeichnete er ein zweites Abrüstungsabkommen mit Boris Jelzin.[19] Den Konservativen seiner Partei fehlte jetzt, nach dem Fall der Sowjetunion, das Feindbild des Kommunismus, das die rechte Koalition jahrzehntelang geeint hatte. Auch deshalb standen sie solchen Verhandlungen eher skeptisch gegenüber.

Bush war durchaus auch bereit, militärische Mittel einzusetzen, wie sich bei der Blitzaktion zeigen sollte, mit der 1989 der Präsident Panamas, der in den USA wegen Drogenhandels auf der Fahndungsliste stand, festgenommen wurde. Nach der Besetzung Kuwaits durch den Irak ordnete Bush Anfang 1991 in Abstimmung mit dem Weltsicherheitsrat die Operation *Desert Storm* an. Nach fünf Wochen andauernden Luftangriffen und einer viertägigen Bodenoffensive zog sich der Irak aus Kuwait zurück. Bush bescherte dieser Sieg Anfang März 1991 in der amerikanischen Bevölkerung sensationelle Zustimmungswerte von 89 Prozent.[20] Die Isolationisten in seiner Partei, unter ihnen auch Buchanan, lehnten den Auslandseinsatz ab und konnten auch mit dem von Bush in einer Rede vor dem Kongress zu Beginn der Kuwait-Krise propagierten Begriff einer «neuen Weltordnung»[21] – Zusammenarbeit mit Moskau und aktive Rolle des Weltsicherheitsrates, beides hatte sich aus Bushs Sicht bewährt – nichts anfangen.

Bush selbst blieb vielen Konservativen in manchen seiner außenpolitischen Vorstellungen, aber auch in seiner persönlichen Haltung fremd. Sie sahen in ihm einen Vertreter des moderaten Republikanischen Ostküsten-Establishments, obwohl er seit Jahrzehnten in Texas lebte. Noch schlimmer: Bushs Familie gehörte zu den Gründern von Planned Parenthood, einer Organisation, die in den USA über 600 Kliniken zur Beratung und Behandlung von Frauen in Sexualmedizin betreibt und in deren Kliniken auch Abtreibungen durchgeführt werden.[22] Obwohl er dann als Präsident wie Reagan die US-Finanzierung des UN-Programms für Familienplanung beschnitt – das er früher selbst vehement beworben hatte – und die Finanzierung von Aufklärungsprogrammen im Ausland einstellte, galt er bei den Ultrakonservativen in diesem Bereich als unzuverlässig.

Worüber sie sich allerdings noch mehr empörten, war die Tatsache, dass Bush sein zentrales Wahlkampfversprechen, dass es mit ihm keine Steuererhöhungen geben werde, nicht hielt. Im Nachhinein erwies sich dieses Versprechen als Kardinalfehler: Denn angesichts eines von Reagan geerbten Staatsdefizits, stagnierender Staatseinnahmen, einem teuren Rettungsprogramm für Spar- und Hypothekenbanken sowie einer Demokratischen Mehrheit sowohl im Kongress als auch im Senat musste sich Bush 1990 mit den Demokraten auf einen Kompromiss und auf Steuererhöhungen einigen.[23] Beides verziehen ihm viele in seiner Partei nicht.

Mindestens genauso schwer wie das gebrochene Steuerversprechen wog für die Vertreter*innen des Rechtsaußen-Flügels der GOP aber, was sie als Bushs zweiten Verrat empfanden: dass er es wagte, seine Haltung bezüglich des Civil Rights Act zu ändern. Noch im Oktober 1990 hatte Bush nämlich nach der Verabschiedung des entsprechenden Gesetzes im Kongress sein präsidiales Veto gegen eine erneute, erweiterte Ratifizierung des Civil Rights Act eingelegt.

Dass sich Bushs Haltung zum Civil Rights Act im Verlauf

des nächsten Jahres änderte, hatte mit dem Auftreten rechtsextremer Protagonisten zu tun, die sich durch sein Veto in ihrem Rassismus bestärkt fühlten. Dazu gehörte als prominenter Vertreter David Duke. Duke war ein ehemaliger Grand Wizard des Ku-Klux-Klans – ein bekennender Antisemit und Rassist. Doch in seiner Rhetorik in Bezug auf das Gesetz bewegte sich Duke unangenehm nahe an der Sprache des Präsidenten. 1975 und 1979 hatte er sich noch als Kandidat der Demokratischen Partei um einen Sitz im Repräsentantenhaus von Louisiana beworben, war aber gescheitert. Im Jahr 1991 kandidierte Duke, der zwei Jahre zuvor für die GOP ins Repräsentantenhaus von Louisiana eingezogen war, dann für das Gouverneursamt des Bundesstaats. Bei den offenen Vorwahlen landete er auf dem zweiten Platz und schaffte es so in die Stichwahl gegen den zutiefst korrupten früheren Demokratischen Gouverneur Edwin Edwards. Der war alles andere als beliebt, doch die Aussicht, einen ehemaligen Klansmann mit Neonazi-Ansichten als Gouverneur zu bekommen, genügte, um die Wähler*innen in Louisiana für Edwards (oder eher: gegen Duke) zu mobilisieren – vor allem die nicht-Weiße Bevölkerung, die in Rekordzahlen zu den Wahlurnen schritt.[24]

Edwards gewann am Ende zwar mehr als 60 Prozent aller Stimmen, aber Duke hatte immerhin 55 Prozent der Weißen Wähler*innen überzeugen können – und damit der Republikanischen Partei und Präsident Bush einen gewaltigen Schrecken eingejagt.

Die *Washington Post* titelte im Herbst 1991 treffend «Bush, Bürgerrechte und das Gespenst von David Duke», denn Duke war zu einem massiven Problem für die GOP geworden. Angesichts der Beinahe-Katastrophe bei der Gouverneurswahl in Louisiana und der Tatsache, dass Duke dieselben Argumente wie Bush und andere Konservative gegen einen erneuerten Civil Rights Act vorbrachte, entschied sich das Weiße Haus schließlich für einen Kompromiss mit dem Kongress, und

Bush setzte seine Unterschrift unter eine abgeänderte Version des Civil Rights Act. Ein Journalist der *Washington Post* kommentierte Bushs plötzliche Kompromissbereitschaft spitz: «Zyniker werden sagen, es liege daran, dass er nicht bis 34 zählen kann – die Anzahl der Stimmen, die der Senat braucht, um ein präsidiales Veto gegen ein Gesetz zu umgehen. Meine Theorie ist, dass der Grund aus zwei Worten besteht: David Duke. Als es darauf ankam, könnte George Bush entschieden haben, dass er lieber eine Bürgerrechtsgesetzgebung unterschreibt, als seinen politischen Karren hinter hartgesottene Eiferer zu spannen.»[25] Eine Einschätzung, die auch andere politische Beobachter teilten.[26]

Es war dieses zweite Einknicken, das viele Konservative Bush noch übler nahmen als den Bruch seines Steuerversprechens. Einer von ihnen war Joseph Sobran, damals noch Leitender Redakteur bei Buckleys *National Review*, der aus seiner Wut über Bush keinen Hehl machte: «Das erste Gesetz der Politik lautet, dass man jeden bestraft, der einen hintergeht. Daher könnten Konservative eine Niederlage Bushs nicht nur als Wunsch, sondern auch als Notwendigkeit betrachten, wenn sie jemals wieder die Kontrolle über die Republikanische Partei erlangen wollen.»[27] Buchanan sah das genauso – Bushs zweiter Verrat sollte für ihn nach dessen gebrochenem Versprechen, keine Steuern zu erhöhen, ein weiteres Motiv dafür sein, gegen ihn anzutreten.

Doch auch das Gespenst von David Duke sollte die Republikanische Partei – und Bush – weiterhin plagen, denn der frühere Grand Wizard kündigte ebenfalls seine Bewerbung für die Republikanische Präsidentschaftskandidatur 1992 an. Währenddessen gelang es Ralph Reed und der Christian Coalition, weitgehend unbemerkt die lokalen Basisränge der Republikanischen Partei zu übernehmen. Reed hob im Juni 1990 sein «San-Diego-Modell» aus der Taufe. Dort war es der Coalition durch intensive Unterstützung des Wahlkampfes ihrer

Kandidat*innen gelungen, die Mehrheit im Republican Central Committee der Stadt zu erlangen. Das Modell bewährte sich und wurde so zur Blaupause für das Vorgehen der Religiösen Rechten nicht nur auf kommunaler und bundesstaatlicher Ebene, sondern auch in zahlreichen landesweiten Wahlkämpfen in den nächsten Jahrzehnten.[28] Reed selbst beschrieb seine Vorgehensweise so: «Die Heimlichkeit war ein wichtiger Faktor für den Erfolg von San Diego. [...] Es ist besser, sich leise und heimlich im Schutz der Nacht zu bewegen. Du hast zwei Möglichkeiten: Du kannst ein Tarnmuster tragen und dich auf dem Bauch bewegen, oder du kannst einen roten Mantel anziehen und dich für alle sichtbar hinstellen. Die Frage ist einfach, ob man die britische Armee im Revolutionskrieg oder der Vietcong sein will. Die Geschichte lehrt uns, welche Taktik effektiver war.»[29]

Die Christian Coalition wurde so seit Anfang der 1990er Jahre zu einem wichtigen Verbündeten der Republikaner, aber indem sie nur Kandidaten unterstützte, die ihre christlich-fundamentalistische Agenda vertraten, drängte sie die Partei weiter nach rechts. Im Republikanischen Establishment sah man die Coalition als nützlichen Verbündeten, unterschätzte aber die Stärke dieses neuen Partners. Die Christian Coalition konnte so nach und nach moderate Republikaner aus gewählten Ämtern verdrängen.[30] Zu den von der Coalition unterstützten Kandidaten gehörte 1990 auch der Rassist Jesse Helms, der die Aufhebung der Segregation für Teil eines kommunistischen Plans hielt. Mit der Verteilung von 750 000 Voter Guides sicherten sie ihm einen Senatssitz in North Carolina.[31]

Im November 1991 zählte Jesse Helms neben anderen Republikanern – darunter auch Bushs ehemaliger Vizepräsident Dan Quayle – zu den Gästen der jährlichen «Road to Victory»-Konferenz der Christian Coalition in Virginia Beach. In einer Rede dort gab Robertson den Anwesenden einen Einblick in sein konspiratives Weltbild: Er raunte von «Eliten», die versuchten, «die Gesellschaft zu zerstören, aus der sie hervorgegangen sind». Doch er ging noch weiter und framte die politischen Gegner in einer apokalyptischen Sprache: «Es wird satanische Kräfte geben [...]. Wir werden nicht nur gegen Menschen antreten, um sie bei Wahlen zu schlagen. Wir werden es mit geistiger Kriegsführung zu tun haben.»[32] Der von ihm verwendete Begriff *spiritual warfare* stammt eigentlich aus dem pfingstkirchlichen und evangelikalen Bereich und steht dabei für die Vorstellung, dass sich rechtgläubige Christen in einem ständigen realen Kampf mit dämonischen Kräften befinden, die von Menschen und Landstrichen, aber auch von Gebäuden und Institutionen Besitz ergreifen können.[33]

Auch in seinem zwei Monate vor dem Auftritt in Virginia Beach erschienenen Buch *New World Order* präsentierte Robertson ein paranoides, von Verschwörungstheorien geprägtes Weltbild, das zutiefst antisemitisch und anti-LGBTQ war.[34] Seine wahnwitzigen Äußerungen zogen immer wieder den Spott liberaler Kritiker*innen auf sich: Beispielsweise warnte er vor einer «geheimen feministischen Agenda», der es nicht «um gleiche Rechte für Frauen» gehe; vielmehr handle es sich um «eine sozialistische, familienfeindliche politische Bewegung, die Frauen dazu ermutigt, ihre Männer zu verlassen, ihre Kinder zu töten, Hexerei zu praktizieren, den Kapitalismus zu zerstören und lesbisch zu werden».[35]

Pat Buchanan, politisch ebenfalls im Rechtsaußen-Spektrum angesiedelt, schlug seit Jahren in die gleiche Kerbe wie Robertson. So behauptete er 1983 in einer Kolumne, Frauen seien «psychologisch nicht dafür gemacht», in der Arbeitswelt Erfolg zu haben: «Sie sind einfach nicht von Natur aus mit dem gleichen Maß an zielstrebigem Ehrgeiz und dem Willen zum Erfolg in der hart umkämpften Welt des westlichen Kapitalismus ausgestattet.» Buchanan war der Berater, der Nixon 1970 dazu gedrängt hatte, sich mit den Arbeitern zu solidarisieren, die beim sogenannten Hard Hat Riot in New York Hippies und Studierende zusammengeschlagen hatten.[36]

Doch Buchanan wollte mehr. Als der vielleicht prominenteste Vertreter der Paläokonservativen, die zu den Werten der Old Right zurückwollten, präsentierte Buchanan sich in der Auftaktrede zu seinem Wahlkampf als Präsidentschaftskandidat der Republikaner im Dezember 1991 als Mann der alten Garde der Republikanischen Partei.

Amerika müsse sich wieder auf seine christlichen Wurzeln besinnen und ein christliches Land werden. Konkret forderte er, den «Wohlfahrtsstaat auf den Prüfstand zu stellen», den er für zerrüttete Familien, Drogen und Gewalt verantwortlich machte.[37] Buchanan blies eine *Dog Whistle* in Richtung der Bircher. Er warnte vor einer «neuen Weltordnung» (Bush hatte 1991 den Golfkrieg als Chance auf eine ebensolche beworben), außerdem forderte er einen «neuen Nationalismus». In Buchanans Augen war Bush nie ein wahrer Konservativer gewesen. «Er ist ein Globalist, und wir sind Nationalisten. Er glaubt an eine Pax Universalis, wir glauben an die alte Republik», erklärte er genüsslich.[38]

Buchanan stellte in diesem Zusammenhang die Stationierung amerikanischer Soldaten im Ausland und «alte Bündnisse gegen kommunistische Feinde, die nicht mehr existieren»[39] (gemeint war damit unter anderem die Nato), genauso infrage wie die «Auslandshilfe». Mit Verweis auf die hohen Staatsschulden der USA bezweifelte er die Sinnhaftigkeit der Aufteilung der finanziellen Lasten in Militärbündnissen und forderte eine neue Handelspolitik, die «räuberische Händler aus Europa und Asien», die die amerikanische Industrie unter Druck setzten, bekämpfen werde. Bei einer Pressekonferenz am folgenden Tag gab Buchanan durchaus zu erkennen, dass er sich darüber im Klaren war, dass seine Chancen gegen Bush begrenzt, aber nicht aussichtslos waren.[40]

Buchanan versprach, den «vergessenen Amerikanern» eine Stimme zu geben, und inszenierte sich als der Mann, der Amerika vor dem Abgrund retten werde. Die Wähler*innen schienen ähnlich zu denken: Bei einer der wichtigsten Vorwahlen, jener in New Hampshire, kam Bush auf 58 Prozent der Stimmen, gefolgt von Buchanan, der stolze 40 Prozent auf sich vereinen konnte.[41] Das Ergebnis war eine Blamage für Bush und ein Warnschuss: Einem erheblichen Teil der Republikanischen Wählerschaft gefiel offenkundig, was Buchanan zu sagen hatte.

Und tatsächlich lag Buchanan mit seiner nationalistisch-rassistischen Botschaft im Trend: In den 1990er Jahren erschien eine ganze Reihe von Büchern, die das Thema Einwanderung in ein überaus negatives Licht rückten. Das wohl bekannteste war *The Bell Curve* von Charles Murray und Richard Herrnstein,[42] das letztlich Rassismus in pseudowissenschaftlichem Gewand propagierte – ein effektiver Kniff, um ihn salonfähig zu machen. Die Botschaft fand Anklang: Das Buch schaffte es auf die Bestsellerliste der *New York Times*.

Knapp dreißig Jahre vor Donald Trump warb Pat Buchanan für eine Mauer an der Grenze zu Mexiko. Er sprach sogar vom «Buchanan-Zaun», der illegale Einwanderer aus dem Land halten solle. Folge der «illegalen Invasion» seien soziale und wirtschaftliche sowie Drogenprobleme. Diese seien letztlich schuld an der Rezession, in der das Land stecke. Den wahren Grund – die gewaltigen Staatsschulden, die in den Reagan-Jahren aufgetürmt worden waren – klammerte er aus seiner Erzählung aus.

Doch Buchanan musste, wie auch Trump nach ihm, feststellen, dass seine rassistischen Positionen und seine gegen Einwanderung gerichtete Rhetorik, die übrigens im Gegensatz zu seinen Positionen während der Reagan-Jahre standen, ungebetene Gäste anlockten – Gäste, mit denen selbst Buchanan ungern fotografiert werden wollte.

Auf einer Pressekonferenz an der Grenze zu Mexiko erschienen nämlich nicht nur Reporter*innen, sondern auch eine Gruppe von Männern, die sich am Rand der Veranstaltung aufhielt und Aufmerksamkeit auf sich zog. Ihr Anführer war ein bulliger Mann mit kleinen, kalten Augen: Tom Metzger, ein ehemaliger Grand Dragon des Ku-Klux-Klans, Gründer der Gruppe «White Aryan Resistance», früherer Leutnant von David Duke und bekennender Neonazi. Metzger war begeistert von Buchanans Idee einer Mauer – denn er selbst hatte die gleiche Idee schon einige Jahre zuvor gehabt.[43] 1979 hatte er die Klan Border Watch, eine Klangruppe zur Grenzpatrouille, gegründet und 1980 dann zum Entsetzen der Demokratischen Partei im Bezirk San Diego die Vorwahlen für das Repräsentantenhaus in Kalifornien gewonnen – woraufhin die Demokraten seinen Republikanischen Gegenkandidaten unterstützten. Metzger hatte das Rennen schließlich verloren.

Dass er nun auf Buchanans Pressekonferenz auftauchte, war kein Zufall: Metzger teilte Buchanans Ansicht, dass die Bewachung der Grenze der Nationalgarde übertragen werden sollte, forderte allerdings obendrein, diese solle illegale Einwanderer gezielt erschießen. Die Anwesenheit Metzgers und seiner Mitstreiter sorgte für Unruhe, sodass sich Buchanan genötigt sah, sich ausdrücklich von der Gruppe zu distanzieren und zu verkünden, etwaige Wahlkampfspenden von Metzger an ihn nicht annehmen zu wollen.[44] Der ganze Vorfall machte jedenfalls deutlich, dass die Umwerbung der Wallace-Wähler, wie Buchanan sie nannte, immer auch bedeutete, dass sich Neonazis und White Supremacists angesprochen fühlen konnten.

Und tatsächlich begannen sich innerhalb der Republikanischen Partei Grenzlinien zu verschieben. Reagan hatte noch für eine offenere Einwanderungspolitik plädiert und die USA als *Shining City on a Hill* bezeichnet – als ein Land der unbegrenzten Möglichkeiten, das Einwanderer aus der ganzen Welt anzog, die auf ein Leben in Freiheit hofften. Doch in der sich wandelnden Welt nach dem Zerfall der Sowjetunion witterten Buchanan und seine Verbündeten nun die Gelegenheit, mit einer rigiden Einwanderungspolitik noch mehr Weiße Wähler*innen für sich zu gewinnen. Die GOP müsse die Lehre aus Dukes Erfolg in Louisiana ziehen, erklärte Buchanan 1989 in einer Zeitungskolumne. «David Duke», verkündete er, «füllte das politische Vakuum, das entstand, als die konservativen Republikaner in den Reagan-Jahren dazu gedrängt wurden, sich von erfolgreichen sozialen Themen zu verabschieden, um mit Ben Hooks und Coretta King moralisch mithalten zu können.» Es war kein Zufall, dass er mit Hooks und King zwei Schwarze Bürgerrechtler*innen erwähnte.[45]

Buchanan sah sich im Wahlkampf um die Präsidentschaftsnominierung immer wieder mit Duke konfrontiert. Zum einen, weil beide mit einem nahezu identischen Programm antraten, zum anderen aber, weil er sich selbst immer in einer Art äußerte, die auch von einem Neonazi hätte stammen können. So zweifelte er an, dass Juden im Vernichtungslager Treblinka vergast worden seien, und feierte die Konföderation.[46] Hatte Reagans Wahlkampfteam noch mit *Dog Whistles* und Symbolik gearbeitet, so legte Buchanan während seiner Wahlkampfveranstaltungen jegliche rhetorische Zurückhaltung ab. Wie schon Reagan nutzte Buchanan gesellschaftliche Spannungen, um rassistische Ressentiments Weißer Wähler*innen zu bedienen. Im Gegensatz zu Reagan gab er sich jedoch keine Mühe, seine Absichten zu verschleiern. Buchanan hat sich vielfach antisemitisch geäußert. Zeit seines Lebens hatte er immer wieder Nazi-Kriegsverbrecher verteidigt, darunter John Demjanjuk, der seit 1952 in den USA lebte und 2011 vom Landgericht München wegen seiner Beteiligung an der Ermordung von 28 060 Jüd*innen im Vernichtungslager Sobibor verurteilt wurde.[47] Noch 2009 bezeichnete Buchanan Demjanjuk als «Opfer-Lamm, dessen Blut den Fleck der Sünden Deutschlands hinwegwäscht».[48] Den US-Kongress bezeichnete er als «israelisch besetztes» Gebiet[49] – was William F. Buckley, der seit Jahrzehnten die graue Eminenz der Konservativen war, zwei Tage nach Verkündung seiner Präsidentschaftskandidatur dazu bewog, sich in der *National Review* vorsichtig von ihm zu distanzieren.[50] In einem Interview sagte er über Buchanan: «Ich bin zu 95 Prozent für das, was er tut und sagt. Wir denken, dass eine Protestbewegung [gegen Bush] wünschenswert ist. Wenn Sie mich fragen, ob ich Pat Buchanan für einen Antisemiten halte, lautet meine Antwort, dass er keiner ist. Aber ich denke, er hat einige antisemitische Dinge gesagt.»[51]

Der Buckley-Biograph Sam Tanenhaus kommt zu dem Schluss: «Buchanan war der Vater des Trumpismus, so wie sein ehemaliger Verbündeter William F. Buckley Jr. der Vater des Reaganismus war. [… Buchanan] ist der intellektuelle Pate unserer aktuellen Revolution.»[52]

Buchanan, bilanziert Tanenhaus, sei zwar nie eine reale Gefahr für Bushs erneute Nominierung gewesen, aber seine Kandidatur habe gezeigt, dass zumindest ein Viertel der Republikanischen Wählerschaft für eine offen rassistische, protektionistische und isolationistische Politik empfänglich gewesen sei.[53] Und so kam man in der Republikanischen Partei zu dem Schluss, dass man es sich auf Dauer nicht würde leisten können, Buchanan als Konkurrenten rechts außen zu dulden und so womöglich diesen Teil der Wählerschaft zu verlieren. Deshalb suchte man einen Weg, um ihn – und somit seine Anhänger – in die Choreographie des Nominierungsparteitages einzubinden. Aus diesem Grund gab das Republican National Committee Buchanan auf dem Parteitag im August 1992 einen Redeslot zur besten Sendezeit. Und Buchanan – ein begnadeter Redner – nutzte die Gelegenheit, wie die Ausschnitte aus seiner Rede am Anfang des Kapitels und aus der Reportage des *Spiegel*-Korrespondenten zeigen. Mit dieser «Kulturkampf»-

Rede sollte er nicht nur den Parteitag prägen, sondern auch in die Geschichtsbücher eingehen.

Bill Clinton, dem Demokratischen Präsidentschaftskandidaten, und dessen Frau Hillary warf er darin vor, «radikalen Feminismus» als Ideologie etablieren zu wollen. Buchanan wetterte gegen Pluralismus und Multikulturalismus und inszenierte sich als Kämpfer für den Weißen christlichen Nationalismus. Dabei griff er die kulturellen, rassistischen Ressentiments der Religiösen Rechten auf und präsentierte sie den Delegierten mit donnernder Stimme. Seine Rede war im Grunde eine Kriegserklärung an alle moderaten Republikaner, an das Partei-Establishment und an den politischen Gegner.[54]

Die prominenten Auftritte von Buchanan, aber auch von Robertson auf dem Republikanischen Parteitag schockierten sogar Ex-Präsident Richard Nixon.[55] Die Religiöse Rechte, sagte Nixon der *Los Angeles Times*, sei «schlimmer als die Goldwater-Republikaner. [...] Die Goldwater-Republikaner waren Fanatiker, aber sie waren wenigstens Fanatiker, was den Kommunismus anging. Diese Leute aber sind Fanatiker, was moralische Themen angeht, die keine politischen Fragen sein sollten.» Nixon kritisierte Bush für seine Allianz mit religiösen Eiferern und kam gar zu dem Schluss, dass es für das Land womöglich besser sei, wenn Clinton die Wahl gewinnen würde.[56]

Die Dominanz der Religiösen Rechten auf dem Parteitag machte deutlich, dass ihre Stimme zum Schrecken moderaterer Republikaner in der Partei inzwischen den Ton angab. Auch wenn Buchanan weder 1992 noch 1996 die Republikanische Nominierung gewinnen konnte, gelang es ihm und seinen Verbündeten wie etwa der Christian Coalition von Pat Robertson doch, ihr eigentliches Ziel zu erreichen: extrem rechte Positionen salonfähig zu machen und in den parteiinternen Mainstream zu hieven. Seine «Kulturkampf»-Rede sollte den Ton für die folgenden drei Jahrzehnte Republikanischer Politik setzen.

George H. W. Bush konnte auch die Inszenierung des Parteitages nicht retten. Seine Popularität war in den 17 Monaten zwischen dem Sieg im Irak und dem Nominierungsparteitag um über 50 Prozentpunkte gefallen.[57] Er verlor die Wahl gegen Bill Clinton mit 38 Prozent der Stimmen klar. Die Stimmung war gekippt, da es ihm nicht gelungen war, die Rezession zu bekämpfen,[58] und weil ihm ein Teil der Republikanischen Wählerschaft den Bruch seines Wahlversprechens, mit ihm gebe es keine Steuererhöhungen, nicht verzieh. Zudem gefiel ihnen seine Zusammenarbeit mit den Demokraten nicht, genauso wenig wie sein Umfallen beim Civil Rights Act. Hinzu kamen peinliche Auftritte wie der bei einem Staatsbankett in Tokio, bei dem er sich auf den japanischen Ministerpräsidenten übergeben musste.[59]

Buchanan sollte eine unüberhörbare Stimme der Ultrakonservativen bleiben und immer wieder demonstrieren, wie durchlässig die Grenze hin zu offenem Rechtsextremismus in rechtskonservativen Kreisen war und ist. Als der norwegische Terrorist und White Supremacist Anders Breivik 2011 in Oslo und auf der Insel Utøya 77 Menschen ermordete, darunter 69 Kinder und Jugendliche, und darüber hinaus ein von ihm verfasstes zutiefst rassistisches Manifest publik wurde, gab Buchanan ihm teilweise recht. In *The American Conservative*, einem von ihm 2002 gegründeten Magazin, schreibt er: «So schrecklich diese Gräueltat auch war, der einheimische Terrorismus ist nicht die größte Bedrohung für den Kontinent. […] Was den Höhepunkt des Konflikts zwischen dem einst christlichen Westen und einer islamischen Welt angeht, deren Vertreter immer zahlreicher werden und zum dritten Mal in 14 Jahrhunderten unaufhaltsam nach Europa vordringen, so könnte Breivik in diesem Punkt recht haben.»[60]

Buchanan war es, der das später auch von Trump aufgegriffene Narrativ von der *Cancel Culture* etablierte und von dem vergangenen Goldenen Zeitalter sprach, in dem die christliche traditionelle Familie den Mittelpunkt einer friedlichen Gemeinschaft ohne «Fremde» bildete und das Land nicht in internationale Konflikte verstrickt war, sondern seine eigenen Interessen in den Mittelpunkt stellte. So klagte er einmal: «Wenn Sie der Meinung sind, dass das Amerika ein gutes Land war, in dem Sie aufgewachsen sind, und Sie es dem jetzigen vorziehen, denken viele Leute, dass Sie rassistisch, homophob und bigott sind. Man hat uns schon viele Schimpfwörter an den Kopf geworfen. Das sind die Schimpfwörter eines sterbenden Establishments.»[61]

Buchanan lieferte mit seinen Wahlkampagnen die Blaupause für den Wahlkampf Donald Trumps, mit dem dieser 2016 das Rennen um die Präsidentschaft gegen Hillary Clinton gewann: Buchanan wie Trump vertraten eine aggressive, rassistische Anti-Einwanderungspolitik sowie isolationistische Positionen in der Außenpolitik, und sie verbreiteten Verschwörungserzählungen. Beide heimsten Applaus von White-Supremacist-Gruppen ein und standen für den Archetyp des Weißen, christlich-nationalistischen Kulturkampfs. Sie verwendeten sogar einen ähnlichen Slogan. «Make America First Again!», forderte schon Buchanan 1992 und 1996 bei seinen Bewerbungen um die Republikanische Präsidentschaftsnominierung.

Buchanans Extremismus war zwar der gleiche, der Trump 2016 ins Weiße Haus tragen sollte, doch in den 1990er Jahren war die Republikanische Partei noch nicht vollends von Extremisten gekapert worden, wenngleich – nach den Vorwahlergebnissen von 1992 und 1996 zu urteilen – fast ein Drittel der Republikanischen Wähler mit seinen Ideen sympathisierte und die Partei insgesamt weiter nach rechts rücken ließ.

Über die Frage, wie man Buchanan politisch zu verorten habe, wurde in den Medien rund um seine neuerliche Kandidatur viel spekuliert: War er paläokonservativ, autoritär oder nativistisch? Der konservative Kommentator Charles Krauthammer fasste das, was er schon 1992 «Buchanans faschistischen Unterbau» nannte, wiederum so zusammen: «Wenn man den Makel des Holocausts wegnimmt, befinden wir uns wieder in den 1930er Jahren, als die faschistische Idee Anziehungskraft, Potenzial und Zukunft besaß – in einer Zeit, in der Buchanans dunkler und intoleranter Konservatismus auf seinem Höhepunkt war. Der Mann ist eine Bedrohung, aber kein großes Mysterium.»[62]

Hatte das Republikanische Establishment Buchanan vier Jahre zuvor auf dem Parteitag noch den roten Teppich ausgerollt, versuchte man ihn 1996 auszugrenzen. Seine «Kulturkampf»-Rede von 1992 hatte sich als eine Steilvorlage für die Demokraten erwiesen und es diesen ermöglicht, die GOP als eine Partei hinzustellen, die sich in der Hand durchgeknallter religiöser Hardliner befand. Auch dank dieser Erzählung, und weil er die Wirtschaft in den Vordergrund gestellt hatte, hatte Clinton die Wahl gewonnen. Eine solche Schmach wollte man diesmal vermeiden, und das bedeutete, dass aus Sicht der Parteiführung die Zeit vorbei war, Buchanan zu umwerben.[63]

Seine Fans hatten Buchanan schon vier Jahre zuvor liebevoll den Spitznamen *Pitchfork Pat* gegeben, weil er den «Buchanan-Brigaden» (wie sie sich selbst nannten) wie der Anführer eines Bauernaufstandes mit der gereckten Mistgabel in der Hand vorangehen würde.[64] War Anfang des 20. Jahrhunderts das populistische Narrativ vom «wir unten» gegen «die da oben» noch die Sache der Arbeiterbewegung und der Demokratischen Partei gewesen, so hatten zunächst Wallace und später Buchanan damit begonnen, es mit rassistisch untermalten Klagen des Weißen Mittelstands zu vereinnahmen. «Die da oben» meinte nun nicht mehr Arbeitgeber*innen oder Firmenbosse – diejenigen, deren Interessen die Republikaner traditionell in Wirtschaftsangelegenheiten vertraten –, sondern «Eliten» in Washington, Intellektuelle, den Staat und die Medien.[65]

In den folgenden Jahren wurde Buchanan endgültig zum Ausgestoßenen: Seine immer unverhohlener gezeigte Nähe zu White Supremacists und Neonazis, sein offener Weißer Nationalismus und Rassismus waren aus Sicht führender Republikaner irgendwann nicht mehr tragbar, weshalb man ihn aus der Partei drängte. Bei der Präsidentschaftswahl 2000 trat er gleichwohl – ohne jede Aussicht auf den Sieg – erneut an, diesmal als Kandidat für die Reform Party.

Buchanan transportierte die Vorstellungen der Alten Rechten in das Zeitalter nach dem Ende des Kalten Krieges. Im Zentrum seiner Vision für ein neues altes Amerika standen Weißer christlicher Nationalismus, Nativismus – die Fokussierung auf die Steigerung Weißer Geburtenzahlen – und Migrationsfeindlichkeit. Außenpolitisch war er ein Isolationist im Stil der Alten Rechten. Für ihn galt, dass Amerikas Interessen im Vordergrund stehen müssten – *America First*, immer und überall.[66]

Das Ende der Sowjetunion hatte in der ideologischen Ausrichtung der Republikanischen Partei für ein Vakuum gesorgt, und das galt es wieder zu füllen. Hatten Buchanan und andere vorher widerwillig die Parteilinie unterstützt, weil ihnen Antikommunismus als wichtigstes Anliegen erschien, pochten sie nun darauf, dass ihre migrationsfeindliche und isolationistische Außenpolitik gehört wurde. Buchanans Vorstellungen für Amerika entsprachen denen der Old Right, waren aber durch Personen wie Schlafly und Weyrich auch in der Neuen Rechten verankert.[67] Diese alte neue Form des Konservatismus sollte sich in den folgenden Jahren aber in der Republikanischen Partei durchsetzen, sie in das neue Jahrtausend führen – und zu einer Blaupause für Donald Trump werden.[68]

8 Vorboten der Apokalypse

Gingrichs Revolution und der Aufstieg rechter Medien

«Lieber Rush,
danke für alles, was Sie tun, um Republikanische und konservative Prinzipien zu fördern. Jetzt, wo ich mich aus der aktiven Politik zurückgezogen habe, macht es mir nichts aus, dass Sie die erste Stimme des Konservatismus in unserem Land geworden sind. [...] Setzen Sie Ihre gute Arbeit fort.»

Ronald Reagan in einem Brief an den Radiomoderator Rush Limbaugh, 1992

Am 6. Januar 2023, dem zweiten Jahrestag des Sturms auf das Kapitol, kam es im Repräsentantenhaus um elf Uhr nachts zu einem Tumult. Diesmal waren es keine bewaffneten Angreifer mit Kabelbindern, die den Kongress in Geiselhaft nahmen, sondern Abgeordnete der Republikanischen Partei selbst. Zum ersten Mal seit mehr als 100 Jahren wurde der Speaker, also der Vorsitzende des Repräsentantenhauses, nicht im ersten oder zweiten Wahlgang gewählt. Kevin McCarthy hatte es als Republikanischer Kandidat für das Amt zwar geschafft, eine Mehrheit der ursprünglich zwanzig Abtrünnigen in seiner Partei – eine Gruppe aus dem rechtsextremen Freedom Caucus, persönlichen Feinden und rechtsextremen *Griftern* («Tricksern») wie Lauren Boebert – durch massive Zugeständnisse auf seine Seite zu bringen. Matt Gaetz, ein Abgeordneter aus Florida, stimmte allerdings selbst noch im vierzehnten Wahlgang gegen ihn und machte scheinbar auch nach einem persönlichen Gespräch keinerlei Anstalten, für McCarthy zu stimmen, weil er diesen für einen rückgratlosen Politiker und ein Geschöpf des Establishments hielt. Während McCarthy mit hängenden Schultern zu seinem Platz zurückkehrte, stürmte der Abgeordnete Mike Rogers aus Alabama auf Gaetz los und konnte nur mit Mühe von einem Kollegen davon abgehalten werden, Gaetz an den Hals zu springen.[1]

Es sah hoffnungslos aus: Die wenigen Abweichler, die in dieser Nacht noch übrig waren, angeführt von Gaetz, schienen sich nicht bewegen zu wollen. Newt Gingrich, der 1995 zum Speaker des Repräsentantenhauses gewählt worden war, sagte in einem Interview: «Es gibt keinen Deal, den man mit Gaetz machen kann.»[2] Gingrichs Äußerung entbehrt nicht einer gewissen Ironie, war er selbst doch derjenige gewesen, der in den 1990er Jahren den Geist, der jetzt die innerparteilichen Rebellen um Gaetz antrieb, überhaupt erst aus der Flasche gelassen hatte.

Gingrich ist eine schillernde Figur. Schon als Kind und Jugendlicher fiel er durch seinen ungeheuren Wissensdurst auf – seine Mutter erzählte, dass er als Teenager, während andere Autofahren lernten, lieber auf dem Beifahrersitz saß und las. Er studierte Geschichte, doch er wollte nicht an der Universität bleiben – es drängte ihn in die Politik. Gingrich war kein Ultrakonservativer, nicht mal wirklich ein Konservativer – 1960 war er ein Fan Richard Nixons gewesen.

Als Erwachsener war er zweimal als moderater Republikaner gegen einen konservativen Demokraten im Rennen um das Repräsentantenhaus angetreten und gescheitert – denn noch war der Süden nicht fest in Republikanischer Hand. Trotzdem fiel er Paul Weyrich auf, der das politische Talent Gingrichs erkannte und beschloss, ihn zu einem Star in der Partei zu machen. Das RNC pumpte 50 000 Dollar in Gingrichs dritten Versuch – und wurde belohnt. Gingrich wurde 1978 mit nur 35 Jahren und mehr als zehn Prozent Vorsprung vor seiner Demokratischen Gegnerin ins Repräsentantenhaus gewählt.[3] Seinen größten politischen Erfolg erzielte er dann 1994 bei den Midterms, bei denen er als *Minority Whip* und als «De-facto-Führer der GOP», wie der Journalist McKay Coppins seine damalige Rolle beschreibt,[4] die Republikaner mit 51,5 Prozent der Stimmen zum Sieg im Repräsentantenhaus führte. Das hatte er geschafft, indem er einen neuen Tonfall nach Washington brachte, eine Politik, in der Kompromiss zu einem Schimpfwort und Konfrontation zum vorherrschenden Mittel der politischen Auseinandersetzung wurden.

Steny Hoyer, Abgeordneter aus Maryland und bis 2022 Majority Leader der Demokraten im Repräsentantenhaus, verwies gegenüber der *New York Times* auf diese historische Parallele in Bezug auf die Abtrünnigen von 2023, die McCarthy als Speaker des Repräsentantenhauses – die ranghöchste Position, die man dort erreichen kann – verhindern wollten: «Sie nutzen das alte Gingrich-Argument, wonach man keinen Vorteil aus Kompromiss oder Kooperation zieht, sondern nur aus Konfrontation.» Gingrich, so Hoyer, habe es verstanden, die Gefühle derer für sich zu nutzen, die Nixon die «stille Mehrheit» nannte: «Diese Gefühle existierten schon lange vor Gingrich. Aber er hat sie massiv zu seinem Vorteil genutzt, so wie Trump es später tat [...].»[5]

Der Journalist Coppins sieht in Gingrich den «Mann, der die amerikanische Politik zerstört hat». Gingrichs Strategie sei die der verbrannten Erde gewesen – keine Rücksicht auf Verluste, keine Höflichkeiten, stattdessen Beleidigungen, Angriffe unter der Gürtellinie. Er beschreibt Gingrich als eine Figur, die «wirkt wie ein römischer Senator aus der Spätzeit – ein wandelndes Bündel von Begierden, Exzessen, Hybris und Witz. In Gesprächen wechselt er auf beunruhigende Weise zwischen großspurigen Äußerungen über die ‹westliche Zivilisation› und parteiischen Sticheleien, die wie für das Kabelfernsehen gemacht erscheinen. Es ist eine Kombination aus Selbstgerechtigkeit und Kleinheit, aus Wichtigtuerei und Engstirnigkeit, die die Dekadenz dieser Zeit verkörpert.» Seine Art, Politik zu machen, die er als junger Abgeordneter seit 1978 ins Repräsentantenhaus trug, sollte die Spielregeln nicht nur im

Kongress, sondern auch in der amerikanischen Politik insgesamt verändern. Gingrich verstand Politik nicht als Wettbewerb der Ideen, sondern als «Blutsport», wie Coppins treffend feststellt.[6]

Er sah sich als die Stimme einer neuen Generation junger Konservativer, die keine Angst hatten, das Partei-Establishment vor den Kopf zu stoßen, und die bereit waren, in die Fußstapfen von Leuten wie Richard Viguerie zu treten, die einst Barry Goldwater im Wahlkampf unterstützt und sich nach dessen Niederlage darangemacht hatten, die Positionen der Religiösen und Politischen Rechten durch die Etablierung einer politischen Infrastruktur aus Netzwerken und Think Tanks kampagnenfähig zu machen. Als George H. W. Bush 1988 die Nominierung zum Republikanischen Präsidentschaftskandidaten gewonnen hatte, klagte Gingrich: «Wir beginnen zu sehen, dass die Art von aggressivem Konservatismus, für die wir uns einsetzen, keine Führungsfigur oder Sichtbarkeit mehr hat.»[7] Gingrichs Konfrontationskurs führte zu zahlreichen Verstimmungen mit dem Weißen Haus, in dem Bush nach seinem Wahlsieg über den Demokratischen Konkurrenten Michael Dukakis versuchte, angesichts einer Demokratischen Mehrheit im Kongress auf Überparteilichkeit zu setzen – seiner Meinung nach die einzige Chance für ihn als Präsidenten, handlungsfähig zu bleiben.[8] Dabei fiel Bush durchaus auch weiterhin durch rechte «Kulturkampf»-Positionen auf. So war er Anfang der 1990er Jahre an der Erschaffung des reaktionären Schreckgespenstes von der «politischen Korrektheit» mit beteiligt, das die USA und Europa bis heute heimsucht und von Konservativen benutzt wird, um gegen sich wandelnde soziale Normen zu wettern. Im Frühjahr 1991 warnte Bush in einer Rede an der University of Michigan vor «politischer Korrektheit» als angeblicher Bedrohung für die Redefreiheit und die Demokratie. Mit solchen Äußerungen konnte er dann auch beim äußersten rechten Flügel seiner Partei punkten, zumal er hinzufügte, dass

«Kreuzzüge, die korrektes Verhalten fordern, auf ihre eigene Orwell'sche Art die Vielfalt im Namen der Vielfalt unterdrücken».[9]

Auf «politische Korrektheit» legte konservatives *Talk Radio* – Radiosendungen mit Hörerbeteiligung, in denen seit Ende der 1980er Jahre auf reißerische Art rechte Positionen massentauglich gemacht wurden – sowieso keinen Wert. Auch unter ihrem Einfluss wurden Teile der Republikaner nun immer angriffslustiger. Im Repräsentantenhaus gelang es Gingrich als *Party Whip* und damit als zweiter Mann hinter dem eher moderaten Minderheitsführer Robert H. Michel schon 1989, den Demokratischen Speaker Jim Wright wegen seines fragwürdigen Umgangs mit Vortragshonoraren anzugreifen.[10] Durch geschickte Medieninszenierung begleitete Gingrich die folgenden Untersuchungen des Ethikausschusses im Repräsentantenhaus, sodass sich Wright nach der Feststellung von Regelverstößen durch den Ausschuss zum Rücktritt gezwungen sah. Es war das erste Mal in der Geschichte des Repräsentantenhauses, dass ein Speaker von der gegnerischen Partei gestürzt wurde. Bis dahin hatten ungeschriebene Anstandsregeln so etwas verhindert. Das Ganze war ein folgenreicher Tabubruch und ein Vorbote weiterer Dammbrüche, denn es machte deutlich, dass die neue Generation von Republikanern unter Gingrich für die Macht und den Applaus von der konservativen Basis zu allem bereit war, erst recht, wenn es den politischen Gegner diskreditierte. Politische Normen und Regeln waren für Gingrich dazu da, gebrochen zu werden und sie gegen den politischen Gegner zu wenden.

Auch der kometenhafte Aufstieg des rechten Radiomoderators Rush Limbaugh war ein Zeichen dafür, dass eine neue Zeit angebrochen war. Limbaugh stammte aus einer einflussreichen Familie von Juristen in Missouri. Als Kind war er ein «pummeliger Einzelgänger, der die Schule nicht mochte und sich nach Beliebtheit sehnte».[11] Sein Studium brach er nach einem Jahr ab, um beim Radio Karriere zu machen. Auch wenn er anfangs immer wieder nach kurzer Zeit entlassen wurde, ließ er sich davon nicht abschrecken.[12] Limbaughs Karriere wurde im Grunde erst möglich durch die Abschaffung der «Fairness-Doktrin» noch unter Reagan 1987. Bis dahin musste in Radiosendungen verschiedenen politischen Positionen gleich viel Sendezeit eingeräumt werden, was eine ausgewogene Berichterstattung garantieren sollte. Nun aber war der Weg frei für solche *Shock Jocks* – anstößige und auf Krawall gebürstete Radiomoderatoren – wie Limbaugh, der in kurzer Zeit ein Millionenpublikum erreichte.[13] Limbaughs Stimme war tief und konnte rattern wie ein Maschinengewehr, wenn er eine seiner Tiraden begann. Wenn er «Linke» lächerlich machen wollte, äffte er sie mit quiekendem Falsett nach.[14] In seinen dreistündigen Sendungen war er dreist, rassistisch und so laut und schockierend wie möglich. Mit Erfolg: Sein Einfluss sollte bald weit über den eines Radiostars hinausreichen. Schnell wurde klar, dass Republikanische Politiker*innen, die auf der nationalen Bühne Karriere machen wollten, gut daran taten, Limbaughs Unterstützung einzuholen. Und so pilgerten sie scharenweise in seine *Rush Limbaugh Show*, die seit 1988 aus unzähligen Radio-Lautsprechern ertönte.

Limbaugh war ein professioneller Troll, lange bevor es Twitter gab. Eines seiner Feindbilder war der Feminismus. Dieser sei etabliert worden, «um unattraktiven Frauen den Zugang zum Mainstream zu erleichtern», meinte er.[15] Limbaugh verhöhnte aber auch Aids-Kranke, und sein Hass auf Homosexuelle gehörte genauso zu seiner Marke wie sein Rassismus. Lange bevor Donald Trump als Republikanischer Präsidentschaftskandidat antrat, entwickelte Limbaugh das Instrumentarium und die Methoden, welche Trump später zum Erfolg verhelfen und ihn vom klassischen Republikanischen Establishment absetzen sollten: extreme Äußerungen, Herabsetzung marginalisierter Gruppen und des politischen Gegners, alles ironisch-humorvoll verpackt und mit Verschwörungsmythen garniert. Die Wortwahl war dabei bewusst so drastisch und übertrieben, dass sie sich gegenüber jeder Kritik als «Satire» verkaufen und verteidigen ließ.

Heute treibt der zum Medienimperium Rupert Murdochs gehörende TV-Sender *Fox News* die Republikanische Partei vor sich her. In den frühen 1990er Jahren war es Rush Limbaugh, der den Ton in der Partei vorgab.

Auch wenn zahlreiche Politiker*innen den Einfluss des *Talk Radios* anfangs unterschätzten, hatte einer schon früh den richtigen Riecher: William F. Buckley. Er nahm Limbaugh, auf dessen Show er 1988 aufmerksam geworden war, sogleich unter seine Fittiche, denn er erkannte schon damals, dass Limbaugh mit seinem rhetorischen Talent und seiner konfrontativen Art eine einflussreiche Gestalt des amerikanischen Konservatismus zu werden versprach.[16]

Limbaugh stieg innerhalb kürzester Zeit zum Star der amerikanischen Rechten auf. Zwar hatte es bereits vor ihm erfolgreiche *Talk-Hosts* gegeben, beispielsweise Glenn Beck, aber keiner von ihnen vermischte Entertainment, Populismus und Politik so geschickt wie Limbaugh. Er nannte Umweltschützer*innen «baumverrückte Spinner» und lieferte mit seinen Verunglimpfungen von Liberalen als «Mitleidsfaschisten» und von Feministinnen als «Feminazis»[17] den Sound, den die Republikanische Partei von da an mehr und mehr übernehmen würde. Die besondere Rolle Limbaughs zeigte sich auch, als er kurz vor den Vorwahlen der Republikaner in New Hampshire 1992 seine Unterstützung für Bushs Rivalen Buchanan erklärte.[18] Neben Buchanan drohte noch ein dritter, unabhängiger Kandidat namens Ross Perot Bush wertvolle Stimmen abzujagen. Und so entschloss sich Bushs Wahlkampfteam auf den Rat des späteren *Fox-News*-Gründers Roger Ailes hin, Rush Limbaugh zu umwerben: Bush besuchte ihn in dessen Studio und lud ihn ins Weiße Haus ein.[19]

Limbaugh baute seine Radiosendung im Laufe der Jahre zu einer Instanz aus, die das politische Klima im Land maßgeblich mitprägte: Sie wurde schließlich von mehr als 650 Radiostationen übernommen und erreichte 2021, dem Jahr, in dem Limbaugh mit siebzig Jahren starb, monatlich ein Publikum von mehr als 20 Millionen Zuhörern. Die Sendung hatte ihn mit einem Jahreseinkommen von 85 Millionen Dollar zu einem reichen Mann gemacht.[20] Rechtsextreme Sendungen hatte es natürlich schon vor Limbaugh gegeben, aber er erkannte als Erster, dass sich Zorn, Rassismus, LGBTQ- und Frauenfeindlichkeit publikumswirksam verkaufen ließen, wenn man das Ganze unterhaltsam gestaltete. Wie die Historikerin Nicole Hemmer schreibt, gelang Limbaugh, «was die erste Generation konservativer Medienaktivisten nicht geschafft hatte: Er machte rechte Medien unterhaltsam, profitabel und politisch mächtig. […] Er beugte die GOP oft nach seinem Willen: Als er 1988 auf der nationalen Bühne erschien, irritierte er mit seiner immensen Popularität die GOP-Politiker, die ihn schließlich aus Angst, ihm in die Quere zu kommen, umwarben.»[21] Bis in höchste Parteikreise buhlten konservative Politiker um seine Gunst. Heute geht Ted Cruz zu Moderatoren von *Fox News* und leistet Abbitte dafür, dass er den Sturm aufs Kapitol am 6. Januar 2023 in einer ersten Reaktion einen «Terrorangriff» genannt hatte – damals trug Präsident George H. W. Bush höchstpersönlich Limbaugh die Koffer ins Weiße Haus.

Limbaugh trat nach 1992 nicht mehr auf Republikanischen Parteitagen auf. Er hatte so etwas ganz einfach nicht mehr nötig, denn jeder Republikanische Politiker, den er sprechen wollte, war bereit, zu ihm ins Studio zu kommen – bis hin zum Präsidenten. Mehr noch, ein einflussreicher Republikaner drängte Bush sogar dazu, Limbaughs Stil zu imitieren, und bat den Pressesprecher Marlin Fitzwater, dem Präsidenten eine Liste mit «Limbaughismen» zusammenzustellen.[22] Bush war nicht der Einzige, der Limbaugh im Wahljahr 1992, nachdem Buchanan aus dem Rennen ausgestiegen war, um Rückendeckung bat: Auch Newt Gingrich pilgerte zu Limbaugh, um dessen Unterstützung für seine Wiederwahl in den Kongress einzuholen. Mit Erfolg: Gingrich konnte seinen Wahlbezirk in Atlanta erneut gewinnen und sich somit weiter auf das Ziel konzentrieren, das er eigentlich vor Augen hatte: den Posten des Speakers des Repräsentantenhauses – und dafür war eine Republikanische Mehrheit nötig.[23]

Bush verlor derweil trotz Limbaughs später Unterstützung die Präsidentschaftswahl, in der sein Demokratischer Herausforderer Bill Clinton triumphierte. Bushs Scheitern schadete Limbaughs Höhenflug allerdings nicht wirklich. Das belegte unter anderem ein an ihn adressierter Brief, der in der Welt des amerikanischen Konservatismus einem Ritterschlag gleichkam. Der Verfasser war einst ebenfalls Radiomoderator gewesen und hatte es dann bis ins höchste politische Amt des Landes geschafft. Nun sah er in Limbaugh seinen politischen Erben:

Lieber Rush,

danke für alles, was Sie tun, um Republikanische und konservative Prinzipien zu fördern.
Jetzt, wo ich mich aus der aktiven Politik zurückgezogen habe, macht es mir nichts aus, dass Sie die erste Stimme des Konservatismus in unserem Land geworden sind. Ich weiß, dass die Liberalen Sie als den gefährlichsten Mann Amerikas bezeichnen, aber machen Sie sich nichts draus, das haben sie früher auch über mich gesagt. Setzen Sie Ihre gute Arbeit fort. Amerika muss hören, «wie die Dinge sein sollten».

Unterzeichnet war das Schreiben mit «Ron» – Ron wie Ronald Reagan.[24]

Reagans Unterstützung für jemanden wie Limbaugh, dessen Markenkern Bigotterie und die Erniedrigung seiner politischen Gegner waren, mag auf den ersten Blick verwundern. Was den früheren Präsidenten und Limbaugh verband, waren ihre Beziehung zum Unterhaltungssektor und ihr Hang zur Selbstinszenierung. Die neuen geopolitischen Verhältnisse führten gleichzeitig dazu, dass die Machtverhältnisse innerhalb der Republikanischen Partei neu ausgehandelt wurden. Vor allem Buchanan, Gingrich und Limbaugh waren es, die dabei den Grundstein für die Republikanische Partei der Gegenwart legten.

Limbaugh stand mit seiner Show zwar eigentlich an der Seitenlinie der Republikanischen Partei, aber mit seinem Ego sprengte er jeden Raum und bestimmte den öffentlichen Diskurs mit. Gern erzählte er, er sei der Allergrößte: «Ich bin Rush Limbaugh, der gefährlichste Mann Amerikas, mit dem größten Hypothalamus Nordamerikas, der der Menschheit einfach dadurch dient, dass er den Mund aufmacht, der […] alles, was er tut, fehlerfrei ausführt, […] denn er hat ein von Gott geliehenes Talent. Rush Limbaugh. Ein Mann. Eine Legende. Eine Lebensart.»[25] Allein dieses Zitat macht deutlich: Donald Trump, der bekanntlich ebenfalls auf Lautstärke, Bigotterie und Prahlerei setzt und ein unbestreitbares Talent für Entertainment besitzt, hat diese Art von öffentlicher *Persona* nicht erfunden, sondern ist lediglich in Limbaughs Fußstapfen getreten.

Limbaugh unterschied sich von früheren Medienstars der Religiösen und Politischen Rechten auch dadurch, dass er nicht wirklich ein politisches Programm vertrat. Statt aktiv Werbung für rechte Politik zu machen, schoss er sich lieber auf die Demokraten ein, was sich für das Publikum als unterhaltsamer erwies. So prangerte er die «liberale Scheinheiligkeit» und alle möglichen Fehltritte der Demokraten an, oder er sprach von «politischer Korrektheit» als dem «neuen Faschismus».[26] Gleichzeitig bot diese Themensetzung die Möglichkeit, die Inszenierung fest an seine Person zu binden. Beispielsweise etablierte Limbaugh immer wieder einzelne Begriffe und Spitznamen, die Außenstehenden nichts sagten, deren Botschaften und Konnotationen von seinen treuen Fans aber sofort verstanden wurden.[27] In ganz ähnlicher Weise sprechen heute Politiker wie Trump, aber auch Ron DeSantis und andere Republikaner sowie rechte Medien regelmäßig über Themen, denen kaum jemand folgen kann, der nicht extrem viel Zeit in rechten Online-Räumen verbringt. Und während Facebook, TikTok und Twitter Anfang der 1990er Jahre noch nicht existierten, hatte Limbaugh schon damals einen Weg gefunden, einen Raum der Desinformation zu schaffen, der seiner Zuhörerschaft eine Art Gemeinschaftsgefühl vermittelte.

Was heute unter dem Schlachtruf «Own the Libs» in der Republikanischen Rechten gehandelt wird, hat seinen Ursprung in Limbaughs Tiraden gegen «die Linke» oder «die Liberalen». Den politischen Gegner zu verspotten, «es ihnen zu zeigen», war deutlich unterhaltsamer, als Eckpunkte konservativer Politik oder Gesetzesvorhaben zu studieren, die man durchsetzen wollte.

Während der Präsidentschaft Bill Clintons rückte die Demokratische Partei ebenfalls nach rechts: Unter Clinton wurden zwar die Spitzensteuersätze erhöht, aber auch die Sozialausgaben drastisch gekürzt (unter anderem wurde die Bezugsdauer von Sozialhilfe auf fünf Jahre begrenzt), um das hohe Haushaltsdefizit zu senken.[28] Im Namen des sogenannten «War on Drugs» verabschiedeten die Demokraten 1994 mit Republikanischer Unterstützung außerdem die bereits im vorigen Kapitel erwähnte *Crime Bill* mit ihren drakonischen Strafverschärfungen. Im Wahlkampf nutzte Clinton ebenfalls rassistische *Dog Whistles*.

Obwohl er als Demokrat also eine eher rechte Politik vertrat, verteufelten Gingrich und Limbaugh die Demokraten dennoch als Partei der Korruption und legten damit den Grundstein für Verschwörungsmythen, die auch heute noch in *QAnon*-Foren kursieren und von Donald Trump und anderen Republikanern verbreitet werden. Vor allem die «Whitewater-Affäre» – eine Kontroverse um ein Grundstücksgeschäft, an dem die Clintons beteiligt waren – sowie dubiose Praktiken ihrer Geschäftspartner sollten die politische Berichterstattung und die Rhetorik der Republikaner in den nächsten Jahren bestimmen. Sonderermittler wurden eingesetzt, Anhörungen abgehalten. Am Ende wurden die Clintons 2002 vom Verdacht krimineller Handlungen freigesprochen, wenngleich sie von denen anderer unwissentlich profitiert hatten.[29]

Aus Sicht der Rechten hatte sich das Ganze trotzdem gelohnt, denn mit Whitewater ließen sich andere, düsterere Verschwörungsmythen verknüpfen, etwa jene, wonach die Clintons für den Tod ihres Freundes und Mitarbeiters Vince Foster verantwortlich seien oder gar dessen Ermordung angeordnet hätten.[30]

Die Republikaner nutzten die Whitewater-Affäre und die Gerüchte um Vince Foster als Munition für den Wahlkampf im Vorfeld der Midterms 1994. Gingrich wusste zudem, dass die Republikanische Partei, um bei diesen Zwischenwahlen die Mehrheit im Repräsentantenhaus zu erringen, die Stimmen derjenigen brauchen würde, die 1992 den unabhängigen Kandidaten Ross Perot gewählt hatten. Um diese Wähler*innen zu erreichen, benötigte er die Unterstützung und die Expertise von Perots wichtigstem Berater, dem Meinungsforscher Frank Luntz. Zwar hatte der eigenwillige Milliardär Perot bei der Präsidentschaftswahl von 1992 sagenhafte 19 Prozent der Stimmen eingefahren – so viel wie kein anderer unabhängiger

Kandidat in der US-Geschichte –, aber er passte in keine der üblichen politischen Schubladen. Er war konservativ in Wirtschaftsthemen, ein eingefleischter Gegner des Nordamerikanischen Freihandelsabkommens (NAFTA), aber liberal, was soziale Fragen betraf. Perots Klientel für die Republikaner zu gewinnen, ohne dabei die eigenen konservativen Verbündeten zu verärgern, war angesichts dieses Profils für Gingrich also durchaus eine Herausforderung. Und genau dabei sollte Luntz ihm und den Republikanern im Kongress helfen.

Unter Mitwirkung von Luntz verfassten Newt Gingrich und Dick Armey, der dritthöchste Republikaner im Kongress, ein zweiseitiges Papier mit dem Titel «Contract with America».[31] Der «Vertrag» wurde publikumswirksam von den Mitgliedern der Republikanischen Fraktion und von den Republikanischen Kanditat*innen auf den Stufen des Kapitols unterzeichnet. Seine Botschaft war ganz auf Perot-Fans ausgerichtet: Begleitet wurde der «Vertrag» von der Botschaft, der Kongress sei korrupt, und nur die Republikaner seien in der Lage, für Ordnung zu sorgen – im Kapitol, aber auch im Land selbst. Die Ideen der Religiösen Rechten suchte man in dem Text vergeblich. Luntz' Strategie fußte auf Themen, die auch für die GOP nicht neu waren und die Partei daher nicht spalten würden – ein erheblicher Unterschied zum GOP-Wahlprogramm zwei Jahre zuvor, als man versucht hatte, Buchanan-Fans auf die eigene Seite zu ziehen. In dem «Vertrag» wurden als Ziele die «nationale Erneuerung» und die Wiederherstellung des Vertrauens zwischen der Bevölkerung und den Abgeordneten genannt. Bei einer Republikanischen Mehrheit im Repräsentantenhaus versprachen die Abgeordneten, sofort nach der Wahl die Ausgaben des Kongresses unabhängig überprüfen zu lassen und die Arbeit des Repräsentantenhauses zu straffen. Danach listeten sie ein Zehn-Punkte-Programm auf, mit dem sie innerhalb der ersten 100 Tage Gesetzentwürfe zur Diskussion stellen wollten, um in einem Verfassungszusatz einen ausgeglichenen

Haushalt vorzuschreiben, die Mittelschicht und Kleinunternehmen durch unterschiedliche Maßnahmen steuerlich zu entlasten, Sozialhilfe für minderjährige Mütter zu streichen, eine stärkere Verbrechensbekämpfung zu erreichen und die Finanzierung für das Militär zu stärken.[32]

Luntz prahlte damit, dass die im «Vertrag» behandelten Themen unter Amerikaner*innen eine Zustimmung von 60 Prozent fänden. Bei genauerem Hinsehen zeigte sich jedoch, dass die angebliche Beliebtheit des Republikanischen Plans heiße Luft war. Lange wollte Luntz keine Details zu seiner Methodik preisgeben, auch nicht, als Journalist*innen und Meinungsforscher*innen begannen, misstrauisch zu werden, denn ihre Zahlen widersprachen Luntz' Behauptungen wie jener, wonach eine Mehrheit beispielsweise ein größeres Budget für Militärausgaben befürwortete. 1997 erteilte die American Association for Public Opinion Research Luntz eine offizielle Rüge, weil seine Intransparenz «der öffentlichen Debatte über Themen» schade und «die Glaubwürdigkeit aller Umfragen- und Meinungsforschung» mindere.[33] Luntz hatte nämlich getrickst und nicht die Beliebtheit des Inhalts der im «Vertrag» vorgeschlagenen politischen Maßnahmen gemessen, sondern die der knackigen Slogans.[34]

Im Kontrast zu der Sprache des «Vertrags» stand das legendäre Memo, das Gingrich an seine Kolleg*innen im Kongress geschickt hatte und in dem er «positive» und «negative» Wörter auflistete, die Republikanische Kandidat*innen bei ihren Reden verwenden sollten. Hatten Bushs Berater noch versucht, ihn dazu zu bringen, mehr wie Limbaugh zu klingen, so lautete die Botschaft des Memos: Republikaner sollten lernen, «wie Newt zu sprechen». Das bedeutete vor allem, rhetorisch aggressiv zu sein. Demokraten sollten ausschließlich negativ besetzt werden. Gingrich stellte dazu eine lange Liste von geeigneten Vokabeln bereit, von denen Kandidat*innen «so viele wie möglich auswendig lernen» sollten. In seinem Dossier fanden sich Begriffe wie: «Schande, Lüge, Scham, krank, bizarr, betrügen, erbärmlich, Versagen, radikal, Korruption, Gier, Krise, Heuchelei, Selbstbedienungsmentalität, Verräter, Verfall».

Die Republikaner selbst sollten natürlich nicht einfach nur positiv, sondern als Gegenentwurf zu den «kranken» und «verräterischen» Demokraten dargestellt werden. Das dafür von Gingrich vorgeschlagene Vokabular dürfte allen, die heute *Fox News* und andere rechte Medien schauen, bekannt vorkommen: «gesunder Menschenverstand, Freiheit, Reform, Mut, harte Arbeit, Rechte, Kreuzzug, Hilfe, Kraft, Traum, Freiheit, Stolz, Wahrheit, Pflicht, Prinzipien, Vision, Moral, unverfälscht, Arbeit, fair, Familie, leidenschaftlich, Wohlstand» waren einige Vokabeln aus seiner Liste.[35]

Gingrichs Strategie war simpel: angreifen, wieder und wieder den politischen Gegner als korrupten Feind darstellen und keinerlei Kompromisse eingehen – niemals. Umso markanter war daher der Widerspruch zu dem «Contract with America», der einen überparteilichen Rahmen bot und jeden direkten Angriff auf Demokraten vermied. Luntz' Prämisse war es jedoch, dass Perot-Wähler sich nicht mit der Marke «Republikaner» identifizierten. Wer sie überzeugen wollte, sollte also Parteiliches vermeiden, ebenso «soziale Themen» wie Abtreibung oder Schulgebete. Alldem könne man sich widmen, sobald man an die Macht gekommen sei.[36] Letztlich gelang es den Republikanern, den «Vertrag» erfolgreich medial zu vermarkten, auch wenn seine Beliebtheit wohl nicht so groß war wie von ihnen behauptet, aber das war am Ende zweitrangig. Tatsächlich ist umstritten, inwieweit das Dokument bei den Zwischenwahlen 1994 eine Rolle spielte. Im Ergebnis gelang es den Republikanern jedenfalls, genügend Perot-Fans und einige Demokraten zu überzeugen, denn sie fuhren einen historischen Sieg ein. Die GOP gewann nicht nur 54 Sitze im Kongress dazu und verfügte somit zum ersten Mal seit vierzig Jahren über die

Mehrheit in beiden Kammern, sie hatte zum ersten Mal seit der Reconstruction-Ära auch mehr Sitze im Süden gewonnen als die Demokraten. Es war ein Paukenschlag, und Newt Gingrich war am Ziel: Endlich überreichte man ihm den Hammer des Mehrheitsführers.

Das Paradoxe: Die Republikaner waren mit einem vergleichsweise moderaten Programm gewählt worden, und trotzdem half die Rhetorik Gingrichs dabei, das Wahlergebnis als eine Klatsche für die Clinton-Regierung darzustellen. Gleichzeitig war der Kongress, der 1994 eingeschworen wurde, so rechts wie nie zuvor. Denn wie sich zeigen sollte, gehörten zu den neu gewählten Republikanern, die im Kapitol in Washington ihre Plätze einnahmen, zahlreiche Abgeordnete, die jede Form von Überparteilichkeit verabscheuten und sich an Gingrichs rhetorischem Playbook orientierten. Die Tatsache, dass Gingrich ernsthaft glaubte, eine von ihm selbst nach rechts gedrängte und aufgepeitschte Fraktion in Sachen Gesetzgebung dauerhaft zu Kompromissen mit Clinton überreden zu können, sobald er selbst Speaker war, sei ein Zeichen seiner unglaublichen Hybris gewesen, sagte mir der Journalist David Corn.[37]

Der eigentliche Star der Wahlnacht war jedoch ein anderer: Rush Limbaugh. Auch bei der Einführungsveranstaltung für die neuen Republikanischen Abgeordneten, die die Heritage Foundation im Dezember 1994 in Baltimore veranstaltete, stand er als Ehrengast im Mittelpunkt.[38] Viele der neuen Abgeordneten waren davon überzeugt, dass der Erdrutschsieg der GOP vor allem seiner Unterstützung zu verdanken war. Sie erklärten sich daher zum «Limbaugh-Kongress», rechneten es ihm an, «Republikanern den Mut gegeben zu haben, das Land zurückzugewinnen», und ernannten ihn zum «Ehrenmitglied» ihres Abgeordneten-Jahrgangs. Limbaugh seinerseits scherzte, sie sollten, wenn sie mit dem Reformieren des Landes fertig seien, doch nach Möglichkeit «einige Liberale am Leben lassen».[39] Die *Washington Post* berichtete, dass die sechs frisch gewählten weiblichen Abgeordneten der Republikaner Limbaugh eine Plakette überreichten, auf der «Rush Was Right» stand, und ihm versicherten, dass «unter ihnen keine Feminazis» seien. Außerdem schenkten die frischgebackenen Abgeordneten dem Moderator eine Anstecknadel mit der Aufschrift «Mehrheits-Macher».[40]

Gingrich war auf dem Höhepunkt seiner Macht angekommen. Als Sprecher des Repräsentantenhauses musste er allerdings einen Mittelweg finden, um einerseits die reaktionären Republikaner im Kongress nicht gegen sich aufzubringen und andererseits mit den Demokraten Kompromisse bei der Gesetzgebung auszuloten. Eine widersprüchliche Strategie, die oft dazu führte, dass Gingrich rhetorisch die große Keule schwang, aber hinter den Kulissen versuchte, mit moderaten Kräften der Partei an überparteilichen Lösungen zu arbeiten.[41] Wann immer Gingrich jedoch einen Kompromiss eingehen wollte, peitschte ein anderer, inoffizieller Sprecher des Hauses die Wogen der Empörung gegen ihn auf: Rush Limbaugh.

Limbaughs und Gingrichs Beziehung war kompliziert – beide wussten, dass sie einander brauchten. Gingrich hatte zwar bei den Zwischenwahlen einen wichtigen Sieg eingefahren, doch er war auf den rechten Moderator angewiesen, wenn es darum ging, die Unterstützung für oder den Widerstand gegen bestimmte Gesetzesvorhaben zu mobilisieren. Wie kaum ein anderer Politiker verstand Gingrich, dass Limbaughs Radioshow eine bisher kaum genutzte Möglichkeit bot, Einfluss auf den Kongress zu nehmen. Dank ihrer engen Zusammenarbeit gelang es den beiden Männern immer wieder, Gesetzentwürfe zu stoppen, die eigentlich überparteiliche Unterstützung hatten, ihnen aber nicht passten. Schon 1993 hatten beide erfolgreich die Trommel gegen den «Fairness in Broadcasting Act» gerührt, den Versuch einer Wiederbelebung der von Reagan abgeschafften Fairness Doctrine. Limbaugh nannte es das *Hush-Rush*-Gesetz – das «Bring Rush zum Schweigen»-Gesetz – und malte das düstere Bild eines übergriffigen Staatsapparats, der versucht, konservative Stimmen zum Schweigen zu bringen.[42] Gingrich blies ins selbe Horn, was deshalb bemerkenswert war, weil er nur wenige Jahre zuvor die Fairness Doctrine noch unterstützt hatte. Doch der Erfolg von rechten *Talk-Radio*-Moderatoren wie Limbaugh, die in der Lage waren, ihre riesige Fangemeinde zu mobilisieren, ließ Gingrich die Seiten wechseln.

Gingrich war damit bekannt geworden, dass er ihm unliebsame Politiker durch deren Verstöße gegen Ethikregeln zu Fall brachte (ungeachtet seiner eigenen Verstöße oder der seiner Verbündeten) und sich als Kämpfer gegen Korruption inszenierte. Sein Versuch, die Lobbyismus-Reform abzuwürgen, war scheinheilig, aber ein politisches Meisterstück. Gingrich verstand, wie wichtig die frisch gegründeten konservativen Basisorganisationen waren: Sollte das Lobby-Gesetz verabschiedet werden, würde das den Kontakt zwischen Republikanischen Politikern und ebenjenen Aktivist*innen erschweren.[43] Also musste ein *Spin* her, eine öffentlichkeitswirksame Erzählung, um die Geschichte zu drehen und Gingrich nicht als Kämpfer für Lobbygruppen dastehen zu lassen, sondern als Verteidiger eines hohen Gutes: der Meinungsfreiheit. Gingrich, Limbaugh und Co. fanden schließlich ein Framing, das sich hervorragend verkaufen ließ: Demnach handelte es sich bei dem Gesetzentwurf nicht wirklich um eine Antikorruptionsmaßnahme, sondern um den Versuch, konservative und religiöse Gruppen sowie Graswurzel-Bewegungen von Bürgerinnen und Bürgern mundtot zu machen. Staatliche Zensur! Limbaughs Publikum überschwemmte die Büros von Abgeordneten mit erzürnten Briefen, verstopfte die Telefonleitungen und ließ seine gewählten Vertreter*innen ganz genau wissen, was es von diesem unerhörten Versuch der Freiheitsberaubung amerikanischer Bürger*innen hielt: nichts. Auch die Christian

Coalition warf ihren PR-Apparat an. Pat Robertson schimpfte, bei dem Gesetzentwurf handle es sich um «einen der schockierendsten Versuche, die Redefreiheit und die Rechte christlicher Menschen zu beschränken».[44]

Nach ihrem überwältigenden Erfolg bei den Zwischenwahlen 1994 sorgte die neue Riege konservativer und reaktionärer Republikaner dafür, die Ära von überparteilichen Kompromissen im Kongress endgültig zu begraben. Denn die Neulinge, unter ihnen Hardliner wie Lindsey Graham aus South Carolina und Helen Chenoweth, eine Abgeordnete aus Idaho, wollten Gingrich keine Deals mit Demokraten mehr durchgehen lassen. Wer ihnen in den eigenen Reihen nicht rechts genug war, wurde von ihnen als «RINO»[45] bezeichnet – «Republican In Name Only», eine Beleidigung, die sich noch heute großer Beliebtheit erfreut. Ihren Ursprung hatte sie 1992 in einem Artikel einer reaktionären Zeitung, sie fand aber schnell in das allgemeine Vokabular der Konservativen.[46] Später sollte sie auch Gingrich selbst treffen – der schließlich von den Geistern, die er selbst gerufen hatte, gestürzt wurde.

Trotz der rechten Mehrheit im Repräsentantenhaus und Gingrichs scharfer Rhetorik wurde Clinton 1996 als Präsident wiedergewählt, weil er in den Augen der Wähler*innen für eine erfolgreiche Wirtschaftspolitik stand. Zu seinem Erfolg trug aber sicher auch die Tatsache bei, dass er, wie schon erwähnt, die eigene Partei weiter nach rechts gerückt hatte und so den Republikanern bei ihren eigenen Themen Konkurrenz machen konnte. Dazu gehörten etwa die schon erwähnten Kürzungen im Sozialsystem oder die Verabschiedung eines Gesetzes, das die Ehe als «Bund zwischen einem Mann und einer Frau» festschrieb.

Gingrich hatte immer wieder mit den Konservativen in seiner Fraktion zu kämpfen, doch ihr Hass auf Clinton hielt sie halbwegs auf Linie. Allerdings geriet Gingrich selbst zunehmend ins Schlingern: Er, der den Vorwurf von Ethikverstößen zur politischen Waffe gegenüber dem politischen Gegner gemacht hatte, war 1997 schließlich der erste Speaker, der vom Repräsentantenhaus wegen ebensolcher Verstöße eine Rüge erhielt und 300 000 Dollar Bußgeld zahlen musste. Und es waren keineswegs nur Demokraten, die dafür stimmten, Gingrich zu bestrafen: Der Beschluss wurde mit 395 zu 28 Stimmen verabschiedet – eine heftige Klatsche für den Speaker. Auch was seine sexuellen Eskapaden betraf, machte Gingrichs atemberaubende Scheinheiligkeit den Republikanern zu schaffen. Ausgerechnet er war der Einheizer der Republikanischen Mission, Clinton wegen seiner Affäre mit der Praktikantin Monica Lewinsky, die 1998 publik wurde, des Amtes entheben zu lassen. Der Präsident sei moralisch nicht fähig, das Land zu führen, so der Vorwurf. Dabei hatte Gingrich selbst zahlreiche Affären. Gleich zwei seiner Ehefrauen verließ er, als sie schwer krank wurden, für eine Geliebte. Marianne Gingrich sagte später über ihren Exmann: «Er glaubt, dass das, was er in der Öffentlichkeit sagt und wie er lebt, nicht miteinander verbunden sein muss.»[47]

Im Jahr 1998 kam es zum finalen Showdown zwischen Clinton und Gingrich. Der rechte Parteiflügel war wütend auf Gingrich, der ihrer Ansicht nach als Speaker vor allem die Forderungen einiger wirtschaftsliberaler Republikaner vorantrieb, anstatt für konservative Herzensangelegenheiten wie den Kampf gegen Abtreibung und für Gebete in öffentlichen Schulen zu kämpfen. Gingrich sah nur einen Ausweg – ihnen «den Kopf des verhassten Präsidenten zu servieren», wie *CNN* es formulierte.[48] Er war überzeugt davon, dass das unmoralische Verhalten, das die Republikanische Basis in leidenschaftliche Wut versetzte, auch bei der Gesamtbevölkerung auf Ablehnung stoßen würde. Eine folgenreiche Fehleinschätzung, denn wie sich zeigte, nahm die Bevölkerung den Republikanern vielmehr die von ihnen verursachten Blockaden der Bundesverwaltung ohne Rücksicht auf die möglichen Auswirkungen für die Beschäftigten und das Land übel.[49]

Clinton hatte in der Beziehung zur damals 22-jährigen Praktikantin Monica Lewinsky seine Macht missbraucht und anschließend die Öffentlichkeit über diese Beziehung belogen. Auch wenn das Impeachment-Verfahren offiziell erst nach den Zwischenwahlen im November 1998 beginnen sollte, legten die Republikaner über Monate den Fokus auf Clinton und den Lewinsky-Skandal. Eine Mehrheit der Amerikaner*innen war allerdings der Ansicht, dass ein Amtsenthebungsverfahren gegen Clinton ungerechtfertigt sei (die *#Metoo*-Bewegung war noch weit weg). Die Beliebtheitswerte des Präsidenten blieben letztlich stabil, die Arbeitslosenrate niedrig, und die Wirtschaft brummte.[50] Obwohl bei Zwischenwahlen in der Regel die Partei des amtierenden Präsidenten Federn lassen muss, verloren dieses Mal die Republikaner fünf Sitze im Repräsentantenhaus, statt, wie von Gingrich prophezeit, ihre Mehrheit auszubauen. Im Vorfeld hatte Gingrich entsprechende Warnungen aus den eigenen Reihen in den Wind geschlagen, so wie er auch die zahlreichen Umfragen ignoriert hatte, die zeigten, dass sich die Bevölkerung nicht für den Lewinsky-Skandal interessierte.[51] Die Quittung für seinen fahrigen Wahlkampf ohne wirkliche Themensetzung jenseits des Sexlebens des Präsidenten kam am Wahltag.

Mit seiner Revolte gegen den Demokratischen Speaker Wright einige Jahre zuvor hatte Gingrich einen gefährlichen Präzedenzfall geschaffen, analysiert der Historiker Julian E. Zelizer: «Gingrich, der den Parteikrieg erfunden hatte, bezahlte den Preis. Er war zu einem Risiko geworden. Gingrich hatte niemandem die Schuld zu geben, außer sich selbst. […] Er hatte etabliert, dass politische Anführer entbehrlich waren, wenn sie den Zielen der Partei im Weg standen.»[52]

Gingrich hatte bereits ein Jahr zuvor eine Meuterei in der eigenen Partei überlebt, doch diesmal sollte er nicht davonkommen. Um der drohenden Blamage seiner bevorstehenden Absetzung zu entgehen, verkündete Gingrich drei Tage nach den Zwischenwahlen 1998, dass er als Speaker zurücktreten und zum Ende des Jahres auch aus dem Kongress ausscheiden werde. Er wusste, dass er keine Mehrheit in der neuen Fraktion erhalten hätte. Es war gleichzeitig, wie mir der Journalist David Corn erzählte, der seit vier Jahrzehnten aus Washington, D.C., berichtet, ein passender Moment für Gingrich, zu gehen, denn er war wegen seiner Affären immer mehr in die Kritik geraten.[53]

Trotzdem ging er nicht ohne Bitterkeit und klagte über die «Kannibalen» innerhalb der GOP, die die Partei in Geiselhaft genommen hätten. Was er dabei ausblendete: Sie hatten damit unter seiner Führung angefangen. Letztlich musste Gingrich feststellen, dass er nicht so rechts war wie einige seiner Abgeordneten und dass es seine eigenen Strategien gewesen waren, die die Partei verwandelt hatten. Er selbst war ein Meister von Widersprüchen: So forderte er unbedingte Loyalität, ohne sie selbst zu geben, bläute den Republikanern ein, niemals überparteiliche Kompromisse einzugehen – musste aber als Speaker genau das tun, um regierungsfähig zu sein. Gingrich hat mit seinem Machtwillen und seinem strategischen Kalkül die Art und Weise, wie in Washington Politik gemacht und verhandelt wurde, fundamental verändert. Die Folgen sind bis heute zu spüren. Persönliche Angriffe waren nun legitim, geltende politische Normen wurden geopfert, wenn es der eigenen Partei einen Vorteil brachte. War es noch wenige Jahre zuvor undenkbar gewesen, dass eine Partei die Anhebung der Schuldenobergrenze oder die Verabschiedung eines Haushalts dazu benutzte, den Präsidenten zu erpressen, taten die Republikaner jetzt genau das: 1995 und 1996 hatte Gingrich damit gedroht, die Anhebung der Schuldenobergrenze zu verweigern und die USA zahlungsunfähig werden zu lassen, sollte Clinton den Forderungen der Republikaner nicht nachkommen. Für Gingrich und seine GOP war Politik keine Diskussion zwischen Konkurrenten, kein Wettstreit der Ideen, sondern schlicht Krieg. Und im Krieg waren alle Mittel recht, selbst wenn es bedeutete, die Zahlungsfähigkeit des amerikanischen Staates zu riskieren. Beide Male zwangen die Republikaner die Bundesverwaltung in den Shutdown. Der erste dauerte fünf Tage, der zweite ganze drei Wochen.[54] Die Wähler*innen hatten für diese rüden politischen Manöver kein Verständnis gezeigt.

Die Folgen von Gingrichs Methoden waren dramatisch, und sie reichen bis in die Gegenwart: Die Drohung, eine rechtzeitige Anhebung der Schuldenobergrenze zu blockieren, gehört mittlerweile zum Standardarsenal der Republikaner, die Politik, ganz im Sinne Gingrichs, als Blutsport verstehen. Die Taktik der verbrannten Erde, mit der Gingrich und seine Mitstreiter*innen gegen moderate Republikaner in den eigenen Reihen vorgingen, machte Schule und veränderte die Zusammensetzung der Partei dauerhaft. Vorbei waren die Zeiten, in denen sich die Partei als ein «großes Zelt» verstanden hatte. Für Moderate war immer weniger Platz.[55] Dass Gingrich jetzt, 1998, selbst zu denen zählte, die dem neuen Geist zum Opfer fielen, ist eine Ironie der Geschichte. Der rechte Flügel der Partei war schon lange unzufrieden mit ihm gewesen und hatte ihm die Kompromisse, die er als Speaker des Repräsentantenhauses mit den Demokraten geschlossen hatte, mehr als übel genommen. Nachdem Gingrich bei den Zwischenwahlen 1998 den Karren so gehörig vor die Wand gefahren hatte, waren sie endgültig bereit, ihn zu stürzen. Diesmal hatte er keine Tricks mehr in der Hinterhand, um die Meuterei abzuwenden. Und so wurde Gingrich, der Schöpfer der Republikanischen Revolution von 1994, der seine Partei auf den Geschmack von Blut gebracht hatte, nach dem Wahldebakel von den Geistern, die er selbst gerufen hatte, letztlich vom Hof gejagt.[56] Die Revolution fraß ihre Kinder – und ihr Appetit war noch lange nicht gestillt.

9 Schwelbrand

Wenn Extremismus salonfähig wird

«Wir befinden uns in einer Zeit, in der wir hin und wieder mit einer rechtswidrigen Regierung konfrontiert sind.»
Helen Chenoweth, Republikanische Abgeordnete seit 1994, in einer Kirche Ende 1993 – zu sehen in einem Video der Miliz von Montana[1]

Guten Morgen, Mrs. Weaver!» Die blecherne Stimme unterbrach die Stille des warmen Augustmorgens 1992, drang durch die dichten Baumwipfel zu der einsamen Hütte auf dem Berghang. «Wir hatten heute Morgen Pfannkuchen. Und was hatten Sie zum Frühstück?» Vicki Weaver konnte nicht antworten. Sie lag tot auf dem Boden der Hütte, eine Kugel in der Schläfe. Der Schuss hatte sie getroffen, während sie mit ihrem zehn Monate alten Baby auf dem Arm in der Tür ihrer Hütte gestanden hatte. Ihr Mann Randy war in dem Moment mit seinem Freund Kevin Harris nach Schüssen der Federal Agents an ihr vorbei in die Hütte gerannt. Die FBI-Agenten, die über ein Megaphon nach Vickis Frühstücksgewohnheiten fragten, wussten, dass sie tot war. Ihre Durchsage war der höhnische Versuch, ihren Ehemann zur Aufgabe zu bringen, der sich nun schon seit Tagen zusammen mit Harris und den Kindern in der Hütte verschanzt hatte.[2]

Der Hund der Weavers hatte die Fremden gleich zu Beginn der Polizeiaktion bemerkt und war, gefolgt von seinem bewaffneten Besitzer, dessen 14-jährigem Sohn Sammy und Kevin Harris, auf die Beamten zugerannt. Diese erschossen das Tier, worauf Weavers Sohn das Feuer erwiderte. In dem darauf folgenden Kugelhagel starben Sammy sowie ein Deputy Marshal. Bei der anschließenden Belagerung der Hütte, die insgesamt elf Tage dauern sollte, setzte die Bundespolizei unter anderem einen Helikopter und gepanzerte Mannschaftswagen ein. Am Ende – mittlerweile waren 400 Agent*innen im Basislager am Fuß des Berges zusammengezogen – konnte ein Vermittler aus der rechten Szene Randy zur Aufgabe bewegen.[3]

Was war der Anlass für die fast militärisch anmutende Aktion, die drei Menschenleben kostete? Die Weavers waren White Supremacists und gehörten der Religionsgemeinschaft Christian Identity an, die glaubt, dass Jesus einen Rassenkrieg will und dass Juden die Abkömmlinge des Teufels seien. Weil sie ihre Kinder einfach und naturnah großziehen wollten, waren sie zehn Jahre zuvor in eine schlichte Hütte an dem steilen Berghang namens Ruby Ridge gezogen. Sie pflegten Beziehungen ins Neonazi-Milieu und nahmen beispielsweise an Familienpicknicks der rechtsterroristischen Gruppe Aryan Nations teil.

Ein Undercoveragent des FBI, der Weaver als Informanten gewinnen wollte, hatte ihn nach illegal abgesägten Schrotflinten gefragt, und Weaver war bereit gewesen, ihm solche zu verkaufen. Als Weaver deswegen angeklagt worden war, war er nicht zu einer Vorladung bei Gericht erschienen, sondern hatte sich stattdessen mit seiner Familie auf dem kargen Berghang verschanzt. Während der Belagerung versammelten sich Demonstrierende, die gegen die Anwesenheit der Bundespolizist*innen protestierten.

Die Belagerung der Hütte wurde für Mitglieder der White-Power-Bewegung schnell zum Symbol eines tyrannischen Staates. Den Namen der Bewegung, die Rechtsextreme, Neonazis und andere organisierte White Supremacists verbindet, hatte Mitte der 1960er Jahre der Neonazi George Lincoln Rockwell geprägt. Als Martin Luther King Jr. 1966 mit anderen Bürgerrechtsaktivist*innen durch Chicago marschiert war, hatten dort Menschen Hakenkreuzfahnen geschwenkt, die Demonstrierenden mit Backsteinen beworfen und «White Power!» skandiert.[4]

Die Jury sprach die beiden Angeklagten später frei. Für den Tod von Vicki Weaver erhielt die Familie eine Entschädigung in Millionenhöhe.[5] Aus Sicht der Historikerin Kathleen Belew war ihr Tod von enormer Bedeutung für die Entwicklung der White-Power-Bewegung, die das ikonische Bild von der Weißen toten Mutter mit dem Baby im Arm zu einem wirkmächtigen Symbol für Weiße Vorherrschaft machen konnte. «Für die einen ist es nur ein tragisches Ereignis, weil sie eine Frau ist, die ein Baby hält, die anderen lässt das Bild an Weißsein und die Reproduktion der Rasse denken.»[6] In ihrem Buch *Bringing the War Home* beschreibt Belew, wie White-Power-Aktivist*innen mit kulturell etablierten Bildern von Weißer Weiblichkeit spielen und diese für sich nutzen.

Mitglieder der White-Power-Bewegung, wie etwa der Ku-Klux-Klan, wissen laut Belew, wie stark rassifizierte Vorstellungen von Unschuld und Gefahr im kulturellen Unterbewusstsein abgespeichert sind. Der Journalist Jeff Sharlet erzählte mir Anfang 2023, dass er am 6. Januar 2021, während er den Sturm auf das Kapitol verfolgte, schnell ahnte, wohin die Mythenbildung führen würde. Ich hatte Jeff im Jahr zuvor kennengelernt, nachdem wir beide auf einem Panel zu Weißem Christlichem Nationalismus an der Universität Yale gesessen hatten. Jeff hatte das Jahr 2021 mit Reisen durch die USA verbracht, auf der Suche nach faschistischen Flaggen und dem Geist von Ashli Babbitt, die beim Sturm auf das Kapitol von einem Polizisten erschossen worden war. Von dem Moment an, als er das Video von Babbitts Erschießung, das schnell auf sozialen Medien kursierte, sah, habe er gewusst, welche Erzählung Trump-Fans daraus schaffen würden, erzählte Sharlet mir: Denn der Schütze war ein Schwarzer Mann. Eine Weiße Frau, getötet von einem Schwarzen, das sei die rassistische, geradezu mythische Begründung für einen Lynchmord. Sharlet fühlte sich an den Film *The Birth of a Nation* von 1915 nach dem Roman *The Clansman* erinnert, in dem eine weiße Frau in den

Tod springt, um der Bedrohung durch einen Schwarzen Mann zu entgehen. Um die blonde, 35-jährige Ashli Babbitt sollte in den Tagen nach dem Sturm auf das Kapitol ein ähnlicher Mythos wie um Vicki Weaver entstehen. Aber anders als Weaver war Babbitt keine Mutter. Jeff Sharlet erzählt, wie Babbitt in den Äußerungen von Aktivst*innen und Politiker*innen wie dem Republikaner Paul Gosar immer jünger gemacht wurde, um so das Narrativ vom unschuldigen Weißen Mädchen zu bedienen, das von einem Schwarzen Mann getötet worden sei: «Es klingt das Bild der Virginia Dare an, der ersten Weißen Frau, die in Nordamerika geboren wurde», erklärt Sharlet.[7] Nicht umsonst trägt eine der bekanntesten Websites von White Supremacists in den USA ihren Namen – VDARE.[8] Von Vicki Weaver bis Ashli Babbitt hat die White-Power-Bewegung den Tod Weißer Frauen genutzt, um Märtyrerinnen zu schaffen. Und indem sie immer wieder rassifizierte, kulturell etablierte Gender-Stereotype verbreitet, hat sie ihren Hass zunehmend in den Mainstream getragen.

Am 19. April 1993, sechs Tage nach dem Beginn des Prozesses gegen Randy Weaver und Kevin Harris, stürmten Federal Agents bei Waco, Texas, das Mount-Carmel-Gelände der Branch Davidians, einer paramilitärischen Sekte, die sich von den Siebenten-Tags-Adventisten abgespalten hatte. Die Gläubigen, die sich dort verschanzt hatten, erwarteten buchstäblich die Apokalypse. Sie verfügten unter anderem über militärische Waffen.[9]

Mitglieder des Amts für Alkohol, Tabak, Schusswaffen und Sprengstoffe (ATF), das zur Bundespolizei gehört und dem Justizministerium unterstellt ist, hatten die etwa 100 bis an die Zähne bewaffneten Sektenmitglieder zuvor fast zwei Monate lang belagert, nachdem es bei dem Versuch, einen Durchsuchungsbefehl zu übergeben, zu einem Schusswechsel gekommen war und vier Polizisten sowie sechs Sektenmitglieder getötet worden waren. Die Belagerung, die zum Teil live im Fernsehen übertragen und von zahlreichen eigens angereisten Journalist*innen und Schaulustigen aus der Nähe beobachtet wurde,[10] endete nach 51 Tagen in einer Tragödie: Ein Feuer war ausgebrochen, und die Polizei stürmte mit Panzern das Gelände. 75 Menschen kamen in den Flammen um, darunter 25 Kinder. Insgesamt starben 80 Sektenmitglieder und vier Federal Agents.[11]

Die beiden Ereignisse in Waco und Ruby Ridge führten zu einem massiven Anstieg rechter *Militias* oder Bürgerwehren in den USA. Militias sind paramilitärische, bewaffnete Gruppen, die sich auf das im Zweiten Zusatzartikel zur Verfassung geschützte Recht zum Tragen einer Waffe berufen, um, wie sie argumentieren, Bürger*innen vor einer tyrannischen Regierung zu schützen.[12] Während Militias im 19. Jahrhundert militärische oder polizeiliche Aufgaben übernahmen, integrierte man sie Anfang des 20. Jahrhunderts in die Nationalgarde. Danach existierten nur noch private Militias, die nach dem Zweiten Weltkrieg meist stramm antikommunistisch und rechtsextrem waren. Nachdem sie so im Laufe der Zeit an Bedeutung verloren hatten, sollten Ruby Ridge und Waco zu den Katalysatoren, den Gründungsmomenten der modernen sogenannten Militiabewegung werden.[13] Das war allerdings nur möglich, weil andere Entwicklungen dafür gesorgt hatten, dass der Zorn gegen die Regierung, wie ihn die Militias schürten, in Teilen der Bevölkerung auf fruchtbaren Boden fiel: 1993 hatte der Kongress das sogenannte Brady-Gesetz verabschiedet, das eine fünftägige Frist zwischen Waffenkauf und Aushändigung der Waffe vorsah. Ein Jahr später wurde der Violent Crime Control and Law Enforcement Act verabschiedet, ein Gesetz, welches das Strafmaß für Hasskriminalität erhöhte und Finanzmittel für 100 000 zusätzliche Polizeikräfte bereitstellte. Das Gesetz passierte den Kongress mit überparteilicher Zustimmung.[14]

Ruby Ridge und Waco wurden nun von White-Power-Aktivist*innen generell dazu genutzt, die Ängste Weißer Bürger*innen vor einem übergriffigen Staat zu schüren, indem sie die Vorfälle als Angriffe auf die Weiße Familie an sich darstellten. Bei einer Demonstration in Ruby Ridge trugen drei blonde Weiße Kinder mit jeweils einem Blatt Papier beklebte T-Shirts. Das Blatt zeigte eine Zielscheibe mit der Aufschrift «Bin ich der Nächste?».[15] Obwohl die Gemeinde der Branch Davidians multiethnisch zusammengesetzt gewesen war, stellte die White-Power-Szene die Opfer von Waco ausschließlich als Weiße Frauen und Kinder dar.[16] In den Reihen der gewalttätigen, rechtsextremistischen White-Power-Bewegung waren schon zuvor auffällig viele ehemalige Konservative vertreten gewesen. Aus Sicht des Historikers David Walsh war das kein Zufall. «Die moderne White-Power-Bewegung in Amerika», so Walsh, «entstand aus abtrünnigen Konservativen, die die Reihen der Bewegung verließen, weil sie der Meinung waren, dass diese sich nicht ausreichend für die Verteidigung der White Supremacy gegen […] den Schwarzen Freiheitskampf einsetzte. Während die meisten Konservativen bereit waren, oberflächliche Zugeständnisse an die Bürgerrechtsrevolution zu machen, indem sie sich die Sprache der Farbenblindheit zu eigen machten (während sie gleichzeitig versuchten, die bestehenden *Race*-Hierarchien zu verstärken), waren für die entstehende White-Power-Bewegung selbst diese Zugeständnisse inakzeptabel.»[17]

Die Historikerin Kathleen Belew bestätigt mir im Interview diese in zahlreichen Dokumenten belegte Verbindung. Zum komplizierten Verhältnis zwischen der modernen Republikanischen Partei, dem amerikanischen Konservatismus und gewaltbereiten Rechtsextremen sagt sie: «Es gibt Momente, in denen die White-Power-Bewegung voll und ganz mit dem übereinstimmt, was die GOP tut, wie jetzt gerade [2023]. Und es gibt Momente, in denen sie an Umsturz und Revolution interessiert ist.[18] Worüber noch nicht viel geschrieben wurde, ist die Tatsache, dass es jede Menge direkte Verbindungen von Leuten aus radikalen Organisationen der Neuen Rechten, der John Birch Society und dem Wallace-Wahlkampfteam in die White-Power-Bewegung gibt.»[19]

Ebendiese Radikalisierungs-Pipeline zeichnet Walsh in seinem neuen Buch *Taking America Back* nach. Dabei zeigt er, dass diese Gruppen bei allen Unterschieden in ihrer Rhetorik und in ihrer Strategie gleichzeitig aber eine Reihe von sozialen und politischen Annahmen teilten.[20] Nicht wenige dieser Protagonisten waren selbst dann noch in «respektablen» konservativen Kreisen willkommen, als sie längst schon offen antisemitische und rechtsradikale Ansichten äußerten. Erst nachdem eine breitere Öffentlichkeit von ihren extremen Positionen Kenntnis bekam, wurden sie aus den erwähnten «respektablen» konservativen Kreisen verstoßen, da diese um ihr Image fürchteten.

So brachte selbst die John Birch Society ihr Gründungsmitglied Revilo Oliver 1966 dazu, die Organisation zu verlassen, weil sein offener Antisemitismus den ohnehin schon schwer in Mitleidenschaft gezogenen Ruf der Society weiter zu beschädigen drohte. Oliver hatte auf einer Veranstaltung in Boston von einer jüdischen Weltverschwörung fabuliert, die noch älter sei als die der «Illuminati und Kommunisten», und den Holocaust geleugnet.[21] Gemeinsam mit George Lincoln Rockwell sowie dem Rechtsextremisten William Luther Pierce♦ sollte Oliver zu den zentralen Figuren der amerikanischen Neonazi-Bewegung werden.[22]

Rockwell und Pierce leiteten die National Youth Alliance, die sich aus jungen Unterstützer*innen von George Wallace'

♦ William Luther Pierce (1933–2002) war ein nazistischer Schriftsteller und Aktivist, dessen Roman *The Turner Diaries* (1978) als Blaupause für diverse Terroranschläge diente.

Präsidentschaftswahlkampf 1968 rekrutierte – und die White Supremacists von morgen heranziehen wollte.

Noch heute beziehen sich Neonazis in den USA auf Rockwells Ideologie und Vokabular – «White Power» ist nach wie vor der Schlachtruf der White Supremacists: Viele derjenigen, die im August 2017 an der «Unite the Right Rally» in Charlottesville, Virginia, teilnahmen, bei der ein Neonazi mit seinem Auto in eine Gruppe von Gegendemonstranten fuhr, 19 Menschen verletzte und die 32-jährige Heather Heyer tötete, bekannten sich zu Rockwell als Inspiration.[23] Anlass für den Aufmarsch verschiedener rechter Gruppen war der geplante Abbau des Denkmals für den Südstaatengeneral Robert E. Lee. Bereits am Vorabend der eigentlichen Demonstration kam es zu einem martialischen Aufmarsch mit Fackeln und Hakenkreuzen von etwa 250 weißen Nationalisten und Rechtsextremisten, die Sprüche wie «Jews will not replace us» skandierten[24] – ein Verweis auf den Verschwörungsmythos vom «Weißen Genozid», wonach eine geheime Kabale jüdischer Eliten versuche, die «Weiße Rasse» auszurotten, indem sie sie durch nicht-Weiße Einwanderer «ersetzen» würden.

Für die Entstehung der modernen White-Power-Szene war der Vietnamkrieg ein Schlüsselereignis: Nach dessen Ende bildete sich ein Narrativ heraus, das dem kleinen Teil zurückkehrender Veteranen, die Teil der White-Power-Bewegung werden würden, erstmals eine gemeinsame Basis gab. Der Vietnamkrieg galt ihnen als Verrat der politischen Klasse, antisemitisch aufgeladen als geheime, von jüdischen Eliten gelenkte Verschwörung. Dieses Narrativ bot Rechtsextremen einen gemeinsamen Nenner und einte somit auch Gruppen, die sich bisher feindlich gegenübergestanden hatten, wie beispielsweise Klansmänner und Neonazis.[25] Und noch etwas hatte sich seit dem Ende des Krieges geändert: Hatten sich gewalttätige, rechtsextreme Gruppen wie der KKK zuvor als

Vollstrecker staatlicher Gewalt gesehen, bot das Vietnamkriegs-Framing eine Basis für gewaltvollen Widerstand gegen die Staatsgewalt – ein Wendepunkt im Selbstverständnis der White-Power-Bewegung.[26]

Kathleen Belew beschreibt die White-Power-Szene als einen harten Kern, um den herum konzentrische Kreise angeordnet sind. Mit diesem Bild verdeutlicht sie, wie Ideen aus dem Inneren der Bewegung weitergetragen werden – bis hin zu Menschen, die sich nie als White Nationalists bezeichnen würden. Die genaue Zuordnung sei schwierig. «Für den größten dieser Kreise», sagt Belew, «haben wir keine Zahlen. Der beinhaltet Leute, die niemals sagen würden, ‹Ich bin in der White-Power-Bewegung›, die niemals eine Zeitung in die Hand nehmen würden, auf der steht ‹Offizielle Zeitung des Weißen Arischen Widerstands›, die aber definitiv einigen der Ideen zustimmen würden, die in dieser Zeitung stehen.»[27]

Um die fließenden Übergänge zwischen Rechtsradikalen und Konservativen zu verdeutlichen, verweist sie auf die Geschichte von Derek Black, der in einer Neonazi-Familie aufwuchs und sie schließlich verließ. Black erzählte ihr in einem Gespräch über seine früheren Rekrutierungs-Taktiken für die Bewegung: «Er sagte, sobald er die Leute dazu bekommen habe zu sagen ‹Ich bin kein Rassist, aber …›, sei es wie eine offene Tür für ihn gewesen.»[28] So habe er sie für seine Ideen gewinnen können. Hätte es in der White-Power-Bewegung eine Aristokratie gegeben, Derek Black wäre der Kronprinz gewesen. Sein Vater, Don Black, hatte die White-Supremacist-Website *Stormfront* gegründet, seine Mutter war die Exfrau des früheren KKK-Grand-Wizard David Duke, und Duke wiederum war Dereks Patenonkel.[29] Derek gehörte zu einer Gruppe von White Nationalists, die in den 2000er Jahren entschlossen waren, die Republikanische Partei zu kapern. 2008 fasste der damals 19-jährige Black diese Strategie auf einer Versammlung von White Supremacists, in Memphis folgendermaßen zusammen: «Der Weg nach vorne geht durch Politik. Wir können infiltrieren. Wir können das Land zurückholen.»

Black ist ein weiterer Beleg für die poröse Grenze zwischen der respektablen amerikanischen Rechten und Aktivist*innen des rechtsextremen Milieus: 2007 hatte er die Wahl für einen Sitz in Palm Beach County, Florida, für die Republikanische Partei gewonnen. Im Wahlkampf hatte er keine rassistischen Schimpfwörter benutzt, sondern die Sprache, die seit Jahrzehnten in der amerikanischen Politik etabliert war, um rassistischen Animus zu kommunizieren, ohne das offen aussprechen zu müssen: Er hatte gegen *Affirmative Action* protestiert, gegen Political Correctness und gegen Einwanderung von Hispanics.[30] Es war nicht sein erster Kontakt mit der Republikanischen Partei: Schon als Neunjähriger hatte Black am 7. November 1998 auf einer Versammlung des zutiefst rassistischen Council of Conservative Citizens den damaligen Republikanischen Gouverneur von Mississippi, Kirk Fordice, getroffen.[31]

1993 gehörte Timothy McVeigh zu denjenigen, die nach Texas reisten, um Zeuge der Belagerung des Mount-Carmel-Geländes in Waco durch ATF-Agents zu werden. Für McVeigh, einen Golfkriegs-Veteran mit engen Verbindungen zur White-Power-Bewegung, sollte das «Massaker von Waco» ein Schlüsselerlebnis werden. Genau zwei Jahre später parkte er einen Lastwagen voller Dünger vor dem Murrah Federal Building in Oklahoma City, stieg aus und zündete kurz darauf die im Wagen versteckte Bombe. Durch die Explosion von etwa 2,4 Tonnen Sprengstoff kamen 168 Menschen ums Leben, darunter 19 Kinder unter sechs Jahren. McVeigh hatte die Bombe direkt in der Nähe der Kindertagesstätte des Gebäudes gezündet. Hunderte Menschen wurden verletzt.[32]

Bei seiner Verhaftung trug McVeigh ein T-Shirt mit dem Konterfei Abraham Lincolns auf der Brust und der Aufschrift

«Sic semper tyrannis» – «So ergeht es immer den Tyrannen».[33] Es waren die Worte, die John Wilkes Booth, Lincolns Mörder, beim Verlassen des Theaters nach dem Attentat 1865 gerufen hatte. Aus Sicht McVeighs war der Anschlag eine Vergeltung für Ruby Ridge und für Waco und zugleich ein Akt der Befreiung gegen einen außer Kontrolle geratenen Staat, der seine Bürger angriff. Sein Anschlagsziel hatte McVeigh bewusst gewählt, da sich in dem Gebäude auch Büros von Bundesbehörden befanden. Sein Anschlagsszenario entstammte dem Roman *The Turner Diaries* des Neonazis William Luther Pierce, in dem eine Weiße Terrorgruppe Attentate verübt, um alle Nicht-Weißen zu töten und einen Weißen Ethno-Staat zu errichten.[34] Auf dem Beifahrersitz von McVeighs Auto fand das FBI eine kopierte Seite aus den *Turner Diaries*.[35]

In Pierces Roman werden sogar ein Anschlag auf das Hauptquartier des FBI mit einem zur Bombe umfunktionierten Lkw und ein Angriff auf das Kapitol beschrieben.[36] Belew verweist im Zusammenhang mit dem Roman auf eine weitere Parallele zum Sturm auf das Kapitol 2021. Der dort errichtete Galgen sei eine Anspielung auf den «Tag des Seils», an dem bei Pierce Gesetzgeber gehängt werden.[37]

McVeigh und die White-Power-Bewegung sahen Waco und Ruby Ridge, wie erwähnt, als Übergriffe des Staates auf Weiße Bürger*innen. Eine wachsende Paranoia angesichts der Verabschiedung strengerer Waffengesetze sowie antisemitischer Verschwörungsmythen über eine «Neue Weltordnung» – deren Strippenzieher angeblich versuchten, amerikanische Familien zu entwaffnen, um sie einer «Eine-Welt-Regierung» zu unterjochen – führten dazu, dass die von der White-Power-Bewegung unterwanderte Militia-Szene großen Zuwachs erhielt. Solche Vorstellungen verbanden sich mit dem Zorn gegenüber einem Staat, der seine Polizei immer mehr militarisierte. Die ominöse «Neue Weltordnung» sahen die Mitglieder der sich formierenden Militia-Bewegung zunehmend in Gestalt des amerikanischen Staates selbst, gegen den sie sich deshalb bewaffneten und gegen den sie – wie McVeigh – auch mit Gewalt vorzugehen bereit waren.[38]

Mitte der 1990er Jahre schätzte der damalige Chef des Southern Poverty Law Centers die Zahl der Menschen, die sich im Umfeld der Militia-Bewegung engagierten, auf fünf Millionen – mehr, als der zweite Klan der 1920er Jahre Mitglieder gehabt hatte.[39] In der Presse wurden Leute wie die Weavers als «Verrückte aus dem Wald» beschrieben, und auch McVeigh wurde, weil er jegliche Verbindung zur White-Power-Bewegung vehement abstritt, vor allem als durchgedrehter Einzeltäter dargestellt.[40] Dabei wurde jedoch übersehen, dass genau dieses Modell des «Einsamen Wolfs», des vermeintlichen Einzeltäters, der aber eingebunden ist in eine politische und ideologische Infrastruktur, zur Strategie der White-Power-Bewegung gehörte. Die Militia-Bewegung, die sich aus den Strukturen und mit Unterstützung von Mitgliedern aus White-Power-Gruppen entwickelte, bot White Supremacists und Neonazis die Möglichkeit, ihre Inhalte näher Richtung Mainstream zu rücken – ohne den abschreckenden Effekt, den die offene Nazi-Ideologie von Organisationen wie der Aryan Resistance hatte. Deren Gründer, Tom Metzger, sorgte dafür, dass sich unter dem Deckmantel der Militias auch Teile der White-Power-Bewegung sammelten, die sich vorher wenig grün gewesen waren, etwa Skinheads und Neonazis.[41]

Nach dem Attentat McVeighs rückten auch die Verbindungen Republikanischer Mitglieder des Abgeordnetenhauses zu Militias in den Fokus.[42] Im Kongress pflegte vor allem eine Abgeordnete Beziehungen zu Militias: Helen Chenoweth. Sie war 1995 im Rahmen von Gingrichs Revolution für Idaho ins US-Repräsentantenhaus eingezogen, und zu ihrem Wahlbezirk gehörte auch Ruby Ridge. Schnell wurde sie unter den Abgeordneten des Kongresses zum Liebling der Militias. Schon als sie bei der Wahl 1994 ihren Sitz im Repräsentantenhaus gegen den Demokratischen Amtsinhaber gewann, fiel sie im Kongress nicht nur als eine der wenigen Frauen dort auf, sondern auch durch ihre ultrarechten Positionen. Wie bereits vor ihr Phyllis Schlafly erkannte auch Chenoweth die Macht von Graswurzelbewegungen und von Frauen, die durch diese Bewegungen mobilisiert wurden. Anders als Schlafly schaffte Chenoweth es allerdings bis in den Kongress – auch dank der lokalen rechten Frauenbewegung in Idaho, der sie selbst angehörte. Von konservativen, antifeministischen Frauen wie Schlafly unterschied sie sich dadurch, dass sie sich nicht primär über Ehe und Familie definierte und den Platz von Frauen nicht automatisch am Herd sah. «Sie half», so die Historikerin Nicole Hemmer, «einen neuen konservativen Zugang zu Frauenrechten zu schaffen, der als Brücke zwischen dem Antifeminismus von Phyllis Schlafly und dem Gegenfeminismus der 1990er Jahre diente. Obwohl sie viele derselben Positionen wie Schlafly unterstützte, gegen Abtreibung und gegen das Equal Rights Amendment war, sprach sie die Sprache der zweiten Feminismus-Welle und spielte mit Gender-Erwartungen auf eine Art und Weise, die ihr nützte.»[43] Chenoweth bestand darauf, mit «Congressman» statt «Congresswoman» angesprochen zu werden – sie war quasi gegen das Gendern, lange bevor deutsche Konservative es für sich entdeckten.[44] Chenoweth wurde schnell bekannt als «Postergirl der Militias», als Verfechterin rechtsextremer Positionen, als Kämpferin gegen Umweltschutzbestimmungen und für die Abschaffung der Bundessteuerbehörde.[45] Sie verband unterschiedliche ideologische Strömungen – von den Umweltschutzgegnern über die Religiöse Rechte und die Homeschooler bis zu den Verfechtern von States' Rights, den Militias und der Waffenlobby sowie den Libertären.[46] Das Ganze versah sie mit einem lokalen Flair, und sich selbst verstand sie als eine provokante Verkörperung von Westlichem Individualismus.

Dreißig Jahre nachdem sie für Goldwater Wahlkampf gemacht hatte, verkörperte sie als Politikerin selbst dessen Extremismus und sein Cowboy-Image, garniert mit einem konservativen femininen Touch. Begeisterung für Chenoweth kam von den extremen Kräften der amerikanischen Rechten. Als sie sagte: «Es ist der Weiße, angelsächsische Mann, der heute in Gefahr ist», erhielt sie prompt Applaus von dem rassistischen, antisemitischen Hetzblatt eines früheren Ku-Klux-Klan Anführers. Das war nicht verwunderlich, denn wie der Journalist Adam Server im *Atlantic* schrieb: «‹Angelsächsisch› ist das, was man sagt, wenn einem ‹nur Weiße› zu inklusiv ist.» Dabei bezog er sich allerdings nicht auf Chenoweth, sondern auf den gescheiterten Versuch zweier Republikanischer Abgeordneter 2021, eine «angelsächsische Fraktion» innerhalb der GOP zu gründen.[47]

Der erwähnte ehemalige Ku-Klux-Klan-Anführer lobte jedenfalls Chenoweths Wahl als «Erfolg für *race*-basierten Wahlkampf». Chenoweth distanzierte sich zwar von dem Mann und seiner Zeitung, nahm ihre Äußerung deswegen aber keineswegs zurück.[48] Die Militia von Montana verkaufte derweil Videokassetten mit einer Rede der Abgeordneten, die als eine Abrechnung mit der «Neuen Weltordnung» beworben wurde. Die *Washington Post* zitierte eine lokale Zeitung aus Chenoweths Heimatstaat: «In der Rede spricht Chenoweth über den geistigen Krieg zwischen ‹gottesfürchtigen Amerikanern und Umweltschützern›.»[49] Chenoweths Büro ließ verlauten, dass die Abgeordnete einer solchen Nutzung ihrer Rede nicht zugestimmt habe. Chenoweth wiederum verbreitete ihrerseits Verschwörungsmythen über «schwarze Helikopter» – sie habe selbst welche gesehen, die flögen umher, «um brave Leute abzuhören und mit Lasern zu blenden».[50] In der Militia-Szene glaubte man, diese Helikopter seien Agenten der ominösen «Neuen Weltordnung» und würden bald eingesetzt, um die Bevölkerung zu entwaffnen.[51] Nach dem Anschlag in Oklahoma beleuchteten die Medien verstärkt Chenoweths enge Beziehungen zur Militia-Szene. So wurde bekannt, dass Freiwillige der U.S. Militia Association mit Sitz in Idaho schon 1994 Wahlkampf für sie gemacht hatten und dass Chenoweth nach wie vor freundschaftliche Beziehungen in die Szene pflegte.

Nach dem Anschlag von Oklahoma City suchte Chenoweth nicht etwa größeren Abstand zu Militias, sondern sie schlug vielmehr ein Gesetz vor, das ideologisch genauso gut aus deren Feder hätte stammen können. Danach sollten Bundespolizisten vor einer Verhaftung oder Durchsuchung die schriftliche Genehmigung der örtlichen Sheriffs einholen. Unterstützung für den Gesetzesvorschlag gab es – natürlich – von lokalen Militias.[52] Den ideologischen Ursprung dieses Gesetzes verortet die Historikerin Nicole Hemmer in der «Posse Comitatus»-Bewegung der 1960er Jahre. Sie geht zurück auf Ideen von Christian William Potter Gale, einem Christian-Identity-Prediger,[53] und ist ihrerseits ein Vorläufer der noch heute aktiven Constitutional-Sheriff-Bewegung.[54] Dank Helen Chenoweth fanden diese Ideen eines Neonazi-Priesters kurz nach dem bis dato verheerendsten Terroranschlag auf US-amerikanischem Boden in einem Gesetzentwurf ihren Weg in den US-Kongress.

Auf die Tatsache, dass sich die Militias in Teilen ihrer Ideologie und vor allem ihrer Organisation von der Religiösen Rechten unterscheiden, verwies die *Washington Post* schon 1995: «Verglichen mit dem umfangreichen, gut finanzierten und hervorragend organisierten politischen Aktivismus von Gruppen wie der christlichen Rechten erscheinen die politischen Aktivitäten der Milizen amateurhaft und oft kontraproduktiv. Doch im Gegenzug für die Unterstützung durch diese Basis haben einige Mitglieder des Kongresses sowie staatliche Beamte und Abgeordnete den Milizenführern Zugang und Hilfe gewährt.»[55] Ungeachtet ihrer Unterschiede war Mitte der neunziger Jahre aber sowohl für die Religiöse Rechte als auch für die Militias mit ihren Verbindungen zur White-Power-Bewegung und in die Neonazi-Szene Platz im «großen Zelt» der Republikanischen Partei. Und daran sollte nicht einmal der bis dahin tödlichste Terroranschlag auf US-Boden etwas ändern.

Helen Chenoweth wurde auch zum Liebling der Medien. Sie behandelten sie mit einer Mischung aus Verwunderung und Faszination. Die *New York Times* etwa nannte sie «die vielleicht radikalste der 1994 frisch gewählten Republikanischen Abgeordneten».[56] Auch wenn ihre Beziehungen zu Militias für hochgezogene Augenbrauen sorgten, trug sie deswegen politisch keinerlei Schaden davon.

Es gab durchaus vereinzelte Gesten von Partei-Granden, sich in der direkten Folge des «Oklahoma City Bombings» von radikaleren, aber bereits etablierten Elementen der Bewegung zu distanzieren. Der ehemalige Präsident George H. W. Bush kündigte beispielsweise Anfang Mai 1995 seine lebenslange Mitgliedschaft in der National Rifle Association (NRA), die als einflussreichste Stimme der Waffenlobby gilt. In einem offenen Brief schrieb er: «Ich war empört, als Wayne LaPierre, der stellvertretende Vorsitzende der NRA, selbst nach der Tragödie von Oklahoma City seinen Angriff auf Bundesbeamte als ‹Schläger mit Springerstiefeln› verteidigte. Agenten des Secret Service, der ATF oder anderer staatlicher Strafverfolgungsbehörden als ‹Nazis mit Stahlhelmen und schwarzen Sturmtruppen-Uniformen› zu bezeichnen, die ‹gesetzestreue Bürger angreifen› wollen, ist eine bösartige Verleumdung guter Menschen.»[57] Eine Woche später veröffentlichte LaPierre eine Entschuldigung.[58]

Doch während selbst extreme Stimmen wie Wayne LaPierre und Rush Limbaugh nach dem Anschlag von Oklahoma zunächst versuchten, sich von den noch radikaleren Stimmen zu distanzieren – obwohl sie zuvor eine ähnliche Rhetorik verwendet hatten, um gegen staatliche Regulierungen zu wettern –, dachte Helen Chenoweth überhaupt nicht daran, es ihnen gleichzutun. Sie werde die Militias nach wie vor unterstützen, verkündete sie. Auch wenn sie den Bombenanschlag als solchen verurteilte, warb sie um Verständnis für die Ansichten des Terroristen: «Wir müssen weiterhin einen Blick auf staatliche Maßnahmen werfen, die die Menschen zu weit treiben könnten.»[59] Ihre Aussage brachte sie nicht in Verruf – weder bei der Basis noch in ihrer Partei oder bei den großen Medienhäusern – im Gegenteil. Bei Letzteren blieb sie ein gern gesehener Gast. Als eine Frau, die ungeheuerliche, empörende Dinge von sich gab, war sie ein Garant für hohe Einschaltquoten. Es war diese Verbindung aus einer sich verändernden Medienlandschaft, der Entstehung eines 24/7-Nachrichtenzyklus und einem Politikjournalismus, der zunehmend einer Art Sportberichterstattung ähnelte, die Politiker*innen wie Chenoweth zu nutzen wussten: Sie verstanden Politik als genau das, was sie geworden war – als einen atemlosen Wettbewerb, in dem es darum ging, die neuste provozierendste Äußerung mit Sendezeit zu belohnen.

Chenoweth war nicht die Einzige, die einen neuen Weg gefunden hatte, Extremismus in den Mainstream zu tragen. Eine jüngere Generation konservativer Frauen verfolgte die gleichen Ziele wie sie, darunter auch die für Chenoweth arbeitende Meinungsforscherin Kellyanne Fitzpatrick. Sie hatte sich bereits einen Namen als rechte Kommentatorin gemacht und gehörte zu den jungen Stars der «Republikanischen Revolution». Es lief hervorragend für sie: Mit ihren gerade mal 29 Jahren hatte sie bereits eine eigene Politikberatungsfirma gegründet, hochkarätige Republikanische Klienten als Kunden gewonnen und zudem einen Vertrag als Kommentatorin bei *CNN* unterschrieben.[60] Das *National Journal* nannte sie den «Meinungsforschungs-Stern der Republikanischen Galaxie», *Harper's Bazaar* sprach von ihr und ihren Mitstreiterinnen als den «schlimmen Mädchen der radikalen Rechten».[61] Fitzpatrick kokettierte mit ihrem Image als sexy neues Gesicht der Konservativen und erklärte, ihre größte Leistung bestehe darin, dass ihr «breiter Geist und ihre schmale Taille nicht die Plätze getauscht» hätten.[62] Fitzpatrick, später verheiratete Conway, war unverfroren, dreist und schockierte mit radikalsten Äußerungen.

Zu den «schlimmen Mädchen» gehörten auch Anne Coulter, Autorin und Kolumnistin für das Internetportal *Breitbart*, die sich selbst als «Bombenwerferin» bezeichnete,[63] sowie April Lassiter, die 29-jährige Kommunikationschefin und Beraterin von Tom DeLay, der im Repräsentantenhaus als Majority Whip für die Parteidisziplin der Republikanischen Abgeordneten bei Abstimmungen zuständig war. Lassiter wurde als «Alanis Morissette der Neo-Konservativen» bejubelt, weil sie in einer Band sang. In einem ihrer Songs hieß es: «Ich habe keine Geduld für deine augenzwinkernde Politisierung. Ich habe kein Interesse an deiner Feminazi-Aktualisierung.» Der Frontmann der Band, Joe Scarborough, war damals noch Republikanischer Abgeordneter für Florida. Heute zählt er zu den wichtigsten Moderatoren im Kabelfernsehen.[64] Coulter, Fitzpatrick, Lassiter sowie die spätere *Fox-News*-Moderatorin Laura Ingraham waren gern gesehene Gäste bei Bill Mahers Late-Night-Talkshow *Politically Incorrect* und traten bei großen Fernsehsendern auf. Über sie und die anderen jungen Frauen der konservativen Bewegung berichteten die Medien mit einer Mischung aus Faszination und Abfälligkeit. Der *Weekly Standard* nannte sie eine «neue Klasse von aus Washington kommenden Zigarren-und-Martini-Bimbos».[65]

Die neue Generation rechter Meinungsmacherinnen verlieh der konservativen Bewegung einen neuen Look und damit auch ein neues Image. Sie griff nicht mehr zu zugeknöpften Twinsets, Perlenketten und Hochsteckfrisuren, sondern wusste mit Sex-Appeal *und* Rechtsextremismus zu schockieren. Sie alle sollten zu Stars der amerikanischen Rechten werden. Schon bevor *Fox News* existierte, schaffte es Laura Ingraham auf die Titelseite des *New York Times Magazine* – in einem Minirock mit Leopardenmuster.[66]

Barry Goldwater hatte sein Extremismus einst die Präsidentschaft gekostet. Jetzt aber war genau diese Einstellung salonfähig geworden. Die Radikalität, die Gingrich und Chenoweth 1994 zum Erfolg geführt hatte, sollte in den Folgejahren aufblühen. Während Gingrich schließlich diesem Geist zum Opfer fiel, sollten diejenigen, die es schafften, die Extremismuswelle zu reiten, ohne von ihr verschlungen zu werden, von der Republikanischen Basis und von etablierten Medien gleichermaßen belohnt werden.

Der von dem australischen Medienmogul Rupert Murdoch finanzierte TV-Sender *Fox News* ging im Oktober 1996 erstmals auf Sendung und wurde – wie von Murdoch erhofft – schnell zum Sprachrohr für die konservative Bewegung des Landes. Murdoch und Roger Ailes, der erste Chef des neuen Senders, bauten darauf, dass Konservative die Behauptungen, es gebe einen «liberalen *bias*», verinnerlicht hätten, also die Vorstellung, Politik und Gesellschaft in den USA seien viel zu stark von liberalen Ideen beherrscht und gegenüber Konservativen voreingenommen. Schon William F. Buckley hatte dieses Narrativ in die Welt gesetzt, Nixon hatte fest daran geglaubt, und Reagan hatte es populär gemacht.[67] Seitdem war es durch die Adern des konservativen Ökosystems pulsiert. Und die Rechnung ging auf: *Fox News* präsentierte mit seinen Moderator*innen und Geschichten eine polierte, normschöne Form der ahistorischen Sehnsucht nach der «guten alten Zeit», einem Amerika, dessen mehrheitlich Weiße Bewohner*innen aus dem ländlichen Raum kamen, die Übergriffigkeit des Staates und Steuern hassten und die Demokraten verabscheuten, die sie für Sozialisten hielten.[68]

Am 25. März 2023, dreißig Jahre nach der Belagerung der Branch Davidians in Waco, hielt Donald Trump just dort eine Rede. Es war nicht irgendeine Rede: Er hatte sich Waco, Texas, als den Ort auserkoren, an dem er seine Kandidatur für die Republikanische Präsidentschaftsnominierung verkünden wollte. Die Wahl des Ortes war auch deshalb kein sonderlich subtiler Fingerzeig, weil Trump zu diesem Zeitpunkt die Ergebnisse diverser juristischer Ermittlungen gegen ihn erwartete. Die implizierte Parallele war so bedrohlich wie eindeutig: An dem Ort, der für Rechtsextreme das Symbol für einen tyrannischen Staat ist, inszenierte Trump sich als unschuldiges Opfer der Justiz und seiner politischen Gegner. In seiner Rede fand sich kein inhaltlicher Bezug zu der Sekte, die dreißig Jahre zuvor in Waco belagert worden war, und doch war das Echo dröhnend und nicht zu überhören: in Trumps apokalyptischer Rhetorik, seinen Racheschwüren und dem Versprechen von Gewalt. «2024 ist die letzte Schlacht, das wird die große Schlacht sein. Wenn ihr mich wieder ins Weiße Haus bringt, wird ihre Herrschaft zu Ende sein, und Amerika wird wieder eine freie Nation sein», rief er seinen Fans zu.[69]

Es war weniger eine politische Rede als die eines Generals, der seine Truppen für die entscheidende Schlacht anstachelt, allerdings mit dem hypnotischen Singsang eines Predigers: «Gemeinsam werden wir beenden, was wir begonnen haben, mit euch an meiner Seite werden wir den *Deep State* völlig auslöschen»,[70] wütete Trump und zählte all die auf, mit denen er nach seinem Sieg abrechnen werde. In Waco stilisierte sich Trump nicht nur als der rechtmäßige und zukünftige Präsident und Anführer des Landes, der das vermeintliche Unrecht, das seine Anhänger erlitten haben, wiedergutmachen wird, sondern auch als eine Art Vollstrecker einer göttlich sanktionierten Vergeltung. Gerechtigkeit und Vergeltung sind nicht das Gleiche – Vergeltung beinhaltet immer auch das Versprechen von Leid für den Gegner, von Gewalt, Blut und göttlicher Katharsis.

Trumps Veranstaltung in Waco trug Züge eines Gottesdienstes samt eigener Liturgie. Statt Hymnen über Gottes Glorie wurde allerdings eine Aufnahme des «January 6th Choir» eingespielt – zu hören waren die Stimmen von zu Gefängnisstrafen verurteilten Angreifern des Kapitols, die die amerikanische Nationalhymne sangen.[71]

10 Schlurfen nach Gomorrha

George W. Bush: Vom Erben Reagans zum Kreuzzügler

«Leute wie euch [Journalist*innen, A. B.] nennen wir realitätsfixiert. Ihr glaubt, dass sich Lösungen durch die sorgfältige Analyse der Wirklichkeit ergeben. So funktioniert die Welt nicht mehr. Wir sind ein Imperium. Wenn wir handeln, schaffen wir unsere eigene Realität.»

Hochrangiger Bush-Berater, Sommer 2002

Stop the Count! Stop the Count!» Der wütende Sprechchor schallte durch die Flure vor den Auszählungsbüros und dem Büro des Wahlleiters im Stephen P. Clark Government Center im Wahlbezirk Miami-Dade, während die Wahlhelfer*innen drinnen, zunehmend besorgt um ihre Sicherheit, weiter Stimmzettel zählten. Eskalation lag in der Luft – für die einen eine Verheißung, für die Menschen hinter den Türen eine Drohung. Die wütende Menge war erstaunlich gut gekleidet: Viele trugen Hemden mit Nadelstreifen und teilweise blaue Anzüge. Es handelte sich um Republikanische Aktivist*innen, die nur ein Ziel hatten: die Auszählung zu stoppen, die ihren Kandidaten die Präsidentschaft kosten konnte.[1]

Was wie eine Szene aus den Tagen unmittelbar nach der Präsidentschaftswahl 2020 klingt, spielte sich tatsächlich bereits zwanzig Jahre zuvor ab: bei dem Auszählungskrimi zwischen den Kandidaten Al Gore und George W. Bush in Florida.

Eigentlich war alles ganz anders geplant gewesen. George W. Bush, der Gouverneur von Texas und der älteste von vier Söhnen des früheren Präsidenten George H. W. Bush, hatte beschlossen, 1999 bei den Republikanischen Vorwahlen anzutreten, um seiner Partei nach den Gingrich-Jahren neuen – oder besser: wieder den alten – Geist einzuhauchen. Der Mann mit den Lachfalten, dem kantigen Gesicht und dem Ruf, nicht die hellste Kerze auf der Torte zu sein, warb für sich als den wahren Erben Reagans.[2] Er versprach, staatliche Regulierungen zu lockern und konservative soziale Werte zu vertreten, das Ganze jedoch mit einem charmanten Lächeln statt mit Gingrichs giftigem Furor. Bush trat besonders gern in Jeans und Cowboystiefeln auf und blinzelte unter einer breiten Hutkrempe hervor. Seine Selbstinszenierung sollte Erinnerungen an Ronald Reagan und zumindest ein wenig auch an Barry Goldwater wecken, die Ikonen eines stilisierten Western-Individualismus.

Bush und sein Wahlkampfstratege Karl Rove verfolgten einen klaren Plan, und der schien aufzugehen. Im November 1999 lag Bush satte 50 Prozentpunkte vor allen anderen Bewerbern um die Präsidentschaftskandidatur der GOP.[3] Bush trat an als Vertreter eines «mitfühlenden Konservatismus». Den Begriff hatte der rechte Vordenker Marvin Olasky geprägt, der Bush schon als Gouverneur in Fragen der Sozialpolitik beraten hatte.[4] Was auf den ersten Blick sympathisch klingt, verfolgte jedoch ein radikales Ziel: den Abbau des Sozialstaats und die Übernahme seiner Aufgaben durch religiöse Institutionen und Organisationen.[5]

Inhaltlich war Bush durchaus ähnlich aufgestellt wie die Republikaner der Vorjahre, aber er strahlte etwas aus, das mehr an den Reagan'schen Optimismus erinnerte. Bush distanzierte sich ausdrücklich von denjenigen, die seine Partei immer weiter in rhetorische Extreme getrieben hatten. In einer Rede im Oktober 1999 vor dem Manhattan Institute in New York, einem konservativen Think Tank, formulierte er seine Kritik an der Rechten deutlich: «Zu oft hat meine Partei in sozialen Fragen ein Bild von Amerika gezeichnet, das auf Gomorrha zusteuert.»[6] Die Metapher von Amerika als Gomorrha war kein Zufall, sondern eine Anspielung auf den Titel von Robert Borks Bestseller *Slouching Towards Gomorrha* («Schlurfen nach Gomorrha»), in dem Reagans gescheiterter Kandidat für den

Obersten Gerichtshof den angeblichen kulturellen Niedergang der Vereinigten Staaten beklagte.[7] Auch unter familiären Gesichtspunkten war die Abneigung zwischen Bush Junior und den Extremisten der Religiösen Rechten nachvollziehbar, hatte doch Pat Robertson, der Verschwörungsprediger, seinen Vater einst als «nützlichen Idioten Satans» bezeichnet.[8]

Die Religiöse Rechte zeigte sich über die Rede Bushs empört, auch über dessen Kritik, dass Republikaner im Kongress versuchten, «den Haushalt auf dem Rücken der Armen auszugleichen».[9] Um die Religiöse Rechte wieder etwas zu besänftigen, betonte Bush bei weiteren Wahlkampfauftritten unter anderem seine persönliche Ablehnung der Abtreibung. Außerdem machte er während der Vorwahlen dem mächtigen und hart rechts ausgerichteten Council for National Policy (CNP), der Dachorganisation der Religiösen Rechten, seine Aufwartung. Das Treffen fand – wie die meisten der CNP-Veranstaltungen – unter Ausschluss der Öffentlichkeit statt. Bei Veranstaltungen des CNP treffen Großsponsor*innen auf die ideologischen Vordenker der Religiösen Rechten, auf politische Strateg*innen und religiöse Extremist*innen.[10] Was genau Bush ihnen bei dem Treffen 1999 im texanischen San Antonio erzählte, ist bis heute unklar. Denn obwohl seine Äußerungen aufgezeichnet wurden, weigerten sich der CNP und das Bush-Team beharrlich, die Aufnahmen zu veröffentlichen.[11]

Der Plan von Bush und seinem Strategen Karl Rove erschien einfach: als rhetorisch gemäßigter, vernünftiger Konservativer antreten – inhaltlich zwar auf einer Linie mit den Sozialkonservativen der Partei, aber freundlicher, als Gingrich es gewesen war. Eine Zeitlang funktionierte das, sogar Extremisten wie Pat Robertson schienen verstanden zu haben, dass in einer landesweiten Wahl nach dem Gingrich-Debakel ein sanfterer Ton vonnöten war und dass Bush Junior trotzdem inhaltlich nicht, wie von einigen Konservativen befürchtet, in die «moderaten» Fußstapfen seines Vaters treten würde. So hatte Bushs

Team etwa Ralph Reed, den Kopf der Christian Coalition, für den Wahlkampf angeheuert – ein beruhigendes Signal an die Ultrakonservativen.[12] Bush sei der «Agenda» gegenüber treu, sich jedoch «bewusst, dass er als zentristischer Kandidat dargestellt werden muss», erklärte Robertson.[13] Dann aber machte ein Mann – ein kerniger Senator aus Arizona wie einst Barry Goldwater – Bush und Rove doch noch einen Strich durch die Rechnung: John McCain.

Der Senator mit dem markanten Kopf und den stechend blauen Augen war der amerikanischen Öffentlichkeit als Held aus dem Vietnamkrieg bekannt. Der hochdekorierte Veteran präsentierte sich als *Maverick* – als jemand, der sagt, was er denkt, und sich nicht immer an Parteivorgaben hält, als jemand, der zu seinen Überzeugungen steht. Für Bush war das ein massives Problem, hatte er doch darauf gehofft, mit seinem «mitfühlenden Konservatismus» die Reagan-Demokraten für sich zu gewinnen. Nun fischte McCain im selben Gewässer. Obendrein verkündete er seine Kandidatur mit einer pathetischen Rede, in der er dem Lobbyismus den Kampf ansagte.[14] Seine Botschaft kam an: Bei den Vorwahlen in New Hampshire Anfang Februar 2000 erzielte McCain 49 Prozent der Stimmen, Bush war mit 31 Prozent weit abgeschlagen.[15] Beflügelt von diesem Sieg, verkündete McCain, er werde «wie Luke Skywalker gegen den Todesstern kämpfen» und die Republikanische Partei reformieren, die von «Großspendern» und «Agenten der Intoleranz» korrumpiert sei.[16]

Ebendiese «Agenten der Intoleranz» waren jetzt Bushs letzte Hoffnung: Wenn er bis zu der entscheidenden Vorwahl in South Carolina Mitte Februar aufholen und so seine Kandidatur retten wollte, benötigte er die Hilfe derjenigen, auf die er und Rove eigentlich hatten verzichten wollen – Extremisten der Religiösen Rechten und Fanatiker. Und so machte sich Bush zwei Tage nach der Klatsche in New Hampshire auf den Weg, der Religiösen Rechten in einem Tempel der White

Supremacy seine Loyalität zu schwören: der Bob Jones University in Greenville, South Carolina. Bush, der bis dahin als «Einiger, nicht Spalter» angetreten war, machte nun einer Institution seine Aufwartung, die zu dem Zeitpunkt nach wie vor jedes Dating und jede Eheschließung zwischen Schwarzen und Weißen verbot, extremen Antikatholizismus pflegte und für ihre Homosexuellenfeindlichkeit berüchtigt war.[17] An diesem Auftritt Bushs gab es auch Kritik aus den Reihen der Republikaner. So sagte etwa der neokonservative Stratege Bill Kristol: «Es ist eine Sache, nach rechts zu rücken. Es ist etwas anderes, sechzig Jahre zurückzugehen.» Kristol legte noch nach: «Man könnte argumentieren, dass der ‹mitfühlende Konservatismus› am 2. Februar gestorben ist, als Bush bei der Bob Jones University auftrat.»[18]

Doch damit nicht genug: Im Vorfeld der Vorwahlen in South Carolina erlebten die USA einen der schmutzigsten Wahlkämpfe ihrer Geschichte – und das zwischen zwei Republikanern. Bush und sein Team hielten sich zwar aus den übelsten Angriffen heraus, unterließen es aber, Pat Robertson und seine Verbündeten zurückzupfeifen, die McCain, der fünfeinhalb Jahre in vietnamesischer Kriegsgefangenschaft gesessen hatte, als Landes- und Geheimnisverräter verleumdeten und ihn als korrupten Diener der Washingtoner Lobbyisten verunglimpften.

McCain ging seinerseits zur Gegenoffensive über: In einem Werbespot sagte er, Bush verdrehe «die Wahrheit wie Clinton» – so ziemlich die schlimmste Beleidigung für einen Parteifreund, zumindest nach Ansicht zahlreicher Republikaner in South Carolina.[19]

Die Gerüchteküche, befeuert von Akteur*innen aus dem Pro-Bush-Lager, brodelte gewaltig. Wähler*innen bekamen Anrufe, in denen sie von angeblichen Meinungsforscher*innen gefragt wurden, ob sie gegen McCain stimmen würden, wenn er ein «illegitimes Schwarzes Kind» gezeugt hätte (McCain hatte eine Schwarze Tochter, die adoptiert war).[20]

Die Vorwürfe gegen McCain kamen aus der untersten Schublade, dem Lee-Atwater-Repertoire der politischen Strategie, das sich in den Wahlkämpfen von Reagan und Bush Sen. bewährt hatte. Rove, einst Atwaters Protegé,[21] und das übrige Bush-Team wiesen alle Vorwürfe von sich, irgendetwas mit der Schmutzkampagne zu tun zu haben. Auch dank Extremisten wie Robertson und der Christian Coalition gelang es Bush, den Karren seiner Präsidentschaftskampagne in South Carolina aus dem Dreck zu ziehen: Er gewann dort am Ende 53 Prozent der Stimmen und lag damit deutlich vor McCain. Allerdings hatte inzwischen auch McCain Zugeständnisse an die Rechte gemacht, in der Hoffnung, die Stimmen von Rassisten in der Partei für sich zu gewinnen: Hatte er etwa die Südstaaten-Flagge zuvor noch ein Symbol von «Rassismus und Sklaverei» genannt, nahm er das angesichts seines Abschneidens im erzkonservativen South Carolina wieder zurück.[22]

Bushs massiver Rechtsruck sorgte auch bei anderen Republikanern durchaus für Kritik, ja Irritation. Rich Bond, ein früherer Vorsitzender des Republican National Committee, beklagte, dass Bush es den Republikanern mit seinem Kuschelkurs gegenüber Extremisten wie Robertson und der Christian Coalition schwermache, moderate Wähler*innen von sich zu überzeugen.[23]

McCains Team versuchte nun, dem Bush-Team Antikatholizismus zu unterstellen, indem es die Wähler*innen durch Telefonwerbung an Bushs Besuch an der Bob Jones University erinnerte.[24] Der Auftritt hatte Bushs Image des versöhnenden, sanften Konservativen in jedem Fall massiven Schaden zugefügt. Als er in Kansas nach seinem Besuch der BJU gefragt wurde, lehnte Bush es noch ab, sich davon zu distanzieren: «Ich entschuldige mich nicht für das, was ich im Wahlkampf tue.» Auf der gleichen Pressekonferenz erklärte er: «Ich lehne Fanatismus ab, ich lehne Vorurteile ab, ich lehne Antikatholizismus und Rassismus ab.» Frank Bruni von der *New York Times* deutete Bushs Sätze als ein Zeichen dafür, wie viel «rechten Ballast» Bush seit der Wahlniederlage in New Hampshire aufgenommen hatte, sodass er gemäßigte Wähler*innen beruhigen musste.[25] Und siehe da: Ein paar Wochen später entschuldigte sich Bush dann doch für seinen Auftritt an der Bob Jones University.[26]

Für McCain war klar: Er musste die Vorwahlen in Virginia und Arizona gewinnen, sonst war die Kandidatur für ihn verloren. Es war Zeit für ein riskantes Manöver, und McCain setzte alles auf eine Karte. In Pat Robertsons zutiefst konservativer Heimatstadt Virginia Beach attackierte er Robertson und dessen Verbündete: «Meine Freunde, ich bin ein Reagan-Republikaner, der Al Gore besiegen wird. Leider ist Gouverneur Bush ein Pat-Robertson-Republikaner, der gegen Al Gore verlieren wird.»[27] McCains Rede war gleichwohl nicht die eines Moderaten, wie sie oft dargestellt wird. Er unterstützte darin nämlich den christlich-nationalistischen Gründungsmythos der Vereinigten Staaten, den er mit der Religiösen Rechten teilte, und lobte «evangelikale Anführer», die «Amerika zum Besseren verändern». Unter den Namen, die McCain dann aufzählte, war auch der von James Dobson, einem einflussreichen evangelikalen Pädagogen, der die rechtsreligiöse Organisation Focus on the Family gegründet hatte. Damals wie heute vertritt er eine autoritäre Pädagogik und hetzt gegen LGBTQ-Menschen. Dobson – der ihn nicht unterstützte – habe «sein Leben dem Wiederaufbau der amerikanischen Familien gewidmet», so McCain. «Andere führen den Kampf gegen Pornographie, gegen den kulturellen Niedergang und für das Leben. Ich stehe an ihrer Seite.» Er selbst stellte sich als einen «Befürworter des Lebens» dar, als jemanden, der sich für niedrigere Steuern für arbeitende Familien, das Schließen von Steuerschlupflöchern und für eine starke Verteidigung einsetzte.[28] Kurzum, McCains

Botschaft lautete im Grunde: Ich vertrete dieselben Themen im «Kulturkampf» wie die Religiöse Rechte in Bezug auf Abtreibung, Sexualität und LGBTQ-Rechte, verpacke diese rechtskonservativen Positionen aber etwas netter.

McCain war demnach nicht der moderate Reformer, zu dem das Bush-Team ihn in der Öffentlichkeit erklären wollte, sondern ein klassischer Konservativer, der sich aber von Menschen wie Robertson und Falwell distanzierte. Das tat er in dieser Rede in Virginia Beach durchaus mit deutlichen Worten: «Politische Intoleranz, egal von welcher politischen Partei, ist weder ein jüdisch-christlicher noch ein amerikanischer Wert. Die politischen Taktiken der Spaltung und Verleumdung sind nicht unsere Werte.»[29] Dann rief er dem Publikum in Virginia Beach zu: «Wir sind die Partei von Ronald Reagan und nicht von Pat Robertson. Wir sind die Partei von Theodore Roosevelt und nicht die Partei von Lobby-Interessen. Wir sind die Partei von Abraham Lincoln und nicht von Bob Jones.»[30]

McCains Plan war riskant: Er versuchte einen Keil zwischen die Robertsons und Falwells der Welt einerseits und konservative Christen andererseits zu treiben, in der Hoffnung, als Vereiniger der schwindenden moderaten Fraktion der Partei und der Konservativen zu fungieren – gegen die extremistischen Kräfte, die die Partei mehr und mehr nach rechts zu zerren drohten und die ihren Einfluss langsam, aber sicher institutionalisierten. Seine Rede in Virginia Beach war eine deutliche Absage an die extremsten Auswüchse der Republikanischen Partei.[31] «Wir sollten, wir müssen, wir werden eine Partei sein, die so groß ist wie das Land, dem wir dienen», verkündete McCain – ein Appell an das «große Zelt», das die GOP immer noch zu sein vorgab. Innerhalb dieses Zeltes hatten allerdings längst andere Kräfte das Sagen, und die standen Bush zur Seite.[32] McCain nannte Falwell und Robertson in Kalifornien «Agenten der Intoleranz», die einen «bösen Einfluss» auf seine Partei hätten.[33] In seinem Wahlkampfbus, den er den «Klartext-

Express» nannte, sagte er gegenüber Reporter*innen: «Es ist meine Aufgabe, aufzustehen und den Mächten des Bösen entgegenzutreten. Und ich kann die Republikanische Partei nicht leiten, wenn diese beiden Personen den Einfluss haben, den sie heute auf die Partei haben.»[34] Letztlich lieferte McCain mit diesen Äußerungen dem Bush-Team eine unnötige Steilvorlage, die es dankbar aufgriff und zum eigenen Vorteil zu nutzen wusste.

McCain verlor schließlich die Vorwahl in Virginia und neun der dreizehn Abstimmungen am sogenannten *Super Tuesday*, dem 7. März 2000. Zwei Tage später gab er seinen Rückzug aus dem Rennen um die Präsidentschaftsnominierung bekannt. Bushs Rechnung war aufgegangen: Dank der Unterstützung von Extremisten wie Robertson, Reed und Falwell sicherte er sich die Nominierung der Republikanischen Partei für die Präsidentschaftskandidatur. Nach dem Ausstieg McCains stellte er den «mitfühlenden Konservatismus» wieder in den Mittelpunkt seiner Kampagne, um so mit Blick auf die landesweiten Wahlen für mehr Menschen wählbar zu sein. Um liberaler zu wirken, erklärte Bush sich jetzt auch überraschenderweise zu einem Treffen mit der Gruppe schwuler Republikaner bereit, die er zuvor hartnäckig abgewiesen hatte.[35] Auch auf dem Nominierungsparteitag der Republikaner Anfang August 2000 gab Bush in seiner Rede als sein vorrangiges Ziel die Überwindung der Kluft zwischen Arm und Reich in den USA an, und zwar mit einer Politik des «mitfühlenden Konservatismus».[36]

Durch seinen Schulterschluss mit der Religiösen Rechten seit den Vorwahlen in South Carolina hatte er allerdings unfreiwillig demonstriert, dass die Religiöse Rechte ein fester Bestandteil des «großen Zeltes» der GOP geworden war und erheblichen Einfluss darauf hatte, wer als Präsidentschaftskandidat nominiert wurde. Den religiösen und konservativen Hardlinern war klar, dass Bush bei der allgemeinen Wählerschaft nicht den Radikalen geben konnte, aber mit der Aussicht auf die Macht waren sie bereit, sich darauf einzulassen. Und so besannen sich religiöse Extremist*innen genau wie Konservative auf den letzten Metern des Wahlkampfs auf ihren Pragmatismus. Oder, wie es der Prediger Jerry Falwell formulierte: «Unsere Leute müssen in den Kampf einsteigen, den Mund halten und diesem Mann zum Sieg verhelfen.»[37]

George W. Bush und Al Gore, der Kandidat der Demokraten, lieferten sich im Wahlkampf ein Kopf-an-Kopf-Rennen. Gore, zuvor Vizepräsident unter Bill Clinton, war ein Technokrat, der im Vergleich zum umgänglichen Bush steif und abgehoben wirkte. Trotzdem gewannen Gore und sein designierter Vize Joe Lieberman bei der Wahl am 7. November 2000 die zahlenmäßige Mehrheit der abgegebenen Stimmen mit mehr als einer halben Million Stimmen Vorsprung.[38] Bei der Wahl des US-Präsidenten ist bekanntlich jedoch nicht die Mehrheit der abgegebenen Stimmen entscheidend, sondern allein die Mehrheit im Electoral College. Jeder Bundesstaat entsendet eine bestimmte Anzahl von Wahlmännern und Wahlfrauen in dieses Wahlgremium (dazu später mehr). Wer die Mehrheit der Stimmen in einem Bundesstaat gewinnt, bekommt alle Stimmen der Wahlleute für diesen Bundesstaat. Auf diese Weise kann also durchaus ein Kandidat mit der Mehrheit im Electoral College Präsident werden, obwohl sein Gegenkandidat die Mehrheit der Wählerstimmen bekommen hat. Und genau dieses Schicksal widerfuhr nun Al Gore. Trotz seines Vorsprungs im sogenannten Popular Vote fehlten ihm im Electoral College am Ende fünf Stimmen.

Unmittelbar nach der Wahl berichteten Nachrichtensender zunächst, Al Gore liege vorne, dann erklärten sie Bush zum Sieger, ehe sie sich schließlich doch eingestehen mussten, dass das Rennen noch *too close to call* war. Sprich, die vorläufigen Auszählungsergebnisse waren noch zu knapp, um eine verlässliche Prognose abgeben zu können.

Die Hängepartie dauerte letztlich fünf Wochen, und die Entscheidung sollte ausgerechnet in Florida fallen, wo Bushs Bruder Jeb Gouverneur war. Dort hatte es technische Probleme bei der Stimmauszählung gegeben. In der Wahlnacht hatten Hochrechnungen für Florida Bush noch einen Vorsprung von 1784 Stimmen zugeschrieben, sodass die großen Fernsehanstalten ihn zum Sieger erklärten, weil er bei einem Sieg in Florida die Mehrheit im Electoral College erreicht hätte. Gore hatte seinem Konkurrenten schon telefonisch gratuliert, doch im Laufe der Nacht war dieser Vorsprung geschrumpft.[39] Gore nahm seinen Glückwunsch zurück und forderte daraufhin – wie es das Wahlgesetz in Florida bei einem solch knappen Abstand zwingend vorschreibt – eine maschinelle Nachzählung der Stimmen.[40] Es gab zwei maschinelle Nachzählungen, die einen geringen Vorsprung Bushs von weniger als 1000 Stimmen ergaben, gleichzeitig aber traten Ungereimtheiten auf: Man stellte nämlich fest, dass es technische Probleme mit den Lochkarten bei den Wahlmaschinen gegeben hatte. Zahlreiche Wahlscheine waren bei der Stimmabgabe zwar gelocht worden, doch die Schnipsel hatten sich nicht komplett gelöst. In einigen Wahlbezirken wurden solche Stimmzettel als gültig gezählt, in anderen nicht.[41] Gore und die Demokraten forderten eine händische Nachzählung und reichten schließlich Klage beim Obersten Gericht in Florida ein, das im Fall *Bush v. Gore* zugunsten von Gore entschied und weitere Nachzählungen anordnete.[42]

Parallel zu den am Kapitelanfang beschriebenen wütenden Protesten Republikanischer Anzugträger vor dem Büro der Stimmenauszählung im County Miami-Dade klagten die Republikaner gegen die Nachzählung. Mit der Zusammenstellung von Bushs juristischem Team wurde der damals 29-jährige innenpolitische Berater Ted Cruz betraut. Zu diesem Team gehörten auch die heutigen Richter*innen am Supreme Court der USA Brett Kavanaugh und Amy Coney Barrett – sowie der aktuelle Chefrichter John Roberts.[43] Cruz holte als Erstes den Rat von Roberts ein, einem Mann, der genau wie er selbst einst als juristischer Assistent bei William H. Rehnquist – seit 1986 Vorsitzender Richter am Supreme Court der USA – tätig gewesen war.[44]

Der erzkonservative Rehnquist hatte Cruz und Roberts geprägt. Er war es gewesen, der noch Anfang der 1950er Jahre ein Urteil von 1896, das Segregation für verfassungsgemäß erklärt hatte, als rechtmäßig verteidigte und der Barry Goldwater davon überzeugt hatte, sich gegen den Civil Rights Act auszusprechen, da dieser, so behauptete es zumindest Rehnquist, verfassungswidrig sei. Rehnquist gehörte zu den konservativen Juristen, die die Rhetorik von der «Farbenblindheit» nutzten, um gegen die Aufhebung der Segregation zu argumentieren.[45]

Konservative verwendeten den Begriff der «Farbenblindheit», um nach den Erfolgen der Bürgerrechtsbewegung den weiterhin existierenden strukturellen und institutionellen Rassismus zu bestreiten. Heute ist die Verwendung des Konzepts der «Farbenblindheit» fester Bestandteil der Argumentation konservativer Jurist*innen, die sich gegen die Ausweitung von Bürgerrechten sowie gegen die Ahndung von rassistisch diskriminierender Gesetzgebung (etwa im Bezug auf das Wahlrecht) aussprechen.[46] John Roberts hatte nicht nur bei Rehnquist gelernt, sondern auch dessen Abneigung gegenüber dem Voting Rights Act übernommen und seine bisherige Karriere dessen Aushöhlung gewidmet.[47] Der Oberste Gerichtshof der USA war zum Zeitpunkt des Wahl-Showdowns 2000 in konservativer Hand – unter der Führung Rehnquists. Für die konservative Bewegung war die Zeit gekommen, die Früchte ihrer Arbeit zu ernten.

Organisiert hatte den Republikanischen Aufruhr vor den Auszählungsbüros in Miami-Dade Brad Blakeman, ein Mitarbeiter von Bushs Wahlkampfteam, der später Berater im Weißen

Haus wurde. Von ihm stammt auch der Name, den die Aktion erhielt: *Brooks-Brothers*-Aufstand, eine Anspielung auf die bei Republikanischen Mitarbeitern beliebte gleichnamige Anzugmarke. Blakeman selbst bevorzugte die Bezeichnung *Brooks-Brothers*-Rebellion.[48] Anfangs berichteten Medien, dass es sich bei den Demonstrierenden um Republikanische Wähler*innen handele, doch schnell stellte sich heraus, dass das Ganze nicht einfach ein organisch gewachsener Protest war, sondern eine orchestrierte Einschüchterungs-Kampagne durch Mitarbeiter*innen der GOP. Einer von ihnen war Douglas Heye, ein späterer Sprecher des Republican National Committee. «Irgendwann», so erzählte er hinterher, «hat jemand im Gebäude ein Schild mit der Nummer einer Wahlbetrugs-Hotline heruntergerissen und angefangen zu rufen: ‹Jetzt anrufen!›» Besonders überrascht waren er und seine Mitstreiter*innen, dass sie den Demokraten zahlenmäßig deutlich überlegen waren.[49]

Es blieb nicht bei lautstarken Protesten, sondern es kam auch zu Übergriffen auf Mitarbeiter*innen des Wahlbüros. Daraufhin sah sich sogar *Fox-News*-Moderator Alan Colmes in der Sendung *Hannity & Colmes* zu der kritischen Anmerkung genötigt: «Es gibt einen Unterschied zwischen Redefreiheit und physischer Einschüchterung.» Laura Ingraham, damals noch keine Moderatorin, sondern lediglich Gast der Sendung, verteidigte jedoch die physischen Angriffe und die Einschüchterungskampagne: «Wenn du Teil eines Wahlüberwachungsausschusses bist, musst du mit Hitze klarkommen, sonst hast du in der Küche nichts verloren!» Colmes hielt dagegen: «Ja, aber du musst nicht mit einem körperlichen Angriff klarkommen.»[50]

Blakeman, der Urheber des *Brooks-Brothers*-Mobs, behauptete hinterher, dass der orchestrierte Aufstand entscheidend dafür war, die Präsidentschaft für Bush zu gewinnen. Denn es hätte nicht gereicht, den Fall vor Gericht zu gewinnen. «Es musste ein dreibeiniger Stuhl sein», erklärte Blakeman der *Washington Post*. «Wir mussten vor Gericht kämpfen, in den Neuauszählungs-Centern und auf den Straßen – in der öffentlichen Arena.»[51]

Der *Brooks-Brothers*-Mob hatte am Ende tatsächlich Erfolg: Wegen Sicherheitsbedenken angesichts der wütenden Menge brach der Wahlausschuss von Miami-Dade die Nachzählung schließlich ab. Was die GOP in Miami-Dade abgezogen hatte, war *ratfucking* vom Feinsten, politische Sabotage durch miese Tricks. Nixons Methoden waren zurück und funktionierten wie geschmiert, denn die auf dieses Ausmaß an Trickserei völlig unvorbereiteten Demokraten überließen den Republikanern den Propaganda-Schauplatz.

Der Oberste Gerichtshof des Landes besiegelte Gores Schicksal endgültig, als er am 10. Dezember einen sofortigen Stopp der Auszählungen anordnete, wie von Bushs juristischen Berater*innen um Ted Cruz gefordert. Die konservativen Richter*innen Sandra O'Connor, Anthony Kennedy, William Rehnquist, Antonin Scalia und Clarence Thomas – allesamt ernannt von Republikanischen Präsidenten – stimmten geschlossen dafür. Ihr Argument: Es gebe keine Methode, mit der die Nachzählung schnell stattfinden könne, ohne dem Vertrauen der Bevölkerung in das politische System erheblichen Schaden zuzufügen. Doch selbst die konservative Mehrheit schien zu wissen, dass ihr Urteil auf Sand gebaut war, denn sie betonte, dass es sich um eine Einzelfallentscheidung handle und dass dieses Urteil keinesfalls für ähnliche Fälle in der Zukunft herangezogen werden solle.[52] Besonders pikant: Die fünf Richter*innen, die die Entscheidung des Florida Supreme Court kippten, waren sonst sehr bemüht um die Wahrung von «States' Rights» – allem Anschein nach nur dann nicht, wenn ein Republikanischer Sieg in der Präsidentschaftswahl auf dem Spiel stand.[53]

Die vier Richter*innen, die das Urteil nicht unterstützten, verfassten eine empörte Gegenposition zu dem Mehrheitsurteil. Interessanterweise waren sie keineswegs nur von Demokratischen Präsidenten berufen worden, sondern auch von den Republikanern Gerald Ford und Bush Senior. Die Entscheidung aber war gefallen: Der Supreme Court hatte Bush die Präsidentschaft überreicht.

Bis heute ist umstritten, wer die Wahl von 2000 wirklich gewonnen hat. Vor der Wahl hatten Republikaner in Florida unter Jeb Bushs Führung 58 000 angebliche Straftäter*innen von den Wahllisten gestrichen, mit der Begründung, diese dürften dem Gesetz nach in Florida nicht wählen. Die Regelung, auf die man sich berief, ging auf ein Gesetz von 1868 zurück, das sich ursprünglich gegen freie Schwarze richtete, die auch nach Abschaffung der Sklaverei häufig wegen geringfügiger Delikte wie etwa dem, dass sie eine Weiße Frau angeschaut hätten, verhaftet wurden. Auch heute noch ist die Wahrscheinlichkeit, als Schwarze Person inhaftiert zu werden, deutlich höher als für Weiße.[54] In Florida sind 11 Prozent der registrierten Wähler Schwarz, der Anteil von Schwarzen Amerikaner*innen auf den Listen derer, die wegen Vorstrafen von der Wahl 2000 in Florida ausgeschlossen waren, lag aber bei 44 Prozent.[55] Die U.S. Commission on Civil Rights rechnete das Ganze durch: «Wenn [von den 58 000 von der Wahl in Florida ausgeschlossenen Wählern, A.B.] 12 000 Wähler zu Unrecht aus den Wählerlisten gestrichen worden wären und 44 Prozent von ihnen Afroamerikaner waren und 90 Prozent der Afroamerikaner in Florida für Gore gestimmt hatten, würde das bedeuten, dass 4752 Schwarze Gore-Wähler – fast das Neunfache von Bushs Vorsprung – an der Stimmabgabe gehindert wurden», analysiert der Journalist Ari Berman.[56]

Blakeman bereut seine Rolle im *Brooks-Brothers*-Aufstand bis heute nicht – im Gegenteil. «Ich bin Anwalt. Ich bin kein Schläger. Wir haben nie gegen das Gesetz verstoßen. Das war nicht unsere Absicht. Unsere Absicht war es, das Gesetz durchzusetzen.»[57] Der Erfolg sei Legitimierung genug für die Methoden der GOP gewesen. «Wir haben danach Gegenwind bekommen, na und? Wir haben gewonnen», so Blakeman. «Ich wurde Mitglied des leitenden Stabs [von George W. Bush, A. B.]. Das ist wohl kaum ein Job für einen Verbrecher.»[58] Damit bediente er sich einer Argumentation, die schon Paul Weyrich, einer der Architekten der modernen Religiösen Rechten, etabliert hatte: Es geht nicht darum, im Recht zu sein, sondern zu gewinnen. Egal wie.

Der Erfolg der Republikaner – von der Behauptung des Wahlbetrugs über die Belagerung von Wahlzentren mit dem Einsatz von Propagandataktik bis zur Einbeziehung von Gerichten – hatte zur Folge, dass der Vorwurf, Demokraten würden Wahlbetrug begehen, zu einem festen Bestandteil Republikanischer Wahlkampfstrategie wurde – lange bevor Donald Trumps Erzählung von der sogenannten *Big Lie*, der «großen Lüge» vom Wahlbetrug, Schlagzeilen machte und schließlich zu einem Putschversuch führte. Bush wurde zum Gewinner der Wahl erklärt, Gore verzichtete darauf, Einspruch einzulegen – und so vereidigte William Rehnquist am 20. Januar 2001 George W. Bush als 43. Präsidenten der Vereinigten Staaten.

Schon bevor ein wütender Mob von Trump-Fans am 6. Januar 2021 das Kapitol in Washington stürmte, hatten Republikaner im ganzen Land ihre Basis mobilisiert, um Wahlhelfer*innen unter Druck zu setzen. Trump selbst hatte bereits in den Monaten vor der Wahl immer wieder behauptet, er könne nur durch Betrug verlieren. Schon in den ersten Tagen nach der Wahl begann er, juristisch gegen Auszählungen in vielen Bundesstaaten vorzugehen, denen er Unregelmäßigkeiten und Wahlbetrug unterstellte. In den Staaten, in denen auch Tage nach der Wahl noch Stimmen ausgezählt wurden, und bei Nachzählungen in einigen Bundesstaaten mit sehr knappen Ergebnissen gab es immer wieder Zwischenfälle mit Trump-Anhänger*innen. In einem Wahlbezirk in Phoenix, Arizona, mussten etwa die Fenster des Wahlbüros zugeklebt werden, um die Wahlhelfer*innen vor dem wütenden Mob abzuschirmen. «Stop the count! Stop the count!», skandierte die Menge auch hier. Zahlreiche Wahlhelfer*innen im ganzen Land erhielten Drohungen gegen sich und ihre Familien.[59]

Der aufgebrachte Republikanische Mob trug diesmal zwar keine blauen *Brooks-Brothers*-Anzüge, folgte aber einer Blaupause, die Republikanische Strateg*innen 21 Jahre zuvor schon einmal ins Weiße Haus geführt hatte: Bereits damals hatte die Androhung physischer Gewalt dafür gesorgt, dass eine Auszählung gestoppt wurde. Genau das erhofften sich auch diejenigen, die am 6. Januar das Kapitol angriffen: Sie wollten die Zertifizierung der Stimmen des Electoral College verhindern, um den Sieg des eigenen Kandidaten zu sichern, unabhängig von den realen Wahlergebnissen. Ihr Angriff auf das Herz der amerikanischen Demokratie war von höchster politischer Stelle geplant und orchestriert worden, wie im anschließenden zweiten Amtsenthebungsprozess gegen Donald Trump deutlich wurde. Anders als die *Brooks-Brothers*-Rebellion scheiterten sie diesmal allerdings. Dieselbe Strategie sollten sie seitdem beibehalten und weiter ausbauen – und selbst ein von ihrem abgewählten Präsidenten orchestrierter, aber gescheiterter Putschversuch würde sie nicht davon abbringen.

Bush war als Abtreibungsgegner angetreten, hatte seinen Glauben zu seinem Markenzeichen gemacht und zeigte sich unmittelbar nach seinem Amtsantritt bei den radikalen Hardlinern, denen er die Präsidentschaftsnominierung zu verdanken hatte, erkenntlich. Gleich an seinem ersten Tag im Amt strich er die finanzielle Unterstützung für internationale Organisationen, die Abtreibungen durchführten oder Schwangere an eine Abtreibungsklinik weiterverweisen konnten.[60]

Auch der Politischen und Religiösen Rechten wusste Bush zu gefallen, indem er die Ratifizierung des Klimaabkommens von Kyoto ablehnte und im Sinne des «mitfühlenden Konservatismus» Milliarden an Steuergeldern in die Kassen von gemeinnützigen religiösen Organisationen fließen ließ, die Suchterkrankungen, Obdachlosigkeit und Armut bekämpften. Die Auffassung, dass Armut kein strukturelles gesellschaftliches Problem sei, sondern nur durch den individuellen Weg zu Gott aus der Welt geschafft werden könne und dass die Aufgaben des Sozialstaats eigentlich die von Kirchen und religiösen Institutionen seien, ist in der Religiösen Rechten, aber auch im amerikanischen Konservatismus insgesamt weit verbreitet. Eine solche «nettere» oder «sanftere» Version des religiös geprägten Konservatismus hielt letztlich allerdings dieselben strukturellen Ungleichheiten aufrecht wie schon Newt Gingrichs Vorstellungen von einem Konservatismus der verbrannten Erde. Bush besetzte darüber hinaus hochrangige Positionen in seiner Regierung mit Weißen Evangelikalen wie etwa Justizminister John Ashcroft, und er tat alles, um seinem Ruf als Reagans Erbe gerecht zu werden – mit Erfolg.

Die Terroranschläge vom 11. September 2001 sollten alles verändern – das Leben von Abermillionen Menschen in den USA, in Afghanistan, Pakistan und dem Irak, aber auch das Selbstverständnis von Präsident Bush. Direkt nach den Anschlägen der islamistischen Selbstmordattentäter von Al-Qaida auf die Zwillingstürme des World Trade Center in New York, auf das Pentagon in Arlington und in Shanksville, Pennsylvania, mit 2996 Toten und über 6000 Verletzten, hatte er noch davor gewarnt, den Islam als solchen zu dämonisieren, doch schon relativ bald sollten sich seine Sprache und seine Haltung ändern.[61] Während Pat Robertson und Jerry Falwell im Fernsehen behaupteten, Gott habe Amerika bestraft, «weil es Homosexualität und Feminismus zulässt», ergab sich für viele Vertreter*innen der amerikanischen Rechten bald ein neues Feindbild.[62] Nach dem Zerfall der Sowjetunion hatten sie ihr altes einendes Feindbild der kommunistischen Bedrohung verloren, doch nun ließ sich die nationale Tragödie, die hochemotionale, patriotische Gefühle freisetzte, gegen ein neues Feindbild instrumentalisieren: den Islam. Die Saat, die Buchanan in den Jahren zuvor gesät hatte – die Angst vor dem «Tod des Westens» –, diese Saat ging nun auf.[63]

Bush sprach schon wenige Tage nach den Anschlägen des 11. September vom «Global War on Terror». Laut der Politologin und Journalistin Andrea Böhm wurden damit Attentate zum ersten Mal nicht als kriminelle Akte, sondern als Kriegshandlungen klassifiziert.[64] Als studierter Historiker – er hatte von 1964 bis 1968 die Yale University besucht – wusste Bush um die Macht der Worte, und doch ging er nun nicht gerade sensibel mit Sprache um. In Washington erklärte er, «die Bevölkerung solle sich auf einen langen Kreuzzug vorbereiten, der die Welt vom Terrorismus befreien soll». Nach Protesten islamischer Verbände in den USA selbst sowie von islamischen Ländern gegen die Verwendung des Begriffes «Kreuzzug», der historisch betrachtet mit Kolonialismus und religiös motiviertem Massenmord verbunden ist,[65] ruderte Bushs Pressesprecher zurück: Der Präsident habe dabei nicht an die historische Bedeutung im Sinne eines Religionskrieges gedacht.[66] Diese Erklärung überzeugte jedoch wenig. Die beiläufige Verwendung des Begriffs «Kreuzzug» legte vielmehr nahe, dass hier religiöse Dimensionen nicht nur mitgemeint, sondern letztlich sogar zentraler Bestandteil des Selbstverständnisses Bushs waren: Er, ein rechtschaffener Christ mit göttlicher Mission, befand sich im Kampf gegen Terroristen, die es auszuschalten galt.

Bush sprach von «Schurkenstaaten», die den Terroristen Unterschlupf gewährten, und von einer «Achse des Bösen», die den Terrorismus steuere. In seiner Rede vor dem Kongress am 20. September stilisierte er den Kampf gegen den Terror zu einem «Kampf der Zivilisation».[67]

Der UN-Sicherheitsrat hatte einen Tag nach den Anschlägen einstimmig das Selbstverteidigungsrecht der USA anerkannt und gefordert, die Täter und ihre Hintermänner zur Verantwortung zu ziehen. Nachdem ein Ultimatum des US-Präsidenten an die Taliban-Führung in Afghanistan zur Auslieferung der Verantwortlichen für die Anschläge des 11. September ohne Ergebnis verstrichen war, erklärte die NATO Anfang Oktober 2001 den Bündnisfall. Am 7. Oktober begann dann mit der Operation *Enduring Freedom* der Einmarsch in Afghanistan.[68]

Bereits am 16. September 2001 verabschiedete der Kongress mit überparteilicher Mehrheit die Authorization for Use of Military Force (AUMF), ein Gesetz, das es dem Präsidenten ermöglichte, das Militär auch gegen nichtstaatliche Gruppen und Einzelpersonen einzusetzen, und ihm darüber hinaus weitreichende Befugnisse gewährte, etwa Gefängnisse der CIA im Ausland zu unterhalten oder Terrorverdächtige entführen, foltern und töten zu lassen.[69]

Hatte Bushs Regierung im Sommer 2001 noch überlegt, 3000 illegale Einwanderer einbürgern zu lassen, änderte sie ihre Einstellung infolge der Anschläge dramatisch. So setzte Bush Buchanans Idee von 1992 um, einen Zaun an der Grenze zu Mexiko zu bauen – ein Unterfangen, das unter Clinton fortgeführt wurde. Er gründete die Immigration-and-Customs-Enforcement-Behörde, der seither zahlreiche Menschenrechtsverletzungen zur Last gelegt werden und die unter Trump einen neuen Tiefpunkt im Umgang mit Migrant*innen erreichen sollte, sowie das Department of Homeland Security.[70] «Reagans Erbe» kehrte damit der Einwanderungspolitik seines politischen Vorbilds den Rücken und zementierte die neue einwanderungsfeindliche Haltung der konservativen Bewegung, die mittlerweile deckungsgleich mit der Republikanischen Partei geworden war.

Unter Bush wurde die Macht der Exekutive, besonders die des Präsidenten, noch deutlicher ausgeweitet als einst unter Nixon. Nach der erwähnten AUMF verabschiedete der Kongress im

Oktober 2001 den Patriot Act, der die Bürgerrechte der amerikanischen Bevölkerung zugunsten der Terrorbekämpfung massiv einschränkte. Er ermöglichte nun unter anderem das Abhören von Telefonen ohne richterliche Erlaubnis, den Einsatz der CIA im Inland oder die Einsicht in Bankdaten von Terrorverdächtigen ohne richterliche Kontrolle.[71] Auch dieses Gesetz wurde mit überparteilicher Mehrheit im Kongress verabschiedet. Es gab dort keinerlei Diskussion über die Folgen einer Beschränkung der Bürgerrechte oder über die Notwendigkeit einer militärischen Reaktion. Sie sei, schreibt der Journalist Daniel Lazare, «im Keim erstickt» worden, genau wie die Diskussion darüber, inwiefern die USA selbst zur Entstehung von Al-Qaida beigetragen hätten.[72] Der Ausnahmezustand, der unter Bush juristisch als Handlungsbereich eines US-Präsidenten definiert wurde, sollte später unter Trump noch stärker ausgeweitet werden.[73]

Bush fuhr bei der Präsidentschaftswahl 2004 mit 50,7 Prozent der Stimmen einen Sieg für seine Partei ein, und das, obwohl er das Land in zwei Kriege – Afghanistan (2001) und Irak (2003) – geführt hatte, die im Verlauf der folgenden zwanzig Jahre nicht nur Tausende amerikanische Soldat*innen das Leben kosten sollten, sondern auch Hunderttausende Zivilist*innen in Afghanistan und im Irak.[74] Schätzungen zufolge wurden im Zuge des Anti-Terror-Krieges bis zu 37 Millionen Menschen zumindest zeitweise aus ihrer Heimat vertrieben.[75]

Bushs Regierung pochte allerdings nicht nur im «Krieg gegen den Terror» auf eine Ausweitung der Macht der Exekutive, allen voran der des Präsidenten, sondern auch, weil er die konservative Agenda im Inland forcieren wollte. Nicht einmal vor der Unabhängigkeit und Freiheit der Wissenschaft machte sie dabei halt: Hochrangige Posten wurden nicht nach der Qualifikation, sondern nach der politischen Ausrichtung der Kandidat*innen besetzt, wissenschaftliche Studien, die der Regierungslinie widersprachen, wurden unterdrückt.[76] Die Union of Concerned Scientists♦ protestierte gegen die politische Einmischung in wissenschaftlichen Ausschüssen, berichtete von Druck aus dem Weißen Haus auf Wissenschaftler*innen, die sich weigerten, in Sachen Klimawandel auf die wohlwollende Haltung der Regierung gegenüber der Ölindustrie einzuschwenken.

Unter Trump wurde die wissenschaftsfeindliche Politik, die unter Bush Junior Einzug ins Weiße Haus gehalten hatte, wieder aufgegriffen und noch einmal massiv verschärft: Politische Beamte verhinderten etwa die Forschung zum menschengemachten Klimawandel, oder sie sorgten dafür, dass Forschungsergebnisse, die den politischen Zielen der Regierung – zum Beispiel die Steigerung der fossilen Brennstoffproduktion – zuwiderliefen, nicht veröffentlicht wurden.[77]

Am Ende von Bushs achtjähriger Präsidentschaft war durch seine Politik der Steuersenkungen, durch drastisch gestiegene Militäretats für die Kriege in Afghanistan und im Irak sowie die gestiegenen Ausgaben für das Department of Homeland Security für den Kampf gegen den Terror im Innern ein Haushaltsdefizit von 1186 Milliarden US-Dollar entstanden,[78] nachdem er von seinem Vorgänger Bill Clinton noch einen Überschuss von 160 Milliarden US-Dollar geerbt hatte.[79] Sozialpolitisch setzte Bush ganz im Sinne einer konservativen Agenda stärker auf Eigenverantwortung, damit die Menschen – wie er im September 2004 in seiner Nominierungsrede für die zweite Präsidentschaftskandidatur in New York erklärte – «wirklich frei [sind], um ihre eigenen Entscheidungen zu treffen und ihre eigenen Träume zu verfolgen».[80] Diese «Freiheit» einer steuerlich geförderten privaten, kapitalgedeckten Zusatzrente bei einem sinkenden Niveau der öffentlichen Altersvorsorge konnten sich allerdings nur gutverdienende Leute leisten.[81] Innen-

♦ Ein 1969 gegründeter Zusammenschluss von Wissenschaftler*innen, die sich für die Freiheit der Wissenschaft, für Umweltschutz und nukleare Abrüstung engagieren.

politisch hatte er für einen deutlichen Rechtsruck gesorgt, unter anderem durch die Auslagerung sozialer Dienste in die Verantwortung religiöser Organisationen. Wichtig im Kontext einer erzkonservativen Agenda war auch die Ernennung von 300 konservativen Bundesrichter*innen sowie von zwei konservativen Richtern – Samuel Alito und John Roberts – an den Supreme Court.[82] Von all diesen Richtern konnte die konservative Bewegung auf unterschiedlichen Ebenen Entscheidungen erwarten, die etwa bei Themen wie Abtreibung, dem Schutz von Minderheiten oder beim Waffenrecht ein konservatives Rechtsverständnis vermittelten.

Die dramatische Ausweitung der Exekutivmacht des Präsidenten im In- und Ausland war ein Zeichen dafür, dass sich innerhalb konservativer Jurakreise zunehmend die sogenannte «Unitary Executive Theory» durchsetzte und in Bush einen begeisterten Anhänger fand. Auch wenn bereits unter Nixon und Reagan mit dieser Theorie experimentiert worden war, beanspruchte Bush nun in einem solchen Ausmaß präsidiale Befugnisse, dass sogar einzelne Republikaner Bedenken äußerten – wohl in dem Gedanken daran, dass eines Tages wieder ein Demokrat im Weißen Haus sitzen könnte.[83] Diese Machtfülle führte nicht zuletzt auch innerhalb der Regierung zu Verschiebungen im Verständnis der eigenen Handlungsmacht, ja der Realität selbst – eine Tendenz, die sich unter Trump drastisch verstärken sollte.

Im Sommer 2002 gab ein ungenannter hochrangiger Mitarbeiter Bushs der Öffentlichkeit in einem Interview Einblick in das fatale Realitätsverständnis der Regierung unter Bush Junior: «Leute wie euch [Journalist*innen, A.B.] nennen wir realitätsfixiert. Ihr glaubt, dass sich Lösungen durch die sorgfältige Analyse der Wirklichkeit ergeben. So funktioniert die Welt nicht mehr. Wir sind ein Imperium. Wenn wir handeln, schaffen wir unsere eigene Realität.»[84] Heute gehen viele politische Beobachter*innen davon aus, dass das Zitat wahrscheinlich von Karl Rove stammt – auch wenn dieser das abgestritten hat.[85] Angesichts der Lügen, die die Bush-Regierung später vor dem Weltsicherheitsrat über vermeintliche Massenvernichtungswaffen im Irak vorbrachte, war das ein verstörend ehrliches Statement – und eine treffende Charakterisierung des Geistes, der unter Bushs Führung im Weißen Haus herrschte. Im Rückblick macht es aber vor allem deutlich, dass die *Post-Truth*-Ära, die Ära der «alternativen Fakten», wie Kellyanne Conway es vierzehn Jahre später formulieren sollte, bereits damals längst begonnen hatte. Die Überzeugung «Real ist das, von dem wir behaupten, dass es wahr ist» ist jedenfalls zum absoluten Glaubenssatz der Republikanischen Partei von heute geworden.[86]

11 Die dunkle Seite der Macht
McCain, Palin und der Aufstieg des Rechtspopulismus

«Diese Palin-Events waren Proto-Trump-Rallys! […] Das war auf jeden Fall einer der Momente, in denen der Rauch in der Luft zu riechen war.»
Tim Miller, ehemaliger Republikanischer Stratege, 2023

Das hier ist nicht Luke Skywalker», sagte Senator Lindsey Graham 2007 bei dem Versuch, skeptische Konservative von McCain zu überzeugen. «Das ist ein ganz anderer Wahlkampf.» Wer *Star Wars* gesehen hat, weiß: Wer nicht auf der Seite der Rebellen um Skywalker steht, kämpft für das böse Imperium – und dessen Vertreter*innen sind eindeutig nicht die Helden des Science-Fiction-Märchens, zumindest nicht für das durchschnittliche Kinopublikum. Lindsey Graham zielte mit seiner Anspielung jedoch auf ein anderes, ganz besonderes Publikum: seine Republikanischen Parteikolleg*innen. Und für die war es wichtig, dass McCain nach seiner ersten gescheiterten Präsidentschaftskandidatur die Seiten gewechselt hatte. Hatte er sich 2000 in den Vorwahlen gegen George W. Bush noch genussvoll mit dem Jedi-Rebellen Luke Skywalker verglichen und vorher einmal sogar den Republikanischen Parteiapparat als «Todesstern» bezeichnet, den es zu zerstören gelte, stand er nun, so Grahams Botschaft an die GOP, endlich gemeinsam mit ihnen auf der dunklen Seite der Macht.[1] Graham meinte das ausdrücklich als Kompliment.[2]

McCain hatte die Lichtschwerter, mit denen er noch 2000 aufgetreten war, weggesteckt. Wenn er nach acht Jahren Präsidentschaft von George W. Bush eine Mehrheit in der GOP für seine Nominierung für die Präsidentschaftskandidatur 2008 gewinnen wollte, blieb ihm allerdings auch kaum eine andere Wahl. Sein Manöver zahlte sich aus und brachte ihm tatsächlich die Nominierung ein. Doch als Präsidentschaftskandidat sollten ihn auf Wahlkampfveranstaltungen die Geister heimsuchen, die er selbst gerufen hatte. So auch auf einer Rally an der Lakeville South High School in Minnesota. Diese Wahlkampfveranstaltung etwa einen Monat vor der Präsidentschaftswahl 2008 bot auch Raum für Fragen aus dem Publikum. Eine Teilnehmerin, die 75-jährige Gayle Quinnell, umklammerte das Mikrofon und wandte sich an den Kandidaten, dessen Namen sie auf ihrem roten T-Shirt trug. «Ich muss Ihnen eine Frage stellen», sagte sie. «Ich kann Obama nicht trauen. Ich habe über ihn gelesen, und er ist nicht ... er ist nicht ... Er ist ein Araber. Und ...» Da McCain begonnen hatte, den Kopf zu schütteln, und die Hand nach dem Mikrofon ausstreckte, hielt sie inne. «Nein?», fragte sie etwas verwirrt. «Nein, Ma'am», antwortete McCain. «Er ist ein anständiger Familienmann, ein Bürger, mit dem ich Meinungsverschiedenheiten in fundamentalen Dingen habe.»[3]

McCains Reaktion sollte zu einem Schlüsselmoment seiner zweiten Präsidentschaftskandidatur werden und maßgeblich seinen politischen Mythos prägen: als der letzte aufrechte Konservative in der Republikanischen Partei, als ein wahrer *Maverick* – nicht als Spalter, sondern als jemand, der im Wahlkampf gegen den Demokratischen Präsidentschaftskandidaten Barack Obama trotz allem noch menschlichen Anstand bewahrte. Nicht zuletzt dieses etwas verzerrte, weil allzu glorifizierte Bild hat später dazu beigetragen, den Aufstieg Trumps als einmaligen «Ausrutscher» oder als Anomalie der Geschichte fehlzudeuten. Die schwärmerischen Reaktionen, die McCains Abwehr eines rassistischen Vorwurfs gegen Obama hervorrief, zeigten bei genauerer Betrachtung aber nur, wie niedrig die Latte für Republikanische Präsidentschaftsbewerber inzwischen lag. Nur wenige Medien wiesen nämlich auf das hin, was McCains Antwort an Quinnell noch implizierte: dass ein «Araber» kein «anständiger Familienmann» sein könne.[4] Immerhin fand sein Parteikollege Colin Powell die klaren Worte, die McCain vermieden hatte: «Die wirklich richtige Antwort ist: Was, wenn er es ist? Ist es etwas Falsches, in diesem Land ein Moslem zu sein?»[5]

An jenem Oktobertag in der High School in Lakeville war McCain sichtlich bemüht, einen versöhnlichen Ton anzuschlagen: «Wir wollen kämpfen, und ich werde kämpfen. Aber ich werde respektvoll sein. Ich bewundere Senator Obama und was er erreicht hat, und ich werde ihn respektieren.» Das Publikum buhte. Überparteilichkeit war eindeutig nicht das, was dieser Teil der Republikanischen Basis hören wollte, und auch nicht das, was sie seit Jahren, teils seit Jahrzehnten von radikalen Akteur*innen der Rechten gehört hatten: Demokraten waren für sie nicht der politische Gegner, sondern der Erzfeind – antiamerikanisch, mit bösen Mächten im Bunde. Solche Leute verdienten keinen Respekt.

Die heftigen Reaktionen, die McCain in Lakeville erlebte, waren ein Vorgeschmack auf das, was der Partei in den folgenden Jahren blühen sollte. Und sie waren zugleich ein eindrücklicher Beleg für etwas, was Konservative in der Geschichte immer wieder lernen mussten, aber jedes Mal aufs Neue zu vergessen scheinen: Wer sich auf Extremist*innen einlässt, kann sie nicht kontrollieren. Auch wenn McCain um Kontrolle rang, so war sie ihm und den anderen Neo-Cons, die sich von der *Old Right* durch eine imperialistische Außenpolitik unterschieden, längst entglitten. Die Machtverhältnisse hatten sich verschoben: Die extremen Kräfte, die McCain noch vier Jahre zuvor öffentlich scharf verurteilt hatte, mit denen er jetzt aber um der Macht willen einen Pakt eingegangen war, hatten die Partei inzwischen weitgehend in der Hand.

Für McCain war sein Demokratischer Gegenkandidat, der 48-jährige Barack Obama, auch deshalb ein Problem, weil dieser im Unterschied zu ihm für Wandel stand: Obama war jung, dynamisch, voller Tatendrang, ein begnadeter Redner, der auf einer Welle der Euphorie ritt. Er versprach Veränderung, einen radikalen Neuanfang – McCain dagegen war ein politisches Urgestein, ein Veteran Washingtons. Die Wahl seiner Nummer zwei war für den Republikaner somit eine der letzten Möglichkeiten, ein Zeichen zu setzen und seine Chancen zu wahren. Er nutzte sie, indem er Sarah Palin, die national bis dahin weitgehend unbekannte Gouverneurin von Alaska, als seine Vizepräsidentschaftskandidatin vorschlug. Strategisch gesehen konnte sich McCain dadurch stärker von der unbeliebten Bush-Administration absetzen und dem Ruf nach Wandel, der Obama begleitete, eine konservativ-populistische Alternative entgegensetzen. Palin galt in Alaska als Reformerin und als Kämpferin gegen Korruption, und mit ihrer Nähe zu den Evangelikalen sollte sie natürlich auch dieses Wählerpotenzial für McCain mobilisieren.[6]

Es war ein riskanter Schachzug, doch für McCain überwog die Aussicht auf die Mobilisierung des Rechtsaußen-Flügels der Partei offenbar alle etwaigen Risiken. Der Senator von Arizona war andererseits bekannt dafür, impulsiv zu sein und gern auch mal ein Risiko einzugehen. McCains Ehefrau Cindy sagte über den Vorschlag, Palin zu seiner Vize zu machen: «It's a gamble» – ein Risiko wie im Glücksspiel. McCain hatte eine Schwäche für das in den USA beliebte Würfelspiel «Craps». Mit strahlendem Gesicht mimte er einen Wurf mit den Würfeln und sagte: «Fuck it. Let's do it.»[7]

Zwar sorgte Sarah Palin schon bald mit peinlichen Patzern national wie international für Schlagzeilen, doch die amerikanische Rechte liebte sie. Den Spott von Seiten der Demokraten und etablierter Medien betrachteten sie regelrecht als Auszeichnung. Palin verkörperte für die rechte Parteibasis die perfekte Mischung: Sie war rechtsextrem, Waffennärrin, ehemalige Schönheitskönigin und fünffache Mutter. Die Gouverneurin von Alaska inszenierte sich gern als «Mama Grizzly». Ihre Auftritte wurden zum Medienspektakel. Mit ihrem Rechtsextremismus und ihrer Lust zu provozieren, zu schockieren, erinnerte sie an Helen Chenoweth. In optischer Hinsicht läutete sie eine Ära von rechten Politikerinnen und Aktivistinnen wie Ann Coulter und Lauren Boebert ein, die gestylt mit Lipgloss und schweren Waffen posierten – ein Spiel mit reaktionärer Weißer Femininität, mit Gewalt und *Frontier*-Geist, jener kolonialen Idee vom Aufbruch zu neuen Grenzen, von der Verteidigung christlicher Zivilisation an der immer weiter gen Westen verschobenen Siedlungsgrenze.

Palin wusste ihren Kleinstadt-Charme und das Spiel mit Klischees effektvoll einzusetzen. Ihre Rede, die sie Anfang September 2008 auf dem Republikanischen Nominierungsparteitag in St. Paul, Minnesota, hielt, stammte nicht umsonst aus der Feder von Bushs ehemaligem Redenschreiber Matthew Scully, der ein besonderes Talent dafür hatte, antielitären Populismus in schmissige Formulierungen zu gießen.[8] Palin selbst fügte einen Satz hinzu, der bis heute Teil ihres Mythos ist und ihren politischen Instinkt wie auch ihre ganz eigene rechtsreaktionäre Mama-Bär-Weiblichkeit zum Ausdruck brachte. Sie sei nur eine «durchschnittliche Hockey-Mom» gewesen, rief sie dem Publikum zu – und lieferte dann die Pointe: «Ich liebe Hockey-Moms! Man sagt, es gibt einen Unterschied zwischen einer Hockey-Mom und einem Pitbull: Lippenstift.»[9] Das Publikum tobte. Ein Star war geboren.

Palin erzählte von ihrer Familie, von den fünf Kindern und davon, dass ihr 19-jähriger Sohn in der nächsten Woche zu seinem Militäreinsatz in den Irak gehen werde: «Ich bin eine von vielen Müttern, die jeden Abend ein zusätzliches Gebet für unsere Söhne und Töchter sprechen, die in Gefahr sind.» McCain mit seiner Erfahrung im Krieg sei der richtige Mann für das Amt des Präsidenten in dieser Zeit. Sie berichtete außerdem von ihrer Schwester und ihrem Mann, die gerade eine

Tankstelle eröffnet hätten, und verwies darauf, dass die von den Demokraten geforderten Steuererhöhungen das Leben ihrer Schwester und vieler Amerikaner erschweren würden.[10] Pat Buchanan, der ihren Auftritt an seinem Fernseher im Hotel verfolgte, tippte seine Begeisterung über Palins Rede in die Tasten: «Die amerikanische Rechte ist gestorben und im Himmel angekommen.»[11] Für ihn war Sarah Palin ein unverhoffter Glücksfall für das rechte Projekt.

Tatsächlich berichteten Mitglieder von McCains Team später davon, dass Palin im weiteren Verlauf des Wahlkampfes deutlich mehr Zuschauer*innen anzog als der eigentliche Präsidentschaftskandidat. Für das Publikum war sie die perfekte Projektionsfläche: eine politische Außenseiterin, eine «von ihnen».[12] Tim Miller, ein ehemaliger Republikanischer Stratege, der damals für McCain arbeitete, erinnert sich: «Wenn ich zurückschaue, muss ich sagen: Diese Palin-Events waren Proto-Trump-Rallys! Die Leute waren begeistert, man konnte die Energie der Menge fühlen – dann noch die rassistischen Kommentare zu Obama, und wie wild die Menge war im Vergleich zu McCain-Events.»[13] Miller, der nach Trumps Nominierung 2016 die GOP verlassen hat und zu einem der schärfsten Kritiker seiner ehemaligen Partei geworden ist, nickt, als ich ihn frage, ob das politische Brandstiftung gewesen sei. «Das war auf jeden Fall einer der Momente, in denen der Rauch in der Luft zu riechen war.» Er habe das gewusst, sich aber eingeredet, dass all das kontrollierbar sei. «Nach dem Motto: Das war schon immer so, es gibt eine radikale Minderheit, aber die Erwachsenen haben alles unter Kontrolle, und man muss das Biest einfach bändigen.»[14]

Palins Stern strahlte allerdings nicht nur deshalb so hell, weil sie die Basis begeisterte oder weil die Medien sie ans politische Firmament schrieben, sondern auch weil das Republikanische Establishment ihren Aufstieg nach Kräften unterstützte, und zwar keineswegs nur die Ultrakonservativen unter ihnen. Zu denjenigen, die für Palins Wahl plädiert hatten, zählte auch Bill Kristol. Als Sohn des konservativen Publizisten Irving Kristol stammt er aus einer Ostküsten-Dynastie, war wie sein Vater ein klassischer Neokonservativer, ideologisch also weit entfernt von Palins rechtsextremem Populismus. Dennoch nahm er damals die Spannung wahr, die in der Luft lag. Die tektonischen Platten der Partei seien dabei gewesen, sich zu verschieben, erklärte er mir gegenüber im Interview. Er habe gespürt, dass es ein populistisches Momentum gab. Seinen eigenen Einfluss bezüglich Palins Aufstieg spielt Kristol allerdings herunter: «Ich bedaure die Rolle, die ich dabei womöglich gespielt habe, glaube aber nicht, dass es eine besonders große war.»[15] Dabei rührte Kristol bereits 2007 bei *Fox News* die Werbetrommel für Palin, also noch bevor McCain sie auf den Schild hob. Er tat das sogar derart penetrant, dass der Moderator Chris Wallace einmal einwarf: «Können wir bitte aufhören, über Sarah Palin zu reden?»[16] Auch wenn Kristol im Gespräch Palins Einfluss auf die GOP – vielleicht aufgrund seines eigenen Beitrags zu ihrem Aufstieg – eher verharmlost, gibt er zu, dass sie «eine Vorbotin dessen war, was kommen sollte». Dagegen habe McCain keine Verbindung zu dem populistischen Element der Partei gehabt. Kristol hatte jedenfalls den richtigen Riecher: McCain brauchte jemanden, der ihn mit jenem Teil der Basis verbinden konnte, der ihn als Mitglied des elitären Washingtoner Establishments oder gar als Gegner der Religiösen Rechten ablehnte.

Weshalb aber traf Palin bei der Basis einen solchen Nerv? Einen erheblichen Anteil daran hatten rechte Medien, allen voran *Fox News*, die die Wut eines Teils der Mitglieder der Republikanischen Partei zum Geschäftsmodell gemacht hatten. Der Zorn der vor allem aus überwiegend Weißen, ländlichen Gegenden stammenden Wählerschaft hatte sich im Laufe der Zeit von einem unzufriedenen Grummeln zu einem dröhnenden Donnern gesteigert. Palin kam vor allem bei dem Teil der Partei gut an, der sich vom Republikanischen Ostküsten-Establishment nicht ausreichend verstanden fühlte. Die vermeintlich heile Welt des ländlichen Amerika und ihren Wohlstand sahen diese Menschen bedroht durch Fernsehbilder von Gewalt in Städten und von Menschen, die auf der faulen Haut (ein Code für nicht-Weiße Personen) lagen und staatliche Unterstützung bekamen. Den Politikbetrieb in Washington verabscheuten sie als Drehtür für immer dieselben Eliten und Lobbyist*innen, die mit dem Leben der normalen Bevölkerung nichts zu tun hatten. Ähnliche kulturelle, oft rassistisch unterlegte Klagelieder hatten auch schon Republikanische Granden jahrelang angestimmt, um einen Keil in die Arbeiterschaft zu treiben, die traditionell eher zu den Demokraten tendierte. Nun waren solche Ressentiments der Nährboden, auf dem sich eine neue Koalition bildete. Sie verband eine Weiße Arbeiterklasse, die unter den wirtschaftlichen Folgen der Deindustrialisierung weiter Landstriche litt, und den Weißen Mittelstand, der um seine Privilegien und seinen Wohlstand fürchtete. Palin wurde zu ihrer Galionsfigur. Sie war eine von ihnen, verachtet und verlacht von Washington, und sie sprach endlich all das aus, was sie insgeheim schon lange gedacht hatten.

In ihrer eben bereits erwähnten Rede auf dem Nominierungsparteitag in St. Paul stellte Palin sich nicht nur als normale Mutter dar, die den Kontakt zu den normalen Sorgen der Leute nicht verloren hatte, sondern sie verwies auch auf ihre Herkunft aus dem ländlichen Amerika. Dabei zitierte sie einen namentlich nicht genannten Autor, um das amerikanische Kleinstadtleben zu loben: «In unseren Kleinstädten wachsen gute Menschen heran, mit Ehrlichkeit, Aufrichtigkeit und Würde.»[17] So sei auch sie aufgewachsen. Der Satz über die Kleinstädte stammte aus der Feder von Westbrook Pegler, einem politischen Kommentator der ersten Hälfte des 20. Jahrhunderts. Je nachdem, wen man fragt, war er entweder ein Ultrakonservativer oder – wohl eher zutreffend – ein Faschist. In jedem Fall war er ein schäumender Antisemit.[18] Juden könnten gar keine Opfer von Verfolgung sein, behauptete er einmal, denn Verfolgung bedeute Ungerechtigkeit: «Sie erduldeten stattdessen Vergeltung oder Bestrafung.»[19]

Palin hatte ihre Rede mit dem Pegler-Zitat nicht selbst verfasst – sie stammte von McCains Team. Pegler, schreibt der Journalist Jeff Sharlet, war «eine Art Rush Limbaugh der Mitte des 20. Jahrhunderts».[20] Nicht nur Palins Redenschreiber Matthew Scully fand nichts Anstößiges dabei, Pegler in einer Rede für die Vizepräsidentschaftskandidatin zu zitieren, auch William F. Buckley, der Säulenheilige des amerikanischen Konservatismus, schrieb noch 2004 im *New Yorker* einen Essay über Pegler, in dem er den Versuch unternahm, dessen Geschichte reinzuwaschen.[21] So entschuldigte er etwa dessen Verherrlichung eines Lynchmords damit, dass Pegler als Kind seiner Zeit nicht «die geringste Hemmung der politischen Korrektheit» besessen habe – eine Aussage, die fast bewundernd klingt.[22] Die Pegler-Episode zeigt die Traditionslinien innerhalb des amerikanischen Konservatismus auf, die in Vergessenheit geraten sind: Trotz der Unterschiede zwischen Ultrakonservativen und Figuren wie Buckley, die als Gatekeeper fungierten, gab es keine feste Grenze zwischen beiden Lagern.

McCain blieb bei seiner Rede auf dem Nominierungsparteitag im Gegensatz zu Palin relativ farblos.[23] Auch er versprach, Washington zu verändern, und ging auf die Vertrauenskrise der Bürger*innen ein, die mit der Politik fremdelten. Dabei erzählte er vom Schicksal einzelner Menschen, die während der wirtschaftlichen Krise der zurückliegenden Monate ihr Haus oder ihre Arbeit verloren hätten, und versuchte sich so als Politiker darzustellen, der sich um die Belange der einfachen Leute kümmerte. Neben der üblichen konservativen Agenda von niedrigen Steuern und offenen Märkten betonte er, seinen Kampf gegen Lobbyismus in Washington fortzusetzen. Schon am Anfang seiner Rede hatte McCain seinem Gegenkandidaten Obama seinen Respekt ausgesprochen, aber in den folgenden

Wahlkampfwochen wurde dieser Respekt nicht immer gewahrt.

Die reale Möglichkeit, dass ein junger Schwarzer Politiker mit vergleichsweise progressiven Ansichten zum Präsidenten gewählt werden könnte, ließ die Wut der extremen Rechten förmlich überkochen. Aufgeheizt wurde diese Stimmung vor allem durch *Fox News*. McCain war schließlich doch bereit, diese Wut weiter zu schüren und Obama frontal anzugreifen. Den Großteil der rassistischen Drecksarbeit überließ er allerdings Palin, und diese schritt beherzt zur Tat. Unter anderem behauptete sie, Obama sei mit «Terroristen» befreundet.[24] Trotz des Plurals spielte sie damit auf die Bekanntschaft Obamas mit Bill Ayers an, einem Pädagogik-Professor, mit dem er während seiner Zeit in Chicago zu tun gehabt hatte. Ayers war in jungen Jahren ein radikaler Anti-Vietnamkriegs-Aktivist und Mitbegründer einer militanten Terrorgruppe gewesen, die Anfang der 1970er Jahre Anschläge auf das Kapitol, das Pentagon und das Hauptquartier der New Yorker Polizei verübt hatte. Zu dieser Zeit war Obama jedoch noch ein Kind gewesen, weshalb es schlicht Verleumdung war, ihn mit Ayers' Vergangenheit in Verbindung zu bringen. Die Erste, die versucht hatte, Obamas lose Bekanntschaft mit Ayers gegen ihn zu nutzen, war interessanterweise allerdings Hillary Clinton gewesen, seine innerparteiliche Rivalin in den Vorwahlen der Demokraten.[25]

Auch wenn McCain selbst bei seinen Wahlkampfauftritten den direkten Terrorismus-Vorwurf an Obama vermied, autorisierte er üble Wahlkampftaktiken. Der *Spiegel* berichtete 2008 von «krassen Lügen», die McCains Wahlkampfteam verbreitete, etwa in einem Werbespot mit der Zeile «Barack Obama and domestic terrorist Bill Ayers. Friends». Eine Stimme aus dem Off behauptet dort, beide pflegten eine enge Beziehung und hätten gemeinsam eine «radikale Bildungsstiftung» gegründet. Gemeint war der Woods Fund, an dem nichts radikal war – die Stiftung genoss sogar überparteiliche Unterstützung.[26] Nach der Einblendung des McCain/Palin-Logos erteilte der Kandidat höchstpersönlich dem Video seinen Segen: «Ich bin John McCain, und ich stimme dieser Botschaft zu.»[27]

Heftige Kritik, nicht nur von Demokratischer Seite, zog McCain wegen des Einsatzes von sogenannten Robocalls auf sich, automatisierten Anrufen bei Wähler*innen in Swing States. Bei einem dieser Robocalls raunte eine Stimme: «Hallo, ich rufe im Auftrag von John McCain und der Republikanischen Partei an. Sie müssen wissen, dass Barack Obama eng mit dem Terroristen Bill Ayers zusammengearbeitet hat, dessen Organisation Bombenanschläge auf das US-Kapitol, das Pentagon und das Haus eines Richters verübt sowie Amerikaner umgebracht hat. Und Demokraten werden eine linksextreme Agenda durchsetzen, wenn sie die Kontrolle über Washington gewinnen.» Ein anderer «Anrufer» tischte ein blutiges Schauermärchen auf: «Sie müssen wissen, dass Barack Obama [...] gegen einen Gesetzentwurf war, der von Ärzten verlangte, sich um Babys zu kümmern, die lebend geboren wurden, nachdem sie einen Abtreibungsversuch überlebt hatten [...]. Barack Obama und seine liberalen Demokraten sind zu extrem für Amerika.»[28] McCain verteidigte den Einsatz von derartigen Robocalls gegen alle Vorwürfe, obwohl er sie im Jahr 2000, als er selbst Zielscheibe ähnlicher Anrufkampagnen im Rennen gegen George W. Bush gewesen war, noch verurteilt hatte.[29]

McCain war also nicht nur politisch weiter nach rechts gerückt, er hatte mit seinem Wechsel auf die dunkle Seite der Macht auch Bushs Wahlkampfmethoden übernommen. Dazu dürfte nicht zuletzt eine aufsehenerregende Personalie beigetragen haben: McCains Team stellte Tucker Eskew dafür ein, Palin in Sachen Strategie zu helfen. Eskew war nicht irgendein Polit-Berater. Während der innerparteilichen Schlammschlacht in South Carolina zwischen Bush und McCain im Jahr 2000 war es seine Idee gewesen, das Gerücht in die Welt zu setzen, McCain habe ein außereheliches Schwarzes Kind gezeugt.[30] Statt des besonderen Platzes «in der Hölle», den McCain ihm damals in einem Interview gewünscht hatte, erhielt er jetzt einen Platz im inneren Kreis von dessen Wahlkampfteam. Dort schreckte man nicht einmal davor zurück, Obama zu unterstellen, er wolle «Sexualkunde» in Kindergärten einführen – eine Anspielung auf die einst von den Birchern etablierte, von der Religiösen Rechten übernommene und auch heute noch übliche Verleumdung, wonach progressive Politiker*innen durch ihre Unterstützung für Menschenrechte von LGBTQ-Menschen und altersgerechte Sexualkunde Kinder «sexualisieren» wollten. Obama hatte bei einer Veranstaltung von Planned Parenthood lediglich geäußert, er sei der Ansicht, dass man Kinder altersgerecht darüber aufklären müsse, wie unangebrachte Berührungen aussähen, damit sie Versuche von sexuellem Missbrauch durch Erwachsene erkennen und benennen könnten.[31]

Medien beschrieben die Stimmung auf McCain / Palin-Veranstaltungen als «Weimar-artigen Zorn»,[32] angeheizt vor allem – aber nicht nur – von Palin. Journalist*innen berichteten entsetzt davon, wie die Menge auf diesen Rallys Obamas Kopf forderte und «Verräter!» schrie, wenn dessen Name fiel. Man könne nicht wissen, was Obamas wahre Motive seien, lautete immer wieder die Botschaft an die aufgebrachte Menge, unterfüttert mit ständigen Andeutungen, nach denen Obama Kontakte zu Terroristen habe, das Militär verachte und insgeheim ein Moslem sei.[33] Ziel war es, so das Bild eines «Fremden» zu schaffen, der darauf aus sei, Amerika zu schaden. Wieder und wieder fragte McCain auf seinen Veranstaltungen raunend: «Wer ist Barack Obama?» Er selbst hielt sich mit einer Antwort scheinbar vornehm zurück, dafür aber antworteten Zwischenrufer aus dem Publikum: «Terrorist!»[34]

Die martialischen Sprechchöre, die 2016 auf Trumps Wahlveranstaltungen forderten, seine Demokratische Gegnerin Hillary Clinton einzusperren («Lock her up!») waren also nicht vom Himmel gefallen. Ihnen gingen die «Terrorist! Terrorist!»-Sprechchöre voran, die auf den Rallys von McCain und Palin acht Jahre zuvor im ganzen Land zu hören gewesen waren. Obama war als Schwarzer Mann, Sohn eines muslimischen Kenianers und Demokrat für viele an der Republikanischen Basis die Personifizierung des Bösen. Für sie verkörperte er all das, was sie seit Jahrzehnten von den Stars der amerikanischen Rechten, von Medienfiguren, aber auch von Republikanischen Politiker*innen gehört hatten: Demokraten seien antiamerikanisch und würden versuchen, das Wertefundament des Landes und alles, was Amerika lieb und teuer sei, zu zerstören. McCains Wahlkampfteam sorgte mit Palins Hilfe dafür, dass Obama als Symbol für Terrorismus erschien – und somit als existenzielle, tödliche Gefahr für das Bestehen der Nation. Sie habe Angst, klagte Palin ihren Fans bei einer Rally in Florida, «dass Barack Obama kein Mann ist, der Amerika so sieht, wie Sie und ich Amerika sehen».[35]

Es gab aber durchaus auch einige konservative Kommentatoren, die Kritik an McCains und Palins Wahlkampf übten. «Um Gottes willen, McCain, hör auf damit. Stell wenigstens einmal in diesem Wahlkampf dein Land an die erste Stelle», schrieb etwa der konservative Journalist Andrew Sullivan.[36] Und sogar Francis Schaeffer, ein erzkonservativer Theologe, mahnte: «John McCain und Sarah Palin, ihr spielt mit dem Feuer, und ihr wisst das. Ihr entfesselt das Monster von amerikanischem Hass und Vorurteilen – auf unser aller Gefahr hin.»[37]

Solche kritischen Stimmen waren nicht unbegründet, hatten doch die nativistischen Kräfte, die sich spätestens seit Pat Buchanans Kandidatur 1992 in der Republikanischen Partei formiert hatten, auf die Kandidatur eines Schwarzen Mannes mit einem zornigen Aufbäumen reagiert. Unter George W. Bush hatten diese Kräfte vor dem 11. September 2001 erfolgreich dessen geplante Einwanderungsreform torpediert und danach den Schock der Terroranschläge auf das World Trade

Center genutzt, um Islamfeindlichkeit mit Anti-Einwanderungs-Rhetorik zu verbinden. Bill Kristol gibt aus heutiger Sicht zu, dass er den Rassismus in der Kritik an Obama unterschätzt habe – es ist einer der Momente in unserem Gespräch, in denen er am kritischsten mit sich und dem konservativen Establishment ins Gericht geht: «Ich glaube, wir haben uns etwas vorgemacht und nicht gesehen, wie stark das Problem oder das Thema *Race* an der Basis der amerikanischen Politik und der konservativen Bewegung immer noch ist.»[38]

Es gibt viele Gründe, um an dem Heiligenschein, der John McCain vor allem seit Trumps Wahl zum Republikanischen Präsidentschaftskandidaten 2016 umgibt, zu rütteln. Medial wird er nach wie vor als einer der letzten «respektablen» Republikaner gefeiert, dabei war er, wie wir gesehen haben, keineswegs der besonnene Moderate, als der er oft dargestellt wird. Er war berüchtigt für seine Wutausbrüche gegen Freund und Feind, und auch an Höflichkeit und Respekt ließ er es immer wieder fehlen. Bei einem Spendendinner 1998 erzählte er einen misogynen Witz über die damals 18-jährige Chelsea Clinton.[39] McCain entschuldigte sich später dafür – bei Bill Clinton. Als seine Ehefrau Cindy nach einem anstrengenden Wahlkampftag scherzte, er werde ein wenig lichter auf dem Kopf, beschimpfte er sie vor anwesenden Journalist*innen misogyn. Und auch eigene Parteikollegen im Senat bekamen mitunter seinen Zorn zu spüren.[40]

Bei allen persönlichen Schwächen und Fehlern ist der wichtigste Grund dafür, McCains Denkmal als versöhnende, moderate Stimme in der Republikanischen Partei einzureißen, jedoch die Tatsache, dass er nicht nur Sarah Palin zur Kandidatin für das Vizepräsidentenamt und so zu einem nationalen Star machte, sondern dass er und andere Teile des Republikanischen Establishments auch bewusst Palins Image kreierten – und es für sich nutzten. Palin sollte unzufriedene Wähler*innen zurückholen, sie begeistern, sie aufhetzen – kurzum, sie sollte all das tun, wozu McCain als Veteran des politischen Betriebs nicht fähig war.

Später, nachdem die Wahl verloren war, sollten Mitglieder aus McCains Team sich höhnisch über Palin äußern, ihre Radikalität beklagen und behaupten, dass sie außer Rand und Band gewesen sei. Dabei hatten McCains Redenschreiber und Mitarbeiter*innen Palin genau das Skript geliefert, das sie in Rechtsaußen-Kreisen so beliebt gemacht hatte.[41]

12 Die neue Revolution

Die Tea Party und ihre Radikalisierungsmaschine

«Die meisten Amerikaner haben keine Ahnung, was vor sich geht. Es ist ein Staatsstreich im Gange. Amerika wird gestohlen, und zwar unter dem Deckmantel einer Wahl [...]!»

Glenn Beck, 31. August 2009[1]

Die Wahl des ersten Schwarzen Präsidenten mit 52,93 Prozent der abgegebenen Stimmen (gegenüber 45,65 Prozent für John McCain) weckte bei vielen im Land große Hoffnungen: auf Überwindung der Spaltung in der amerikanischen Gesellschaft, auf wirkliche Gleichberechtigung, auf große Reformen, wie sie sein Wahlkampfslogan *Change* als Projektionsfläche für vieles versprochen hatte.

In seiner Rede zur Amtsübernahme sprach Barack Obama von der wirtschaftlichen Rezession im Land und von der Vertrauenskrise in Teilen der Bevölkerung, von den Kriegen in Afghanistan und im Irak, bei denen er auch auf Diplomatie und Zusammenarbeit setzen wolle. Vor allem appellierte er an Hoffnung und Zuversicht, um gemeinsam die Gräben in der Gesellschaft zu überwinden.[2]

Aus Sicht der Republikanischen Partei war der Amtsantritt Obamas jedoch ein einziges Fanal. Als besonders katastrophal sah die GOP seine Pläne für eine Krankenversicherung, den Affordable Care Act, auch *Obamacare* genannt, die mehr Menschen Zugang zu einer staatlich subventionierten Versorgung geben sollte.[3] Dabei waren Obamas Pläne keineswegs radikal – im Grunde orientierte sich *Obamacare* an einem Pilotprojekt des damaligen Republikanischen Gouverneurs von Massachusetts Mitt Romney von 2006 für eine Krankenversicherung, das überparteiliche Unterstützung genossen hatte.[4]

Trotzdem wurde bald deutlich, dass es an der Parteibasis der Republikaner – und dort vor allem im Rechtsaußen-Flügel – gewaltig brodelte. Im Laufe des Jahres brach sich bei zahlreichen organisierten Protestveranstaltungen der Frust über eine angeblich tyrannische Regierungspolitik und das als elitär wahrgenommene Establishment in Washington Bahn. Die Teilnehmer*innen nannten ihre Aktionen selbst «Tea Parties» – in Anlehnung an die berühmte Boston Tea Party von 1773, bei der man den Briten die Steuerzahlungen für Tee verweigert hatte, ein Ereignis, das den Beginn der amerikanischen Revolution und des Unabhängigkeitskrieges markierte. Die jetzt landesweit aufkommende Bewegung bezeichnete sich als «apolitisch» und parteiübergreifend, als Bewegung ganz normaler Bürger*innen, die die Nase voll hatten von zu hohen Steuern, von staatlichen Regulierungen aus Washington und von Eliten, die sich gegenseitig Geld in die Taschen schieben würden. Hinter den Organisatoren standen vielfach konservative Organisationen wie beispielsweise FreedomWorks, eine durch die Koch-Brüder finanzierte Gruppierung, deren Vorsitzender, Richard Armey, einst Republikanischer Mehrheitsführer im Repräsentantenhaus gewesen war.[5]

Die Ursachen für die Entstehung dieser neuen Bewegung waren vielschichtig. Eine wichtige Rolle spielte unter anderem die noch nicht überstandene Finanzkrise von 2008, die durch die Pleite der Bank Lehman Brothers ausgelöst worden war. Um einen Bankencrash zu vermeiden, hatte sich die Regierung von George W. Bush gezwungen gesehen, entgegen ihrer wirtschaftspolitischen Überzeugung einzugreifen und den Finanzsektor mit einem riesigen Rettungspaket sowie einer Teilverstaatlichung zu retten. Allein 250 Milliarden des vom Kongress mit überparteilicher Mehrheit verabschiedeten Rettungspakets von 700 Milliarden US-Dollar wurden dafür verwendet, Anteile an Goldman Sachs, der Bank of America, J.P. Morgan Chase und Morgan Stanley zu erwerben. Teilweise musste der Staat zum Mittel der temporären Verstaatlichung greifen.[6]

Die Finanzkrise von 2008 stürzte auch den amerikanischen Konservatismus in eine Krise: Zwar hatten auch Demokratische Präsidenten wie Jimmy Carter und Bill Clinton die Deregulierung des Finanzsektors vorangetrieben, doch es waren vor allem Republikaner gewesen, die sich seit Jahrzehnten für einen entfesselten Kapitalismus, für Deregulierung und für einen möglichst schwachen Staat eingesetzt hatten. Jetzt standen sie vor dem Scherbenhaufen, den ihre Wirtschafts- und Finanzpolitik hinterlassen hatte.[7] Die Auswüchse des enthemmten Finanzsektors hatten einen erheblichen Anteil daran, dass die US-Wirtschaft mit Karacho vor die Wand gefahren wurde. Und weder McCain noch Palin erweckten im Wahlkampf den Eindruck, sie hätten überzeugende Ideen, wie die Krise überwunden werden könnte – im Gegenteil, sie wirkten unsicher und realitätsfern.[8]

Für den Politikwissenschaftler Torben Lütjen bildeten folgende Faktoren die «perfekte Konstellation für eine populistische Erhebung [wie die Tea Party, A. B.]: Ein Kartell politischer Eliten, die sich zuvor noch untereinander extrem voneinander abgegrenzt hatten, beschloss plötzlich in Rekordgeschwindigkeit und in überraschender Einigkeit ein ganzes Bündel politischer Maßnahmen, deren genaue Konsequenzen schwer zu überblicken waren und die eine Krise überwinden sollten, deren Ursache die wenigsten überhaupt verstanden.»[9] In Kombination mit dem seit langem schwelenden Unmut der Ultrakonservativen über das Republikanische Establishment mündete das Brodeln der Basis in einen regelrechten Aufstand. Aus Sicht der Rechtsaußen-Kräfte des Republikanischen Lagers hatte George W. Bush sie am Ende seiner zweiten Amtszeit verraten, weil er nicht nur in der Finanzkrise, sondern auch während der Übergangszeit zwischen der Wahl Obamas und dessen Amtsantritt gemeinsam mit den Demokraten nach Lösungen gesucht hatte. Eine ähnliche Enttäuschung hatten die rechten Konservativen auch schon mit Ronald Reagan erlebt, dessen Wahl zwar oft als ihr größter Sieg dargestellt wurde, der ihre hohen Erwartungen aber ebenfalls nicht erfüllt hatte.[10] Jetzt, so befanden sie, war das Maß endgültig voll.

Seit Jahrzehnten hatte der amerikanische Konservatismus Anti-Intellektualismus nicht nur geduldet, sondern aktiv gefördert. Goldwater und noch mehr Wallace, Nixon und Reagan hatten das Narrativ vom «kleinen Mann», vom wahren Amerikaner – immer ländlich und Weiß codiert – benutzt, um die Koalition der Demokratischen Basis mit der Weißen Arbeiterschaft und Teilen des Mittelstands aufzubrechen. In einem Widerspruch zu diesem Narrativ stand jedoch die Tatsache, dass Buckley und seine Mitstreiter*innen, die den Konservatismus aus seiner extremen Nische holten, ihn popularisierten und seine politische Infrastruktur aus dem Boden stampften, ihrerseits Intellektuelle waren. Viele der Stimmen des Konservatismus, die sich anti-intellektueller Rhetorik bedienten, waren Gewächse genau jener Ivy-League-Universitäten, die sie so gern als angebliche Horte des Säkularismus und Kommunismus beschimpften. Jetzt sollten sie es mit der Wut der «kleinen Leute» zu tun bekommen, die sie so lange selbst geschürt und angefacht hatten.

Obama unterschrieb unmittelbar nach seinem Amtsantritt ein Gesetzespaket für ein Konjunkturprogramm im Umfang von 787 Milliarden US-Dollar, das die in Not geratene Wirtschaft auffangen sollte.[11] Die Regierung versprach zudem direkte Finanzhilfen für Hausbesitzer*innen, die ihre Kredite nicht mehr bezahlen konnten. Kurz darauf, am 19. Februar, hielt der Kommentator Rick Santelli, der selbst aus der Finanzbranche kam, bei einer spontanen Versammlung vor der Chicagoer Börse eine wütende Tirade auf die Regierung. Sie würde «schlechtes Verhalten» und Versager belohnen statt diejenigen, die brav ihre

Hauskredite bezahlten: «Das ist Amerika [...]. Wie viele von euch wollen den Kredit eurer Nachbarn abbezahlen, die ein Extra-Badezimmer haben und ihre Rechnungen nicht bezahlen können?» Santelli verkündete, er spreche (ganz à la Nixon) für die «stille Mehrheit», und fügte hinzu: «Wir denken darüber nach, eine Chicago Tea Party abzuhalten!»[12] Santellis Wutrede wurde zum Schlachtruf einer ganzen Bewegung. Um ihn herum jubelten Börsianer – es war die Geburtsstunde einer Bewegung, die die Republikanische Partei für immer verändern würde.

Der Frühling und der Sommer 2009 wurden zu einer Zeit der Empörung – zumindest konnte man diesen Eindruck gewinnen, wenn man die sich ausbreitenden Tea-Party-Proteste verfolgte. Schon am 15. April 2009, dem Stichtag für Steuerzahlungen (*Tax Day*), kam es zu ersten landesweiten Protesten gegen den Einsatz von Steuergeldern durch die Obama-Regierung. Während das Land unter einer besonders starken Rezession litt, waren die Tea-Party-Mitglieder wütend: auf «den Staat», der ihrer Ansicht nach Geld zum Fenster hinauswarf, auf Obama und seine Gesundheitsreform, auf die Staatsverschuldung und auf jede Form staatlicher Regulierung. Die anfangs eher lose Protestbewegung entwickelte schnell festere Strukturen. Zu denjenigen, die das enorme Mobilisierungspotenzial dieser neuen Bewegung frühzeitig erkannten, gehörte Jenny Beth Martin. Sie hatte zuvor als Beraterin für die GOP gearbeitet. Martin gründete zusammen mit Amy Kremer und Mark Meckel die Tea Party Patriots (TPP). Angemeldet ist TPP als gemeinnützige Organisation, die als solche Spenden sammeln und für politische Zwecke Geld ausgeben kann, ohne die Namen der Spender*innen offenlegen zu müssen.[13] Der Gedanke hinter TPP war simpel, aber effektiv: Die Organisation sollte als eine Art Sammelbecken für lokale Untergruppen fungieren. Von denen gab es laut eigener Aussage schon bald 1800 mit insgesamt 15 Millionen Mitgliedern.[14] Martin wurde später Mitglied im einflussreichen Council for National Policy und stieg damit in den Olymp des ultrakonservativen Establishments auf. Ihr Aktivismus lohnte sich auch finanziell: Im Jahr 2012 nahm TPP 20 Millionen Dollar ein, Martin selbst erhielt ein Gehalt von 300 000 Dollar.[15]

Der Zorn der jungen Bewegung richtete sich nicht nur gegen Obama oder «den Staat», sondern auch gegen die gewählten Abgeordneten beider Parteien. Landesweit kaperte sie Town Hall Meetings (Bürgerversammlungen), bei denen Politiker*innen ihrer Wählerschaft Rede und Antwort stehen. Demokraten sahen sich Wähler*innen gegenüber, die ihnen ihren Zorn entgegenschrien und Schilder und Plakate mit mehr oder weniger unverhohlenen Drohungen hochhielten. Bei einer Veranstaltung mit Präsident Obama in Portsmouth, New Hampshire, brachte ein Teilnehmer sogar eine 9-mm-Waffe mit und ein Schild, auf dem stand: «Es ist an der Zeit, den Baum der Freiheit zu wässern» – eine Anspielung auf das Zitat von Thomas Jefferson, wonach «Der Baum der Freiheit [...] von Zeit zu Zeit mit dem Blut der Patrioten und der Tyrannen begossen werden [muss].» Timothy McVeigh, der Attentäter von Oklahoma City, hatte ein T-Shirt getragen, das auf dem Rücken das gleiche Zitat trug.[16]

An einem warmen Augusttag stellte sich der Demokratische Senator Arlen Specter in einem Town Hall Meeting den Einwohner*innen von Lebanon, einer mehrheitlich Republikanischen Stadt in Pennsylvania. Sie brüllten ihm ihre Wut über die von den Demokraten angestoßene Krankenversicherungsreform förmlich ins Gesicht. «Es geht hier um die Zerstörung dieses Landes», schrie etwa die 35-jährige Katy Abram: «Wir wollen nicht, dass dieses Land zu Russland wird!» Die junge Hausfrau und Mutter erhielt dafür langen Applaus. Die Mehrheit der Anwesenden war dem Aufruf der lokalen Berks County Tea Party und anderer konservativer Gruppen zu dieser Veranstaltung gefolgt. Die Vorwürfe, die sie vorbrachten, waren zuvor in rechten Medien kursiert.[17]

Bei manchen der Proteste bei den Town Hall Meetings kam es sogar zu Rangeleien. Die Wut vieler Menschen, seit Jahren angestachelt, gehegt und gepflegt von rechten Politiker*innen, rechten Medien und der Republikanischen Partei, brach sich überall im Land Bahn. Immer wieder waren Rufe wie «Ihr arbeitet für uns!» und «Tyrannei!» zu hören. Immer wieder bekundeten Teilnehmende aus dem Publikum ihren Zorn über staatliche Regulierungen, über Obamas Gesundheitspolitik, und sie wiederholten dabei Gerüchte, die in rechten Medien und Blogs verbreitet wurden: Unter Obamacare würden etwa Todes-Panels stattfinden, in denen Bürokraten darüber entschieden, wer leben dürfe und wer sterben müsse.[18] Diese Lüge ging auf einen Facebook-Post von Sarah Palin zurück, die sich schnell zu einer der Galionsfiguren der Tea Party gemausert hatte. Das Gerücht von derartigen «Todes-Panels» verbreitete sich wie ein Lauffeuer und geriet so außer Kontrolle, dass Obama es einige Wochen später in einer Rede an die Nation ansprechen musste.[19] Es war ein warnendes Beispiel dafür, wie rechte Akteur*innen wie Palin soziale Medien als Sprachrohr nutzen und ihre Botschaften an klassischen Medien vorbei direkt an ihre Fans weitergeben konnten. Auf diese Weise pflegten sie eine besonders enge Beziehung zu ihren Anhänger*innen, während sie sich zugleich als vermeintlich unabhängige Politiker*innen außerhalb des verkrusteten Establishments stilisieren konnten – eine Praxis, die Trump später perfektionieren sollte.

Während McCains Team nach der Wahlschlappe gegen Obama versuchte, die Schuld für die Niederlage Palin in die Schuhe zu schieben, sahen Palin und ihre Anhänger*innen die Attacken aus dem McCain-Lager als Bestätigung dafür, dass die pseudokonservativen Eliten ihren *Way of Life* verachteten und dass die Zeit für eine weitere Revolution reif war. Die junge Bewegung der Tea Party war wie Palin: laut, schrill, rechtsextrem – und sie kultivierte ihre Außenseiterrolle. Im Übrigen äußerten ihre Mitglieder noch viele andere Sorgen neben Obamacare: etwa die, dass Obama das Kriegsrecht ausrufen werde, dass er ihre Waffen konfiszieren werde, um eine Diktatur zu errichten, dass es soziale Unruhen geben werde, dass die Kriminalität steigen oder dass der Einfluss geheimer Eliten zunehmen werde.[20] Der *Fox-News*-Moderator Glenn Beck hatte sich dank seiner Prominenz und medialen Präsenz schon bald als eine der wichtigsten Stimmen für die Tea Party und ihre von Paranoia durchtränkten Verschwörungsmythen profiliert. Die Tatsache, dass *Fox-News*-Chef Roger Ailes es ihm gestattete, zu einer Ikone dieser neuen politischen Bewegung zu werden, zeigte, wie sehr sich der Sender radikalisiert hatte. Schon zuvor war deutlich geworden, dass *Fox News*, das anfänglich zumindest die nominelle Trennung zwischen Nachrichten- und Meinungsformaten aufrechterhalten hatte, mittlerweile auch im Nachrichtensegment Narrative verbreitete, die dort nichts zu suchen hatten.

Ein erstes Warnsignal für eine solche Entwicklung hatte es bereits 2004 gegeben, als der Demokrat John Kerry bei der Präsidentschaftswahl gegen den Amtsinhaber George W. Bush angetreten war. Damals hatte *Fox News* in seinen Nachrichtenformaten Kerry dadurch verleumdet, dass es seine Auszeichnungen als Vietnamkriegsveteran in Zweifel zog – auch dann noch, als zahlreiche seiner ehemaligen Kameraden diese Behauptungen als unwahr entlarvt hatten. Diese Art von skrupellosem Kampagnenjournalismus sollte in den folgenden Jahren immer mehr Schule machen.[21] Das Modell war so simpel wie genial: Wenn eine Behauptung so absurd war, dass etablierte Medien nicht darüber berichten würden, weil es keinerlei Faktengrundlage gab, brachte *Fox News* die Story trotzdem – und zwang die Gegenseite so zu einer Reaktion.

Für die John Birch Society hatte Beck schon 2007 öffentlich in einem Gespräch mit einem ihrer Vertreter als Studiogast 2007 in seiner *CNN*-Sendung Verständnis gezeigt.[22] Jetzt bewarb er Bücher von bei Birchern beliebten, radikalen Autoren wie dem rechtsextremen Mormonen W. Cleon Skousen. Skousen machte in seinem Buch mit dem Titel *The Five Thousand Year Leap*, das 1981 erschien – dem Jahr des Amtsantritts von Reagan, der für Skousens Freeman Institute nur lobende Worte übrighatte –, den Versuch, ausgehend von der Bibel die Verfassung der USA auf 28 Prinzipien zu reduzieren. Glenn Beck, selbst Mormone und Vertreter apokalyptischer Verschwörungstheorien, schrieb das Vorwort zu einer Neuausgabe von Skousens Buch und nannte es «göttlich inspiriert». Skousen wollte die USA in 50 Mini-Theokratien verwandeln.[23] Das Buch wurde zum Bestseller – und zu einem der Grundsatztexte der Tea Party.[24]

So kam die Bircher-Ideologie in die Wohnzimmer einer neuen Generation rechter Aktivist*innen. Anders als Skousen und die Bircher der 1960er Jahre verschaffte Beck diesen Neo-Bircher-Ideen eine Reichweite, von der weder Robert Welch noch Skousen hatten träumen können: Er erreichte ein tägliches Publikum von zwei Millionen Menschen.[25] Skousen hatte in seinem Institut und in seinen Büchern gepredigt, dass die USA zu einem extrem minimalen Staat zurückkehren müssten – am besten zu dem aus der Zeit, bevor der 14. Zusatzartikel der Verfassung 1867 verabschiedet wurde und der Staat die einzelnen Bundesstaaten dazu zwingen konnte, Gleichheit vor dem Gesetz durchzusetzen.[26]

Beck und die Tea Party bläuten ihren Anhänger*innen ein, dass unter Obama Kommunisten, Faschisten oder Sozialisten – diese drei Begriffe benutzten sie synonym – die amerikanische Regierung gekapert und infiltriert hätten und dass es an «echten» Amerikanern sei, ihr Land zurückzuerobern.[27] Ein Dorn im Auge waren vielen Tea-Party-Anhänger*innen Institutionen wie die Zentralbank und der Council on Foreign Relations, eine 1921 gegründete Denkfabrik, die sich mit außenpolitischen Themen und Strategien beschäftigt – und sich damit hervorragend als Feindbild für die Bircher und ihre Erben eignete, die die größten Feinde Amerikas nicht im Ausland, sondern im Inneren des Landes und kommunistische Verschwörungen an jeder Ecke sah.[28] Die Verschwörungsgläubigkeit der Bircher setzte sich in der Tea Party fort, deren Verschwörungsmythen sich dank entstehender sozialer Medien rasend schnell verbreiteten.

Ailes hatte Beck vor Obamas Amtseinführung zu *Fox News* geholt und ihm seine eigene Show gegeben. Beck wurde schnell zur lautesten und am offensten rassistischen Stimme des Senders und der Tea Party. Immer wieder verunglimpfte er Präsident Obama und behauptete beispielsweise, dieser trage einen «tiefsitzenden Hass auf Weiße Menschen und ihre Kultur in sich».[29] *Fox News* veröffentlichte dazu lediglich ein Statement, wonach Moderatoren ihre eigenen politischen Standpunkte und nicht die des Netzwerkes vertreten würden. Beck behauptete außerdem, Obama versuche, seine eigene «SS» aufzubauen.[30] Mehr als jeder andere etablierte Sender verbreitete *Fox News* auch die Lüge, dass Obama nicht in den USA geboren sei, sondern aus Kenia stamme – auch wenn das ein Punkt war, in dem Glenn Beck nicht mitmachte. Vielmehr richtete er eine Warnung an die Tea Party, solche Behauptungen würden sie wie Spinner wirken lassen – stattdessen sollten sie sich lieber Sorgen darüber machen, dass Obama Kommunisten in Regierungsposten hole.[31] Immer wieder wurde der frei erfundene Verdacht, Obama sei in Wahrheit ein Moslem, durch *Fox-News*-Sprecher*innen noch unterstrichen, indem sie Obamas Zweitnamen «Hussein» explizit betonten.[32] Der rassistisch konnotierte Vorwurf, Obama sei kein wahrer Amerikaner und verfolge eine geheime radikale Agenda, den vor allem Palin während des Präsidentschaftswahlkampfs etabliert hatte, wurde jetzt offen ausgesprochen – und bereitete den Boden für die Kräfte, die Trump wenige Jahre später ins Weiße Haus helfen sollten.[33]

Die Parteiführung war vor allem an Schadensbegrenzung interessiert. Wie schon in früheren Situationen, in denen der Rechtsaußen-Flügel des amerikanischen Konservatismus zur Meuterei aufgerufen hatte, machte sich das Republikanische Establishment daran, die Abtrünnigen im «großen Zelt» der Partei zu halten. Bisher war es gelungen, eine Abspaltung zu verhindern und gleichzeitig nach außen den Anschein von Respektabilität zu wahren. Diese Tage waren jedoch gezählt.

Der Erfolg der Tea Party beruhte auf der Kombination aus dem Zorn der Basis und den schier unendlich scheinenden Finanzmitteln, die Großspender wie die Koch-Brüder für die Bewegung bereitstellten.[34] Diese Kombination hat die Tea Party zu einem politischen Lauffeuer gemacht. Die Bewegung, so die Politikwissenschaftlerin Angie Maxwell, habe gezeigt, dass auch im 21. Jahrhundert Politiker noch direkte Appelle an Weiße Südstaatler richten konnten und dass sie auch im übrigen Land «auf ziemlich viele verständnisvolle Ohren» stießen».[35] Maxwell und ihr Team von der University of Arkansas kamen nach ihren repräsentativen Studien über Einstellungen und politische Präferenzen von Tea-Party-Anhänger*innen zu dem Schluss: «Ihre Einigkeit geht über Wirtschaftskonservatismus und die Sorge um die amerikanische Staatsverschuldung hinaus. Die Mitglieder der Tea Party sind sozialkonservativ und sich besonders einig in der Ablehnung von Präsident Obama. Ihre extremen rassistischen Ansichten machen sie für amerikanische Independents und zentrische Wähler*innen weniger attraktiv.»[36] Sie stellten auch fest, dass über die Hälfte der Tea-Party-Anhänger aus den ehemaligen Südstaaten stammten, in denen weniger als ein Drittel der amerikanischen Bevölkerung lebt.[37] Mit dem durchschlagenden Erfolg der jungen Bewegung hatten selbst die Koch-Brüder nicht gerechnet, wie David Koch vor seiner Americans for Prosperity Foundation erklärte, die Kandidat*innen und Graswurzelbewegungen unterstützt, die sich gegen Steuern und staatliche Regulierungen einsetzen, und die zu den wichtigsten Geldgebern der Tea Party gehört.[38] Jeff Nesbit, der selbst während der Präsidentschaft Clintons als politischer Berater für das Stiftungsnetzwerk der Koch-Brüder gearbeitet hatte, stellt klar, dass die Tea Party 2009 neben den großen finanziellen Mitteln auf ein breites Netzwerk von Organisationen der Koch-Brüder zurückgreifen konnte. Dieses Netzwerk half, die Graswurzelbewegung zu lenken, die Öffentlichkeitsarbeit zu organisieren und die einzelnen Gruppen auf nationaler Ebene zu koordinieren. Nesbit verweist darauf, dass die Koch-Brüder die Budgets für all diese Organisationen, die der Tea Party auf unterschiedliche Weise helfen sollten, deutlich aufstockten, sobald Obama seine Präsidentschaftskandidatur angekündigt hatte: «Das erklärt, warum die Tea-Party-Bewegung wie von Geisterhand so schnell mobilisieren, sich ausbreiten und vernetzen konnte.»[39]

In Teilen der Tea Party wurde eine Anti-Einwanderungspolitik zum festen Bestandteil ihres Forderungskatalogs. Illegale Einwanderer, behaupteten sie, nähmen hart arbeitenden Amerikaner*innen die Jobs weg, seien nur auf Sozialleistungen aus und sorgten dafür, dass für diejenigen, die staatliche Hilfe verdient hätten – Weiße, «hart arbeitende» Amerikaner*innen –, nichts mehr übrigbleibe.[40] Anders als der John Birch Society gelang es der Tea Party und ihren Verbündeten, ihre rechtslibertäre und sozialkonservative Ideologie in den Mainstream der Republikanischen Partei einzuschleusen. Die Anhänger der Tea Party waren nicht alle Mitglieder in der GOP, aber ihre Mobilisierungskraft und Finanzstärke machten sie zu wichtigen Playern in der Partei. Welchen Einfluss die Bewegung in kurzer Zeit gewonnen hatte, wurde bei den Vorwahlen für die Präsidentschaftskandidatur-Nominierung der Partei deutlich: Einer der Kandidaten, die sie unterstützte, war der libertäre Ron Paul aus Texas, der seit drei Jahrzehnten für die Republikaner im Repräsentantenhaus saß und 2011 zum dritten Mal für die Präsidentschaftsnominierung der GOP kandidierte. Noch war der

Einfluss der Tea-Party-Aktivist*innen nicht so groß, dass Paul die Kandidatur gewinnen konnte, aber er erzielte in Iowa und New Hampshire mit einem dritten und einem zweiten Platz Achtungserfolge. Das war umso erstaunlicher, als während des Wahlkampfs rassistische, antisemitische und homophobe Artikel bekannt wurden, für die er zumindest presserechtlich verantwortlich war und die ihm auch Unterstützung von Rechtsextremisten und Neonazis einbrachten.[41]

Langfristig wichtiger als Pauls Erfolge in Iowa und New Hampshire war der Einfluss seiner Positionen auf den konservativen Mainstream. Paul war ein rechtslibertärer Hardliner und galt lange als Teil des «Spinner»-Flügels innerhalb der GOP, den niemand wirklich ernst nahm, weder in der eigenen Partei noch in etablierten Medien. Aber 2012 stellte sein Sprecher Jesse Benton fest, dass acht Jahre zuvor nur Leute am äußersten Rand in der John Birch Society Pauls Position bezüglich der US-Notenbank geteilt hätten, jetzt sei diese Position jedoch die der Republikanischen Partei.[42] Er hatte recht: Das Parteiprogramm der GOP sah 2012 eine jährliche Prüfung der US-Notenbank vor. Zwei Jahre zuvor hatten die Republikaner im Kongress Paul bereits zum Vorsitzenden des Unterausschusses für Geldpolitik im Repräsentantenhaus ernannt – und ihm somit die Aufgabe übertragen, die Federal Reserve zu überwachen.[43]

Es war keineswegs so, dass die Tea Party das Rad der politischen Mobilisierung und Intrige zur Durchsetzung von Machtinteressen neu erfunden hätte: Ihre Methoden wie auch das dichte Netz aus Verschwörungserzählungen, an die viele ihrer Mitglieder glaubten, ähnelten in vielerlei Hinsicht denen der John Birch Society: Wie einst die Bircher (die weiterhin existierten, deren Zahl aber stark gesunken war) nutzten jetzt auch Tea-Party-Revolutionäre subversive Methoden und schreckten nicht vor Lügen, Verleumdung und Belästigung zurück, um

GOP-Politiker*innen auszuschalten, die sie für zu moderat hielten. Auf viele Republikaner, die sich bis dahin als konservativ verstanden hatten, wirkte diese neue Art politischer Graswurzelaktivist*innen verstörend – sie verstanden nicht, was diese antrieb. Welchen Sinn hatte es, gegen moderate Kandidat*innen zu hetzen und dadurch die Republikanischen Stimmen zu spalten, sodass am Ende unter Umständen die Demokraten die Wahl gewannen?

So war es Dede Scozzafava ergangen, der vom Republikanischen Establishment favorisierten Kandidatin für die Sonderwahlen im 23. Kongressbezirk von New York. Sie zog während einiger Wochen im Herbst 2009 nicht nur den Zorn der rechten Medienlandschaft auf sich, sondern auch den von eigens dafür aus dem ganzen Land angereisten Tea-Party-Aktivist*innen. Scozzafava war in vielerlei Hinsicht eine klassische Konservative: Sie kritisierte Obamas Reformpakete, war für niedrige Steuern, weniger staatliche Regulierungen, und sie genoss die Unterstützung der NRA.[44] Ihr Vergehen bestand darin, dass sie in gesellschaftlichen Themen zu liberal war: Zusammen mit einer Handvoll Republikaner hatte sie in einem Akt der Überparteilichkeit im Unterhaus ihres Bundesstaates gemeinsam mit Demokraten für die Legalisierung der gleichgeschlechtlichen Ehe gestimmt. Außerdem vertrat sie moderate Ansichten in Sachen Abtreibungsrecht und pflegte gute Beziehungen zu lokalen Gewerkschaften.[45] All das waren in den Augen der neuen Generation Republikanischer Rebellen Todsünden. Sie waren entschlossen, «RINOs» wie Scozzafava ein für alle Mal aus ihrer Partei zu verbannen. Marjorie Dannenfelser, Chefin der Anti-Abtreibungs-Organisation Susan B. Anthony List, die gegen Scozzafava Stimmung machte, klagte: «Sie ist nicht mal eine Moderate. Sie ist eine radikale Ultralinke, die ein R neben ihrem Namen stehen hat.»[46]

Eine Koalition aus Tea-Party-Akteur*innen und Abtreibungsgegner*innen setzte anonyme Robocalls ein, um der innerparteilichen Gegnerin zu schaden. In diesen Anrufen wurde Scozzafava als «Kindsmörderin», «Lesben-Liebhaberin» und «Homo» bezeichnet.[47] Die Tea-Party-Organisatoren unterstützten stattdessen Doug Hoffman, den Kandidaten einer Drittpartei, der Conservative Party. Dass sie damit das konservative Lager zugunsten der Demokraten spalten würden, war ihnen nicht nur egal, sondern zentraler Teil ihrer Motivation: Obamas Sieg 2008 war für viele rechte Aktivist*innen eine katastrophale Niederlage gewesen. Schlimmer konnte es nicht kommen. Weshalb also nicht das Haus ganz niederbrennen, um dem verhassten Republikanischen Establishment einen Denkzettel zu verpassen? Ihr Modus Operandi war der der verbrannten Erde: Um die Republikanische Partei von Moderaten zu säubern und sie zu einer wahrhaft konservativen Partei in ihrem Sinne zu machen, war der Tea Party jedes Mittel recht – auch ein Schnitt ins eigene Fleisch.[48] Die Kampagne gegen die moderate Republikanerin Scozzafava hatte Erfolg: Ihre Umfragewerte waren so katastrophal, dass sie ihre Kandidatur nur wenige Tage vor der Wahl zurückzog. Die Republikanische Führung schwenkte daraufhin um und unterstützte Hoffman.[49]

Die Wahl im 23. Kongressbezirk gewann schließlich der Demokratische Kandidat, wenn auch knapp. Was medial als Niederlage der Tea Party bewertet wurde, war aus ihrer Sicht tatsächlich einer ihrer ersten großen Erfolge – sie hatten den Partei-Granden gezeigt, welche Konsequenzen drohten, falls sie gegen die von der neuen Bewegung propagierten ultrakonservativen Ideen handelten.

Scozzafava war nur eine von mehreren moderaten Republikanischen Politiker*innen, die den Zorn und die Mobilisierungsmaschinerie der Tea Party zu spüren bekamen. Charlie Dent, ein moderater Kongressabgeordneter aus Pennsylvania, erinnerte sich gegenüber *CNN* später, wie er entnervt auf Vorwürfe der Basis, er sei nicht aggressiv genug, reagiert hatte:

«Wenn ich mich für Sie in Brand setze, würden Sie sich beschweren, dass die Flamme oder die Temperatur nicht heiß genug ist!»

Drei Republikaner im Kongress, die den Zorn der Tea Party für sich und die GOP zu nutzen wussten, waren der Minderheitsführer im Repräsentantenhaus, Eric Cantor, und die Abgeordneten Paul Ryan aus Wisconsin und Kevin McCarthy aus Kalifornien. Das Trio nannte sich selbst die «Young Guns» und rekrutierte andere junge Konservative, gerne aus der Tea Party, als Kandidat*innen und versorgte sie mit finanziellen Mitteln für den Wahlkampf.[50] Das Ziel der drei war es, auf diese Weise eine neue konservative Mehrheit aus Anti-Establishment-Republikanern zu schaffen.

Und tatsächlich sorgten die Wähler*innen bei den Zwischenwahlen 2010 für ein politisches Erdbeben, wie man es seit mehr als fünfzig Jahren nicht gesehen hatte: Die Demokraten erlitten ihre schlimmste Niederlage seit Jahrzehnten. Der Sieg der Republikaner im Repräsentantenhaus – die GOP gewann 63 Sitze im Kongress hinzu – übertraf selbst die optimistischsten Vorhersagen.[51] Der sogenannte *Rust Belt* – das älteste und größte Industriegebiet der USA von den Großen Seen bis zum Rand der Appalachen, das nach Krisen in der Stahlindustrie und im Bergbau seine wirtschaftliche Bedeutung weitgehend eingebüßt hatte –, die einstige Bastion der Demokraten, war gefallen. Republikaner hatten außerdem absolute Mehrheiten in Legislativen im Süden und im Mittleren Westen errungen.[52]

Diese Wahlergebnisse hatten auch Bedeutung über die Wahlperiode hinaus: Denn diese neu gewonnene Macht würden die Republikaner beim alle zehn Jahre auf der Grundlage des Zensus erfolgenden *Redistricting* – der Neuziehung der Wahlbezirke – zementieren können.[53] In den meisten Bundesstaaten werden die Wahlkreisgrenzen durch die jeweiligen Parlamente festgelegt. Durch den geschickten Zuschnitt der Wahlkreise, der die Mehrheitspartei begünstigt (*gerryman-*

dering), ist ein gezielter Einfluss auf Wahlergebnisse möglich. Noch zwanzig Jahre zuvor hatten die Republikaner keine einzige gesetzgebende Kammer im Süden dominiert. Jetzt stellten sie in jeweils beiden Kammern von Florida, Alabama, South und North Carolina, Tennessee und Georgia die Mehrheit.[54] Die Demokraten verloren zudem im Repräsentantenhaus in allen elf Staaten der früheren Konföderation Sitze. Die Republikaner hatten es geschafft, die Demokratische Koalition aus der Weißen Arbeiterschaft und den letzten Hochburgen, die sie im Süden noch hatten halten können, zu zerschmettern.[55]

Nachdem sich die erste Aufregung gelegt hatte, wurde schnell klar, dass hier etwas höchst Ungewöhnliches passiert war: Einer der Sieger der Wahlnacht war Joe Walsh, der in Republikanischen Kreisen als extremer, nicht ernstzunehmender Kandidat galt. Er hatte gewonnen, obwohl er einen katastrophalen Wahlkampf geführt hatte und seiner Demokratischen Gegnerin finanziell weit unterlegen gewesen war.[56] Walsh war nicht die einzige Anomalie: Eine Mehrheit der 87 Republikanischen Abgeordneten, die zum ersten Mal in den Kongress einzogen, besaß keinerlei politische Erfahrung – weder als Kandidat*innen noch in gewählten Ämtern. Sie waren völlige Newcomer, die von der Welle wütender Tea-Party-Anhänger*innen nach Washington getragen worden waren. Ihre fehlende Erfahrung entpuppte sich nicht, wie bisher von Republikanischen Strateg*innen angenommen, als ein Hindernis, sondern im Gegenteil als ein entscheidender Pluspunkt, der sie in den Augen ihrer Fans als Gegner*innen des Establishments auszeichnete.[57] Die Neulinge im Kongress machten aus ihrer Verachtung für Washington und seinen etablierten politischen Apparat keinen Hehl. Neunzehn von ihnen mieteten beispielsweise keine Wohnungen, sondern übernachteten in Schlafsäcken im Kapitol, um zu zeigen, dass sie keinerlei Absicht hatten, auf Dauer zu bleiben, sondern nur gekommen waren, um einmal richtig aufzuräumen.[58] Zumindest einige von ihnen, wie Paul Gosar und Kevin McCarthy, dürften dieses Arrangement mit der Zeit jedoch aufgegeben haben – es gibt zumindest keine Berichte darüber, dass sie auch 2023 noch in ihren Büros übernachten.

Die neue Revolution in Gestalt der Tea Party hatte ein populistisches und rechtsextremes Momentum freigesetzt, das sich seit Jahrzehnten angestaut hatte. Die GOP hatte versucht, die Tea Party wegen ihres hohen Mobilisierungspotenzials in ihre Reihen zu integrieren. Diese neuen radikalen Mitglieder, die die Partei in ihrem Sinne prägten, sollten die GOP jedoch insgesamt verändern. Dabei war nicht alles neu: Die Wut der Tea Party sprach auch bereits existierende, ultrakonservative Teile der Basis an, die von dem in ihren Augen laschen Kurs der Parteiführung frustriert waren – die sie zudem seit Jahrzehnten hingehalten hatte. Bei ihrem rasanten Aufstieg profitierte die Tea Party von rechten Netzwerken und Organisationen sowie deren Geldgebern, die sich von ihr Unterstützung vor allem bei staatlicher Deregulierung in jeder Form versprachen. Zur Verbreitung der Ideen der Tea Party trugen vor allem rechte Medienfiguren wie Glenn Beck und Rush Limbaugh bei, die der jungen Bewegung Reichweite für ihre politische Agenda und ihre Verschwörungserzählungen verschafften und so halfen, die Anliegen der Bewegung in den Mainstream der GOP zu schleusen. Versuche, die ins Repräsentantenhaus gewählten radikalen Vertreter*innen der Tea Party in die Fraktionsarbeit der GOP einzubinden, stießen schon bald an Grenzen, denn diese neuen Abgeordneten machten Kompromisse in der parlamentarischen Arbeit, die schon in den Gingrich-Jahren schwierig gewesen waren, nahezu unmöglich.

13 Autopsie einer Partei

Romneys Niederlage und der Kontrollverlust des Partei-Establishments

«Ich dachte, ich könnte ihn dazu bringen, die Irren zu kontrollieren, aber stattdessen stellte sich heraus, dass ich mit dem Vorsitzenden des Vereins sprach.»

John Boehner, Republikanischer Speaker des Repräsentantenhauses über Fox-News-*Chef Roger Ailes und den Tea-Party-Flügel seiner Partei*

Nach den klassischen Regeln der amerikanischen Parteipolitik war es 2012 Zeit für Mitt Romney als Präsidentschaftskandidaten. Er war ein verdienter Parteisoldat, von 2003 bis 2007 Gouverneur von Massachusetts, eines liberalen Bundesstaates, der traditionell auch moderate Republikaner ins Gouverneursamt wählte. Er war konservativ, gehörte aber nicht der extremen Fraktion an, die unabhängige Wähler*innen und zentristische Demokraten abschrecken würde. Lange galt in der amerikanischen Politik das Motto «Mäßigung gewinnt Präsidentschaftswahlen» – harte Rechtsaußen-Kandidat*innen hatten dort in der Regel wenig oder gar keinen Erfolg.[1]

Romney war ein klassisches Gewächs des Republikanischen Ostküsten-Establishments: Als Sohn des Millionärs George W. Romney, der Gouverneur von Michigan und Bauminister unter Nixon gewesen war, wurde ihm die Mitgliedschaft in der GOP quasi in die Wiege gelegt. Für eine Präsidentschaftskandidatur brachte er eigentlich gute Voraussetzungen mit: Als erfolgreicher Geschäftsmann hatte er mit seiner Firma Bain Capital Hunderte Millionen Dollar verdient und als Gouverneur von Massachusetts erfolgreich das dortige Haushaltsdefizit abgebaut. Jetzt wollte er erreichen, was seinem Vater gegen Nixon und ihm selbst bei einem ersten Anlauf 2008 gegen John McCain nicht gelungen war: die Republikanische Präsidentschaftskandidatur.

Allerdings lagen Welten zwischen Romney und der Tea-Party-Fraktion der GOP. In ihren Augen war er der ultimative politische Insider, meilenweit weg von einer Sarah Palin, die sich klar von der Führungsebene der Partei abgrenzte, nach den traumatischen Erfahrungen ihres Sohnes im Irak zur Isolationistin geworden war,[2] eine Politik des Faustkampfs pflegte, ihre einfache Herkunft zum Markenzeichen gemacht hatte und ihre Ahnungslosigkeit stolz vor sich hertrug. Romney hingegen war ein klassischer Country-Club-Republikaner, die Inkarnation all dessen, was ein hochmobilisierter Teil der Republikanischen Basis inzwischen als elitär und als von der Lebensrealität der «normalen Leute» entfernt verabscheute. Außerdem war er für sie das Gesicht der Wall Street, also all derjenigen, die das Land wenige Jahre zuvor durch Spekulation und Gier in eine gigantische Finanz- und Wirtschaftskrise gestürzt hatten und nur dank staatlicher Gelder gerettet worden waren. Fast noch schlimmer war für die Tea-Party-Fraktion jedoch die Tatsache, dass Romneys Krankenversicherungsprojekt, auf das er als Gouverneur so stolz gewesen war, nach 2008 Grundlage der bei der Basis zutiefst verhassten Obamacare geworden war.[3]

Romney reagierte und sprach sich im Verlauf der Vorwahlen umso schärfer für eine Abschaffung von Obamacare aus, wobei er sich gehörig winden musste, um sein eigenes Modell von dem Obamas abzugrenzen. Zudem schlug er einen harten Anti-Einwanderungskurs ein. So forderte er die «Selbstdeportation» von illegalen Einwanderern, die in den USA lebten. Im Klartext: Die Behörden sollten ihnen das Leben so erschweren, dass sie sich selbst zur Rückkehr in ihre Herkunftsländer entschließen würden. Deshalb befürwortete Romney auch Sanktionen für Arbeitgeber, die Menschen ohne Papiere einstellten.[4] Seinen innerparteilichen Konkurrenten um die Präsidentschaftskandidatur, Newt Gingrich, den Anführer der Republikanischen Revolution von 1994, kritisierte er als zu «freundlich» gegenüber illegalen Einwanderern, nachdem dieser gesagt hatte, es sei absurd, von Menschen, die seit einem Vierteljahrhundert in den USA gelebt hätten, zu erwarten, dass sie in ihre Geburtsländer zurückkehrten. Romney attackierte auch seinen Konkurrenten Rick Perry, den Gouverneur von Texas, weil in dessen Staat Kinder von dort ansässigen illegalen Einwanderern an den Colleges und Universitäten als Landeskinder reduzierte Studiengebühren zahlten. «Das ergibt für mich keinen Sinn», sagte Romney und warnte, dass Gesetze dieser Art ein «Magnet» für mehr illegale Einwanderer seien. Perry nannte ihn daraufhin «herzlos» – und begrub damit seine eigenen Chancen auf Unterstützung durch die Tea Party.[5]

Sarah Palin wäre die Unterstützung der Tea Party im Falle einer Kandidatur sicher gewesen. Sie hatte allerdings nach persönlichen Skandalen und Betrugsvorwürfen ihr Amt als Gouverneurin von Alaska überraschend niedergelegt. Trotzdem galt sie vielen weiterhin als die Zukunftshoffnung der Tea Party. Zu ihren Fans gehörte auch Steve Bannon,[6] der im März 2012 die Leitung der rechtsradikalen Website *Breitbart News Network* übernommen hatte. Bannon stammte aus einer katholischen Arbeiterfamilie und schlug zunächst eine Laufbahn als Marine-Offizier ein und arbeitete dann nach einem Wirtschaftsstudium für Goldman Sachs. Außerdem baute er eine Filmproduktionsgesellschaft auf und drehte auch selbst einige Filme.[7] So entstand 2011 der Film *The Undefeated* über Sarah Palin. Er sah in ihr nach wie vor eine Kandidatin, die in der Lage wäre, aus dem Zorn der Basis politisches Kapital zu schlagen. Bannon ist bis heute eine Schlüsselfigur der amerikanischen Rechten – ihm gelang es, die sogenannte Alt-Right, die 2008 von dem Neonazi Richard Spencer gegründet worden war, bei der Präsidentschaftswahl 2016 zu einem wichtigen

Teil der Trump'schen Koalition zu machen. Die Journalistin Sarah Posner beschreibt die Bewegung als «eine weitverzweigte Koalition aus Weißen Nationalisten, Konföderierten der alten Schule, Neonazis, Islamfeinden und Propagandisten in den sozialen Medien, die die Religiöse Rechte in erster Linie als Instrument der White Supremacy betrachten».[8] Unter Bannons Führung etablierte sich *Breitbart* als Sprachrohr der Bewegung.

Im Juni 2012 verkündete er auf der Conservative Political Action Conference (CPAC), einer der wichtigsten Konferenzen der konservativen Bewegung, dem begeisterten Publikum: «Wisst ihr, warum sie hinter Sarah Palin her sind? Nicht nur, weil sie Sarah Palin ist. Sie sind hinter euch her!»[9] Dieselbe Rhetorik sollte Donald Trump später verwenden, um seine Fans 2023 davon zu überzeugen, dass die diversen Ermittlungen gegen ihn Luftschlösser seien, um ihn aus der Politik zu verdrängen. «Sie sind hinter euch her, ich bin nur im Weg», verkündete er wieder und wieder auf seinen Veranstaltungen.[10]

Palin selbst zögerte, in das Rennen um die Präsidentschaftskandidatur einzusteigen – nicht nur wegen der juristischen Auseinandersetzungen, sondern auch wegen möglicher Belastungen für ihre Familie. Außerdem hatte sie sich mit dem einflussreichen *Fox-News*-Chef Roger Ailes überworfen. Der hatte ihr 2011 vorgeworfen, mit ihrer Hetze das Attentat auf die Demokratin Gabby Giffords, die erste jüdische Kongressabgeordnete Arizonas, provoziert zu haben, das sie nur knapp überlebte und bei dem sechs Menschen getötet wurden. Es gab zudem Spekulationen darüber, Ailes sei auch Palin gegenüber sexuell übergriffig geworden – Palin hat diese Gerüchte nicht wirklich abgestritten.[11] Eine Zeitlang sah es trotzdem so aus, als würde Palin ihren Hut in den Ring werfen, doch dann wurde der Platz für jemanden, der der Religiösen Rechten nahestand und rechtspopulistische Botschaften verbreitete, schon von anderen Ultrakonservativen wie Rick Santorum und Michele Bachmann besetzt.

Mitt Romney kristallisierte sich während der Vorwahlen immer mehr als wahrscheinlichster Kandidat für die Nominierung heraus – sehr zum Unwillen von Roger Ailes. Der war laut und derb und konnte mit dem höflichen und gediegenen Romney nichts anfangen. Romney sei «wie chinesisches Essen», beschwerte er sich einmal gegenüber einem *Fox-News*-Moderator: «Zwanzig Minuten nachdem du es gegessen hast, hast du vergessen, was es war.»[12] Ailes hatte schon Ronald Reagan und Bush Senior für Fernsehdebatten gecoacht. «Romney muss Obama die Fresse polieren!», verlangte er.[13] Während der zahlreichen Vorwahl-Debatten bei *Fox News* soll Ailes so frustriert gewesen sein, dass er seinen Fernsehbildschirm anschrie, wenn Romney nicht lieferte. «Was ist los mit diesem Typen? Er hat keine Eier!»[14]

Die Tea Party und der rechte Flügel der Republikanischen Partei wollten einen «Kulturkämpfer», der bereit war, mit Dreck zu werfen, aber stattdessen bekamen sie einen Investmentbanker, der sich erst endgültig durchsetzen konnte, nachdem seine härtesten Konkurrenten Santorum und Gingrich aufgegeben hatten.

Romneys Wahl für seinen Vize fiel auf Paul Ryan, einen jungen, rechtslibertären Abgeordneten aus Wisconsin, der zwar einige der wirtschaftspolitischen Positionen der Tea Party vertrat, aber genau wie Romney als polternder «Kulturkämpfer» ungeeignet war.

Spätestens seit Obamas erstem Wahlsieg hatte noch ein anderer Millionär Morgenluft gewittert – und begonnen, ernsthaft über eine Präsidentschaftskandidatur nachzudenken. Donald Trump hatte zwar schon seit den 1990er Jahren immer wieder mit dieser Idee kokettiert – sein gigantisches Ego und seine Sucht nach Rampenlicht prädestinierten ihn für diesen Wunsch. Als Sohn eines Immobilienmagnaten in New York erbte er mit 413 Millionen Dollar den Grundstock seines Vermögens, das er um Casinos, Hotels und Golfplätze erweiterte.[15] Seit den 1980er Jahren war er durch seine Geschäfte und durch seine erste Ehe mit Ivana Zelníčková immer wieder in der amerikanischen Boulevardpresse präsent. Seinen Promi-Status zementierte er spätestens Mitte der 2000er Jahre durch die Reality-Serie *The Apprentice*, in der er sich selbst spielte und in jeder Folge Bewerber*innen feuerte. Die Serie machte Trump nicht nur noch bekannter, sondern brachte ihm auch hohe Einnahmen.[16] Um für die Präsidentschaft zu kandidieren, fehlte ihm lange ein Narrativ, das aussichtsreich erschien. Das änderte sich, als er die Verschwörungsmythen um Obamas Geburtsurkunde zu seiner Obsession machte und damit zu einer Leitfigur der rassistischen Birther-Bewegung wurde.[17] Laut Verfassung können nur US-Bürger, die in den USA geboren wurden, für das Amt des Präsidenten kandidieren. Rechte Kreise – Trump inklusive – verbreiteten jedoch hartnäckig die Lüge, Obama erfülle diese Bedingung nicht und könne daher niemals der rechtmäßige Präsident der USA sein.

Trump startete einen regelrechten Feldzug gegen Obama und bekam dabei schon bald Schützenhilfe von *Fox News*: Nachdem er im März 2011 in einem Beitrag der Sendung *Fox & Friends* darüber schwadroniert hatte, dass Obama nicht in den USA geboren sei, ließ der Sender kurz darauf verlauten, dass Trump ab jetzt regelmäßig in der Show auftreten werde, in einem Segment namens «Monday Mornings with Trump». In einem Werbespot verkündete eine Stimme zunächst: «Mutig, kühn und niemals schüchtern – der Donald erhebt seine Stimme laut und deutlich, jeden Montag bei Fox.» Dann erschien Trump selbst und erklärte: «Meine Botschaft ist besser als die von allen anderen.»[18]

Nachdem Trump schon 2010 durch rassistische Hetze dazu beigetragen hatte, den Bau eines islamischen Kulturzentrums in der Nähe von Ground Zero zu verhindern, testete er seine Wirkung auf ein konservatives Publikum ein Jahr später, im Februar 2011, auch live.[19] Er war jetzt bereit, seine Botschaft auf jener Bühne zu verkünden, auf der diejenigen, die in der konservativen Bewegung etwas erreichen wollten, bestehen mussten: auf der schon erwähnten Conservative Political Action Conference in Washington.

Trump versicherte den Anwesenden, dass er ein standfester Vertreter konservativer Politik sei, was freundlich, wenn auch nicht sonderlich begeistert aufgenommen wurde. Das änderte sich erst, als er auf Obamas Herkunft zu sprechen kam. «Unser jetziger Präsident kam aus dem Nichts», rief er. Ganz dem Instinkt des Entertainers folgend, spürte er, dass er nun die Aufmerksamkeit der Menge hatte – und blieb bei dem Thema. «Ich gehe noch einen Schritt weiter: Die Leute, die mit ihm zur Schule gegangen sind [...], die haben ihn nie gesehen. Sie haben keine Ahnung, wer er ist.» Gelächter, Jubel. Treffer! Trump setzte, zur Freude der Menge, nach: «Verrückt! [...] Niemand wusste, wer zur Hölle er überhaupt ist!» Und dann sprach er zum ersten Mal als Möglichkeit das aus, was bisher nur sein Gedankenspiel gewesen war: «Falls ich mich entscheide zu kandidieren, werde ich keine Steuern erhöhen, sondern wir werden Hunderte von Milliarden von den Ländern zurückholen, die uns jetzt noch über den Tisch ziehen.» Das Publikum, das zu Beginn seiner Rede noch schläfrig gewirkt hatte, hing seit den Kommentaren zu Obama an seinen Lippen. Und am Ende, bevor es stehende Ovationen für ihn gab, testete Trump schon mal sein Versprechen, mit dem er 2016 antreten würde: «Unser Land wird wieder großartig sein.»[20]

Während Trump 2011 mit dem Gedanken spielte, in Zukunft für das Amt des Präsidenten zu kandidieren, waren die Republikaner zunächst damit beschäftigt, sich auf die zweite Wahl gegen Obama zu konzentrieren. Eine erneute Niederlage gegen Obama erschien den meisten in der Partei noch schlimmer als die erste. Aber sie waren zuversichtlich, dass es dazu nicht kommen würde: Mit den für die Demokraten desaströsen Zwischenwahlen von 2010 fühlten sich die Republikaner trotz der fehlenden Begeisterung für ihren Kandidaten Romney im November 2012 siegessicher. Vor allem glaubten sie fest an ihren eigenen Kernmythos, wonach die USA und die Mehrheit ihrer Bürger*innen im Grunde konservativ und damit Republikanisch seien.[21] Schon Goldwater hatte den Anspruch erhoben, für den «vergessenen Amerikaner» zu sprechen, für die «stillen Amerikaner», die die «substanzielle Mehrheit» des Landes darstellten.[22] Nixon hatte den Mythos der «stillen Mehrheit» zum geflügelten Wort gemacht. Unter Reagan machte der Prediger Jerry Falwell die «moralische Mehrheit» dann zum Powerplayer auf der politischen Bühne in seinem Kampf für Weißen christlichen Nationalismus.

Die Ankündigungen vieler namhafter Republikaner am Vorabend der Wahl 2012, dass ein Erdrutschsieg Romneys bevorstehe, lassen sich nur so erklären: Sie hatten angefangen, ihr eigenes Narrativ zu glauben, und dadurch den Bezug zur Realität verloren.[23] In ihrem Optimismus ließen sie sich auch nicht von den für Romney besorgniserregenden Umfrageergebnissen beirren.[24] Die Behauptung des Romney-Teams, die Umfragen seien falsch,[25] fügte sich gut ein in das schon von Reagan und Nixon gezeichnete Bild einer angeblich linken Medienelite, die Konservativen nicht gewogen sei. Romney und sein Team hatten eigene Umfragen in Auftrag gegeben, die seinen Sieg voraussagten. Romney war so überzeugt von seinem Sieg, den die Umfragewerte seines Chef-Pollsters Neil Newhouse vorhersagten, dass er nicht einmal eine Rede für den Fall seiner Niederlage vorbereitete.[26] Newhouse und Romneys Team erwarteten, dass die immer noch angeschlagene Wirtschaftslage Obama schaden würde, dass er nicht noch einmal so viele Wähler*innen würde mobilisieren können wie noch vier Jahre zuvor und dass es Zeit für einen Wechsel sei.[27] Romneys Niederlage war für viele Republikaner infolgedessen ein Schock. Romney und Ryan konnten nur 47,21 Prozent der abgegebenen

Stimmen und 38,3 Prozent des Electoral College für sich gewinnen.[28] Die Tatsache, dass Erwartung und Ergebnis so weit auseinanderlagen, führte allerdings dazu, dass prominente Stimmen sich weigerten, ihren Irrtum einzugestehen, und stattdessen darauf beharrten, richtiggelegen zu haben, indem sie behaupteten, Obama habe nur durch Tricksereien oder gar Betrug gewonnen.

Als die Wahlergebnisse des Einzugsgebiets von Philadelphia eintrudelten, zeigte sich, dass in 59 Teileinheiten von Wahlbezirken 100 Prozent der Stimmen an Obama gingen. Schnell kursierten Memes und Vorwürfe von Wahlbetrug, dabei stellte sich das Ergebnis schnell als plausibel heraus: Anders, als von Sean Hannity behauptet, handelte es sich nicht um «Wahlbezirke», sondern um wesentlich kleinere Untereinheiten, die im Übrigen zusammengenommen nur 3,5 Prozent aller Wahlbezirke Philadelphias ausmachten. Eine Untersuchung des *Philadelphia Inquirer* fand keinerlei Hinweise auf Wahlbetrug.[29] Expert*innen waren sich einig: Es war logisch, dass man in einer dichtbesiedelten städtischen Umgebung, in der aufgrund historischer geographischer Segregation auch heute noch fast ausschließlich Schwarze Menschen wohnten, den ersten Schwarzen Präsidenten wiedergewählt hatte.[30]

Ein weiterer Grund für Schwarze Amerikaner*innen, ihr Kreuz nicht bei der GOP zu machen, bestand darin, dass sich die Republikaner, anders noch als unter Nixon, gegen Affirmative Action positioniert hatten, also Programme zur Erleichterung des sozialen Aufstiegs, mit denen man versuchte, rassistische Diskriminierung auszugleichen.[31] Die Tatsache, dass es umgekehrt in überwiegend Weißen Wahlbezirken Philadelphias kaum je einen ähnlich hohen Prozentsatz an Stimmen für die GOP gab, verstärkte bei Republikanern den Eindruck, dass das Ergebnis aus Philadelphia manipuliert sein müsse. Doch auch hierfür gab es eine demographische Erklärung: Selbst bei Wählergruppen, die mehrheitlich und zuverlässig Republikaner wählen, wie beispielsweise Weißen Männern, waren die Zustimmungswerte für die GOP nicht so hoch wie unter Schwarzen Menschen, die Demokraten wählten – abgesehen davon, dass sie auch nicht im selben Maße geographisch zentriert waren.[32] Sean Hannity ließ sich jedoch von Fakten nicht beirren und verkündete in seiner Show: «Ich glaube das nicht. Ich glaube, es handelt sich um Wahlbetrug.»[33]

Einer derjenigen, die in den Wahlbetrugs-Chor einstimmten, war Donald Trump, der am Tag nach der Wahl twitterte: «Wir dürfen das nicht zulassen. Wir sollten nach Washington marschieren und diese Ungeheuerlichkeit stoppen. Unsere Nation ist total gespalten!»[34] Neun Jahre später sollte er erneut zum Sturm auf Washington, auf das Kapitol aufrufen – als frisch abgewählter Präsident, und diesmal würden ihm seine Fans folgen.

Sobald sich nach der Niederlage Romneys die erste Schockstarre löste, begann man in der GOP mit der Ursachenforschung. Der RNC-Vorsitzende Reince Priebus berief das «Growth and Opportunity Project» ein, das in den Wochen nach der Wahl Umfragen durchführte und Daten auswertete, um zu erklären, wie die Katastrophe passieren konnte. Das Ergebnis der Untersuchung war eine deutliche Warnung an die Partei: Romney hatte die Wahl verloren, *obwohl* er einen höheren Stimmenanteil unter Weißen Wähler*innen gewonnen hatte als noch John McCain – 58 Prozent statt 52 Prozent.[35] Bei Frauen und bei Latinos lag er dafür weit abgeschlagen hinter Obama – und ebenso bei Menschen, die weniger als 50 000 Dollar im Jahr verdienten.

Die Autoren des Berichts nahmen kein Blatt vor den Mund: Die demographischen Veränderungen in der Zusammensetzung des Landes zeigten unmissverständlich, «wie prekär» die Situation der Republikanischen Partei geworden sei. «Amerika verändert sich demographisch, und wenn es den Republikanern nicht gelingt, ihre Anziehungskraft so zu steigern, [...] werden die Veränderungen das Spielfeld noch mehr in Richtung der Demokraten kippen.» Im Jahr 1980, so der Bericht, seien 88 Prozent der amerikanischen Wähler*innenschaft Weiß gewesen. 2012 sei der Prozentsatz auf 72 Prozent gesunken, während der Anteil hispanischer Wähler*innen von 7 Prozent im Jahr 2000 auf 10 Prozent im Jahr 2012 gestiegen sei. Dieser demographische Trend werde sich fortsetzen. Zum Beleg zitierte der Strategiebericht eine Hochrechnung des Pew Hispanic Center, nach der die Bevölkerung der USA im Jahr 2050 zu 47 Prozent aus Weißen, zu 29 Prozent aus hispanischen, zu 14,7 Prozent aus Schwarzen und zu 9 Prozent aus asiatischstämmigen Amerikaner*innen bestehen werde.

Der Appell der Republikanischen Gerichtsmediziner war eindringlich: «Wenn wir wollen, dass Wähler aus ethnischen Minderheiten die Republikaner unterstützen, müssen wir sie ansprechen und unsere Aufrichtigkeit zeigen.»[36] Der Bericht mahnte eine Rückkehr zu einer offeneren Einwanderungspolitik wie noch unter Reagan und – zumindest anfangs – Bush Junior an: Bei der Wahl im Jahr 2000 hatte Bush noch 44 Prozent der hispanischen Stimmen gewinnen können, während es jetzt, 2012, bei Romney nur noch 27 Prozent waren – Obama konnte hingegen satte 71 Prozent auf sich vereinen.[37] Insgesamt gewann der Demokratische Kandidat 80 Prozent der Stimmen aller Minderheitengruppen – ein vernichtendes Ergebnis für die GOP.[38]

Das Urteil der Autor*innen war eindeutig: In einem Amerika, das immer multiethnischer und pluralistischer wurde, verlor die Republikanische Partei mit ihrer derzeitigen Politik scharenweise die Stimmen von Minderheiten, die in der Zukunft eine Mehrheit der Wählerschaft ausmachen würden. Das war zwar kein Todesurteil, würde die GOP aber zumindest zur politischen Bedeutungslosigkeit verdammen, falls man den Kurs nicht korrigierte. Außerdem habe Romney bei Frauen zu schlecht abgeschnitten, die 2012 mit 53 Prozent die Mehrheit der Stimmberechtigten ausgemacht hätten. Der Bericht wies auch auf ein von Romney ungenutztes populistisches Potenzial hin, das brachliege, weil er und die GOP als Partei der wirtschaftlichen Elite wahrgenommen würden, losgelöst von der Lebensrealität derer, die nicht zu den Reichen des Landes gehörten. Angesichts der Wirtschaftspolitik, mit der Romney und Ryan angetreten waren, war das wenig verwunderlich.

Der Bericht adressierte weder das Thema Abtreibung noch die Opposition zu gleichgeschlechtlicher Ehe direkt, deutete aber doch an, dass sich zumindest das *Messaging* gegenüber Homosexuellen ändern müsse und man mehr Kandidaten aus Minderheitsgruppen rekrutieren müsse. Doch das allein reiche nicht: «Wenn es um soziale Fragen geht, muss die Partei in der Tat und in der Praxis integrativ und einladend sein. Andernfalls werden wir weniger in der Lage sein, junge Menschen und andere, einschließlich vieler Frauen, die mit uns in einigen, aber nicht allen Fragen übereinstimmen, zu überzeugen.»[39]

Das «Growth and Opportunity Project» hatte in Ohio und Iowa Menschen befragt, die sich früher als Republikaner bezeichnet, die Partei aber mittlerweile verlassen hatten. Auch hier war das Urteil vernichtend: «Auf die Frage, wie sie die Republikaner beschreiben würden, sagten sie, dass die Partei ‹furchterregend›, ‹engstirnig› und ‹weltfremd› sei und dass wir eine Partei von ‹spießigen alten Männern› seien.»[40] Wenn die Republikanische Partei in Zukunft eine Chance auf die Präsidentschaft haben wolle, müssten sich grundlegende Dinge ändern, so der eindringliche Appell des Berichts: «Die Republikanische Partei muss aufhören, nur mit sich selbst zu reden. Wir sind Experten darin geworden, Gleichgesinnte ideologisch zu bestärken, aber wir haben auf verheerende Weise die Fähigkeit verloren, diejenigen zu überzeugen oder willkommen zu heißen, die nicht in allen Fragen mit uns übereinstimmen.»[41]

Raus aus der konservativen Echokammer also, weg vom extremen Rechtsdrall, der von konservativen Medien und dem extrem rechten Teil der Basis forciert wurde, und hin zu einem freundlicheren, inklusiveren Konservatismus. Oder aber riskieren, allzu schnell in der politischen Bedeutungslosigkeit zu versinken. Der Bericht zeichnete letztlich also einen Weg, wie die Republikanische Partei sich entwickeln könnte, ohne sich dabei weiterhin den Ultrakonservativen und Rechtsextremen in ihren Reihen auszuliefern.

Ein zweiter, nicht veröffentlichter Bericht, den der *New-York-Times*-Journalist Jeremy W. Peters einsehen konnte, enthielt eine Analyse von Obamas Wahlkampf und seiner Wählerschaft. Aus ihm ging hervor, dass Obama keinesfalls, wie von der GOP im Wahlkampf behauptet, ein Kandidat der Linken war: Während zwei Drittel der Romney-Wähler*innen Weiß und konservativ waren, hatte Obama eine ideologisch diversere Koalition geschaffen.[42] Der Bericht beinhaltete laut Peters außerdem eine Simulation, die Romneys Weg zu einem Sieg skizzierte, wenn er höhere Prozentpunkte bestimmter Bevölkerungsgruppen in den Schlüsselstaaten Ohio, Virginia und Florida für sich gewonnen hätte: 50 Prozent der Stimmen in diesen drei Staaten hätten dort einen Sieg bedeutet (Bush war das 2004 gelungen), in Florida hätten Romney 40 Prozent der Latino-Stimmen gereicht. Kurz: Es erschien machbar.[43] Vielleicht, so schienen beide Berichte zu suggerieren, wollten die Wähler*innen den Republikanern mit der Niederlage die Botschaft senden, aus ihrer allzu rechten Ecke wieder herauszukommen. Sogar Obama hatte sich im Juni 2012 optimistisch gezeigt, dass der Rechtsdrall der Republikanischen Partei nach seiner Wiederwahl aufhören könne: «Ich glaube, wenn wir bei dieser Wahl erfolgreich sind, dann wird das Fieber vielleicht sinken, weil es in der Republikanischen Partei eine Tradition des gesunden Menschenverstands gibt. Meine Hoffnung, meine Erwartung ist, dass wir nach der Wahl – wenn klar ist, dass das Ziel, Obama zu schlagen, nicht viel Sinn macht, weil ich nicht wieder kandidiere – wieder anfangen können zusammenzuarbeiten.»[44]

Doch das Fieber sollte nicht sinken – im Gegenteil. Denn die rechte Flanke der Partei schlug zurück und veröffentlichte ihrerseits einen Bericht, in dem sie die Ergebnisse des «Growth and Opportunity Project» zurückwies. Das Problem habe nicht darin bestanden, dass die Positionen von Republikanern in «sozialen Themen» – beispielsweise Abtreibung und gleichgeschlechtliche Ehe – zu abschreckend gewesen seien, sondern das Gegenteil sei der Fall gewesen: Die GOP habe nicht in ausreichendem Maße auf harte konservative Inhalte in sozialen Fragen gesetzt. Mit konservativen Positionen in sozialen Fragen könne man in Zukunft hispanische (katholische) Wähler*innen für sich gewinnen, so die These dieses Gegenberichts, an dem unter anderem Kellyanne Conway mitgearbeitet hatte. Außerdem müsse sich die Sprache der Republikaner bei Wirtschaftsthemen ändern – weniger Gerede über Arbeitgeber, denn bei dem Wort würden Menschen an ihre Chefs denken, was den Eindruck von der Partei als einem abgehobenen Advokaten für die Reichsten der Reichen verstärken würde. Stattdessen müsse die Sprache auf den «Mittelstand» ausgerichtet werden, der «vergessen» worden sei.[45] Auch Rush Limbaugh folgte dieser Argumentation: Er behauptete, die Partei habe 2012 verloren, weil sie «nicht konservativ genug» gewesen sei. Das Partei-Establishment habe versucht, die Tea Party auszugrenzen, anstatt sie zu nutzen. Die Niederlage hätten sie sich zuzuschreiben, weil es ihnen nicht gelungen sei, die «Basis» zu mobilisieren.[46] Die Autopsie, die das RNC in Auftrag gegeben hatte, entpuppte sich angesichts dieser heftigen Gegenreaktionen also schon bald als das letzte Aufseufzen einer Partei, die in dieser Form längst nicht mehr existierte und die, zumindest wenn es nach der Basis ging, auch keine Zukunft haben sollte.

Derweil baute die Tea Party ihre Macht im Kongress weiter aus – nicht zahlenmäßig, sondern weil es ihr gelang, den Fraktionsführer der Republikaner im Repräsentantenhaus, John Boehner, wieder und wieder massiv unter Druck zu setzen. Der Abgeordnete aus Ohio war als eines von zwölf Kindern in einem katholischen Haushalt aufgewachsen, sein Vater war ein Barkeeper gewesen. Als Teenager hatte Boehner die Bar geputzt und später als Hausmeister gearbeitet, um sich das College zu finanzieren. Er war stets wie aus dem Ei gepellt, bügelte seine Kleidung bis zu den Unterhosen selbst, hatte eine Schwäche für Rotwein, war tief gebräunt und besaß neben einem pöbelig-trockenen Witz eine rotzige Sporttrainer-Art, von der niemand verschont blieb.[47] Er konnte gut mit Leuten, war jovial und galt als raffinierter Stratege. Aber weder seine Menschenkenntnis noch politische Taktikspiele konnten am Ende seine politische Karriere retten.

Dabei hatte es anfangs noch ganz anders ausgesehen: Als junger Politiker galt Boehner als radikal, und als er 1991 nach Washington kam, wollte er «aufräumen», lange bevor Trump verkündete, den «Sumpf trockenlegen» zu wollen.[48] Als Newt Gingrichs «Leutnant» hatte er in den 1990er Jahren gelernt, wie man Politik als Blutsport betreibt, aber auch, wie man mit seinen politischen Feinden Kompromisse eingeht. Die Gefahr der Tea Party hatte er anfangs wohl auch deshalb unterschätzt, weil er dachte, dass er einer von ihnen gewesen sei, noch bevor die Bewegung als solche existierte – oder anders gesagt, dass die Anhänger*innen der Tea Party «seine Leute» seien.[49] Seit Romneys Niederlage 2012 und der anschließenden Autopsie hatten einige der früheren Ideologen des konservativen Establishments ihren Tonfall geändert – darunter auch Paul Ryan, Romneys Vizekandidat. Hatte er während des Wahlkampfs noch von «Gebern und Nehmern» gesprochen, also von denen, die hart arbeiten, und denen, die von Sozialleistungen leben würden, entschuldigte er sich später für diese Aussage.[50] Zwar unterstützte er nach wie vor erzkonservative Maßnahmen, wie massive Kürzungen von sozialen staatlichen Hilfsprogrammen, und blieb in Sachen Wirtschaftspolitik auf der Linie konservativer Orthodoxie, doch in den Augen der sich immer weiter radikalisierenden Rechtsaußen-Fraktion der GOP, die dank konservativer Medien wie *Fox News* eine direkte Kommunikations-Pipeline zur Basis hatte, galten Ryans Positionen jetzt als verweichlicht.[51]

Boehner versuchte 2013 zunächst gemeinsam mit Ryan und Senator Marco Rubio, einem weiteren ehemaligen Tea-Party-Star, und anderen Republikanern in Zusammenarbeit mit den Demokraten eine Einwanderungsreform zu verabschieden, die Millionen von illegalen Einwanderern einen legalen Status verliehen und gleichzeitig die Sicherheitsmaßnahmen an der Grenze zu Mexiko verstärkt hätte. Doch die Tea-Party-Kräfte im Repräsentantenhaus stellten sich quer. Der Senat hatte die Einwanderungsreform bereits verabschiedet, jetzt war das Repräsentantenhaus am Zug.[52] Boehner hätte die Stimmen der Tea Party nicht einmal gebraucht, er hätte Haltung beweisen und einen Gesetzentwurf vor den Kongress bringen können, den die Mehrheit der amerikanischen Bevölkerung befürwortete – aber er zögerte.[53] Zu groß war seine Angst vor dem Zorn des Tea-Party-Flügels, der zwar nur eine Minderheit innerhalb der Partei ausmachte, aber über mächtige Verbündete verfügte – zum Beispiel in rechten Medien. Glenn Beck rührte dort die Trommel gegen die Reform, und Michele Bachmann fütterte den nativistischen Geist der Rechtsextremen, indem sie vor dem Kapitol ein Weißes Baby hochhielt und verkündete: «Sagt Hallo zu Amerikas Zukunft!»[54]

Boehner knickte ein – und weigerte sich, das im Senat verabschiedete Gesetz überhaupt zur Abstimmung zu bringen.[55] Eine moderatere Haltung bezüglich Einwanderung war zwar die klare Empfehlung der GOP-Autopsie gewesen, aber für Abgeordnete im Repräsentantenhaus, die in Zwei-Jahres-Wahlzyklen dachten, war es wenig attraktiv, sich eines Themas anzunehmen, das sie potenziell den Job kosten konnte.[56]

Schon zuvor hatten einige Tea-Party-Mitglieder ihre Macht als Brandstifter innerhalb der Republikanischen Basis und der rechten Medienlandschaft genutzt, um ihre Interessen durchzusetzen. Michele Bachmann drohte Boehner 2013, dass sie ihm *Fox News* auf den Hals hetzen würde, sollte er sie nicht in einen prestigeträchtigen Ausschuss berufen. Boehner erinnert sich: «Sie hatte mich bei den Eiern.» Er gab nach und bot Bachmann einen Platz im Geheimdienstausschuss an.[57]

Es sollte nicht das letzte Mal bleiben: Wieder und wieder würde Boehner einknicken und damit vor einer im Vergleich kleinen, radikalen Gruppe innerhalb seiner Fraktion kuschen. Boehner war im Januar 2011 zum Speaker des Repräsentantenhauses gewählt worden. Sein Nachfolger als Mehrheitsführer der GOP dort war Eric Cantor, ein Abgeordneter aus Virginia und der einzige jüdische Republikaner unter den insgesamt 45 jüdischen Mitgliedern des 111. Kongresses.[58] Cantor war eine Art Rarität, denn anders als viele jüdische Neokonservative war er auch bei sozialen Themen erzkonservativ: Er war strikt gegen Abtreibung, für freien Waffenbesitz und galt als absoluter Hardliner, was Deregulierung und die Ablehnung von Steuererhöhungen betraf. Cantor war Boehners Nummer zwei, die beiden waren gut befreundet, und der junge Abgeordnete galt als Boehners wahrscheinlichster Nachfolger. Boehners wiederholte Zugeständnisse an die extremen Rechten in seiner Fraktion ergaben aus seiner Sicht taktisch Sinn, wenn er verhindern wollte, dass die Agitation der Mitglieder der erzkonservativen Tea Party den Druck innerhalb der Fraktion weiter erhöhte. Es war ein mühsames Lavieren der Fraktionsführung zwischen den Positionen der Hardliner und den Erfordernissen der Tagespolitik.[59]

Obamas Krankenversicherungsreform war den Konservativen schon lange ein Dorn im Auge gewesen. Als im August

2013 die Abstimmung über die Anhebung der Schuldenobergrenze für den Staatshaushalt anstand, mit der ein *Government Shutdown* verhindert werden sollte, wurden Boehner und Cantor von den eigenen Leuten ausgebuht, weil sie die Haushaltsverhandlungen nicht an eine Abstimmung über die Abschaffung von Obamacare binden wollten. Ohne eine solche Verknüpfung war der Rechtsaußen-Flügel nicht bereit, den Shutdown zu verhindern. Boehner war fassungslos angesichts dieser absoluten Verweigerungshaltung und warnte die Hardliner, dass die Bevölkerung der GOP die Schuld am Shutdown geben würde. «Ich hab ihnen gesagt, ‹Macht das nicht. Das ist verrückt. Der Präsident, der Vizepräsident, [Harry] Reid, [Nancy] Pelosi, die sitzen alle da mit dem breitesten, selbstgefälligsten Grinsen überhaupt, weil sie nicht fassen können, dass wir so verfickt [sic] bescheuert sind», so Boehner später.[60]

Zwei Jahre später kam Boehner nicht mehr weiter – zu groß war mittlerweile der Frust der konservativen Hardliner darüber, dass Boehner, wie schon sein Lehrmeister Gingrich, die Republikaner im Repräsentantenhaus an der kurzen Leine hielt, auch um angesichts der rowdyhaften Rebellen in der Partei überhaupt Handlungsspielraum zu haben.[61]

Im Kampf gegen Obamacare wurde der junge Senator Ted Cruz aus Texas zum Star des Rechtsaußen-Flügels der Partei. Bei den anderen Mitgliedern des Kongresses, auch denen aus der eigenen Partei, war er extrem unbeliebt. Boehner nannte ihn einmal den «fleischgewordenen Luzifer» und den «miserabelsten Hurensohn, mit dem ich je gearbeitet habe» – und Lindsay Graham bemerkte: «Wenn Sie Ted Cruz im Senat umbringen würden und der Prozess im Senat stattfände, würde niemand Sie verurteilen.»[62]

Aufmerksamkeit erhielt Cruz vor allem durch eine medienwirksame, 21-stündige Rede im Senat gegen Obamas Pläne für eine Krankenversicherung. Die Rede blieb zwar wirkungslos in den Verhandlungen mit den Demokraten, brachte Cruz aber großen Applaus von Seiten der Hardliner ein. Cruz war dennoch nicht die treibende Kraft hinter den Bemühungen, Obamacare abzuschaffen. Dieser Titel ging an einen jungen Abgeordneten, der gerade erst in den Kongress gewählt worden war: Mark Meadows, der Jahre später Trumps Stabschef werden sollte.

Meadows war ein früherer Geschäftsmann, der 2012 als Abgeordneter für den 11. Wahlbezirk in North Carolina ins Repräsentantenhaus einzog. Die Grenzen des Wahlbezirks waren ein Jahr zuvor von Republikanern so extrem gezogen worden, dass sein Vorgänger, der Demokrat Heath Shuler, gar nicht erst zur Wiederwahl angetreten war, weil er keine Chance gehabt hätte.[63] Kaum im Kongress, fackelte Meadows nicht lange und schrieb einen offenen Brief an die Parteiführung, in dem er sie aufforderte, endlich zu handeln – und den Demokraten bezüglich Obamacare die Pistole auf die Brust zu setzen.[64] Auch 79 Kolleg*innen aus seiner Fraktion unterzeichneten den Brief. Diejenigen, die ihm nicht gefolgt waren, bekamen schnell zu spüren, welche Folgen das haben konnte: Meadows erhielt Unterstützung von Heritage Action, dem politischen Arm der Heritage Foundation, die 500 000 Dollar investierte, um Republikanische Abgeordnete zu attackieren, die ihre Unterschrift nicht unter Meadows' Brief gesetzt hatten.[65]

Boehner gab schließlich nach und verlangte im Namen der GOP vom Weißen Haus, Obamas Prestigeprojekt abzuschaffen, andernfalls würden sie die Schuldenobergrenze nicht anheben, und die Regierung müsste in den Shutdown gehen – eine absurde Forderung, die zum Scheitern verurteilt war. Dass die meisten Amerikaner*innen der GOP die Schuld gaben, scherte die wenigsten Republikaner im Repräsentantenhaus, denn es war nicht die Mehrheit des Landes, die sie alle zwei Jahre in den Kongress wählte, sondern die Mehrheit in ihren tiefroten Wahlbezirken, deren Grenzen oft zugunsten von Republikanern gezogen waren.[66]

Die Deadline des 1. Oktober, an dem ein neues Haushaltsjahr begann und die US-Regierung einen neuen Haushalt brauchte, um ihre laufenden Ausgaben zu tätigen, rückte unaufhaltsam näher. Als um 0 Uhr am 1. Oktober keine Einigung in Sicht war, wurde der *Government Shutdown* ausgelöst: 600 000 Staatsbedienstete wurden mit sofortiger Wirkung in den Zwangsurlaub geschickt, Nationalparks und Museen bis auf Weiteres geschlossen.[67] Die Finanzmärkte reagierten relativ gelassen, weil man sich einen Staatsbankrott der USA nicht vorstellen konnte.[68] Sie vertrauten darauf, dass man bis zum 17. Oktober, dem Tag, an dem die USA die Schuldenobergrenze erreichen würden, eine Einigung erzielen werde, um so einen Staatsbankrott und eine Weltwirtschaftskrise zu verhindern.[69]

Nach sechzehn Tagen war es dann wirklich vorbei: Boehner verkündete seinen Truppen, dass es an der Zeit sei aufzugeben. Diesmal wurde er von konservativen Republikanern bejubelt, obwohl die GOP nichts erreicht hatte. Spätestens in dem Moment begriff Boehner, dass es dem Tea-Party-Flügel gar nicht um Gesetzgebung ging, sondern ausschließlich um den Kampf.[70] Kämpfen um des Kämpfens willen. Boehner hatte ihnen sechzehn Tage lang bewiesen, dass er willens war, mit ihnen in den Schützengräben zu liegen. Deswegen war es egal, dass sie für ihr Theater nichts vorzuweisen hatten. Der Schaukampf allein war genug, es brauchte keine eigenen Ideen, keine Gesetzgebung, keine Vorschläge, nichts von dem, was man klassischerweise auf dem Kapitolshügel als Erfolge ansehen würde. Genau diese Haltung sollte nur drei Jahre später Donald Trump ins Weiße Haus bringen. Das Ende des Shutdowns – für nichts und wieder nichts – wurde weithin als Niederlage für die extremen Rechten in der GOP gelesen. Doch die sahen das ganz anders: Sie hatten den Speaker in den Regierungs-Shutdown gezwungen, und das war ihnen Sieg genug.

Für die Parteispitze der GOP zeigte sich immer deutlicher, dass die konservativen Medien wie *Fox News*, auf die sie sich in den Jahren zuvor weitgehend hatten verlassen können, wenn es darum ging, Empörung gegen Demokraten zu generieren, zum Problem wurden. Denn um zu der Partei zu werden, die der Autopsiebericht nach Romneys Niederlage einforderte, waren sie darauf angewiesen, dass konservative Medien mitspielten. Aber das genaue Gegenteil war der Fall: Mit ihrem rhetorischen Feuer brachten sie die eigene Wählerschaft gegen die Partei auf. Als Rupert Murdoch, der Besitzer von *Fox News*, Eric Cantor bei einem Abendessen 2013 fragte, warum der Kongress noch keine Einwanderungsreform verabschiedet habe, entgegnete Cantor einigermaßen fassungslos: «Rupert! Schaust du eigentlich deinen eigenen Sender?»[71]

Auch John Boehner musste feststellen, dass bei seiner Fraktion womöglich Hopfen und Malz verloren war. Im Sommer 2013 traf er Robert Ailes, den *Fox-News*-Chef, mit dem er gut befreundet war, um ihn zu bitten, «die Verrückten» – gemeint war eine ganze Reihe rechtsextremer Provokateure aus der Republikanischen Fraktion – nicht mehr prominent in seinem Sender zu platzieren. Doch stattdessen musste er entsetzt feststellen, dass er Ailes falsch eingeschätzt hatte. Denn während Murdoch bereit war, radikale Inhalte zu verbreiten, weil diese ihm Einschaltquoten und somit Geld brachten, lag die Sache bei Ailes anders. Ailes war kein zynischer Opportunist, er glaubte die rechten Verschwörungsmythen, die sein Sender verbreitete, tatsächlich. «Es war das bizarrste Treffen, das ich je in meinem Leben hatte. An dem Morgen flogen schwarze Hubschrauber um seinen Kopf herum», erzählte Boehner dem Journalisten Tim Alberta Jahre später. «Er gab jede Verschwörungstheorie von sich, die Sie je gehört haben.»[72] Ailes verkündete, Obama sei ein Moslem und habe sich mit Clinton und dem jüdischen Milliardär George Soros dazu verschworen, ihn zu stürzen. «Sie beobachten mich», raunte er Boehner zu –

«sie», das war Obamas Regierung. Er habe einen Panic Room in seinem Haus, der nicht abgehört werden könne, und seine Security sei kampferprobt. «Ich dachte, ich könnte ihn dazu bringen, die Irren zu kontrollieren, aber stattdessen stellte sich heraus, dass ich mit dem Vorsitzenden des Vereins sprach», erinnert sich Boehner in einem *Politico*-Essay.[73]

Eric Cantor bereitete sich unterdessen darauf vor, Boehner, sollte dieser sich entschließen, in Rente zu gehen, zu ersetzen. Es schien nur logisch, dass Cantor sein Nachfolger und damit der erste jüdische Speaker in der Geschichte der Partei werden würde. Als ein von lokalen Tea-Party-Kräften unterstützter, unbekannter Wirtschaftsprofessor namens David Brat ihn 2014 bei den innerparteilichen Vorwahlen in Virginia herausforderte, machte Cantor sich zunächst keine Sorgen. Immerhin hatte er 5,4 Millionen Dollar an Spenden für seinen Wahlkampf gesammelt. Damit konnte sein Gegenkandidat nicht einmal annähernd mithalten: Brat hatte nur 200 000 Dollar zur Verfügung.[74] Doch in diesem Rennen sollte es nicht darauf ankommen, wer über die größere Kriegskasse verfügte. David Brat gelang es nämlich, Cantor als abgehoben und Geschöpf Washingtons darzustellen, dem seine Position innerhalb der Partei wichtiger war als seine Wählerschaft und das Amt, für das sie ihn in seiner mittlerweile siebten Amtszeit nach Washington geschickt hatten: als Abgeordneten für seinen Wahlbezirk. Cantors Herausforderer wurde zudem durch rechte Medienstars wie die *Fox-News*-Moderatorin Laura Ingraham unterstützt, die unermüdlich für Brat Wahlkampf machten, sowie von einflussreichen rechten Websites wie *Breitbart*, die seine Botschaft unters Volk brachten.[75] Brat attackierte Cantor wegen seiner Einwanderungspolitik und behauptete, er unterstütze eine «Amnestie» für illegale Einwanderer. Cantor, plötzlich doch besorgt, legte in den letzten Wochen des Wahlkampfs eine 180-Grad-Wende hin und überzog seinen Wahlbezirk mit Flyern, die behaupteten, er habe immer gegen einen Weg zur Staatsbürgerschaft für illegale Einwanderer gekämpft, was weder der Wahrheit entsprach noch die Leute überzeugte.[76]

Die Nachricht, dass Cantor seinem Herausforderer unterlag – und zwar nicht knapp, sondern mit mehr als zehn Punkten Abstand –, war ein Schock für die Führungsriege der GOP. Dort hatte man bloß darüber spekuliert, wie hoch Cantor wohl gewinnen würde, hatte er doch noch zwei Jahre zuvor die Vorwahlen mit satten 80 Prozent gewonnen. Zu Cantors Niederlage trug aber noch etwas anderes bei: In Virginia ist es erlaubt, dass auch Mitglieder einer anderen Partei in den Republikanischen Vorwahlen abstimmen, und so votierten etliche Demokraten für Cantors Gegenkandidaten, um die Republikanische Nummer zwei im Repräsentantenhaus zu stürzen.[77]

Die Medienberichterstattung spiegelte die Schockstarre Washingtons wider: Die *New York Times* schrieb von «einem schlechten Omen für Moderate» – absurd schon allein deswegen, weil Cantor keineswegs ein Moderater war –, *ABC News* nannte Cantors Niederlage «den bisher größten Skalp in der kurzen, aggressiven Geschichte der Tea Party», und *CNN* sprach von einem «Erdbeben» – was nicht übertrieben war.[78]

Cantor war der erste amtierende Mehrheitsführer des Repräsentantenhauses, der je eine Vorwahl verloren hatte. Jetzt, da eine der grundlegenden Regeln amerikanischer Politik gebrochen war, schien auf einmal alles möglich. Das Signal von Cantors historischer Niederlage war jedenfalls eindeutig: Wer als Republikaner eine Einwanderungsreform unterstützt, ist politisch tot – selbst wenn es sich um ein Mitglied der Parteispitze handelt.[79]

Cantor kündigte umgehend seinen Rücktritt als Mehrheitsführer an – seine Karriere war vorbei. Er sollte nicht der Letzte sein, der von den Tea-Party-Kräften, die er einst unterstützt und für seine eigenen politischen Zwecke genutzt hatte, gestürzt wurde. Cantors Niederlage stieß vor allem einem übel auf: John

Boehner hatte eigentlich schon seinen Rücktritt geplant, ermüdet und vor allem entnervt nach Jahren des Ringens mit dem extremen Flügel seiner Partei. Nachdem jetzt sein Kronprinz Opfer der Tea Party geworden war, entschied er sich zähneknirschend, im Januar 2015 erneut als Speaker anzutreten, um endgültiges Chaos zu verhindern. Cantors Rücktritt als Fraktionsführer bedeutete außerdem, dass dieser Posten in einer Sonderwahl neu besetzt werden musste. Der Job ging an Kevin McCarthy, der zuvor als Whip dafür zuständig gewesen war, seine Fraktionsmitglieder bei Abstimmungen auf Linie zu bringen. McCarthy galt auf dem Kapitolshügel als schräge Figur: Er war recht beliebt, aber die wenigsten seiner Kolleg*innen hielten ihn für sonderlich fähig.[80] Sein Nachfolger als Whip wurde Steve Scalise, der sich in einem früheren Wahlkampf einmal in Anspielung auf den ehemaligen Ku-Klux-Klan-Anführer Duke als «David Duke ohne den Ballast» bezeichnet hatte.[81]

John Boehner sollte das nächste Opfer der fortschreitenden Übernahme der Partei durch noch radikalere Kräfte werden, auch wenn er den Zeitpunkt seines Abgangs am Ende selbst wählen konnte. Vor ihm lagen nervenaufreibende Monate im Clinch mit dem House Freedom Caucus, den einige Erzkonservative, darunter Meadows, gerade gegründet hatten. Die Gruppe von konservativen Rebellen unter den Republikanischen Abgeordneten hatte sich auf diesen Namen geeinigt, weil er so «generisch» klang.[82] Der Freedom Caucus zählte vierzig Mitglieder – ein Albtraum für den Speaker, denn während die GOP mit 247 Sitzen die Mehrheit im Repräsentantenhaus besaß, waren mindestens 218 Stimmen nötig, um Gesetze zu verabschieden. Damit war die Fraktion der GOP erpressbar, denn wenn der Freedom Caucus sich geschlossen querstellte, fiel die Stimmenzahl unter die nötigen 218. Die Alternative, einen Kompromiss mit den Demokraten einzugehen, um die Blockade der Rebellen zu umgehen, würde wiederum erst recht den Zorn von rechten Medienstars und der Basis wecken.[83]

Im Sommer 2015 hatte Mark Meadows eine mehr als 100 Jahre alte und bis dahin weitgehend unbekannte Regelung ausgegraben, nach der jedes Mitglied des Repräsentantenhauses die Amtsenthebung des Speakers beziehungsweise ein Misstrauensvotum gegenüber diesem beantragen kann. Am Ende kam es zwar dann doch nicht zu einer solchen Abstimmung, aber allein der Hinweis auf diese Möglichkeit genügte als Warnschuss in Richtung Boehner – ein Zeichen, dass die selbsternannten «vernünftigen Durchgeknallten» nach wie vor an seinem Sturz arbeiteten.[84]

Der Freedom Caucus sah sich selbst keineswegs als Stock im Getriebe des Kongresses, sondern vielmehr als letzte Bastion gegen die «Tyrannei» des Speakers – ihre Bezeichnung für dessen Bereitschaft, Kompromisse mit Demokraten und dem Weißen Haus einzugehen, um Gesetze verabschieden zu können. Für die Rebellen war das gleichbedeutend mit Verrat. Nach weiteren zermürbenden Haushaltsverhandlungen mit dem Freedom Caucus, bei denen die Rebellen drohten, alles platzen zu lassen, sollten der Organisation Planned Parenthood, die Abtreibungsgegner als ihren Hauptfeind auserkoren hatten, nicht alle Mittel gestrichen werden, hatte Boehner im September endgültig genug. Er teilte Obama seinen geplanten Rücktritt telefonisch mit, woraufhin der Präsident, mit dem Boehner oft aneinandergeraten war, schockiert versuchte, ihn zum Bleiben zu überreden: «Boehner, das können Sie nicht machen, Mann.» Doch es war vergeblich. Boehner hatte genug. Und so verabschiedete sich Obama von seinem Widersacher, den er dennoch respektierte, mit den Worten: «Ich werde Sie vermissen.» Boehners Antwort war flapsig und prophetisch zugleich: «Ja, das werden Sie.»[85]

Als er den schockierten Mitgliedern seiner Fraktion Ende September 2015 seinen Rücktritt für Oktober mitteilte, rollten die Tränen – bei Boehner, aber auch bei einigen seiner Kolleg*innen.[86] Nicht jedoch beim Freedom Caucus – für dessen

Mitglieder fühlte sich Boehners erzwungener Rückzug an wie ein Befreiungsschlag. Boehner war nur der Letzte in einer ganzen Reihe von prominenten Republikanern, deren Karrieren ein abruptes Ende fanden. Gingrich, Cantor, Boehner – die Liste führender GOP-Politiker, die die radikalen Kräfte der Partei genutzt, unterstützt und letztlich dramatisch unterschätzt hatten, wurde länger, und es sollten weitere Namen hinzukommen.

Die Freude der extremen rechten Flanke währte jedoch nicht lange: Denn schnell zeichnete sich ab, dass sich die Parteigranden um McCarthy als Boehners Nachfolger versammelten und dass sich Jeb Bush, der jüngere Bruder von George W. Bush, als deren präferierter Kandidat für die nächste Präsidentschaftswahl herauskristallisierte. Bei den Rebellen schrillten die Alarmglocken – sie waren nicht bereit, erneut einen Kandidaten des Establishments hinzunehmen, sei es als Speaker oder als Präsidentschaftskandidat. Für die Aufständischen innerhalb der Partei war klar: Die letzten beiden Präsidentschaftswahlen waren verlorengegangen, weil die Religiöse Rechte und Ultrakonservative ihre Stimmen in den jeweiligen Vorwahlen zwischen zwei Kandidaten aufgeteilt hatten – 2008 zunächst zwischen Mitt Romney und Mike Huckabee, 2012 zwischen Rick Santorum und Newt Gingrich.[87] Nun, da das Partei-Establishment sich schon mit Blick auf die Präsidentschaftswahl 2016 hinter Jeb Bush versammelte, sah der rechtsextreme Flügel der GOP noch weniger ein, weshalb er erneut nachgeben sollte. Seine Anhänger*innen hatte im Grunde seit Ronald Reagan niemand, der die Nominierung zur Präsidentschaftskandidatur gewonnen hatte, mehr wirklich begeistert. Und ihrer Meinung nach würde die Partei erst dann wieder den Präsidenten stellen, wenn sie endlich einen «echten» Konservativen nominierte.

Sobald klar war, dass McCarthy nicht genügend Stimmen unter den Republikanischen Abgeordneten erhalten würde, um zum Speaker gewählt zu werden, war für Boehner offensichtlich: Paul Ryan musste ran. Der hatte sich aber schon 2014 geweigert, den Job zu übernehmen, nachdem sein Freund Eric Cantor seine Vorwahl verloren und sich in seine Heimat Janesville, Wisconsin, zurückgezogen hatte. Doch Boehner fuhr nun große Geschütze auf: Mitt Romney und Reince Priebus baten Ryan, das Kreuz auf sich zu nehmen – und am Ende sogar Kardinal Timothy Dolan (Ryan war gläubiger Katholik). Daraufhin rief Ryan Boehner an: «Du Hurensohn. Du hast mir Dolan auf den Hals gehetzt?», fragte er. «Ja, hab ich», antwortete Boehner. «Und ich lass als Nächstes den Papst deinen erbärmlichen Arsch anrufen, wenn du nicht zur Vernunft kommst.»[88] Später grinste Boehner, der selbst katholisch ist, bei *CNN*: «Ich hab ihm so viel katholisches Schuldgefühl vermittelt wie möglich.»[89] Es funktionierte: Konservative misstrauten dem neuen Ryan zwar, der in ihren Augen nach seiner Niederlage zu «weich» geworden war, und runzelten die Stirn angesichts seiner neuen Versuche, die GOP für eine diversere Wählerschaft attraktiv zu machen, aber er war ihnen trotzdem ideologisch nach wie vor näher als jeder andere, der einen Anspruch auf das Amt des Speakers erheben konnte.

Ein nach wie vor widerwilliger Paul Ryan wurde im Oktober 2015 zum neuen Sprecher des Repräsentantenhauses gewählt, mit Unterstützung der meisten Mitglieder des aufrührerischen Freedom Caucus, denen er dafür mehr Mitspracherecht bei der Gesetzgebung versprochen hatte – und dass er eine weniger dominante Rolle im Gesetzgebungsprozess einnehmen würde als Boehner.[90] Es war ein versöhnliches Signal an den Rechtsaußen-Flügel und ein weiteres Zeichen dafür, dass dessen Einfluss in der Partei stetig wuchs. Ryan galt vielen als die letzte Hoffnung der GOP – wer sollte die Partei einen können, wenn nicht er?[91] Ryan sollte es allerdings gerade mal zweieinhalb Jahre in seinem Amt aushalten. Die Übernahme der Partei durch ihren aufständischen rechtsextremen Flügel stand nämlich kurz vor ihrer Vollendung.

14 Eine neue Ära

Die Übernahme der GOP durch Trump

«Das ist Hitler!»

Steve Bannon über Donald Trump

An einem Vormittag im Juni 2015 fuhr Donald Trump die goldene Rolltreppe im Trump Tower in Manhattan herab und winkte dabei einer jubelnden Menge zu. Gleich würde er seine Präsidentschaftskandidatur für die Republikanische Partei verkünden.[1] Steve Bannon, der das Schauspiel an seinem Fernseher verfolgte, schoss in diesem Moment ein Gedanke durch den Kopf: «Das ist Hitler!»[2] Bannon war allerdings keineswegs entsetzt – im Gegenteil. In seinen Augen sei der Vergleich ein «Kompliment» gewesen, schreibt der Journalist Jeremy Peters. Tatsächlich war Bannon ein großer Bewunderer der Nazi-Propagandistin Leni Riefenstahl. Deren Bildsprache habe großen Eindruck auf ihn gemacht, erinnert sich eine frühere Kollegin Bannons aus seinen Tagen als Filmproduzent in Hollywood – besonders ihr Film *Triumph des Willens* über den Reichsparteitag der NSDAP 1934.[3] Darin taucht Hitlers Flugzeug durch die Wolken auf, und als er nach der Landung gütig lächelnd aussteigt, empfängt ihn eine begeisterte Menge. Trump entstieg keinem Flugzeug, sondern winkte huldvoll von der Rolltreppe herab. Und die begeisterte Menge bestand zum Teil aus bezahlten Schauspieler*innen, die für eine angemessene Jubelkulisse sorgen sollten.[4] Aber Steve Bannon hatte den richtigen Riecher, lange bevor andere Stimmen aus rechten Medien in den schwärmerischen Trump-Chor einstimmen würden.

Zu diesem Zeitpunkt taten die meisten Mitglieder der amerikanischen Rechten Trumps Kandidatur noch als einen reinen

PR-Stunt ab und das nicht von ungefähr, hatte Trump doch selbst zugegeben, 1988 für die Präsidentschaft kandidiert zu haben, um Aufmerksamkeit für sein Buch *The Art of the Deal* zu generieren. Zu Beginn der Vorwahlsaison kam Trump in Umfragen zwar nur auf etwa fünf Prozent, aber es war nicht zu übersehen, dass seine Auftritte häufig große Menschenmassen anzogen. Das Republikanische Establishment rümpfte verächtlich die Nase und erklärte das Interesse der Leute an Trump mit dessen Prominenz, anstatt mit der Tatsache, dass seine Botschaft Anklang fand. Doch es war mehr als das: Trumps jahrzehntelange Erfahrung als Fernsehstar und nicht zuletzt seine Geltungssucht ließen ihn instinktiv darauf achten, wie das Publikum auf seine Worte reagierte. Wenn ein Satz einen Lacher generierte, erzählte er ihn auf den nächsten Veranstaltungen immer wieder – sodass seine Fans schon bald darauf begannen, bei jeder Rede gespannt auf sein «Best of» in Sachen Beleidigungen und Buzzwords zu warten, um dann jedes Mal in Jubelschreie und Applaus auszubrechen.

Was Trump in seinen Reden erzählte, wich inhaltlich von der klassischen Republikanischen Orthodoxie ab. Er setzte auf Rechtspopulismus, der bei seinen Zuhörern gut ankam: Anti-Einwanderung, isolationistische Außenpolitik, Nativismus. Aber Trump war auch, anders als es seit Jahren die Linie der Republikaner gewesen war, gegen Kürzungen bei Medicare und Medicaid.[5] Letztere waren die Krankenversicherungen, die seit 1965 auf Initiative Lyndon B. Johnsons als staatliche Gesundheitsfürsorge für Bürger*innen über 65 Jahre (Medicare) und für bedürftige Bürger*innen mit Einkommensnachweis (Medicaid) existierten.[6]

Trump durchzog seine Reden auch damals schon mit Anekdoten, die auf seine Fans unterhaltsam, liebenswert schrullig und gleichzeitig ernstzunehmend wirkten, während sich Außenstehende wunderten, wie er es nur schaffte, eine solche Begeisterung auszulösen. Fester Bestandteil seiner Auftritte waren von Anfang an kurze sketchartige Einlagen, in denen er mit verstellter Stimme einzelne Szenen nachspielt.

Trumps Berater hatten geraten, sich von seinem Konkurrenten Jeb Bush abzusetzen, indem er den ehemaligen Gouverneur von Florida beim Thema Einwanderung attackierte.[7] Doch die Grenzmauer zu Mexiko, die zum Herzstück der Trump-Agenda werden sollte und deren Bau seine Fans bejubeln würden, war eine spontane Eingebung, kein Ergebnis stundenlanger Strategiesitzungen: Als Trump bei einer Rede in Iowa im April 2014 Jeb Bushs Namen nannte, stöhnten einige im Publikum auf. Sichtlich zufrieden, dass sein Rivale beim Publikum offenkundig unbeliebt war, entschied sich Trump, noch mehr in die Antimigrationskerbe zu hauen – und forderte den Bau eines Grenzzauns. Trumps Berater hatte ihm zuvor Stichpunkte für seine Rede geschrieben. Davon, einen Grenzzaun zu bauen, sei jedoch keine Rede gewesen, berichtet der Journalist Jeremy Peters von der *New York Times*.[8] Den Teil dazu hatte Trump improvisiert: «Wir brauchen […] Grenzen, und ich meine starke Grenzen. Ich bin ein Bauherr. Ich baue tolle Gebäude. […] Ich würde eine Grenze bauen, wie noch niemand sie je gesehen hat. Niemand klettert da drüber. Niemand», rief er. Dem Publikum war es egal, dass Trump kaum zusammenhängende Sätze herausbrachte – es jubelte.[9]

Im Januar 2015 sprach er auf dem Iowa Freedom Summit dann von einem «Zaun», den man bauen müsse.[10] Als er ein halbes Jahr später seine Präsidentschaftskandidatur ankündigte, behauptete Trump: «Die USA sind der Abladeort für die Probleme aller anderen geworden» – ein Echo des isolationistischen Geistes von Buchanan und der Alten Rechten. Aus der Menge waren Applaus und zustimmende Rufe zu hören. Und so machte Trump weiter: «Danke. Es ist wahr, und diese [Leute] sind die besten und die tollsten», sagte er Richtung Publikum. «Wenn Mexiko seine Leute schickt, schicken sie nicht ihre besten. Sie schicken nicht euch. Sie schicken nicht euch.

Sie schicken Leute, die viele Probleme haben, und sie bringen diese Probleme zu uns. Sie bringen Drogen. Sie bringen Kriminalität. Sie sind Vergewaltiger. Und manche, vermute ich, sind gute Leute.»[11]

Die Partei-Elite war entsetzt. Aber Trump dachte nicht daran zurückzurudern – im Gegenteil. In einem Interview mit *CNN* behauptete er, es gebe einen Zusammenhang zwischen Vergewaltigungen und der Anzahl illegaler Einwanderer, die ins Land kämen – eine Lüge.[12] Bei einem Treffen von Mitarbeiter*innen des Republikaners Rand Paul, der ebenfalls kandidierte, war man sich laut Jeremy Peters einig, dass der Kommentar über Mexikaner als Vergewaltiger das Ende von Trumps Kandidatur bedeutete. Einer aus der Runde, der GOP-Umfrageforscher Tony Fabrizio, sah das Ganze jedoch anders: «Wisst ihr, wer in Republikanischen Vorwahlen abstimmt? Die lieben diesen Scheiß.»[13] Und tatsächlich: Als *Fox News* Ende Juni seine neueste Umfrage veröffentlichte, zeigte sich eine dramatische Entwicklung: Trump war an die zweite Stelle unter den Republikanischen Bewerber*innen vorgerückt.[14]

In den darauffolgenden Wochen und Monaten brach Trump so ziemlich alle Regeln, die für Republikanische Präsidentschaftskandidaten bisher gegolten hatten: Er zog über frühere GOP-Präsidenten her, nannte in der ersten parteiinternen Fernsehdebatte George W. Bush eine «Katastrophe», sagte «Unsere Politiker sind dumm» und konnte auf Nachfrage keine Bibelverse zitieren.[15] Doch die Attacken seiner Konkurrent*innen schienen an ihm abzuprallen. Rand Paul, der extrem rechtslibertäre Senator für Kentucky, warf ihm im ersten TV-Duell vor, er sei es gewohnt, Politiker kaufen zu können. Trump schlug zurück, indem er sagte, er habe Paul in der Vergangenheit «sehr viel» Geld gespendet.[16] Er beleidigte seine innerparteilichen Konkurrent*innen gern unter der Gürtellinie, denn er hatte bemerkt, dass er mediale Aufmerksamkeit generieren konnte, wenn er sich auf besonders hochrangige

Ziele im Republikanischen Establishment einschoss. Seine Fans liebten die plumpen Spitznamen, die er seinen Rivalen verpasste, beispielsweise «Low Energy Jeb» für Jeb Bush, «Lyin' Ted» für Ted Cruz und «Little Marco» für Marco Rubio. Trumps Auftritte erinnerten an Stand-up-Comedy der kruderen Sorte. Diese Strategie hatte für ihn jedoch den Vorteil, dass er von den Medien, aber auch von der größeren Öffentlichkeit nicht als Politiker, sondern als Entertainer gesehen und bewertet wurde. Seine Konkurrenten ernteten hingegen Shitstorms, wenn sie sich auf das gleiche Level begaben.

Jeb Bush bewarb sich – wie bereits erwähnt – ebenfalls um die Präsidentschaft, doch er führte Wahlkampf für eine Partei, die es in dieser Form längst nicht mehr gab. Als Spross der Bush-Dynastie galt er als quasi gesetzter Präsidentschaftskandidat der Republikaner – ein waschechter Konservativer, der sich an den Schlussfolgerungen der Republikanischen Autopsie von 2012 orientierte und keinen harten Anti-Einwanderungs-Kurs fuhr. Er war mit einer mexikanischen Einwanderin verheiratet, die von Trump rassistisch angegriffen wurde.[17] Bush lag zwar früh in den Umfragen vorn, doch die Basis war nicht wirklich von ihm überzeugt. Selbst Bushs eigene Mutter, die frühere First Lady Barbara Bush, hatte noch 2013 auf die Frage nach einer Präsidentschaftskandidatur ihres Sohnes Jeb geantwortet: «Er ist bei Weitem der am besten qualifizierte Mann, aber nein. Wir hatten genug Bushs.» Das Präsidentenamt sei «nicht nur für vier Familien».[18]

Der Name Bush wurde im Verlauf der Vorwahlen an der konservativen Basis zu einem Synonym für eine verkrustetete, abgehobene Führungsriege, die in Wahlkämpfen zwar immer wieder von der Mobilisierungskraft rechter Graswurzelbewegungen profitiert, dann allerdings, kaum gewählt, nicht geliefert hatte. Selbst Reagan hatte sie diesbezüglich schon enttäuscht, indem er beispielsweise mit Sandra Day O'Connor und Anthony Kennedy zwei moderate Konservative an den Obersten Gerichtshof berief. Es hatte sich laut Peters in großen Teilen der Partei das fatalistische Gefühl eingestellt, «dass Konservative es selbst dann schafften zu verlieren, wenn sie eigentlich gewonnen hatten».[19]

Trumps größtes Problem war es, die Religiöse Rechte und vor allem den hochgradig mobilisierten Wählerblock Weißer Evangelikaler von sich zu überzeugen. Diese hatten, genau wie andere Konservative, allen Grund zur Skepsis: Trump hatte in der Vergangenheit an Demokraten gespendet und das Recht auf Abtreibung unterstützt – und die Rechtsaußenflanke der GOP wollte keinen RINO als Präsidentschaftskandidaten. Wenn Trump die Nominierung ernsthaft gewinnen wollte, musste er diesen Schwergewichten innerhalb der amerikanischen Rechten mehr bieten als bloße Plattitüden wie die, dass seine Ansichten bezüglich Abtreibung sich um 180 Grad gewendet hätten.[20] Und es musste ihm schnell gelingen, denn die wichtigsten Aktivist*innen im Kampf gegen das Recht auf Abtreibung beäugten Trump nicht nur berechtigterweise mit großem Misstrauen, sondern sie machten ihrem Unmut auch Luft. Die Susan B. Anthony List, eine einflussreiche Organisation innerhalb der Religiösen Rechten, veröffentlichte im Januar 2016 gar einen Brief ihrer Leiterin, Marjorie Dannenfelser, und anderer Frauen in der Anti-Choice-Bewegung, in dem sie eindringlich vor der Wahl Trumps zum Kandidaten der GOP warnten.[21] Trump habe sich Frauen gegenüber widerlich verhalten und Frauen in seinem Stripclub Casino in Atlantic City ausgebeutet. Noch schwerwiegender als sein moralisch verwerfliches Verhalten gegenüber Frauen sei aber, dass man ihn nicht damit betrauen dürfe, die in ihren Augen wichtigste Entscheidung überhaupt zu treffen, sollte er Präsident werden: Richter*innen auszuwählen, die das Urteil im Fall *Roe v. Wade* aufheben und damit das Recht auf Abtreibung abschaffen würden. Genau das war eines der Ziele, wenn nicht sogar das Hauptziel, auf das die Religiöse Rechte seit den 1980er Jahren geschlossen hingearbeitet hatte.[22]

Die Religiöse Rechte, die sich aus Weißen Evangelikalen, konservativen Katholiken, denominationslosen Christen sowie einigen Mormonen zusammensetzt, war nicht mehr bereit, sich mit bloßen Worten zufriedenzugeben – schon gar nicht von einem Außenseiter wie Trump, von dem es eine lange Liste von Äußerungen gab, die seine frühere Unterstützung für das Recht auf Abtreibung belegten. Keine gute Ausgangsposition für einen Kandidaten, der vorhatte, die Republikanische Nominierung zu gewinnen. Dann sorgte ein plötzlicher Todesfall dafür, dass sich der Einsatz, um den es bei dieser Wahl ging, noch einmal dramatisch erhöhte.

Am 13. Februar 2016 wurde der 79-jährige Antonin Scalia, den Ronald Reagan dreißig Jahre zuvor an das Oberste Gericht des Landes berufen hatte, tot in einem Gästezimmer auf der Ranch eines texanischen Geschäftsmannes gefunden. Als Mitch McConnell, Senator für Kentucky und Mehrheitsführer der Republikaner im Senat, davon erfuhr, wusste er, dass dieser Todesfall alles verändern konnte: die Vorwahlen, die Präsidentschaftswahl im November und die Zukunft des amerikanischen Konservatismus. Also fackelte er nicht lange.

McConnell ist kein mitreißender Mann. Im Gegenteil: Über die Jahre hat sich ein ganzer Berg an vernichtenden Beschreibungen McConnells angesammelt wie die Bemerkung, dass er mit «dem natürlichen Charisma einer Auster» ausgestattet sei.[23] Doch McConnell sollte man nicht unterschätzen. In Washington hat sich das Urgestein des Senats einen legendären Ruf als genialer Stratege und brillanter Manipulator erarbeitet. Vom Beginn seiner langen politischen Karriere an verfolgte er ein Ziel: eine konservative Mehrheit am Obersten Gericht des Landes zu sichern und damit der amerikanischen Rechten auf Jahrzehnte hin die Macht zu garantieren, das Land nach ihren Vorstellungen zu formen. Während die meisten Berufspolitiker*innen beliebt sein und sympathisch wirken wollen, zelebriert McConnell seinen Ruf als Bösewicht des Senats. So begrüßte er wartende Journalist*innen einmal mit den Worten «Darth Vader ist da». Gemeint war er selbst – und es war kein Witz.[24]

McConnell ist das, was man gemeinhin als absoluten Machtmenschen bezeichnet. Ihm geht es nicht darum, recht zu haben, oder um Moral, sondern einzig und allein darum, zu gewinnen – egal wie.[25] Im Jahr 2007 wurde er zum Minderheitsführer der Republikaner im Senat gewählt, 2015 erfüllte sich dann sein Lebenstraum: Die Republikaner errangen bei der Wahl im November 2014 die Mehrheit im Senat, und er wurde im Januar darauf zum Majority Leader gewählt. In dieser Rolle machte er es sich zu seiner Hauptaufgabe, die legislative Agenda Obamas zu torpedieren. Unter seiner Führung gab es kaum Raum für Überparteilichkeit oder Kompromisse mit den Demokraten im Senat mehr, sondern erbitterte Grabenkämpfe. Über McConnell wird oft geschrieben, er betreibe Politik als Blutsport – etwas, das er mit Newt Gingrich gemein hat –, auch wenn es ihm nie in den Sinn gekommen wäre, für die Präsidentschaft zu kandidieren. Repräsentanz und in der ersten Reihe stehen, das interessiert ihn nicht. Ihm geht es darum, hinter den Kulissen die Strippen zu ziehen.

Noch aus seinem Urlaub in der Karibik ließ McConnell also am Valentinstag 2016 eine Pressemitteilung veröffentlichen: «Elaine und ich drücken der Familie Scalia unser tiefstes Beileid aus. Das amerikanische Volk sollte ein Mitspracherecht bei der Wahl seines nächsten Richters am Obersten Gerichtshof haben. Deswegen sollte diese Lücke nicht gefüllt werden, bis wir einen neuen Präsidenten haben.»[26] Es war ein atemberaubender Griff nach der Macht, wie es ihn bis dato in der amerikanischen Geschichte nicht gegeben hatte: Denn als Mehrheitsführer im

Senat lag es an Mitch McConnell, die Anhörung des oder der vom Präsidenten für den vakanten Richterstuhl am Supreme Court Nominierten und die anschließende Abstimmung anzuberaumen. Wenn er und die Republikaner sich weigerten, gab es keine Chance für die Demokraten, ihnen etwas entgegenzusetzen – sie selbst hatten nämlich 2013 den sogenannten «Filibuster» – eine Senatsregelung, die eine 60-Stimmen-Mehrheit erforderte – für präsidiale Ernennungen für Bundesgerichte und Behörden aufgehoben. Grund dafür war gewesen, dass McConnell und die GOP Obama an jeder Ecke blockiert hatten: In der Geschichte der Vereinigten Staaten waren bis dahin insgesamt 68 präsidiale Ernennungen im Senat blockiert worden. McConnell und die Republikaner blockierten innerhalb von wenigen Jahren 79 von Obamas Nominierten.[27]

Die Abschaffung des Filibusters galt nicht für die Berufungen an den Obersten Gerichtshof, doch McConnell hatte den Demokraten und ihrem damaligen Mehrheitsführer im Senat, Harry Reid, schon damals angedroht, dass sie ihre Entscheidung verfluchen würden: «Ihr werdet das bereuen, und zwar schneller, als ihr denkt.»[28] Er sollte recht behalten: 2014 gewannen die Republikaner, wie erwähnt, die Mehrheit im Senat zurück. Als McConnell zwei Jahre später von Scalias Tod erfuhr, wusste er, dass seine Zeit für Rache gekommen war – Rache für die Erniedrigung Robert Borks, den die GOP unter Reagan nicht als Richter am Obersten Gerichtshof hatte durchsetzen können (siehe 6. Kapitel), und für die Dreistigkeit, den Filibuster aufzuheben. Die Angelegenheit war eine zutiefst persönliche für McConnell. Drei Jahrzehnte zuvor hatte er bereits mit Scalia zusammengearbeitet – ein gerahmtes Bild der beiden hing noch 2022 in seinem Büro.[29] Die Besetzung des höchsten Gerichts war für McConnell der Schlüssel zu langfristiger konservativer Dominanz unabhängig davon, wer gerade im Oval Office saß. Frei nach dem Motto: Präsidenten kommen und gehen, aber eine Mehrheit am Supreme Court hält Jahrzehnte –

besonders, wenn man junge Richter*innen beruft. Jetzt weigerte er sich, Obamas Kandidaten für die Nachfolge Scalias, den zentristischen Merrick Garland, der auch bei konservativen Jurist*innen hohes Ansehen genoss, überhaupt anzuhören, ganz zu schweigen davon, über seine Nominierung abzustimmen.

McConnell war nicht der Einzige, der das langfristige Ziel verfolgte, eine konservative Mehrheit am Obersten Gerichtshof zu installieren. Eine Gruppierung, die seit den 1980er Jahren mit beeindruckend langem Atem auf die konservative Übernahme der juristischen Spitzenpositionen an den Gerichten der USA, einschließlich dem Obersten Gerichtshof, hingearbeitet hatte, ist die Federalist Society.

Die Gesellschaft war 1982 von konservativen Jurastudenten gegründet worden, um einen Talentpool an jungen konservativen Jurist*innen zu bilden, aus dem Republikanische Regierungen ideologisch verlässlichen Nachwuchs rekrutieren konnten – für Positionen innerhalb der Behörden oder des Weißen Hauses und ganz besonders für Positionen an den Gerichten des Landes.[30] Die Berufung konservativer Richter*innen an das höchste Gericht des Landes hatte für die amerikanische Rechte und ganz besonders für religiöse Konservative, die in der Bewegung mittlerweile den Ton angaben, höchste Priorität. Die konservativen Richter*innen, die 2023 am Obersten Gerichtshof sitzen – Samuel Alito, Clarence Thomas, John Roberts, Brett Kavanaugh, Neil Gorsuch und Amy Coney-Barrett –, haben allesamt Beziehungen zur Federalist Society oder sind ehemalige Mitglieder.[31]

Dass Donald Trump einen Draht zu dieser etablierten und einflussreichen Gruppe innerhalb der intellektuellen Spitze der konservativen Bewegung hatte, war Zufall: Don McGahn, einer seiner Anwälte, war langjähriges Mitglied der Society und stellte den Kontakt zu einem ihrer Vorsitzenden her: Leonard Leo. Der ist einer der einflussreichsten Männer der amerikanischen Politik.[32] Er hatte geholfen, Alito und Roberts an den Supreme Court zu bringen, und war entschlossen, noch zu seinen Lebzeiten dort eine konservative Mehrheit zu installieren. Leo steht mit der Federalist Society im Zentrum eines verzweigten Netzwerks und bringt so nicht nur viel Expertise mit, sondern hat auch tiefe Taschen: Laut Recherchen der *Washington Post* sammelten Leo und seine Verbündeten allein zwischen 2014 und 2017 mehr als 250 Millionen Dollar an Spendengeldern, die wiederum in Kampagnen flossen, um für rechte Nominierte zu werben. Schon Jahre zuvor gab Leo für Samuel Alitos Image-Kampagne 15 Millionen Dollar aus – mit Erfolg: Alito sitzt seit mehr als zwei Jahrzehnten am Obersten Gericht des Landes. Aufgrund der Gesetzeslage müssen gemeinnützige Organisationen ihre Spendenlisten nicht offenlegen, weshalb solche Spendengelder auch «Dark Money» genannt werden.[33] Leo hat die letzten zwei Jahrzehnte damit verbracht, ein Netzwerk aus Dark-Money-Gruppen aufzubauen, um die Nominierung rechter Richter*innen zu finanzieren und somit die Gerichtsbarkeit des Landes nach seiner ideologischen Präferenz umzugestalten.[34] 2023 erhielt seine Organisation Marble Freedom Trust die bisher höchste Einzelspende in der amerikanischen Wahlkampfgeschichte: 1,6 Milliarden Dollar, über die Leo als Königsmacher frei verfügen kann.[35]

Als Trumps Anwalt McGahn Leo kontaktierte, erkannte dieser das Glaubwürdigkeitsproblem des Reality-Star-Kandidaten und bot ihm einen Lösungsweg: ein wasserdichtes Versprechen an die amerikanische Rechte, standfeste Konservative zu ernennen, deren ideologische Zuverlässigkeit mit einem Gütesiegel der Federalist Society garantiert wurde. Mit anderen Worten, Trump sollte eine Liste veröffentlichen, auf der die Namen der klügsten und zuverlässigsten konservativen Jurist*innen standen, auf deren ideologische Standfestigkeit man sich verlassen konnte.[36]

Wie ungewöhnlich dieses Vorgehen war, zeigte sich an dem nachhaltigen Eindruck, den die dann tatsächlich von Trump gelieferten Namenslisten bei der Republikanischen Basis hinterließen. Trump versuchte gar nicht erst, diese Strategie zu verbergen, sondern verkündete offen, wer ihm geholfen hatte und weshalb: «Ich bekomme Namen. Die Federalist-Leute. Einige sehr gute Leute. Die Heritage Foundation. Ich werde verkünden, dass dies die Richter sind, in keiner bestimmten Reihenfolge, die ich aufstellen werde. Und ich werde es garantieren.»[37] So unzusammenhängend Trumps Ankündigung auch sein mochte – die Namensliste, die er von der Federalist Society bekam und veröffentlichte, sprach Bände. Dieser extrem ungewöhnliche Schritt – normalerweise würden Präsidentschaftskandidat*innen nicht im Traum darauf kommen, sich auf Namenslisten festlegen zu lassen – verschaffte Trump gegenüber seiner Konkurrenz einen massiven Vorteil: Auch Anti-Abtreibungs-Aktivistinnen hatten jetzt das Gefühl, eine handfeste Garantie dafür zu haben, dass Trump als Präsident ihre Agenda unterstützen werde.[38]

Eine weitere Garantie kam in Gestalt eines permanent milde lächelnden Mannes mit weißem Haar aus dem Mittleren Westen: des Gouverneurs von Indiana, Mike Pence.[39] Pence ist ein evangelikaler Hardliner, der extrem anti-LGBTQ eingestellt ist, für ein absolutes Abtreibungsverbot steht und Beten in staatlichen Schulen einführen will. Alles in allem ist er ein Posterboy der Religiösen Rechten mit dem Gestus eines Predigers. Er weigert sich aus Gründen seiner religiösen Sexualmoral, allein mit Frauen in einem Raum zu sein oder zu Abend zu essen, und besucht Abendveranstaltungen, auf denen Alkohol ausgeschenkt wird, nur in Begleitung seiner Frau, die er «Mutter» nennt – ein Vorgehen, das nach dem berühmten evangelikalen Prediger auch als «Billy-Graham-Regel» bekannt ist und Bände spricht über Pences Frauenbild.[40] Ihn kürte Trump nun zu seinem Kandidaten für das Amt des Vizepräsidenten.[41]

Pences Präsenz, seine makellosen konservativen Referenzen und seine Verdienste für die Religiöse Rechte sollten vor allem Weiße Evangelikale beruhigen, denen Trumps aggressives und erratisches Verhalten Sorgen bereitete.

Mit Trump hatte die Republikanische Partei 52 Jahre nach Barry Goldwater erneut einen Präsidentschaftskandidaten, der sich offen zu seinem Extremismus bekannte und dabei noch mehr gesellschaftliche Normen brach, als Goldwater es getan hatte. In den Grenzüberschreitungen Trumps sieht der Historiker A.J. Bauer eine Art Katalysator-Wirkung auf den amerikanischen Konservatismus. Die Basis habe sich nicht trotz, sondern wegen der Verschiebung des Sagbaren durch Trump für ihn als Kandidaten begeistert.[42] Fünfzig Jahre lang hatten die GOP und der im Laufe der Zeit mit ihr deckungsgleiche amerikanische Konservatismus versucht, den Vorwurf des Extremismus abzuschütteln. Auch wenn sie die Mobilisierungskraft rechter Aktivist*innen genutzt hatten, waren sie doch stets darauf bedacht gewesen, zu extreme Stimmen aus der ersten Reihe der Partei fernzuhalten. Jetzt aber rächte sich das jahrzehntelange Bestärken von rassistischen Vorurteilen und Verschwörungsdenken, das Dämonisieren des politischen Gegners und das Versagen, dem immer stärker werdenden Nativismus Einhalt zu gebieten. Vertreter des Partei-Establishments hatten dabei versagt, Position zu beziehen, und waren stattdessen darauf aus gewesen, extreme Stimmen nicht zu verärgern. So hatte etwa John Boehner in einem Interview 2011 zwar Verleumdungen Obamas widersprochen, aber betont, er könne «den Amerikanern nicht vorschreiben, was sie zu denken haben».[43] Die Spitze der GOP hatte sich außerdem jahrelang damit begnügt, nur das zu hören, was sie hören wollte. Ein Beispiel dafür war die Tea-Party-Bewegung, zu deren Stars anfänglich auch Eric Cantor und Paul Ryan gezählt hatten. Nachdem Ryan aus der Politik ausgeschieden war, klagte er über den Zustand seiner Partei: «Früher haben wir über westliche Zivilisation gesprochen und darüber, was für uns die klassische liberale Idee bedeutete, und jetzt haben die ‹Blut und Boden›-Leute den Begriff sozusagen gekapert.»[44] Ryan ignorierte dabei, dass das, was er als harmloses Gerede über «westliche Zivilisation» ansah, schon immer einen rassistischen, nativistischen Beiklang hatte und dass seine Partei rassistische Ressentiments bewusst zur Wählermobilisierung eingesetzt hatte. Damit steht er exemplarisch für viele, die nur hören wollten, was sie nachts in Ruhe schlafen ließ.[45]

Die GOP war bereit für die endgültige Übernahme. Der Zorn des lautesten und wütendsten Teils ihrer Basis war jahrelang gepflegt worden, verstärkt von Katalysatoren in konservativen Medien von Radio bis Fernsehen und sozialen Medien, die der Republikanischen Partei eigentlich zuarbeiten sollten, die sie jetzt aber vor sich hertrieben – immer weiter nach rechts.

Wie geschockt und irritiert bekannte Repräsentant*innen der Republikanischen Partei darüber waren, dass Trump mit seinen rhetorischen Ausfällen auf keinerlei Kritik oder Ablehnung bei der Basis stieß, machte allzu deutlich, welches Trugbild von ihren eigenen Unterstützer*innen sie über die Jahre hinweg gehegt hatten. Die Parteispitze registrierte fassungslos, dass allem Anschein nach nicht einmal Trumps schlimmste Ausfälle gegen den politischen Gegner oder sogar gegen Leute aus den eigenen Reihen (über John McCain: «Ich bevorzuge Kriegshelden, die nicht gefangen genommen werden»[46]) die Republikanische Basis davon abhielten, ihn zu unterstützen. Im Gegenteil, deren Entschlossenheit, glauben zu wollen, dass Trump der richtige Mann für den Job sei, schien noch stärker zu werden, je mehr über Trumps amoralisches Verhalten bekannt wurde. Wie konnte es sein, dass sogar – und ausgerechnet! – die Religiöse Rechte diesen Mann zu unterstützen schien, der all das, was sie an Moralität für sich beanspruchte, mit Füßen trat?

Nicht einmal eine an die Öffentlichkeit gelangte Tonaufnahme von 2005, in der Trump einem kichernden Billy Bush (Cousin von Jeb und George W. Bush) erzählt, dass man als Star Frauen einfach an die «Pussy» fassen könne («Wenn du ein Star bist, lassen sie es zu»), und in der er beschreibt, wie er eine verheiratete Frau sexuell bedrängt habe, konnte einen Keil zwischen Trump und seine Fans treiben.[47] Als die *Washington Post* im Oktober 2016 die Aufnahme ausgrub, dachte Paul Ryan, dies sei das Ende von Trumps Kandidatur. Er war nicht der einzige ranghohe Republikaner, der davon ausging, dass Trump spätestens jetzt krachend in den Vorwahlen verlieren würde. Ryan war so wütend, dass er Trump von einem Spendendinner auslud. Mike Pence, mittlerweile Trumps Vize-Kandidat, tauchte nach der Veröffentlichung der Aufnahme für ein Wochenende ab und suchte im Gebet mit seiner Frau Karen eine Antwort auf die Frage, ob er Trump weiter unterstützen konnte.[48] Am Ende gewann der Machtwille: Pence blieb an Trumps Seite, genau wie seine Partei. Es hagelte Distanzierungen und Kritik – doch die prallten an Trump ab. Auch das war wenig überraschend: Seit Jahren hatten vor allem Weiße Evangelikale eine Verbindung zwischen männlicher Potenz und nationaler Sicherheit gezogen.[49] Trumps Verhalten sei Gerede, das unschön sei, wie man es aber nun mal unter echten Kerlen in den Umkleideräumen des Landes häufig hören würde – wenn nicht sogar in schlimmerer Form.[50]

Trump besaß keinerlei politische Erfahrung, und sein Leben im Scheinwerferlicht hatte zu einer endlosen Liste von Äußerungen geführt, die jede andere politische Kampagne innerhalb kürzester Zeit beendet hätte. Bei ihm schien genau das jedoch einen Teil seines Reizes auszumachen. Er bot das, was schon Ross Perots Kandidatur für viele Wähler*innen attraktiv gemacht hatte: den Populismus eines – scheinbar – erfolgreichen Geschäftsmannes, der als politischer Außenseiter auftrat, kombiniert mit dem nativistischen Einschlag der selbsternannten «Buchanan-Brigaden» und dem unverhohlenen Rassismus eines George Wallace und eines David Duke. «Trump gab ihnen die Erlaubnis, das Verbotene auszusprechen», sagt Jeff Sharlet und erzählt aus seinen Erfahrungen in evangelikalen Kreisen: «Ich habe genug mit diesen Leuten zu tun gehabt, um sagen zu können: Junge, die reden wirklich gerne und viel über Sex. Der Sex, den man nicht haben sollte, ist eines ihrer Lieblingsthemen, ebenso wie der genaue Weg zum Sex, den man nicht haben sollte – und sie können dabei ins Detail gehen. [...] Trump gab ihnen die Lizenz dazu. Er gab ihnen die Erlaubnis für unangemessene sexuelle Gedanken.»[51] Sharlet hat auf seinen Reisen quer durch das Land mit unzähligen Trump-Fans gesprochen, in Kirchen gesessen, in denen der kommende Bürgerkrieg gepriesen und in denen nicht zum Kreuz, sondern zur Waffe gebetet wurde. Trump, so sein Fazit, habe noch mehr getan, als seinen Fans die Befriedigung des sexuell Verbotenen zu verschaffen: «Er hat ihnen die Erlaubnis für faschistisches Gedankengut erteilt.»[52]

Unterstützung für Trump kam kurz vor der Wahl von einem renommierten rechten Think Tank. Im September 2016 ging ein Artikel viral, der unter dem Pseudonym Publius Decius Mus in *The American Mind* veröffentlicht wurde, dem Online-Magazin des Claremont Institute. Hinter dem Pseudonym verbarg sich der Autor und Strategieberater Michael Anton, der unter George W. Bush im Beraterstab für nationale Sicherheit gearbeitet hatte. Das Claremont Institute wiederum war 1979 in Kalifornien gegründet worden und versammelte rechte Intellektuelle um seinen Vordenker Harry Jaffa, einen Schüler des Philosophen Leo Strauss. Jaffa war der Autor von Goldwaters berühmtem Extremismus-Zitat aus dessen Parteitagsrede 1964 gewesen. Aus dieser etablierten Bastion rechter Intellektueller kam jetzt, acht Wochen vor der Wahl, ein Artikel mit dem pathetischen Titel «The Flight 93 Election». Gemeint war der

United-Airlines-Flug 93, der am 11. September 2001 von vier Al-Qaida-Terroristen entführt worden war. Die Passagiere und die Besatzung hatten von den Einschlägen zweier Flugzeuge ins World Trade Center erfahren und schlossen daraus, dass auch sie sterben würden. Um einen weiteren Anschlag zu verhindern, der womöglich dem Weißen Haus oder dem Kapitol galt, versuchten sie, das Cockpit zu stürmen. Um 10.03 Uhr Ortszeit stürzte das Flugzeug daraufhin in einem Feld in Pennsylvania ab. Alle 44 Menschen an Bord starben – Passagiere und Crew hatten, wie man heute weiß, tatsächlich ein weiteres, noch größeres Massaker verhindert.

Diesen Flug – und die heroischen Taten der todgeweihten Passagiere – verglich der Autor des Textes nun mit der Präsidentschaftswahl 2016. Hillary Clinton und die Demokraten sind in dieser Metapher die Terroristen: «2016 ist die Wahl von Flug 93: Stürme das Cockpit oder du stirbst. Vielleicht stirbst du sowieso.» Der Autor versicherte Konservativen, die noch nicht von Trump überzeugt waren, dass sie keine Wahl hätten beziehungsweise, dass die Wahl lautete: Trump wählen oder sterben. Die Tatsache, dass Trump keinerlei Regierungserfahrung habe und für den Präsidentenjob ungeeignet sei, sei völlig nebensächlich: «Du – oder der Vorsitzende deiner Partei – ihr schafft es vielleicht ins Cockpit und wisst nicht, wie man das Flugzeug fliegt oder landet. Es gibt keine Garantien. Außer einer: Wenn du es nicht versuchst, ist der Tod sicher.»[53]

Anton referierte den rechtsextremen Verschwörungsmythos vom «Großen Austausch» oder «Weißen Genozid», nach dem die «echte», sprich Weiße, christliche Bevölkerung im Rahmen eines geheimen Plans zur Machtübernahme durch nicht-Weiße Einwanderer «ausgetauscht» werden soll. Amerikas einzige Chance, diesem Schicksal zu entkommen, sei Trump! Denn der sei «der einzige Kandidat für ein hohes Amt in diesem oder in den (mindestens) letzten sieben Wahlzyklen», der gesagt habe: «Ich will leben. Ich will, dass meine

Partei lebt. Ich will, dass mein Land lebt. Ich will, dass mein Volk lebt. Ich will den Irrsinn beenden.»

Nach Trumps Wahlsieg ergatterte Michael Anton, dessen Traktat durch Rush Limbaugh landesweite Verbreitung gefunden hatte, einen Platz in Trumps National Security Council und später am National Board for Education Sciences – sein Einsatz hatte sich für ihn also gelohnt.[54] Antons Einstellung war keine Randposition innerhalb des Claremont Institute, im Gegenteil: Man hatte es sich dort zum Ziel gesetzt, die intellektuelle Speerspitze des Trumpismus zu werden, Trumps Kandidatur ideologisch zu unterfüttern und einen Rechtfertigungsrahmen zu schaffen, der es all jenen Konservativen, die von Trumps Gebaren und Auftreten abgestoßen waren, möglich machen sollte, ihm trotzdem ihre Stimme zu geben. Thomas Klingenstein, der Vorstandsvorsitzende des Instituts, sagte selbst ganz offen: «Wenn es innerhalb der konservativen Bewegung eine Art intellektuelle Rechtfertigung für Trump gibt, kommt sie von Claremont.»[55]

Und tatsächlich sah es so aus, als hätten Antons Worte einen bleibenden Eindruck bei seiner Zielgruppe hinterlassen: den Mitgliedern des konservativen Establishments. Zumindest nutzten viele Regierungsmitglieder während Trumps Amtszeit die Flugzeug-Metapher, um zu versichern, dass sie die Lage – und den erratischen Mann im Weißen Haus – im Griff hätten.[56] Justizminister Bill Barr versprach beispielsweise: «Ich lande das Flugzeug gerade.»[57] Und sein Stellvertreter Rod Rosenstein erklärte einmal: «Ich kann dieses Flugzeug landen.»[58] Trumps Wahlkampfleiter Bill Stepien bläute seinen Mitarbeiter*innen sogar noch vier Jahre später ein: «Es ist unser Job, das Flugzeug sicher zu landen.»[59]

Konservative hatten aus Goldwaters vernichtender Niederlage von 1964 die Lehre gezogen, dass man mit offenem Extremismus keine Präsidentschaftswahl gewinnen konnte. Alle erfolgreichen Republikanischen Präsidentschaftskandidaten seitdem hatten deshalb einen salonfähigen Konservatismus repräsentiert und versucht, der Bewegung wahlweise ein freundliches Gesicht zu geben oder einen gemäßigteren Tonfall anzuschlagen. Das wiederum erregte wachsenden Unmut bei der harten Rechtsaußen-Fraktion der Partei, die dank ihrer politischen Infrastruktur – ihrer Think Tanks, ihrer Stiftungen und der von ihnen finanzierten Graswurzelbewegungen, von der die GOP in Sachen Mobilisierung und politischer Kommunikation zunehmend abhängig war, immer mehr zum Sprachrohr der Rechten geworden war. Die Basis wiederum – frustriert von den Obama Jahren und von Konservativen, die sie als abgehoben und entfremdet von ihrer Lebensrealität empfand – sah in Trump alles, was sie sich erträumt hatte: Jemanden, der all das aussprach, was sie fühlte, der schockierte, den politischen Gegner beleidigte, erniedrigte und einfach *fertigmachte*.

Die Lust an der Grenzüberschreitung sollte massive Folgen für die politische Landschaft der USA haben. Dazu erklärt A. J. Bauer: «Trumps Bereitschaft, Dinge zu sagen, die als nicht sagbar galten, und die darauffolgende Erkenntnis, dass es wirklich keine Konsequenzen für die Verletzung dieser weitgehend informellen Regeln gibt, war auf erschreckende Weise aufschlussreich für die Rechte. Da sind jetzt alle Hemmungen gefallen. Das ist wirklich beängstigend.»[60] Und tatsächlich konnte man nach Trumps Wahlniederlage autoritäre Fantasien nicht nur in obskuren rechten Messageboards, sondern auch bei den Intellektuellen des Claremont Institute finden.[61]

Trumps Wahlsieg von 2016 sandte Schockwellen durch das ganze Land. Die Umfragen hatten einen deutlichen Sieg Clintons vorausgesagt – doch ein elf Tage vor der Wahl veröffentlichter Brief von FBI-Chef James Comey an den Kongress, der die erneute Untersuchung von Clintons Nutzung eines privaten E-Mail-Servers während ihrer Zeit als Außenministerin unter Obama thematisierte, schadete ihr erheblich.[62] Und es war nicht nur *Fox News*, das diese neue Wendung genüsslich ausschlachtete – auch etablierte Medien kannten in den letzten Tagen vor der Wahl kaum ein anderes Thema und bekleckerten sich nicht gerade mit Ruhm.[63] Es war ein Teufelskreis: Die atemlose Berichterstattung sorgte dafür, dass das Thema in aller Munde war – was noch mehr Artikel rechtfertigte. Der allgegenwärtige Spruch *But her emails* steht einerseits rückblickend für das Versagen etablierter Medien und diente andererseits damals der Rechten dazu, Clinton zu diskreditieren.[64]

Trump selbst nutzte die Chance, Clinton zu attackieren, wie es jeder politische Gegner getan hätte. Während einer Pressekonferenz wandte er sich allerdings mit einem Appell direkt an eine feindliche Macht: «Russland, wenn ihr zuhört – ich hoffe, ihr könnt die 30 000 E-Mails, die fehlen, finden. Ich glaube, ihr werdet wahrscheinlich reich von unserer Presse belohnt werden. Lasst uns sehen, ob das passiert.»[65]

Das Unmögliche war eingetreten – Trump war Präsident. Er hatte mit Unterstützung der Basis das Cockpit gestürmt, nachdem ihn die Republikanische Parteispitze während des Wahlkampfes weitgehend hatte gewähren lassen, in der Hoffnung, irgendetwas, was dieser Mann mit dem orangestichigen Selbstbräuner, diese Karikatur eines gealterten Wrestlers, der auf *Wolf of Wall Street* trifft, sagen würde, werde ihn garantiert zu Fall bringen. Doch nichts geschah – nicht einmal, als Trump im Januar 2016 damit prahlte: «Ich könnte mitten auf der 5th Avenue jemanden erschießen und würde keine Wähler verlieren!»[66]

Michael Antons Essay aus dem September 2016 nahm den Tonfall von Trumps gesamter Präsidentschaft vorweg, vermittelte aber auch einen generellen Eindruck von der Stimmung und Ausrichtung der amerikanischen Rechten. Gleichzeitig verriet er einiges über die ideologische Motivation vieler Konservativer, Trump zu unterstützen. Der Historiker Thomas Zimmer betont, dass Trump für Leute wie Anton deshalb der ideale Kandidat gewesen sei, weil er sich nicht an Normen gebunden fühlte und man so von ihm als Präsident ein rigoroses Vorgehen gegen den kulturellen und politischen Wandel in den USA erwarten konnte, vor dem andere Republikaner zurückgeschreckt wären.[67] Vertreter*innen der Parteispitze ließen Trump dann bekanntlich auch als Präsident gewähren, kooperierten mit ihm und sahen von öffentlicher Kritik ab.

Auch Paul Ryan, der Trump persönlich verabscheute, hatte sich – aus Machtgründen – mit ihm arrangiert, arbeitete mit ihm zusammen, fand sogar lobende Worte für ihn und trug so dazu bei, den Standard dessen, was als normal galt, zu verschieben. Auf seinem Posten als Speaker hielt Ryan allerdings nicht lange durch. Trumps Erfolg hatte dafür gesorgt, dass der Freedom Caucus und andere rechte Abgeordnete vor Selbstbewusstsein strotzten und sich extremer gebärdeten denn je. 2018 verkündete Ryan, dass er im Januar des nächsten Jahres als Speaker zurücktreten werde. Damit reihte er sich ein in die immer länger werdende Liste hochrangiger Republikaner, die der Freedom Caucus, die Erben der Tea-Party-Bewegung, aus ihren Funktionen gedrängt hatten – durch Zermürbung, Mobbing oder schlicht einen gut organisierten Putsch. Trump habe nichts mit seiner Entscheidung zu tun, behauptete Ryan: «Ich bin dem Präsidenten dankbar, dass er uns die Möglichkeit gegeben hat, das Land auf den richtigen Weg zu bringen.»[68] Es war eine perfekte Zusammenfassung von Ryans Umgang mit Trump, der stellvertretend für den Umgang der Republikanischen Partei mit dem Präsidenten stand: Solange mit Trump konservative Gesetze verabschiedet und rechte Richter*innen für die Gerichte des Landes ernannt werden konnten, so lange würden Ryan und die anderen Granden der Partei willens sein, mit dem Mann zusammenzuarbeiten, der sich selbst einen Nationalisten nannte, der mehrheitlich von Schwarzen bewohnte Länder als «Scheißlöcher» bezeichnete und der Neonazis und Antifaschist*innen miteinander gleichsetzte.[69] Alles gemäß

Paul Weyrichs Mantra: Es geht nicht darum, recht zu haben, sondern darum zu gewinnen.[70]

Vor Fernsehkameras machte Ryan also gute Miene zum bösen Spiel, doch wenn er vor einem ihm gewogenen Publikum intellektueller Konservativer sprach, konnte er auch einen anderen Ton anschlagen. «Weiße Identitätspolitik – das ist nicht Konservatismus. Das ist Rassismus. Das ist Nationalismus», klagte er etwa bei einer Rede vor dem konservativen American Enterprise Institute.[71] Dass seine eigene Partei spätestens seit den 1960er Jahren aktiv genau eine solche Weiße Identitätspolitik betrieben hatte, erwähnte er mit keinem Wort. Er schien nicht zu verstehen, dass eine legitime Kritik populistischer Kräfte an der marktradikalen Politik zwar durchaus ihre Berechtigung hatte, dass aber der amerikanische Konservatismus – und mit ihm die Republikanische Partei – die ideologischen Brandstifter nicht nur in ihrem großen Zelt willkommen geheißen hatte, sondern ihnen jahrzehntelang bewusst zugearbeitet und von ihnen profitiert hatte.[72]

Auch Mitch McConnell stand hinter Trump, sah er doch in ihm die Chance, seinen Lebenstraum von der rechten Mehrheit am Obersten Gerichtshof zu verwirklichen. Während die Demokraten aufheulten und McConnells Scheinheiligkeit beklagten, ließ ihn ihre Kritik kalt: Als Trump gewählt war, beendete er als Mehrheitsführer im Senat per Abstimmung die Notwendigkeit einer 60-Stimmen Mehrheit, um Nominierungen für den Obersten Gerichtshof durchzusetzen. Am 10. April 2017 wählten die Republikaner Neil Gorsuch, dessen Name auf den Vorschlagslisten der Federalist Society gestanden hatte, an das höchste Gericht des Landes.

Als Anthony Kennedy, der als moderates *swing vote* galt, im Juni 2018 überraschend von seinem Richterposten zurücktrat,[73] bot sich McConnell und Trump die Chance, eine konservative 5:4-Mehrheit am Obersten Gerichtshof zu realisieren. Die Nominierungsanhörungen des von der Federalist Society ausgewählten Kandidaten Brett Kavanaugh, der im Fall *Bush v. Gore* als Anwalt in Bushs Team tätig gewesen war, wurden zum Medienspektakel, als Anschuldigungen ehemaliger Mitschülerinnen Kavanaughs öffentlich wurden, die ihm sexuelle Übergriffe und in Christine Blasey Fords Fall sogar versuchte Vergewaltigung vorwarfen. Fords Auftritt vor dem Senatskomitee war erschütternd und weckte Erinnerungen an Anita Hills Aussagen vor demselben Komitee 27 Jahre zuvor, die Clarence Thomas in dessen Nominierungsanhörungen unangemessenes sexuelles Verhalten vorgeworfen hatte. Das Komitee hatte Hill damals herablassend behandelt – Republikaner, aber auch Demokraten wie Joe Biden. Doch Blasey Ford war keine junge Schwarze Frau wie die Juristin Anita Hill, sondern eine Weiße Frau in ihren Fünfzigern, die mit stockender Stimme schilderte, wie der für das Oberste Gericht des Landes nominierte Brett Kavanaugh 36 Jahre zuvor zusammen mit einem Freund versucht hatte, sie auf einer Party zu vergewaltigen.[74]

Blasey Fords tränenreiches Statement war vernichtend. Als Kavanaugh selbst vor den Ausschuss trat, legte er eine wütende, bizarre Performance hin, während der er nicht nur etwa 30-mal erklärte, Bier zu lieben, sondern sich auch den ihn befragenden Ausschussmitgliedern gegenüber bockig und trotzig benahm, ja sogar schrie und weinte. Er wirkte definitiv nicht wie jemand, der vom Temperament her (selbst ohne die Vorwürfe gegen ihn) geeignet erschien, einen Platz am Supreme Court einzunehmen.[75]

Der Kontrast zwischen beiden Zeugenaussagen war derart krass, dass politische Kommentator*innen sich sicher waren, dass Blasey Ford soeben Kavanaughs Aussichten auf einen Platz am Supreme Court zunichtegemacht habe.[76] Die Mitglieder des Justizausschusses wirkten bestürzt. Der Republikanische Senator und Vorsitzende des Ausschusses, Chuck Grassley, drückte Blasey Ford gegenüber seine Bewunderung für ihren Mut aus. Sogar Trump nannte sie eine «gute Frau» und eine «glaubwürdige Zeugin». Die Anwaltsvereinigung American Bar Association und drei Republikanische Gouverneure forderten einen Aufschub der Anhörungen, damit den Vorwürfen nachgegangen werden könne.[77] Im ganzen Land hatten Frauen, die selbst sexuelle Gewalt erfahren hatten, Blasey Fords Aussage mitverfolgt. Unter dem Hashtag *#WhyIDidn'tReport* teilten sie ihre Geschichten. Manch ein Republikaner zeigte sich dennoch unbeirrt, darunter Lindsey Graham, der dem Ausschuss angehörte und mit hochrotem Gesicht Gift und Galle spuckte: «Ich hoffe, das amerikanische Volk durchschaut diesen Schwindel.»[78]

Das Weiße Haus gestand dem FBI lediglich eine Woche zu, um die insgesamt drei Vorwürfe gegen Kavanaugh wegen sexueller Übergriffe zu untersuchen. Die Untersuchung war eine Farce, wie sich später herausstellte: Das FBI hatte zwar 4500 Tipps durch eine eigens dafür eingerichtete Hotline erhalten, setzte aber nur zehn Befragungen an und leitete die wichtigsten Hinweise bezüglich Kavanaughs Vergehen an Trumps Weißes Haus weiter, ohne sie selbst zu untersuchen.[79] Währenddessen fanden Journalist*innen Widersprüche in Kavanaughs Aussage, die belegten, dass er unter Eid vor dem Senatsausschuss gelogen hatte.[80] Doch all das war egal: Erneut verschlossen die Republikaner fest die Augen vor Belegen für unhaltbares Verhalten und bestätigten Brett Kavanaughs Nominierung für den Obersten Gerichtshof: Alle Republikaner, mit Ausnahme von Lisa Murkowski, und der konservative Demokrat Joe Manchin stimmten für ihn.[81] McConnell hatte es geschafft, eine konservative Mehrheit am Obersten Gerichtshof zu installieren.

Die schlimmsten Albträume der Demokraten wurden schließlich wahr, als die liberale Ikone und Richterin am Supreme Court Ruth Bader Ginsburg im September 2020 starb. Die Republikaner hatten vier Jahre zuvor, nach Scalias Tod im Februar eines Präsidentschafts-Wahljahres, Obamas Nominierung eines Richters an den Supreme Court mit dem Argument blockiert, dass die Wahl dem neuen Präsidenten zustehen solle. Jetzt, wo Trump an der Macht war, demonstrierte Mitch McConnell, dass er sich nicht um Kohärenz, Integrität oder Ehrlichkeit scherte. Es ging hier schließlich um die Macht, darum, die konservative Mehrheit am Obersten Gericht des Landes noch zu vergrößern – und so auf Jahrzehnte zu sichern. Ruth Bader Ginsburg hatte verlauten lassen, dass es ihr letzter Wunsch sei, dass ihr Platz erst nach der Wahl neu besetzt werden sollte. Trump ignorierte jedoch ihren Wunsch und behauptete, sie habe ihn gar nicht geäußert, sondern Demokraten hätten die Bitte erfunden. In einem nie dagewesenen Schnellverfahren drückten Trump, McConnell und Co. daraufhin die Nominierung von Amy Coney Barrett durch, einer erzkonservativen katholischen Juristin mit Beziehungen zu Anti-Abtreibungs-Gruppen – auch ihr Name stand auf den Empfehlungslisten der Federalist Society.[82]

In der Ära Trump galten neue Regeln: Republikaner, die selbst weniger radikal waren, schwiegen weitgehend und trugen so den Extremismus der wenigen mit, die jetzt einen Präsidenten in ihrem Rücken wussten. Trumps persönliche Macht und Reichweite sowie seine ihm ergebene Fanbasis waren neue Faktoren im Machtpoker um die Führung der konservativen Bewegung: Ein Tweet von Trump oder eine Wutrede von Tucker Carlson auf *Fox News* genügte mitunter, um bei den nächsten Vorwahlen rechtsextreme innerparteiliche Herausforderer von moderateren Abgeordneten auf den Plan zu rufen und damit deren Karriere jäh zu beenden. Also hielten die meisten von ihnen die Füße still – so auch während Trumps erstem Amtsenthebungsverfahren. Der durch einen Telefonmitschnitt gestützte Vorwurf lautete, Trump habe versucht, Wolodymyr Selenskyj, den ukrainischen Präsidenten, zu erpressen, indem er ihm androhte, Hilfszahlungen an die Ukraine einzustellen, sollte Selenskyj ihm nicht belastendes Material über Hunter Biden, den Sohn eines seiner Demokratischen Herausforderer, zur Verfügung stellen.[83] Kurz vor dem Telefonat hatte Trump befohlen, die Zahlungen von 391 Millionen Dollar an die Ukraine einzustellen – ein Gesetzesbruch, wie der US-Rechnungshof feststellte.[84] Am 13. Januar 2021 stimmte das Repräsentantenhaus dafür, Trump seines Amtes zu entheben. Alle 222 Demokraten votierten dafür, außerdem zehn Republikanische Abgeordnete, darunter die drittranghöchste Republikanerin im Repräsentantenhaus, Liz Cheney.[85] Die nächsten Midterms 2022 würden nur zwei der zehn politisch überleben – die anderen traten entweder nicht mehr zur Wahl an, wie Adam Kinzinger, oder sie wurden, wie Cheney, durch einen Rechtsaußen-Herausforderer gestürzt.[86]

Mit dem Einzug Trumps ins Weiße Haus hatte die Religiöse Rechte ihren Einfluss machtvoller als je zuvor in der amerikanischen Politik gestärkt. Der Präsident vertrat viele ihrer Positionen und berief prominente Vertreter*innen der Religiösen Rechten ins Kabinett und in andere wichtige Institutionen, die die rechte Agenda in ihren jeweiligen Zuständigkeitsbereichen vorantrieben. Betsy DeVos versuchte beispielsweise als Bildungsministerin umzusetzen, was sie als «School Choice» bewarb. Als eine der großen Geldgeber*innen der Religiösen Rechten war sie gegen öffentliche Schulen und unterstützte deswegen sogenannte Voucher-Programme, durch die auch finanziell weniger begüterte Eltern in die Lage versetzt werden sollten, ihre Kinder auf (religiöse) Privatschulen oder Charterschulen schicken zu können.♦ Schon im ersten Bildungsbudget wurden 10,6 Milliarden US-Dollar für bundesweite Bildungsprogramme gestrichen und in private Schulen umgeleitet.[87] Zu den mit Steuergeldern geförderten Privatschulen gehörten auch solche mit fundamentalistischer evangelikaler Ausrichtung, an denen zum Teil Kreationismus und ein rassistisches Geschichtsbild unterrichtet wurden.[88]

♦ Charterschulen sind öffentliche Schulen unter privater Leitung, die nicht an staatliche Vorgaben gebunden sind.

Der erzkatholische Außenminister Mike Pompeo antwortete in einem Interview auf die Frage, ob Trump in diesen Zeiten von Gott geschickt worden sei, um das jüdische Volk vor der iranischen Bedrohung zu retten, er sei der Überzeugung, «dass Gott hier am Werk sei».[89] Im Weltsicherheitsrat ließ er das Veto der USA gegen eine Resolution einlegen, damit Frauen auch im Krieg und nach Vergewaltigung das Recht auf Abtreibung abgesprochen werden sollte.[90] Justizminister Bill Barr wiederum vertrat vor Studierenden der katholischen Notre Dame University die Ansicht, «militante Säkularisten» führten eine Kampagne, «um die traditionelle moralische Ordnung zu zerstören».[91] Der erzkonservative Katholik verteidigte außerdem das Recht Trumps «auf die praktisch unbegrenzte Exekutivgewalt» und rechtfertigte so auch dessen Fernbleiben bei Anhörungen im Kongress. Er sah auch kein Problem in einer eventuellen Selbstbegnadigung des Präsidenten.[92] Zum Chef der Umweltbehörde ernannte Trump den bibelfrommen Scott Pruitt, der den Klimawandel leugnet. Pruitt konzentrierte seine Arbeit auf die Aufweichung von Umweltschutzstandards. Seine Haltung begründete er mit der Bibel: «Die biblische Weltanschauung in Bezug auf diese Themen ist, dass wir die Verantwortung haben, die natürlichen Ressourcen, mit denen wir gesegnet sind, zu verwalten und zu kultivieren, zu ernten, um unsere Mitmenschen wirklich zu segnen.»[93]

Als in Charlottesville, Virginia, 2017 Neonazis mit Fackeln aufmarschierten und einer von ihnen die Gegendemonstrantin Heather Heyer tötete, verkündete Trump, es habe «gute Leute auf beiden Seiten» gegeben.[94] In seiner Regierung fanden zahlreiche Akteure mit Verbindungen zu White-Nationalist-Zirkeln Arbeit – ein ungeheurer Vorgang, ließen sich die Ziele dieser Gruppen doch nur mit der Zerstörung der staatlichen Strukturen erreichen, deren Teil sie jetzt selbst waren.[95] Die Charakterisierung von nicht-Weißen Einwanderern als unmenschlich, tierisch und ekelerregend zog sich durch Trumps Äußerungen und

Migrationspolitik und gipfelte in der besonderen Grausamkeit, auch kleine Kinder von illegalen Einwanderern bei der Überquerung der Grenze gezielt von ihren Eltern zu trennen. Die Regierung unter Trumps Führung riss auf diese Weise 5500 Familien auseinander – fast tausend Kinder waren noch 2023 von ihren Eltern getrennt, auch wenn eine Task Force der Biden-Regierung zu diesem Zeitpunkt schon seit zwei Jahren daran gearbeitet hatte, die Familien wieder zusammenzuführen.[96]

Mit Trump waren Weißer christlicher Nationalismus, Nativismus und offener Rassismus ins Weiße Haus eingezogen, ultrakonservative Positionen, wie sie mittlerweile von den lautesten Teilen der Republikanischen Basis offensiv vertreten und eingefordert wurden. Das wichtigste Ergebnis für die Politische Rechte war indes die Besetzung des Supreme Court mit einer konservativen Mehrheit auf Jahrzehnte hin. Und der Trumpismus sollte mit dem Ende von Trumps Präsidentschaft nicht von der politischen Bühne verschwinden – im Gegenteil.

Trumps Ausscheiden aus dem Amt ist mit einem einzigartigen Ereignis in der US-amerikanischen Geschichte verbunden: Er weigerte sich nicht nur, seine Wahlniederlage zu akzeptieren – auch dann nicht, als alle Versuche seiner Regierung, angeblichen Wahlbetrug in 60 Verfahren vor Gericht nachzuweisen, gescheitert waren[97] –, sondern begann auch, mit Hilfe seiner engsten Mitarbeiter*innen, einen geheimen Staatsstreich zu orchestrieren.

Einer der Strippenzieher war John Eastman, Jurist und Fellow des eingangs erwähnten Claremont Institute sowie ein guter Freund von Supreme-Court-Richter Clarence Thomas: Er schlug vor, dass Republikaner in Swing States, die an Biden gegangen waren, falsche Wahlleute aufstellen sollten. Die solle dann Mike Pence, der als Präsident des Senats am 6. Januar für die Zertifizierung der Ergebnisse des Electoral College zuständig war, akzeptieren und statt der eigentlichen Ergebnisse zählen. Eastman und seine Mitverschwörer*innen beriefen sich dabei auf die widerlegte sogenannte Independent State Legislature Theory, die behauptet, dass die Parlamente der Bundesstaaten befugt seien, Wahlleute aufzustellen und sich dabei auch über Gerichtsurteile hinwegzusetzen. Das hatte Eastman auch schon nach der Präsidentschaftswahl 2000 vor der Legislative Floridas ausgesagt, als die GOP ihn als Zeugen geladen hatte. 2020 waren er und seine Ideen im Zentrum der politischen Macht angelangt – mit schwerwiegenden Folgen.[98]

In den Wochen nach der verlorenen Wahl 2020 verbreiteten Trump und seine Mitverschwörer*innen nicht nur die Lüge vom Wahlbetrug durch Demokraten, sondern sie erweckten bei Trumps Gefolgschaft auch den Eindruck, dass es in Mike Pences Macht liege, die Zertifizierung von für Trump nachteiligen Wahlergebnissen abzulehnen. Pence wies diese Forderung am Ende zurück – und verhinderte damit den Staatsstreich. Er ist deswegen jedoch nicht der Held der Demokratie, zu dem er anschließend medial gemacht wurde: Pence hatte, wie man heute weiß, vorher nämlich sehr wohl hartnäckig versucht, einen Weg zu finden, wie sich Trumps Befehl vollstrecken ließ und die Zertifizierung der Ergebnisse bestimmter Bundesstaaten wie gewünscht zu verweigern. Zwischenzeitlich hatte Pence sich sogar entschieden, gar nicht erst zur Zertifizierung der Ergebnisse zu erscheinen, weil das zu «schmerzhaft für seinen Freund» (Trump) wäre, heißt es in Pences persönlichen Aufzeichnungen aus der Zeit, die im Rahmen der Ermittlungen gegen den Ex-Präsidenten bekannt wurden.[99] In seiner Verzweiflung rief Pence George H. W. Bushs ehemaligen Vizepräsidenten Dan Quayle an und fragte ihn mehrfach, ob es nicht doch eine Möglichkeit gäbe, wie er Trumps Wunsch erfüllen könne.[100] «Mike, du hast keinerlei Flexibilität, was das angeht. Keine. Null. Vergiss es. Lass es», lautete Quayles Antwort – und die änderte sich auch trotz Pences zahlreicher Bitten nicht.[101]

Wenige Tage später, am 6. Januar 2022, war es so weit: Kurz bevor im nahegelegenen Kapitol die Zertifizierung der Ergebnisse des Electoral College im Senat beginnen sollte – eigentlich eine reine Formsache –, hetzten Trump und seine Verbündeten, darunter auch der Republikanische Abgeordnete Jim Jordan, die versammelte aufgebrachte Menge weiter auf. Dann trat er vor das Mikrofon und rief die Menge zum Sturm auf das Kapitol auf: «Jetzt liegt es am Kongress, diesem ungeheuerlichen Angriff auf unsere Demokratie entgegenzutreten. […] Wir sind gekommen, um vom Kongress zu verlangen, dass er das Richtige tut und nur die Wahlmänner zählt, die rechtmäßig ernannt wurden […].»[102] Trumps Worte würden später in seinem Amtsenthebungsprozess als Beweis dafür zitiert werden, dass er den gewalttätigen Mob auf den Kongress gehetzt hatte.[103]

Die Menge folgte seiner Aufforderung. Evangelikale, geistige Erben der Tea Party, Neonazis, *Militia*-Mitglieder und MAGA-Fans drangen Seite an Seite ins Herzstück der amerikanischen Demokratie ein, um Jagd auf Gesetzgeber zu machen, um «ihr Haus» zurückzuerobern von denen, die es ihnen in ihren Augen gestohlen hatten. Einer von ihnen war Leo Brent Bozell IV – der Enkel von William Buckleys Freund, Schwager und Goldwater-Ghostwriter Leo Brent Bozell II.[104] Während sein Großvater, der in den 1970er Jahren beim Angriff auf eine Abtreibungsklinik einen Polizisten mit einem großen Holzkreuz attackiert hatte und verhaftet worden war, damals außerhalb des konservativen Mainstreams agiert hatte, stand sein Enkel exemplarisch für die Radikalisierung des konservativen Mainstreams – denn diejenigen, die das Kapitol stürmten, wurden nicht etwa aus der amerikanischen Rechten exkommuniziert – im Gegenteil: Sie werden von ihr seither zu Märtyrer*innen stilisiert.

15 Herrschaft der Minderheit

Die antidemokratischen Pläne der GOP

«Wir versprechen euch, dass wir die Kommunisten, Marxisten, Faschisten und die linksradikalen Schläger ausrotten werden, die wie Ungeziefer in den Grenzen unseres Landes leben, die lügen und stehlen und bei Wahlen betrügen.»

Donald Trump, Rede am Veterans Day, November 2023

Der Versuch eines gewaltsamen Staatsstreichs, zwei Amtsenthebungsverfahren, der Versuch, eine Wahl zu stehlen – all das war nicht genug, um die Unterstützung der Republikanischen Partei für Donald Trump zu beenden. Obwohl Trump die Präsidentschaftswahl 2020 verloren und erheblichen Anteil daran hatte, dass die Partei ein historisch schlechtes Ergebnis bei den Zwischenwahlen im November 2022 einfuhr, war er im Dezember 2023 nach wie vor der unangefochtene Anführer der Partei. Trump stand zu diesem Zeitpunkt in fünf laufenden Prozessen vor Gericht, in denen er in insgesamt 91 Punkten angeklagt war, unter anderem wegen «Verschwörung zum Betrug an den Vereinigten Staaten», der Zurückhaltung geheimer Dokumente und der Fälschung von Geschäftsunterlagen.[1] Ein einziger Strafprozess würde unter normalen Bedingungen das Aus für eine Präsidentschaftskandidatur bedeuten, doch Trump schienen die laufenden Gerichtsverfahren bei seinen Fans eher zu nutzen.

Die Gefahr für die amerikanische Demokratie würde aber selbst dann weiter bestehen, sollte Trump aus irgendeinem Grund von der politischen Bühne verschwinden. Denn die jahrzehntelange Radikalisierung – befeuert und unterstützt vom Partei-Establishment, wenn es ihm nützte – hat die aktive Basis der Partei so weit nach rechts getrieben, dass ein Ausweg kaum möglich scheint.

Der Silberstreif am Horizont dieses düsteren Fazits ist, dass die Vertreter*innen und die Basis der heutigen Republikanischen Partei mit ihren antidemokratischen Ansichten und Zielen nicht die Mehrheit der Amerikaner*innen hinter sich haben. Das wurde 2022 deutlich, als selbst in zutiefst konservativen Republikanischen Staaten wie Kentucky und Kansas Volksabstimmungen scheiterten, die den dortigen Zugang zu Abtreibung extrem beschnitten hätten.[2] Zwischen zwei Dritteln und drei Vierteln der Amerikaner*innen befürworten in landesweiten Umfragen das Recht einer schwangeren Person auf körperliche Selbstbestimmung.[3]

Solche Umfragen zeigen auch, dass eine Mehrheit der Befragten den Schutz von Rechten für LGBTQ-Personen unterstützt.[4] 63 Prozent sind zudem für die Beibehaltung von Affirmative Action in Colleges und an Universitäten[5] – im Juni 2023 hatte der Oberste Gerichtshof diese Praxis für beendet erklärt.[6] Die Frage, die ich auf Veranstaltungen mit deutschem Publikum am häufigsten höre, ist: «Wie kann das sein, dass die Republikaner trotzdem noch Wahlen gewinnen, wenn eine Mehrheit der Wähler*innen ihre Politik nicht unterstützt?» Eine berechtigte Frage – denn auf den ersten Blick erscheint das tatsächlich widersinnig. Die Antwort liegt im politischen System der Vereinigten Staaten. Die Politikwissenschaftler Steven Levitsky und Daniel Ziblatt sehen die Ursache für das Festhalten der GOP an ihren Positionen trotz einer Mehrheit gegen ihre Politik darin, dass die US-Verfassung aus einer vor-demokratischen Ära stamme und es parteiischen Minderheiten erlaube, «Mehrheiten routinemäßig zu vereiteln und manchmal sogar zu regieren». Eine besondere Gefahr sehen sie in Institutionen, die parteiische Minderheiten stärken, denn diese «können zu Instrumenten einer Minderheitsherrschaft werden. Und sie sind besonders gefährlich, wenn sie in den Händen von extremistischen oder antidemokratischen parteiischen Minderheiten sind.»[7]

Als Minderheitsherrschaft bezeichnen die Politikwissenschaftler «eine ungewöhnliche und undemokratische Situation, in der eine Partei, die weniger Stimmen als ihre Konkurrenten erhält, dennoch die Kontrolle über die wichtigsten Hebel der politischen Macht behält».[8] Die Möglichkeit einer solchen Minderheitsherrschaft wird in den USA von drei Institutionen gestützt: dem Obersten Gerichtshof, dem Senat und dem Electoral College.

Die aktuelle Zusammensetzung des Obersten Gerichtshofes wurde, wie wir gesehen haben, von zwei Präsidenten möglich gemacht, die keine Mehrheit der Stimmen gewonnen hatten: Donald Trump gewann zwar das Electoral College und damit die Wahl 2016, aber er erhielt fast drei Millionen weniger Stimmen als seine Gegenkandidatin Hillary Clinton.[9] George W. Bush hatte 2000 zwar auch 500 000 Stimmen weniger als Al Gore erhalten, doch er lag im Electoral College dank der Entscheidung des Obersten Gerichtshofs mit fünf Stimmen vorn. Ohne Sieg, sagt Stuart Stevens, der in beiden Bush-Wahlkämpfen in dessen Team gearbeitet hat, wäre die Wahrscheinlichkeit extrem klein gewesen, dass Bush 2004 wieder hätte antreten können. Beim zweiten Versuch gelang es ihm, die Mehrheit der Stimmen zu gewinnen – und so zwei Supreme-Court-Richter zu ernennen.[10]

Die beiden anderen Institutionen, das Electoral College und der Senat, bevorteilen historisch bedingt besonders die kleinen Staaten. Diese Tatsache, kombiniert mit der Entwicklung der räumlichen Verteilung und der demographischen Zusammensetzung der Bevölkerung, die die Gründer der Vereinigten Staaten nicht voraussehen konnten, hat dieses Ungleichgewicht noch verstärkt: Durch die Industrialisierung und Urbanisierung zogen im Laufe des letzten Jahrhunderts immer mehr Menschen in große Städte, es entstanden Ballungsräume um neue urbane Zentren. Doch die Zusammensetzung des Senats blieb unverändert: zwei Senatoren pro Staat, egal, wie viele Menschen darin leben. Im Jahr 2000 hatte daher ein Wähler in Wisconsin fast 70-mal mehr Einfluss im US-Senat als einer aus Kalifornien.[11] 2021 vertraten die 50 Demokratischen Senatoren 41,5 Millionen Menschen mehr als die 50 Republikanischen Senatoren.[12] Da in dünn besiedelten Staaten der Anteil Weißer Wähler*innen und solcher ohne Universitätsabschluss höher ist als im Landesdurchschnitt, haben dort die Republikaner eine größere Chance auf den Wahlsieg.[13] Anfang des 20. Jahrhunderts waren Wähler*innen aus dünn besiedelten Gegenden noch recht gleichmäßig auf beide Parteien verteilt gewesen – doch mit der Neuordnung der Parteien, die in den vorigen Kapiteln nachgezeichnet wurde, verschob sich das Gleichgewicht: In den letzten Jahrzehnten sind die Demokraten mehr und mehr zur Partei derer geworden, die in größeren Städten wohnen, während Republikaner vor allem die Weiße Bevölkerung aus spärlicher besiedelten Gegenden hinter sich versammeln.[14] Daraus resultiert ein struktureller Vorteil für die Republikaner in Institutionen wie dem Senat, die es vorher in diesem Maße nicht gab.[15] Laut den Berechnungen des Think Tanks «Data for Progress» bevorteilt die Zusammensetzung des Senats die heutige Republikanische Partei und ihre Wählerschaft um 3 Prozent.[16]

In Bezug auf den Obersten Gerichtshof heißt das auch: Richter*innen am Supreme Court, die auf Lebenszeit ernannt sind und keiner äußeren Kontrollinstitution unterliegen, können von einem Präsidenten, der nicht die Mehrheit der Stimmen gewonnen hat, nominiert und von einer Senatsmehrheit, die nicht die Mehrheit der Bevölkerung vertritt, bestätigt werden.[17]

Und es ist kein Ende dieser Entwicklung in Sicht: 2040 werden 70 Prozent der amerikanischen Bevölkerung in den 15 größten Staaten leben – und dabei von nur 30 Senatoren vertreten werden. Die anderen 30 Prozent der amerikanischen Bevölkerung werden dann durch 70 Senatoren vertreten sein.[18]

Eine weitere Besonderheit, der wir in diesem Buch schon mehrfach begegnet sind, ermöglicht es einer radikalen Minderheit im Senat, ein Gesetzgebungsverfahren zu blockieren, auch wenn die Mehrheit der amerikanischen Bevölkerung es befürwortet: der Filibuster. Aktuell braucht man im Senat 60 der 100 Stimmen, um eine Debatte über ein vorgelegtes Gesetz zu beenden und damit eine Abstimmung zu ermöglichen.

Diese Blockade-Möglichkeit entstand, salopp gesagt, aus Versehen. Der Senat hatte 1805 eine Regelung abgeschafft, laut der eine einfache Mehrheit ausreichte, um die Debatte zu beenden und eine Abstimmung anzusetzen, weil man davon ausging, dass sie überflüssig sei. Doch nun konnte ein einziger Senator durch kontinuierliches Reden eine Abstimmung dauerhaft verzögern. 1917 sollte dieses Vorgehen, der sogenannte Filibuster, durch die «Regel 22» reformiert werden, die es einer Zwei-Drittel-Mehrheit ermöglichte, die Debatte zu beenden und eine Abstimmung zu erzwingen.[19] Doch statt das Filibustern zu erschweren, habe die Regel 22 mit ihrer hohen Hürde, dieses zu beenden, de facto einer kleinen Minderheit die Macht gegeben, Gesetzesvorhaben komplett zu blockieren, schreibt der Journalist Zack Beauchamp: «So funktioniert der Filibuster bis heute (wenn auch dank einer Reform von 1975 mit einer Drei-Fünftel-Mehrheit statt der ursprünglichen Zwei-Drittel-Mehrheit).»[20] Im 20. Jahrhundert wurde diese Blockade-Möglichkeit im Senat von beiden Parteien genutzt – besonders häufig, um Gesetzesvorhaben zu torpedieren, bei denen es um den Kampf für Bürgerrechte ging, wie beispielsweise bei der Abschaffung der Kopfsteuer und der Verabschiedung eines Anti-Lynching-Gesetzes.[21] Auch der Civil Rights Act von 1964 drohte dem Filibuster zum Opfer zu fallen – initiiert hatten das in diesem Fall die Südstaaten-Demokraten mit Unterstützung des einzigen Südstaaten-Senators der Republikaner. Doch zum ersten Mal in der Geschichte des Kongresses wurde ein Anti-Bürgerrechts-Filibuster gebrochen, denn der Civil Rights Act wurde mit überparteilicher Mehrheit verabschiedet, wobei er sogar mehr Stimmen von den Republikanern erhielt als von den Demokraten.

Ein weiterer Faktor trug dazu bei, den Filibuster als nützliches und einfaches Werkzeug zu etablieren, mit dem eine Dominanz der Minderheit herbeigeführt werden kann: Eine Reihe von Reformen verwandelten den Filibuster von einer zumindest körperlich anstrengenden Angelegenheit, bei der ein Senator – wie in dem Kultfilm *Mr. Smith Goes to Washington* von 1939 – stundenlang am Rednerpult stehen und sprechen musste, in eine reine Formalität: Mittlerweile genügt eine E-Mail.[22]

Es ist eine Ironie der Geschichte, dass es letztlich die Reaktion der Republikaner auf die Schritte hin zu einer wahrhaft pluralistischen, multiethnischen Demokratie waren, die sie selbst mit dem Civil Rights Act möglich gemacht hatten, die den Wandel der GOP zu einer illiberalen, antidemokratischen Partei lostreten sollte.[23]

Der Filibuster ist heute ein Werkzeug, das von Konservativen gezielt genutzt wird, um Gesetze zu verhindern, die bei einer Mehrheit der amerikanischen Bevölkerung auf Zustimmung treffen. So verhinderten die Republikaner im Senat (mit Hilfe zweier Demokraten♦), dass das Recht auf Abtreibung per Bundesgesetz geschützt werden konnte – dadurch hätten einzelne Bundesstaaten nach dem Fall von *Roe v. Wade* keine Abtreibungsverbote durchsetzen können. Das hatte katastrophale Folgen: Im November 2023 verbieten inzwischen 21 Bundesstaaten Abtreibung nahezu komplett oder schränken den Eingriffszeitpunkt im Vergleich zu *Roe v. Wade* massiv ein.[24]

Eine dritte Institution, die zum Werkzeug einer illiberalen Minderheit geworden ist, ist das Electoral College. Wer Präsi-

♦ Senatorin Kristen Sinema verließ im Dezember 2022 die Demokratische Partei.

dent werden will, muss dort mindestens 270 Stimmen von den insgesamt 538 erhalten – die Anzahl der Wahlleute eines jeden Staates entspricht der Zahl der Mitglieder ihrer Kongressdelegationen: die Anzahl der Mitglieder des Repräsentantenhauses plus zwei Senatoren.[25]

Außer in Nebraska und Maine fallen die Stimmen im Electoral College in allen anderen Bundesstaaten nach dem «winner-takes-all»-Prinzip dem Kandidaten mit dem höchsten Stimmenanteil zu, wie wir bei der Wahl von George W. Bush in Kapitel 10 gesehen haben. Das kann dazu führen, dass ein Kandidat – wie 2000 und 2016 – die Mehrheit im Electoral College erreicht, obwohl er landesweit weniger Stimmen bekommen hat als der*die Konkurrent*in – und damit die Präsidentschaft gewinnt. Dass zwischen den letzten beiden Malen, als dies geschah, nur sechzehn Jahre lagen (zuvor war ein solcher Fall 1888 eingetreten), lässt Politikwissenschaftler*innen wie Levitsky und Ziblatt warnen, dass dieser Zustand zur neuen Normalität werden könnte, während die Republikanische Partei sich zum dauerhaften Profiteur der antidemokratischen Elemente des amerikanischen politischen Systems entwickelt habe.[26] Zwischen 1992 und 2020 gewann die GOP nur einmal die Mehrheit der Stimmen in einer Präsidentschaftswahl – und stellte in dieser Zeit trotzdem drei Präsidenten – saß also zwölf von 28 Jahren im Weißen Haus.[27]

Prominente Vertreter*innen der Republikanischen Partei machen derweil aus ihrem Ziel, eine Minderheitsherrschaft zu errichten, falls sich keine demokratische Mehrheit für die GOP findet, keinen Hehl mehr. So verkündet beispielsweise Senator Mike Lee aus Utah gern, dass die USA keine Demokratie, sondern eine Republik seien: «Demokratie ist nicht das Ziel, sondern Freiheit, Frieden und Wohlstand. Wir wollen, dass der Mensch gedeiht. Eine einfache Demokratie kann das vereiteln.»[28] Den Slogan «A Republic, Not a Democracy» hat sich Mike Lee indes nicht selbst ausgedacht – populär machte ihn die John Birch Society in den 1960er Jahren, erzählte mir der Historiker Seth Cotlar.[29]

Auch der im Oktober 2023 frisch gewählte Republikanische Speaker des Repräsentantenhauses, Mike Johnson, seit Jahren ein Rädchen im Getriebe der Religiösen Rechten und ein Theokrat, stimmte in die Bircher-Rhetorik mit ein und verkündete, die USA seien «keine Demokratie, sondern eine konstitutionelle Republik», und zwar «nach biblischem Vorbild».[30] Nachdem die Wähler*innen im November 23 in Virginia und Ohio dafür gesorgt hatten, dass die von den Republikanern geplanten Abtreibungsverbote im Parlament nicht durchgesetzt werden konnten, zeigte die GOP erneut, wo sie heute steht: J. D. Vance, Senator für Ohio, sagte *CNN* – nachdem die amerikanische Rechte zuvor verkündet hatte, dass die Frage nach dem Recht auf Abtreibung durch das Dobbs-Urteil vom Sommer 2022 jetzt endlich in der Macht der einzelnen Bundesstaaten liege –, dass die Republikaner nun ein landesweites Abtreibungsverbot ins Auge fassen müssten.[31] Rick Santorum erklärte auf *Newsmax* sogar: «Reine Demokratien sind nicht die richtige Art, ein Land zu regieren.»[32] Lee, Johnson, Vance und Santorum sind symptomatische Stimmen einer Bewegung, die erkannt hat, dass sie in einer wahrhaft majoritären Demokratie nur verlieren kann. Der alte Bircher-Slogan, den sie verwenden, ist nur eine schlechte Tarnung für das, was sie laut dem ehemaligen Republikanischen Strategen Stuart Stevens eigentlich bevorzugen würden: In ihren Augen, so Stevens, wäre «Amerika besser dran, wenn wir zum ursprünglichen Konzept der Gründerväter zurückkehren und nur Weißen Männern, die Grundbesitz haben, das Wahlrecht einräumen würden».[33]

Auf bundesstaatlicher Ebene demonstriert die Republikanische Partei bereits eindringlich, dass sie mit Siebenmeilenstiefeln in diese Richtung marschiert: Nach der Rekord-Wahlbeteiligung bei den Präsidentschaftswahlen 2020, die unter anderem durch die Ausweitung der Briefwahl im Rahmen der

Corona-Pandemie ermöglicht wurde und von der vor allem Wähler*innen der Demokraten Gebrauch machten, während Trump und andere Republikaner GOP-Wähler*innen warnten, keine Briefwahl zu nutzen, brachten Republikaner allein bis Januar 2021 in 28 Staaten 106 Gesetzentwürfe zur Beschränkung des Wahlzugangs ein, mit der Begründung, man wolle Wahlbetrug bekämpfen.[34] Laut dem Brennan Center zielten diese Gesetze vor allem darauf, «den Zugang zur Briefwahl einzuschränken, strengere Wählerausweisanforderungen einzuführen, erfolgreiche wählerfreundliche Registrierungsrichtlinien einzuschränken und aggressivere Wählerlistenbereinigungen zu ermöglichen».[35]

Auch nachdem Republikanische Kandidaten in den Midterm-Wahlen 2022 teilweise krachende Niederlagen einfuhren, verabschiedeten GOP-geführte Staaten 2023 restriktivere Wahlgesetze als im gesamten letzten Jahrzehnt – mit Ausnahme von 2021.[36] In mindestens 14 Staaten wurden Wahlgesetzbeschränkungen verabschiedet, die schon bei den Präsidentschaftswahlen 2024 gelten.[37]

Behinderungen der Stimmabgabe hatte es auch schon früher gegeben: Unter Goldwater übertrug die GOP ein Projekt aus seinem Heimatstaat Arizona auf Bundesebene, das angeblichem Wahlbetrug durch Klagen gegen vermeintliche Unregelmäßigkeiten bei der Wahl und durch die aggressive Überwachung vor allem von Wahlbüros in mehrheitlich von BPoC bewohnten Gegenden entgegenwirken sollte. Denn, so behaupteten die Republikaner schon damals, die Wahl 1960 sei von den Demokraten gestohlen worden.[38] Dem Ganzen gaben sie den Namen «Operation Eagle Eye». Laut dem Historiker Rick Perlstein wurden dafür normale Bürger*innen losgeschickt, die Wähler*innen bei der Stimmabgabe einschüchtern sollten. In Bezirken, die traditionell Demokratisch wählten, habe man sogar Leute geschickt, um die Warteschlangen vor den Wahllokalen aufzuhalten. Perlstein bringt es auf den Punkt, wenn er sagt: «Im Grunde handelte es sich um organisierte, höfliche Gangster-Methoden.»[39] Trotz der verlorenen Wahl 1964 blieb Operation Eagle Eye bis 1970 bestehen: Mit der Einschüchterung von BPoC an der Wahlurne sorgte sie mit dafür, dass Nixon die Wahl 1968 knapp gewann – zumindest rechneten Republikaner ihren Wahlsieg dem Unterfangen zu. Ein früher Mitarbeiter von Operation Eagle Eye und damit der Republikanischen Maschinerie zur Einschüchterung von Wähler*innen legte eine steile Karriere hin: Nixon berief ihn an den Obersten Gerichtshof. Seinem Namen sind wir schon mehrfach begegnet: William Rehnquist. In seiner Anhörung vor dem Justizausschuss des Senats sagten mehrere Zeug*innen aus, dass sie Rehnquist 1962 gesehen hätten, wie er in Maricopa County Wähler*innen, die zu Minderheitengruppen gehörten, höchstpersönlich an der Wahlurne eingeschüchtert hätte.[40] Rehnquist bestritt das in der Senatsanhörung – und wurde an den Obersten Gerichtshof berufen. Sein Nachfolger und Zögling John Roberts erfüllte Rehnquists Vermächtnis schließlich, als er 2013 als Chief Justice mit dem Urteil im Fall *Shelby v. Holder* den 1965 verabschiedeten Voting Rights Act zu einer leeren Hülle schrumpfte.[41]

Was wir heute von der GOP in Bezug auf die Beschränkung des Zugangs zur Wahl hören, ist ein Echo des Refrains, den sie schon vor Jahrzehnten gesungen hat: Es ist kein Zufall, dass Trump und sein Team die Ergebnisse in Städten mit überwiegend Schwarzer Bevölkerung angefochten haben, dass sie Schwarze Wahlhelfer*innen aus Atlanta zur Zielscheibe von Morddrohungen machten.[42] Die GOP hat eine Entscheidung getroffen: In einem Land, das immer mehr zu einer wahrhaft multiethnischen, pluralistischen Demokratie zu werden «droht», stellt sie sich gegen diesen Wandel – und schreckt nicht davor zurück, im Kampf gegen die Errungenschaften der Bürgerrechtsbewegung die Grenzen der Demokratie infrage zu stellen. «Es beginnt damit, die ‹falschen› Leute vom Wählen abzuhalten. Die Republikaner bringen ständig Gesetzentwürfe ein, die das Wählen erschweren sollen – und sie haben fast überall, wo sie an der Macht sind, solche Gesetze erlassen. Die Wirkung dieser Gesetze ist unklar – die Absicht, die dahintersteckt, ist es sicher nicht», so der Historiker Thomas Zimmer.[43] Nicht umsonst werden die aktuellen Republikanischen Wahlrechtsbeschränkungen von Kritiker*innen als «neue Jim-Crow-Gesetze» bezeichnet – denn wie diese diskriminieren sie, ohne dies explizit auszubuchstabieren: Beispielsweise, indem sie die Anzahl von Wahllokalen in mehrheitlich von BPoC bewohnten Wahlbezirken verringern, ihre Öffnungszeiten verkürzen oder zur Stimmabgabe bestimmte Ausweisformen verlangen, die für BPoC aus verschiedensten Gründen schwerer zu erhalten sind.[44]

«Wenn immer noch zu viele der ‹falschen› Leute wählen, macht man ihre Wahlentscheidungen weniger wichtig: durch Gerrymandering», analysiert Zimmer weiter.[45] Damit ist die parteiische Ziehung von Wahlbezirksgrenzen gemeint. Der Oberste Gerichtshof kam der GOP dabei zu Hilfe, indem er parteiisches Gerrymandering 2019 für nicht verfassungswidrig erklärte. Schon 2013 hatte der Supreme Court in *Shelby v. Holder* Abschnitt 5 des Voting Rights Act quasi abgeschafft. Der sah vor, dass Bundesstaaten, Landkreise oder Gemeinden, die in der Vergangenheit diskriminierende Wahlregeln aufgestellt hatten, eine «Vorabgenehmigung» der Bundesregierung einholen mussten, wenn sie Wahlregeln ändern wollten. Dazu mussten sie nachweisen, dass ihre Änderung keine rassistische Diskriminierung bewirkt.[46]

Die Folgen waren grotesk, wie der Fall Wisconsin zeigt: Dort zogen Republikaner die Wahlbezirksgrenzen so, dass sie 2023 nur 44 oder 45 Prozent der Stimmen brauchten, um eine Mehrheit in der Wisconsin State Assembly, dem Landesparlament, zu gewinnen.[47] Ein Bundesgericht erklärte die neuen Grenzen für verfassungswidrig – doch der Oberste Gerichtshof des Bundesstaates, geführt von einer konservativen Mehrheit, winkte die parteiische Karte durch. Nachdem die von den Demokraten unterstützte Kandidatin 2023 im Rennen um einen frei gewordenen Sitz am höchsten Gericht des Bundesstaates (Oberste Richter*innen werden in Wisconsin gewählt) gewonnen hat, besteht eine Chance, dass eine Klage Erfolg hat – auch wenn die lokalen Republikaner ankündigten, die Richterin ihres Amtes entheben zu wollen.[48] 2018 gewann die GOP dank Gerrymanderings ebenfalls die Kontrolle der Landesparlamente in Michigan, Virgina, Pennsylvania und North Carolina, obwohl sie keine Mehrheit der Stimmen erreichte.[49]

Es gibt auch Demokratisches Gerrymandering in einzelnen Fällen – aber keine systematischen Bestrebungen wie bei der GOP, eine flächendeckende Unterwanderung des demokratischen Systems zu erreichen. Ein Gesetzentwurf, der es landesweit verpflichtend gemacht hätte, dass die Neuziehung von Wahlbezirksgrenzen von einer überparteilichen Kommission festgelegt wird (wie es schon in einigen Demokratischen Staaten üblich ist), wurde von den Republikanern abgelehnt.[50]

Der Historiker Olivier Burtin verweist darauf, dass die konservative intellektuelle Tradition von Beginn an über einen «elitären, wenn nicht gar aristokratischen» Strang verfügt habe, der eine Vorliebe für die «Minority Rule» gehabt habe – wir haben ihn bei Brent Bozell schon kennengelernt. Spätestens seit dem Ende des Kalten Krieges habe sich in der konservativen Bewegung immer mehr das Gefühl verstärkt, dass sie aufgrund des demographischen Wandels in der Zukunft keine Mehrheit mehr gewinnen könne – und deshalb die Instrumente der Minderheitsherrschaft – also die Zusammensetzung des Senats, das Electoral College, den Supreme Court und Gerrymandering – verteidigen müsse. «Das war also nicht allein ein Entschluss aus einer intellektuellen Tradition heraus, sondern auch eine strategische Entscheidung», sagt Burtin.[51]

Sollte es Widerstand gegen die Implementierung einer Minderheitsherrschaft geben, sollten Menschen dagegen demonstrieren, ist es praktisch, wenn man – wie beispielsweise die GOP in Florida und Oklahoma – Gesetze verabschiedet hat, die unangenehme Demonstrationen kriminalisieren und es für Autofahrer straffrei machen, Protestierende umzufahren.[52] In insgesamt 34 Bundesstaaten wurden während der Legislaturperiode 2021 ganze 81 «Anti-Demonstrations»-Gesetze eingebracht, mehr als doppelt so viele wie in jedem anderen Jahr.[53] Dies war eine direkte Reaktion auf die landesweiten Black-Lives-Matter-Demonstrationen nach dem Mord an George Floyd.

Gewalt gegen den politischen Gegner ist längst kein Tabuthema mehr. Witze darüber sind zum festen Bestandteil Republikanischer Reden geworden – Kari Lake, gescheiterte Gouverneurs-Kandidatin für Arizona, und der Gouverneur für Virginia, Glenn Youngkin, scherzten beide über den Angriff eines Rechtsextremen auf den Ehemann von Nancy Pelosi, der ihm mit einem Hammer den Schädel einschlug.[54] Die Verrohung und offene Verwendung faschistischer Rhetorik schreiten immer schneller voran. Einer von Trumps innerparteilichen Konkurrenten in den Primaries, Ron DeSantis, verkündete in einem Interview, er wolle als Präsident an seinem ersten Tag im Amt damit beginnen, «die Kehlen» von unliebsamen Beamt*innen «aufzuschlitzen»[55] – womit er nach Einschätzung von Bill Kristol versuchte, «in den Republikanischen Vorwahlen die Position des wahnsinnigen Psychopathen zu dominieren».[56] DeSantis wurde lange von politischen Beobachter*innen als «vernünftige» Alternative zu Trump beworben – doch es zeigte sich schnell, dass er versuchte, noch extremer zu erscheinen als Trump. DeSantis, erklärt Cotlar, habe Fans eines «harten christlichen Nationalismus» hinter sich versammelt – «all diese Leute, die ihm zustimmen, die sagen ‹*fuck immigrants*. Erschießt sie.›»[57]

Bei seiner Rede auf der CPAC hatte Trump Anfang des Jahres der Menge geschworen: «Ich bin euer Krieger, ich bin eure Gerechtigkeit. Und für die, denen Unrecht geschehen ist und die betrogen wurden, ich bin eure Vergeltung.» Den letzten Satz wiederholte er noch einmal: «Ich bin eure Vergeltung.»[58] Steve Bannon sagte dem Journalisten Jonathan Karl, dieser Teil der Rede, die er «Come Retribution» taufte, sei ein Verweis auf den Plan des Secret Service der Konföderierten, Abraham Lincoln zu töten. Kurz: eine unverhohlene Drohung an den politischen Gegner.[59] Im November 2023 versprach Trump dann seinen Fans bei seiner Rede am Veterans Day: «Wir versprechen euch, dass wir die Kommunisten, Marxisten, Faschisten und die linksradikalen Schläger ausrotten werden, die wie Ungeziefer in den Grenzen unseres Landes leben, die lügen und stehlen und bei Wahlen betrügen.» Die USA seien von einem Feind aus dem Inneren bedroht, der gefährlicher sei als jede feindliche Supermacht.[60] Historiker*innen wie Ruth Ben-Ghiat warnten, dass Trump sich des Vokabulars faschistischer Diktatoren wie Hitler und Mussolini bediene, um den politischen Gegner zu entmenschlichen und sich gleichzeitig als Überbringer der Freiheit darzustellen. Das habe Mussolini den Italienern auch versprochen und dann die Diktatur ausgerufen, sagte Ben-Ghiat der *Washington Post.*[61] Trumps Sprecher wies diese Kritik zurück – und schob eine Drohung hinterher: Wer Trump mit Hitler oder Mussolini vergleiche, dessen «gesamte Existenz» werde «vernichtet werden, wenn Präsident Trump ins Weiße Haus zurückkehrt».[62] Auf seiner Social-Media-Seite verkündete Trump derweil, die ihn anklagenden Staatsanwälte einsperren zu lassen, sobald er wieder Präsident sei. Laut Presseberichten diskutieren er und seine Berater*innen, am Tag der Amtseinführung das Militär gegen Demonstrierende einzusetzen und seine politischen Gegner vor Gericht zu stellen.[63] Schon nach dem Sturm auf das Kapitol hatten Wissenschaftler wie der renommierte Historiker und Faschismusexperte Robert O.

Paxton, die den Begriff «Faschismus» im Zusammenhang mit Trump vorher abgelehnt hatten, ihre Meinung revidiert.[64]

Der Historiker Seth Cotlar unterscheidet wie Paxton zwischen einem faschistischen Regime und einer faschistischen politischen Kultur. Für eine solche Kultur sieht Cotlar durchaus Bausteine, er definiert das Adjektiv «faschistisch» speziell im amerikanischen Kontext so: «Ich denke dabei insbesondere an die Ablehnung der politischen Kultur und der folgenden Ideen: dass die USA ein religiös pluralistischer und säkularer Staat sind, dass die USA eine *multi racial* und multiethnische Demokratie sind, die durch diese Vielfalt gestärkt wird, und dass politische Gewalt und Einschüchterung niemals legitime politische Taktiken sind, selbst wenn man glaubt, dass ‹die echten Amerikaner› von einer ruchlosen antiamerikanischen Verschwörung belagert werden.»[65] Es gibt ein geflügeltes Wort: dass der Faschismus, sollte er in die USA kommen, in die Flagge gehüllt wäre und ein Kreuz tragen würde. «Da ist etwas dran», so Cotlar. «Das ist die Form, die der Faschismus hier annehmen wird. Und dann werden die Leute sagen: ‹Aber das sind doch gute Christen, das können unmöglich Faschisten sein!› Tja.» Man dürfe die amerikanische Variante des Faschismus nicht übersehen, weil sie etwas anders aussehe als das, was man aus Europa kenne.[66] «Apple-Pie Faschismus», nennt Cotlar die amerikanische Iteration.[67] «Leute – besonders Weiße Menschen – sind nicht gut darin, das zu erkennen. Dann heißt es: ‹Aber sie tragen doch keine Hakenkreuze, sie gehen nicht im Stechschritt›.»

Der Historiker Olivier Burtin verweist zudem darauf, dass es im amerikanischen Kontext auch in der ersten Hälfte des 20. Jahrhunderts keine imperialistischen Bestrebungen in rechten Kreisen gegeben habe, deshalb seien auch isolationistische Bestrebungen im US-Kontext heute kein Widerspruch zu faschistischen Tendenzen.[68]

Neben lauten Stimmen wie Trump und DeSantis gibt es auch Vertreter der GOP, die auf den ersten Blick weniger rabiat erscheinen, aber in Wahrheit eine ähnliche Agenda mit Frames von politischer Gewalt verbreiten. Einen solchen Politiker der GOP habe ich im Sommer 2023 in Dallas bei einem Gottesdienst erlebt. Dabei rechnet man mit vielem: Gesang, Orgel, Segenssprüche, je nach Konfession vielleicht auch mit Handauflegen oder Weihrauch. Eine Mini-Militärparade und eine Spezialeinheit der Dallas Police, die sich zu den Klängen des Mottosongs der US-Marines («From the Halls of Montezuma, To the Shores of Tripoli») von der Decke abseilt, gehören für die meisten von uns eher nicht zu den Erwartungen. In Robert Jeffress' First Baptist Church Dallas, einer Megachurch in Texas' Hauptstadt, war genau das jedoch der Fall. Die Versammelten winkten dazu mit kleinen amerikanischen Flaggen, auf der Bühne versprühten Feuerwerkstöpfe goldene Funken. Der Gottesdienst fand unter dem Namen «Freedom Sunday» statt – eine Art vorgezogene Feier des 4. Juli. Es war eine Bühnenshow des Weißen christlichen Nationalismus, der auch die Republikanische Partei mittlerweile vollkommen durchdrungen hat – Armee, Kreuz und Flagge, vereint in einer patriotischen Pageant-Show der Superlative. Der Weiße christliche Nationalismus will Gott «zurück» in die Regierung bringen – und so war es nur passend, dass das Highlight des Gottesdienstes die Rede eines amtierenden US-Senators war.[69]

James Lankford aus dem benachbarten Oklahoma sieht aus wie der idealisierte Prototyp eines Vertreters der Religiösen Rechten: ein bisschen wie ein gealterter Ken, sehr blond und etwas plastikartig. Lankford ist nicht nur Senator, sondern auch Prediger. Durch die prominente Platzierung von Gästen wie Lankford arbeitet Jeffress an einer respektableren Variante derselben rechtsreaktionären Marke. Dafür ist Lankford der ideale Botschafter: Er ist jovial, theologisch gefestigt, spuckt nicht Gift und Galle, sondern mahnt zu mehr Verständnis füreinander. Doch wer genau hinhört, merkt schnell, dass hinter der polierten Fassade dieselbe Ideologie steckt: Denn Lankford versteckt seine radikale Botschaft hinter geschickter Rhetorik und biblischen Gleichnissen. Daniel, erzählte er etwa der Gemeinde, die an seinen Lippen hängt, sei der Einzige, der es in babylonischer Gefangenschaft abgelehnt habe, sich dem Regime zu unterwerfen. Lankford präsentierte diese Geschichte als Gleichnis für die Situation konservativer Christen in den USA – es helfe nicht, über eine schlimme Situation zu «jammern», stattdessen müsse man endlich handeln. Laut dem Religionswissenschaftler Bradley Onishi, der in seinem früheren Leben selbst Jugendpastor einer konservativen evangelikalen Megachurch war, hüllt Lankford hier eine radikale, gewalttätige Botschaft in ein auf den ersten Blick wenig verfängliches biblisches Gleichnis. Diese Methode sei typisch für Vertreter des Weißen christlichen Nationalismus: «Diese Geschichten geben christlichen Nationalisten ein Narrativ zum Ausleben – eine Möglichkeit, eine Figur zu spielen. In diesem Sinne ist christlicher Nationalismus *LARPing*. Es ist ein Rollenspiel als gottesfürchtiger Krieger, auch wenn die Fassade eine gute altmodische Predigt über eine bekannte Bibelstelle ist.»[70]

An einigen Stellen in Lankfords Predigt schimmert der radikale Unterbau seiner politischen Theologie durch: In den drei Jahren «Umerziehung» in Babylon, erklärt Lankford, habe sich Daniel nicht vom rechten Weg abbringen lassen. Wer die aktuellen politischen Debatten vor Augen hat, weiß, was Republikaner heute als «Umerziehung» diffamieren: Akzeptanz von LGBTQ-Menschen, Aufklärung, ein Schulunterricht, der Kindern und Jugendlichen die Geschichte ihres Landes ungeschönt und ehrlich erzählt. Die Anerkennung der Realität von Rassismus und struktureller Ungerechtigkeit in den USA sind in den Curricula vieler Republikanischer Bundesstaaten nicht nur nicht vorgesehen, sondern verboten.[71]

Haltet durch und geht an die Arbeit, lautet Lankfords Botschaft an die Gemeinde, die an diesem drückend heißen Junitag 2023 in Dallas zusammengekommen ist, um ihren Gott zu loben und sein auserwähltes Land – die USA. Dabei sollen sich die Gemeindemitglieder an historischen Vorbildern orientieren, rät ihnen der Senator. Zum Beispiel an einem Geistlichen, der im Amerikanischen Unabhängigkeitskrieg gekämpft habe, um sein Land zu retten. Lankford meint Peter Muhlenberg, den Begründer des «Black Robed Regiment». Dieser habe seiner Gemeinde gesagt: «[E]s gibt eine Zeit für Krieg und eine Zeit für Frieden», und in diesem Moment habe er seine Priesterrobe ausgezogen – und seine Offiziersuniform der Revolutionsarmee unter George Washington enthüllt.

Lankford und Jeffress sind nicht die einzigen Mitglieder der amerikanischen Rechten, die sich auf die schwarzberobten Priester in der Armee der amerikanischen Revolution berufen: Das «Black Robed Regiment» ist seit dem Angriff auf das Kapitol am 6. Januar 2021 zum Schlachtruf einer besonders militanten Fraktion christlicher Nationalisten geworden. Der Historiker Thomas Lecaque erklärt, wie extrem die Referenz auf das besagte Regiment tatsächlich ist: «Diese ‹Black Robed Regiment›-Nummer – das Verkleiden in Gewänder der Revolutionszeit und speziell das heraufbeschworene Bild amerikanischer Geistlicher, die diesen Krieg führen –, das ist kein passives historisches Cosplay. Es ist ein Plädoyer für den Aufstand.» Er warnt: «Indem sie sich auf die Geschichte des ‹Black Robed Regiment› beziehen, die sie absichtlich falsch interpretieren, scheinen diese ‹patriotischen› Pastoren bewusst Ideen über Patriotismus und die Vergangenheit zu manipulieren, um religiöse Gewalt zu bewerben.»[72] Wie so häufig, wenn die Religiöse Rechte sich auf die Vergangenheit bezieht, verdreht sie die Fakten. Denn die Bezeichnung als Mitglieder eines «Black Robed Regiments» wurde von den Priestern, die sich der Revolution im 18. Jahrhundert angeschlossen hatten, entschieden abgelehnt. Sie hatten sich den Namen nicht selbst gegeben – das war das Werk britischer Propagandisten, die die Geistlichen als religiöse Fanatiker brandmarken wollten. Sie selbst sahen den Namen als Häresie an. Gleichzeitig schafft das heutige Framing von politischer Gewalt im Kontext eines Unabhängigkeitskriegs als Analogie zur Gegenwart eine Erlaubnisstruktur für die Anwendung ebendieser Gewalt.

Dass Senator Lankford seine Botschaft in Respektabilität kleidet und mit seiner Rhetorik von einem anderen Planeten zu stammen scheint als die MAGA-Basis, ist nichts Neues. Dass Jeffress jetzt seine Nähe sucht, ist jedoch ein Zeichen dafür, dass die Religiöse Rechte – und mit ihr die GOP – merkt, dass offen radikales Messaging ihr extrem schadet. Bei den Zwischenwahlen 2022 – die traditionellerweise in der aktuell schwierigen Wirtschaftslage für die den Präsidenten stellende Partei eine ordentliche Klatsche bedeutet hätten – war das deutlich zu spüren: Denn auch wenn die Republikaner eine hauchdünne Mehrheit im Repräsentantenhaus gewannen, verloren sie ihre Mehrheit im Senat. Der Hauptgrund dafür war ihre demokratiefeindliche Politik – und eine folgenschwere Entscheidung, die ein Jahr zuvor nach Jahrzehnten der Vorbereitung an einem drückend heißen Sommertag in Washington, D. C., gefallen war.[73]

Als ich an jenem 24. Juni 2022 vor dem Obersten Gerichtshof eintraf, hatten sich dort am frühen Nachmittag trotz der brutalen Hitze bereits Hunderte Menschen eingefunden, um gegen das Urteil im Fall *Dobbs v. Jackson Women's Health Organization* zu demonstrieren, das an diesem Morgen bekannt geworden war.[74] Die Stimmung war aufgewühlt, wütend und angsterfüllt zugleich – denn den Anwesenden war klar, was dieses historische Urteil bedeutete: den Verlust des Zugangs zu Gesundheitsversorgung für Millionen von Frauen und Schwangeren. Der Kampf der Rechten gegen Abtreibung ist letztlich ein Akt patriarchaler Gewalt: Frauen und Schwangeren die Autonomie über den eigenen Körper zu verwehren.

In Texas und Louisiana traf ich im selben Sommer mehrere Menschen, die sich dort für trans Rechte einsetzen, die in Republikanischen Staaten massiv bedroht werden. Remington Johnson, eine trans Seelsorgerin und Geistliche, die in Austin lebt, sagte mir, dass Republikanisch geführte Staaten bald noch restriktivere Gesetze verabschieden würden – von Abtreibung bis zu Anti-LGBTQ-Gesetzgebung. Ihre Worte haben mich noch lange nach unserem Treffen verfolgt: «Wir verlieren. Wir, die trans Community, werden diese nächste Legislaturperiode nicht überstehen, wenn es so weitergeht. Die Community wird irgendwie überleben – vielleicht im Untergrund. Einige werden den Staat verlassen oder tun es bereits jetzt. Der Preis, den wir zahlen müssen, wird enorm sein.»[75] Sie sollte recht behalten – Republikanische Landesparlamente und Stadträte haben ihre Bemühungen seitdem weiter eskaliert und beschneiden massiv die körperliche Autonomie von LGBTQ-Menschen und Frauen, die Wissenschaftsfreiheit und alles, was von einer Weißen, christlich-nationalistischen Norm abweicht.[76]

Die Religionswissenschaftlerin Anthea Butler, Expertin für die amerikanische Rechte und ihr Bündnis mit religiösen Kräften, sieht die heutige MAGA-Bewegung als weitere Evolutionsstufe des amerikanischen Konservatismus. Als ich sie nach entscheidenden Wendepunkten frage, nach Momenten, in denen gezündelt wurde – in denen der metaphorische Rauch in der Luft zu riechen war –, antwortet sie nach kurzem Nachdenken: «1964, das ist ein Brandstifter-Moment, der Parteitag. Reagan ist auch einer. Aber nicht der Moment, als er die Religiöse Rechte öffentlich unterstützt – *‹you can't endorse me, but I can endorse you›* –, sondern als er seine erste Wahlkampfveranstaltung auf der Neshoba County Fair hat und allen signalisiert, dass er für ‹States' Rights› ist. Das war sein Brandstifter-Moment.»[77]

Nicht immer seien solche «Brandstifter»-Momente die offensichtlichsten. «Bei Bush ist es für mich zum Beispiel nicht

9/11. Sondern danach, als er sagt ‹Das ist ein Kreuzzug›», so Butler. Wir haben in diesem Buch mehrere dieser Momente kennengelernt – von Goldwater über Pat Buchanan bis zu Sarah Palin. Der Trumpismus, der die moderne GOP fest im Griff hat, steht gleichzeitig in einer langen Tradition der amerikanischen Rechten, aber er markiert auch – zumindest in Teilen – eine neue Radikalisierung. Cotlar erklärt dieses Spannungsverhältnis so: «Der Bruch fand auf der Ebene von Eliten-Institutionen und Eliten-Normen statt.» Viele der Republikanischen Mandatsträger im Senat und Repräsentantenhaus wüssten durchaus, dass Trump die Wahl 2020 verloren habe, so Cotlar – aber sie würden das öffentlich nie sagen, um ihre Wähler*innen nicht zu verprellen. Dieser offene Bruch mit dem demokratischen Rahmen sei neu.[78]

Auch einflussreiche Institutionen der amerikanischen Rechten, darunter das Claremont Institute, haben sich mittlerweile offen dem antidemokratischen Projekt der Minderheitsherrschaft verschrieben: Glenn Elmers, ein Senior Fellow des Instituts, verlangte 2021 ein noch radikaleres Vorgehen. Es sei an der Zeit für einen «konterrevolutionären Moment», schrieb er in seinem Artikel mit dem Titel «Konservatismus ist nicht mehr genug», der im Online-Magazin des Instituts erschien. Darin verkündete Elmers, dass die 80 Millionen seiner Landsleute, die für Biden gestimmt hätten, «keine Amerikaner im eigentlichen Sinne des Wortes» seien – und demnach auch nicht die vollen Bürgerrechte amerikanischer Staatsbürger haben könnten.[79]

John Eastman, ein weiterer Fellow des Claremont Institute, war als einer von Trumps Anwälten einer der Haupt-Architekten des Staatsstreichs vom 6. Januar. Er hatte behauptet, dass Mike Pence die Autorität habe, die Zertifizierung der Wahlergebnisse in relevanten Swing States zu verweigern, und für diesen Fall hatte er zusammen mit anderen Verschwörer*innen falsche Wahlleute rekrutiert, die stattdessen nach D. C. geschickt werden sollten.[80] Er wurde in Georgia wegen seiner Beteiligung an dem Komplott angeklagt – und war im Dezember 2023 dennoch nach wie vor ein Senior Fellow des Claremont Institute und Mitglied der Federalist Society.[81] Die Planung eines Staatsstreichs ist scheinbar kein Grund, aus dem konservativen Establishment ausgeschlossen zu werden.[82]

Das wohl größte Warnsignal, das dafür spricht, dass der autoritäre Geist Trumps in der Partei überdauern wird, kommt jedoch von der Heritage Foundation: Die veröffentlichte in Zusammenarbeit mit 50 anderen konservativen Organisationen im April 2023 ihr «Project 2025», eine Handlungsanleitung für den «nächsten Republikanischen Präsidenten»:[83] Das Dokument soll in Tradition ihrer Empfehlungen an Präsident Reagan stehen – doch es ist der weitreichendste programmatische Aufschlag, den ich bisher aus der Feder einer rechten Denkfabrik gesehen habe. Das «Project 2025» sieht vor, den administrativen Staat massiv zu beschneiden und die Macht des Präsidenten extrem auszubauen.[84] Die Heritage Foundation stützt sich dabei auf die bereits erwähnte Unitary Executive Theory, eine unter rechtskonservativen Juristen beliebte Pseudo-Rechtstheorie, die besagt, dass der Präsident die vollständige Kontrolle über die Exekutive habe. Der Kongress habe demnach beispielsweise nicht die Macht, ihn daran zu hindern, die Leiter von Behörden zu entlassen. Sie lehnt die Grundannahme ab, dass der Staat aus Judikative, Exekutive und Legislative besteht und dass die drei Gewalten sich gegenseitig kontrollieren. Nach dem Plan der Heritage Foundation soll unter anderem das Justizministerium entmachtet, das FBI demontiert und die Ministerien für Bildung und Handel abgeschafft werden. Gleichzeitig soll der Präsident die vollständige Macht über bisher unabhängige Behörden erhalten. Diese Zerschlagung des administrativen Staates rechtfertigen die Autor*innen mit dem Kampf gegen das, was sie den «Deep State» nennen – ein Begriff rechter Verschwörungsmythen wie QAnon, der einen angeblichen geheimen «Schattenstaat» meint. Über die Reste des Justizministeriums hätte das Weiße Haus nach diesen Plänen die volle Kontrolle – und könnte diese entsprechend missbrauchen.[85] «Project 2025» würde effektiv das System der *checks and balances* beenden und die USA essenziell in einen autoritären Staat verwandeln, in dem die Macht des Präsidenten keinen Einschränkungen unterliegt. Berufsbeamt*innen könnten dann gefeuert und durch Trump-Loyalisten ersetzt werden, wenn sie nicht auf Linie sind. So soll das «Project 2025» bereits über eine Datenbank mit den Namen von 20 000 Konservativen verfügen, die ideologisch durchleuchtet und für akzeptabel befunden wurden, um sie an wichtigen Stellen des Staatsapparats einzusetzen.[86]

Trump plant außerdem, den Prozess des «Impounding» wieder einzuführen, was bedeutet, dass der Präsident Haushaltsgelder blockieren kann, die vom Kongress für bestimmte Programme vorgesehen sind, wenn sie ihm nicht gefallen. Der Kongress hatte diese Macht des Präsidenten 1974 enorm eingeschränkt, nachdem Nixon sie missbraucht hatte.[87] Heißt: Der Präsident, nicht das Parlament, würde schlussendlich über die Verteilung der Haushaltsgelder entscheiden.[88] Außerdem sollen unter anderem Begriffe wie «Abtreibung, Gender […] und reproduktive Rechte» im offiziellen Sprachgebrauch der Regierung verboten werden. LGBTQ-Themen werden in dem Bericht als «Pornographie» klassifiziert – wobei diese laut dem Präsidenten der Heritage Foundation «geächtet» werden soll. «Die Menschen, die sie herstellen und vertreiben, sollten eingesperrt werden. Pädagogen und Bibliothekare, die sie verbreiten, sollten als registrierte Sexualstraftäter eingestuft werden. Und Telekommunikations- und Technologieunternehmen, die ihre Verbreitung fördern, sollten geschlossen werden.» Die Autor*innen von «Project 2025» denken nicht nur bis 2024 – sondern in Jahrzehnten.[89]

Für die Historikerin Heather Cox Richardson ist klar, was die Umsetzung des «Project 2025» bedeuten würde: «Das Ende der amerikanischen Demokratie. Daran habe ich absolut keinen Zweifel. [Es sind] tausend Seiten darüber, wie man die Bundesregierung, die seit 1933 die Bürgerrechte geschützt, ein grundlegendes soziales Sicherheitsnetz bereitgestellt, die Wirtschaft reguliert und die Infrastruktur gefördert hat, abbaut.» Sie warnt eindringlich: «Ich glaube nicht, dass die Leute jetzt verstehen, dass, wenn Donald Trump wieder gewinnt, Leute an die Macht gebracht werden, die alles niederbrennen wollen. Damit meine ich, dass sie ihre Feinde verletzen wollen. [...] Wenn das bedeutet, dass die NATO auseinanderfällt oder dass Amerikaner verhungern oder an Pandemien sterben, ist ihnen das egal. Hauptsache, sie besiegen ihre Feinde.»[90] Sogar die ehemalige Republikanerin Liz Cheney warnte im Dezember 2023, dass die USA «in die Diktatur schlafwandeln» würden.[91]

Ein Präsident, wie ihn sich die Heritage Foundation erträumt, könnte weder vom Kongress noch von den Gerichten im Zaum gehalten werden. Trumps Wunsch, als «Strongman» und autoritärer Herrscher zu regieren, ist nichts Neues – im Dezember 2023 verkündete er offen, «Diktator für einen Tag» sein zu wollen. Neu ist jedoch die Bereitschaft des Republikanischen Establishments, diesen antidemokratischen Griff nach Macht offen zu unterstützen. Es hat Jahrzehnte gedauert, bis die heutige Republikanische Partei an einen Punkt gelangt ist, an dem sie die Demokratie offen ablehnt. Das «Project 2025» ist eine autoritäre Umwälzung des öffentlichen Dienstes unter der Herrschaft einer Art Gottkönig – egal, ob jener Trump oder DeSantis heißt oder einen ganz anderen Namen trägt. Es ist ein faschistoides Projekt, das ganz offen darlegt, wie die nächste Regierung unter einem Republikanischen Präsidenten agieren wird. Sogar Joe Scarborough, früher selbst Republikanischer Abgeordneter, inzwischen Moderator bei MSNBC, nannte die Politik Trumps und der GOP «faschistisch».[92]

Es ist eine weit verbreitete Fehleinschätzung, dass Faschisten sich an die Macht putschen müssen. Viel häufiger kommen sie an die Macht, indem sie systematisch demokratische Institutionen untergraben, Schlupflöcher im demokratischen Webstoff der Gesellschaft suchen und über Wahlen den «legitimen» Weg gehen.[93] Das «Project 2025» ist ein Beweis dafür, dass die Bewegung aus dem gescheiterten Staatsstreich gelernt hat – und entschlossen ist, die Hindernisse aus dem Weg zu räumen, die es Trump 2020 verwehrt haben, an der Macht zu bleiben. Eines muss klar sein: Das Republikanische «Fieber» ist nicht gesunken – im Gegenteil.[94]

Es wäre aber auch ein Fehler, den Weg, den die Republikanische Partei eingeschlagen hat, zu rechtfertigen oder gar als unvermeidbar zu bezeichnen. Geschichte erscheint nur in der Rückschau linear. Es gab zahllose Möglichkeiten für die Grand Old Party und ihr politisches Establishment, sich den extremen Kräften, die ihre Partei über Jahrzehnte Schritt für Schritt übernommen haben, entgegenzustellen. Genauso falsch wäre es zu behaupten, die heutige Version der GOP habe nichts mit «echtem» Konservatismus zu tun. Es gibt verschiedene Versionen von Konservatismus – liberalen wie illiberalen. Konservative Stimmen wie Bill Kristol, Tim Miller, Stuart Stevens, Adam Kinzinger und andere haben die Republikanische Partei verlassen, weil sie erkannt haben, dass sie nicht zu retten ist – die Extremisten haben längst das Ruder übernommen. Als Brandstifter an der Demokratie haben sich nicht nur die Extremisten betätigt, die die Partei heute führen, sondern auch das Partei-Establishment, das so lange willens war, mitzuzündeln, in dem Irrglauben, extreme Teile der Bewegung kontrollieren und von ihnen profitieren zu können.

Eine Republikanische Präsidentschaft, sei es 2024 oder 2028, wäre, man muss es so deutlich sagen, eine Katastrophe – für die amerikanische Demokratie, für marginalisierte Menschen im Land, aber auch für die Weltpolitik.

Plakative Vergleiche der Situation in Deutschland mit jener in den USA sind wenig hilfreich, dazu bestehen zu viele Unterschiede zwischen beiden Ländern, vom politischen System bis hin zur Religionslandschaft. Doch der heutige Zustand der Republikanischen Partei muss für europäische Konservative als mahnendes Beispiel dafür dienen, was passiert, wenn man sich mit Extremisten einlässt. Von nun an – es mag noch so pathetisch klingen – steht bei jeder der kommenden Wahlen in den USA nicht weniger als die amerikanische Demokratie auf dem Spiel.

Dank

Mein Dank gilt all den Wissenschaftler*innen und Journalist*innen, die Stunden ihrer Zeit investiert, mit mir gesprochen und meine unzähligen Fragen beantwortet haben. In unbestimmter Reihenfolge danke ich Seth Cotlar, David Corn, John Huntington, Kathleen Belew, Jeff Sharlet, David Walsh, A. J. Bauer, Olivier Burtin, Anthea Butler, Bradley Onishi, Thomas Lecaque, Rick Perlstein und sämtlichen Historiker*innen und Journalist*innen, auf deren Forschung mein Buch aufbaut.

Mein Dank gilt ebenso Bill Kristol und Tim Miller, die mir als ehemalige Republikanische Strategen Einblick in die Gedankenwelt der GOP und ihre Einschätzung zur aktuellen Lage gegeben haben.

Von Herzen danke ich meinen Eltern für ihre immerwährende Unterstützung. Außerdem Anja für zahllose Hundeplatz- und Notfall-Kuchen-Treffen, Rebekka fürs Aufmuntern und Anfeuern, wenn es schwierig wurde. Sinah, Steffi, Lea, Alina und Niklas dafür, dass ihr es mir nicht übel genommen habt, dass ich so lange im Schreibtunnel abgetaucht war. Lawrence für sein Verständnis und fürs Bekochen, damit ich mich in den intensivsten Schreibphasen nicht nur von trockenem Brot ernähren musste.

Mein Dank gilt auch dem Team bei Rowohlt, allen voran meinem Lektor Erik Riemenschneider für seine Ermutigung und Unterstützung, und meiner Agentin Elisabeth Ruge, die dieses Buch möglich gemacht haben, sowie dem freien Lektor Ludger Ikas.

Anmerkungen

1 **Das Erbe.** Die Wurzeln der Republikanischen Partei

1 Haley, Nikki: «Nikki Haley Speaks at Moms for Liberty Convention», *C-SPAN*, 30. Juni 2023.
2 Slate: «Can Moms for Liberty Swing an Election?», *Slate Podcast Transcript*, 26. August 2023.
3 Yousef, Odette: «Moms for Liberty among conservative groups named ‹extremist› by civil rights watchdog», *NPR*, 7. Juni 2023.
4 CPAC: «We Are All Domestic Terrorists», CPAC, 6. August 2022.
5 Fox and Friends, *Internet Archive*, 7. Januar 2021.
6 Kitschelt, Herbert P./Rehm, Philipp: «Secular Partisan Realignment in the United States: The Socioeconomic Reconfiguration of White Partisan Support since the New Deal Era», *Politics & Society*, Bd. 47, Nr. 3, S. 425–479; Schickler, Eric: *Racial Realignment: The Transformation of American Liberalism, 1932–1965*, Princeton 2016.
7 Richardson, Heather Cox: *To Make Men Free: A History of the Republican Party*, New York 2014, S. 148 ff.
8 Ebd., S. 191.
9 Milkis, Sidney M.: *Theodore Roosevelt, the Progressive Party, and the Transformation of American Democracy*, Lawrence 2009.
10 Richardson: *To Make Men Free*, S. 143, 148, 150.
11 Ebd., S. 152.
12 Matthews, Dylan: «Woodrow Wilson was extremely racist – even by the standards of his time», *Vox*, 20. November 2015.
13 Huntington, John H.: *Far-Right Vanguard. The Radical Roots of Modern Conservatism*, Philadelphia 2021, S. 10, 39, 46.
14 Richardson: *To Make Men Free*, S. 168.
15 Ledbetter, Christine: «Woodrow Wilson's birthplace: A 4,000-square-foot manse», *The Washington Post*, 14. Oktober 2016; Bushong, William: «The Life and Presidency of Woodrow Wilson», The White House Historical Association, 2013.
16 Ruiz, George W.: «The Ideological Convergence of Theodore Roosevelt and Woodrow Wilson», *Presidential Studies Quarterly*, Bd. 19, Nr. 1 (1989), S. 159–177.
17 Richardson: *To Make Men Free*, S. 171.
18 Ebd., S. 178.
19 Patel, Kiran Klaus: «Improvisierend durch die Krise: Der New Deal», *Aus Politik und Zeitgeschichte*, 14. Januar 2022.
20 Ebd.
21 Karmack, Elaine: «The first 100 days: When did we start caring about them and why do they matter?», Brookings, 16. April 2021.
22 Patel: «Improvisierend durch die Krise: Der New Deal».
23 Gould, Lewis L.: *The Republicans: A History of the Grand Old Party*, New York 2014, S. 190–216.
24 Walsh, David Austin: *Taking America Back: The Conservative Movement and the Far Right*, New Haven 2024, S. 30 f. (zitiert nach den Druckfahnen des fertigen Manuskriptes, das der Autor mir freundlicherweise zur Verfügung gestellt hat).
25 Gross, Martina: «Franklin D. Roosevelt und der New Deal – Joe Bidens Vorbild?», *SWR2*, 7. September 2021.

2 **Konservative Revolutionäre.** Konservatismus *made in America*

1 Burns, Alexander / Martin, Jonathan: «‹I've Had It With This Guy›: G. O. P. Leaders Privately Blasted Trump After Jan. 6», *The New York Times*, 21. April 2022.

2 «McConnell to support Trump if party picks him as its 2024 nominee», *Reuters*, 21. Februar 2021.

3 Raju, Manu / Rogers, Alex: «McConnell blames Trump but voted not guilty anyway», *CNN*, 13. Februar 2021.

4 Garelick, Rhonda: «With Political Memes, the Medium Matters», *The New York Times*, 29. November 2021.

5 Weisman, Jonathan / Karni, Annie: «G. O. P. Leaders Condemn Lawmakers' Appearance at White Nationalist Conference», *The New York Times*, 28. Februar 2022.

6 PA News Agency: «McCarthy condemns Greene remarks but blasts ‹power grab› by Democrats», *Wandsworth Times*, 3. Februar 2021.

7 Brockschmidt, Annika: «This year's AFPAC brought the White Nationalist Fringe one giant step closer to the center of the GOP», *Religion Dispatches*, 31. März 2022.

8 Zimmer, Thomas: «Conservatives don't want true democracy, and ‹nice› Republicans are no exception», *The Guardian*, 2. Mai 2022.

9 Hannah-Jones, Nikole: «America Wasn't a Democracy, Until Black Americans Made It One», *The New York Times Magazine*, 14. August 2019.

10 Huntington, John H.: *Far-Right Vanguard. The Radical Roots of Modern Conservatism*, Philadelphia 2021, S. 3.

11 Hawley, George: *Right-Wing Critics of American Conservatism*, Lawrence 2016, S. 12.

12 Gespräch der Autorin mit Bill Kristol am 3. Juli 2023.

13 Strobl: Natascha: *Radikalisierter Konservatismus*, Berlin 2021, S. 11.

14 Ebd., S. 17.

15 Ebd., S. 11 f.

16 Gespräch der Autorin mit John Huntington, Professor für Geschichte am Houston Community College mit Forschungsschwerpunkt auf den radikalen Wurzeln des modernen Konservatismus, am 6. Juli 2023; Huntington: *Far-Right Vanguard*, S. 4.

17 Huntington: *Far-Right Vanguard*, S. 177, 213 f., 219.

18 Kabaservice, Geoffrey: «Anarchy in the House», *The New York Times*, 29. September 2015; Huntington: *Far-Right Vanguard*, S. 61.

19 Patterson, James T.: *Mr. Republican: A Biography of Robert A. Taft*, Boston 1972, S. 217 f.; Gerstle, Gary: *The Rise and Fall of the Neoliberal Order: America and the World in the Free Market Era*, Oxford 2022, S. 40.

20 Gespräch der Autorin mit dem Historiker A. J. Bauer von der University of Alabama am 22. August 2023. Er lehrt am Institut für Journalismus mit dem Forschungsschwerpunkt Konservatismus und seine rechtsextremen Ränder sowie Medienaktivismus. Zu den kommunistischen Wurzeln der Neokonservativen siehe z. B. Lütjen, Torben: *Partei der Extreme: Über die Implosion des amerikanischen Konservativismus*, Bielefeld 2016, S. 50; Oppenheimer, Daniel: *Exit Right: The People Who Left the Left and Reshaped the American Century*, New York 2016; Tanenhaus, Sam: «How Ex-Communists Shaped American Conservatism», *The Atlantic*, März 2016; Nash, George H.: *The Conservative Intellectual Movement in America Since 1945*, Washington, D. C., 1973, Jubiläums-Ausgabe 2023, S. xvi.

21 Strobl: *Radikalisierter Konservatismus*, S. 12.

22 Ebd., S. 30.

23 Ebd., S. 149.

24 Heitmeyer, Wilhelm: *Autoritäre Versuchungen. Signaturen der Bedrohung*, Berlin 2018, S. 280 f.
25 Palingenese: Neugeburt der (als dekadent empfundenen) Gesellschaft.
26 Griffin, Roger: *The Nature of Fascism*, Milton Park 1993, S. 26.
27 Gespräch der Autorin mit A. J. Bauer am 22. August 2023.
28 Wolkenstein, Fabio: *Die dunkle Seite der Christdemokratie. Geschichte einer autoritären Versuchung*, München 2022, S. 125 f.
29 Strobl: *Radikalisierter Konservatismus*, S. 137 f.
30 Ebd., S. 21 f.
31 Strobl, Natascha: «‹Die extreme Rechte fantasiert einen Kriegszustand herbei›: Die Rechten und die Sprache», *Frankfurter Rundschau*, 31. Juli 2020.
32 Pfahl-Traughber, Armin: *Konservative Revolution und Neue Rechte*, Opladen 1998, S. 132 f.
33 Strobl: *Radikalisierter Konservatismus*, S. 23.
34 Pfahl-Traughber: *Konservative Revolution und Neue Rechte*, S. 33.
35 Ebd., S. 134; Femia, Joseph V.: *Gramsci's Political Thought: Hegemony, Consciousness, and the Revolutionary Process*, Oxford 1987, S. 23–60.
36 Heitmeyer: *Autoritäre Versuchungen*, S. 310.
37 Flecker, Jörg: «Die Politik der rohen Bürgerlichkeit», *Der Standard*, 16. Januar 2019.
38 Strobl: *Radikalisierter Konservatismus*, S. 41 ff., S. 59 ff., S. 74 ff., S. 91 ff., S. 124 f.
39 Ebd., S. 112 f.
40 Brooks, David: «What Happened To American Conservatism?», *The Atlantic*, 8. Dezember 2021.
41 Gespräch der Autorin mit Bill Kristol am 3. Juli 2023.
42 Hajjaji, Danya: «Nancy Pelosi: U.S. Needs Strong Republican Party, not a Cult», *Newsweek*, 5. Oktober 2022.
43 Brooks: «What Happened to American Conservatism?»
44 Zimmer, Thomas: «Conservatives don't want true democracy, and ‹nice› Republicans are no exception», *The Guardian*, 2. Mai 2022.
45 Paul Weyrich während einer Rede in Dallas, Texas, Herbst 1980, https://www.youtube.com/watch?v=8GBAsFwPglw; Paris, Gilles: «US Midterms: The fight against voter turnout», *Le Monde*, 3. November 2022.

3 Der Sturz des Heiligen.
William F. Buckley und der «respektable Konservatismus»

1 Buckley: *God and Man at Yale*, Washington, D. C., 1951.
2 Judis, John J.: *William F. Buckley Junior: Patron Saint of the Conservatives*, New York 1990, S. 163.
3 Buckley: «Our Mission Statement», *The National Review*, 19. November 1955.
4 Perlstein, Rick: *Before the Storm: Barry Goldwater and the Unmaking of the American Consensus*, New York 2009, S. 73.
5 Buckley: «Why the South Must Prevail», *The National Review*, 24. August 1957.
6 Gespräch der Autorin mit A. J. Bauer am 22. August 2023.
7 Bouie, Jamelle: «No One Can Stop Talking About Justice John Marshall Harlan», *The Washington Post*, 7. Juli 2023
8 Stevens, Stuart: *It Was All a Lie: How the Republican Party Became Donald Trump*, New York 2020, S. 113.
9 Gespräch der Autorin mit A. J. Bauer am 22. August 2023.
10 Perlstein: *Before the Storm*, S. 73.
11 Walsh, David Austin: «The Right-Wing Popular Front: The Far Right and American Conservatism in the

1950s», *Journal of American History*, 107, Nr. 2, September 2020, S. 411–432, S. 419; Walsh: *Taking America Back*, S. 139 f.

12 Berry, Damon T.: *Blood & Faith: Christianity in White American Nationalism*, New York 2017, S. 21.

13 Walsh: *Taking America Back*, S. 127.

14 Ebd., S. 131.

15 Zit. nach Walsh: *Taking America Back*, S. 142.

16 Ebd., S. 143.

17 Ebd., S. 144; Bogus, Carl T.: *Buckley: William F. Buckley Jr. and the Rise of American Conservatism*, London 2011, S. 183.

18 Berry: *Blood & Faith*, S. 19–21. Die White-Power-Bewegung mit dem Symbol der Weißen Faust entstand mit dem Ziel, die Schwarze Bürgerrechtsbewegung zu provozieren und Weiße Macht und Überlegenheit zu demonstrieren.

19 Bogus: *Buckley*, S. 164 f.

20 Walsh: *Taking America Back*, S. 151.

21 Schultz, Kevin M.: «William F. Buckley and National Review's vile race stance», *Salon*, 7. Juni 2015.

22 Walsh: *Taking America Back*, S. 151.

23 Curtis, Jesse: «‹Will the Jungle Take Over?› National Review and the Defense of Western Civilization in the Era of Civil Rights and African Decolonization», *Journal of American Studies* 53, Nr. 4 (2019), S. 997–1023; Bogus: *Buckley*, S. 169.

24 Gespräch der Autorin mit David Walsh am 19. Juli 2023.

25 Walsh: *Taking America Back*, S. 2.

26 Zit. nach ebd., S. 118.

27 Tanenhaus, Sam: «The Buckley Effect», *The New York Times Magazine*, 2. Oktober 2005.

28 Tait, Joshua: «Conservatives' self-delusion on race», *The Washington Post*, 5. Oktober 2018.

29 Bloom, Arthur: «William Lind's Way of War», *The American Conservative*, 17. Oktober 2016.

30 Lind, William S.: «What Is Cultural Marxism», Free Congress Foundation, 1999; Neiwert, David: *Red Pill, Blue Pill: How to counteract the conspiracy theories that are killing us*, Lanham 2020, S. 184.Berkowitz, Bill: «‹Cultural Marxism› Catching on», *Southern Poverty Law Center*, 15. August 2003.

31 Buckley, William F. Jr.: «Crucial Steps in Combating the Aids Epidemic; Identify All the Carriers», *The New York Times*, 18. März 1986.

32 Heilbrunn, Jacob: «He Was Dismissed as a Conservative Kook. Now the Supreme Court Is Embracing His Blueprint», *Politico*, 7. Juli 2022.

33 Bozell, Brent: *The Warren Revolution: Reflections on the Consensus Society*, New York 1966, S. 340

34 Kabaservice, Geoffrey: *Rule and Ruin. The Downfall of Moderation and the Destruction of the Republican Party, from Eisenhower to Tea Party*, New York 2013, S. 306.

35 Bozell, L. Brent: «Encouraging Murder», *The New York Times*, 14. Oktober 1970.

36 Kabaservice, Geoffrey: «The Tea Party's Godfather», *The National Interest*, 22. April 2014.

37 Cressler, Matthew J.: «White Catholics and Law and Order Catholicism», *Political Theology*, 25. März 2022.

38 Richardson: *To Make Men Free*, S. 261.

39 Wermiel, Stephen: «The Nomination of Justice Brennan: Eisenhower's Mistake? A Look at the Historical Record», *Constitutional Commentary* 1012 (1995), S. 535 f.

40 Ketterer, Sandra: «Little Rock Nine – Mut gegen Wut», *Der Spiegel*, 22. September 2011.

41 Kornacki, Steve: «The most prophetic statement made by a leader», *MSNBC*, 2. Juli 2014.

42 Huntington: *Far-Right Vanguard*, S. 91.

4 Der Business-Prinz und die Bircher.

Das Aufflackern des Extremismus unter Barry Goldwater

1 Perlstein: *Before the Storm*, S. 17–20.
2 Ebd., S. 20.
3 Ebd., S. 19; Lehndorff, Steffen: «Vorbild und Verheißung: Roosevelts New Deal», *Blätter für deutsche und internationale Politik*, September 2020.
4 Goldberg, Robert Alan: *Barry Goldwater*, New Haven 1995, S. 70.
5 Nickerson, Michelle / Dochuk, Darren (Hg.): *Sunbelt Rising. The Politics of Space, Place, and Region*, Philadelphia 2011; Onishi, Bradley: *Preparing for War. The Extremist History of White Christian Nationalism – And What Comes Next*, Minneapolis 2023, S. 45–62.
6 Corn, David: *American Psychosis: A Historical Investigation of How the Republican Party Went Crazy, New York* 2022, S. 41.
7 Miller, Edward H.: *A Conspiratorial Life. Robert Welch, The John Birch Society, And The Revolution Of American Conservatism*, Chicago 2021, S. 193, 196.
8 Dallek, Matthew: *Birchers. How the John Birch Society Radicalized the American Right*, New York 2022, S. 17.
9 Ebd., S. 20.; Beauchamp, Zach: «Sen. Mike Lee's Tweets Against ‹Democracy,› Explained», *Vox*, 8. Oktober 2020.
10 Dallek: *Birchers*, S. 203.
11 McGirr, Lisa: *Suburban Warriors: The Origins of the New American Right*, Princeton 2001.
12 Cook, Fred J.: «The Ultras. Aims, Affiliations and Finances of the Radical Right», *The Nation*, Special Issue, 30. Juni 1962.
13 Dallek: *Birchers*, S. 17.
14 Dallek: *Birchers*, S. 11.
15 Ebd., S. 8 f.
16 Ebd., S. 12, 65, 67, 112, 173.
17 Itkowitz, Colby: «GOP turns to false insinuations of LGBTQ grooming against Democrats», *The Washington Post*, 20. April 2022.
18 Goldwater, Barry [Bozell, L. Brent]: *Conscience of a Conservative*, Shepherdsville 1960.
19 Huntington: *Far-Right Vanguard*, S. 147.
20 Perlstein: *Before the Storm*, S. 52 f.
21 Richardson, Heather Cox: *How the South won the Civil War: Oligarchy, Democracy, and the Continuing Fight for the Soul of America*, Oxford 2020, S. 163.
22 «Cotton Is King!», Manuscripts Collection, Georgetown University Library, Booth Family Center for Special Collections, Washington, D. C., 1861.
23 Hammond, James Henry: «Mud Sill Speech», 4. März 1858.
24 Richardson: *To Make Men Free*, S. 257.
25 Goldwater [Bozell]: *The Conscience of a Conservative*, S. 13.
26 Ebd., S. 49.
27 Ebd., S. 90.
28 Ebd., S. 70.
29 Ebd., S. 18.
30 Richardson: *To Make Men Free*, S. 348 f.
31 Heer, Jeet: «Tucker Carlson Didn't Invent Authoritarian Tourism», *Washington Monthly*, 17. August 2021.
32 Siehe etwa Heilbrunn, Jacob: «He Was Dismissed as a Conservative Kook», *Politico*, 7. Juli 2022.
33 Kabaservice: «The Tea Party's Godfather», *The National Interest*, Nr. 131 (2014), S. 65–75.
34 Ebd.
35 Dionne Jr., E. J.: «Right-Wing Extremism has Gone Mainstream», *AP News*, 13. Oktober 2017.
36 Dallek, Matthew: «Debunking a Longstanding Myth About William F. Buckley», *Politico*, 31. März 2023.
37 Perlstein: *Before the Storm*, S. 350.
38 Klußmann, Uwe: «Republikaner-

Kandidat Barry Goldwater – Fiasko eines Kreuzzüglers», *Der Spiegel*, 19. Oktober 2020.

39 Kusch, Regina / Beckmann, Andreas: «Kehrtwende in der Armutsbekämpfung», *Deutschlandfunk*, 17. September 2014.

40 Miller, Edward H.: *NUT Country. Right-Wing Dallas and the Birth of the Southern Strategy*, Chicago 2015, S. 122 f.

41 Kruse, Kevin M.: «The Southern Strategy», in: Kruse, Kevin M. / Zelizer, Julian E. (Hg.): *Myth America. Historians Take on the Biggest Legends and Lies About Our Past*, New York 2023, S. 211.

42 «Friedman Cautions Against Rights Bill», *The Harvard Crimson*, 5. Mai 1964.

43 Frederickson, Kari: *The Dixiecrat Revolt and the End of the Solid South, 1932–1968*, Chapel Hill 2001, S. 227.

44 Zit. nach: Maxwell, Angie / Shields, Todd: *The Long Southern Strategy. How Chasing White Voters in the South Changed American Politics*, Oxford 2019, S. 41.

45 Kruse, Kevin M.: «The Southern Strategy», in: Kruse, Kevin M. / Zelizer, Julian E. (Hg.): *Myth America.*, S. 209 f.

46 William Loeb, «Think GOP Can Win as ‹White Man's Party›», *Shreveport LA Journal*, 9. Juni 1961, S. 6 (zit. nach Kruse, «The Southern Strategy», in: Kruse, Kevin M. / Zelizer, Julian E. (Hg.): *Myth America*, S. 212).

47 Kabaservice: *Rule and Ruin*, S. 25.

48 Ebd., S. 42.

49 Barth, Alan: «Report on the ‹Rampageous Right›», *The New York Times Magazine*, 26. November 1964.

50 Kabaservice: *Rule and Ruin*, S. 88 f.

51 Onishi: *Preparing For War*, S. 93.

52 Richardson: *To Make Men Free*, S. 363.

53 Kabaservice: *Rule and Ruin*, S. 89.

54 Morlin, Bill: «Eagle Forum's Phyllis Schlafly Leaves A Legacy Tied to Conspiracy Theories», *Southern Poverty Law Center*, 7. September 2016.

55 Corn: *American Psychosis*, S. 114.

56 Glass, Andrew: «Flashback: 1964 GOP convention», *Politico*, 9. Januar 2008,

57 Smith, Richard Norton: «Nelson Rockefeller's Last Stand: The 1964 Republican National Convention and the fall of the party's moderates», *Politico*, 21. Oktober 2014.

58 Corn: *American Psychosis*, S. 12.

59 Melich, Tanya, zit. nach Kabaservice: *Rule and Ruin*, S. 113.

60 Corn: *American Psychosis*, S. 19.

61 Delmont, Matthew: «When Jackie Robinson Confronted a Trump-Like Candidate», *The Atlantic*, 19. März 2016.

62 Rigueur, Lea Wright: *The Loneliness of the Black Republican. Pragmatic Politics and the Pursuit of Power*, Princeton 2014, S. 57.

63 Kruse: «The Southern Strategy», in: Kruse, Kevin M. / Zelizer, Julian E. (Hg.): *Myth America*, S. 215; Evans, Rowland / Novak, Robert: «Backlash to Civil Rights Measures to Make GOP ‹White Man's Party›?», *Daily Oklahoman*, 18. Juli 1964, S. 10.

64 «Niece Chased at GOP Meet: Ike», *Washington Daily News*, 29. Juni 1965.

65 Goldwater, Barry M.: «Goldwater's 1964 Acceptance Speech», *The Washington Post*, 1998.

66 McLean, Nancy: *Democracy in Chains. The Deep History of the Radical Right's Stealth Plan for America*, London 2017, S. 91.

67 McFadden, Robert D.: «Harry V. Jaffa, Conservative Scholar and Goldwater Muse, Dies at 96», *The New York Times*, 12. Januar 2015.

68 Perlstein: *Before the Storm*, S. 248 f.

69 Ebd., S. 269 f., 273, 282, 285, 482.

70 Materialien von Citizens for Goldwater-Miller, zit. nach Perlstein: *Before the Storm*, S. 486 f.

71 Zit. nach Corn: *American Psychosis*, S. 113.

72 «Democrats Fear Losses in the South; Leaders Say Goldwater Has Good Chance of Carrying Several States», *The New York Times*, 4. August 1964.
73 «Goldwater Bars Klan Aid; Confers With Eisenhower», *The New York Times*, 7. August 1964.
74 Associated Press: «Klan to Back Goldwater Despite His Repudiation», *The New York Times*, 14. August 1964.
75 Schneider, Gregory: *Cadres for Conservatism. Young Americans for Freedom and the Rise of the Contemporary Right*, New York 1999, S. 85–87; Judis, John: *William F. Buckley Jr., Patron Saint of the Conservatives*, New York 2001, S. 230.
76 MacLean: *Democracy in Chains*, S. 88.
77 Herbers, John: «South Reverses Voting Patterns», *The New York Times*, 4. November 1964; Wicker, John: «Johnson's Plurality Sets Record», *The New York Times*, 5. November 1964,
78 Kabaservice: *Rule and Ruin*, S. 87.
79 Reston, James: «What Goldwater Lost: Voters Rejected His Candidacy, Conservative Cause and the G. O. P.», *The New York Times*, 4. November 1964.
80 Zit. nach Edwards, Lee: *Goldwater. The Man who Made a Revolution*, Washington 1995, S. 344.
81 Rovere, Richard H.: «The Campaign: Goldwater», *The New Yorker*, 25. September 1964.
82 Perlstein: *Before the Storm*, Vorwort.
83 Zit. nach ebd., S. 473.
84 Ebd., S. 473.
85 Richardson: *To Make Men Free*, S. 366 f.; Hemmer: *Messengers of the Right: Conservative Media and the Transformation of American Politics*, Philadelphia 2016, S. 193 f.
86 Brockschmidt: *Amerikas Gotteskrieger*, Hamburg 2021, S. 179; Anne Nelson im Gespräch mit der Autorin am 14. April 2021.
87 Richardson: *To Make Men Free*, S. 366 f.

5 **Eine Partei für Weiße.** Nixons Southern Strategy

1 Dammann, Ulf: «Richard Nixon: Die unglaubliche Karriere eines gescheiterten Präsidenten», *Deutschlandfunk*, 17. April 2019.
2 Siehe z. B. Herblock: «Here He Comes Now», Library of Congress, 1954.
3 Jentleson, Adam: *The Kill Switch. The Rise of the Modern Senate and the Crippling of American Democracy*, New York 2021, S. 97 f.
4 Shesol, Jeff: «Did John F. Kennedy and the Democrats Steal the 1960 Election?», *The New York Times*, 18. Januar 2022.
5 Perlstein, Rick: *Nixonland. The Rise of a President and the Fracturing of America*, New York 2008, S. 248.
6 Nixon, Richard: «Address Accepting the Presidential Nomination at the Republican National Convention in Miami Beach», Florida, *The American Presidency Project*, 8. August 1968.
7 Trump, Donald: «2016 RNC Acceptance speech transcript», *Politico*, 21. Juli 2016.
8 Dammann: «Richard Nixon».
9 Nixon: «Acceptance Speech 1968».
10 Trump: «2016 RNC Acceptance speech transcript».
11 Relman, Eliza: «GOP Sen. Tom Cotton calls for the US Army's toughest soldiers to quell ‹domestic terrorism› and suggests protesters should be shown no mercy», *Business Insider*, 1. Juni 2020; Cotton, Tom: «Send in the Troops», *The New York Times*, 3. Juni 2020.
12 Wallace, George: «Segregation now, Segregation forever», *Black Past*, 22. Januar 2013.

13 Smith, Stephen / Ellis, Kate: «Campaign '68. C. Wallace. Powerful Third-Party Candidate», Radio Transcript, *APMreports*, o. D.
14 Carter, Dan T.: «George Wallace and the Rightward Turn in Today's Politics», *Political Research Associates*, 1. Dezember 2005; Habermann, Clyde: «George Wallace Tapped Into Racial Fear. Decades Later, Its Force Remains Potent», *The New York Times*, 1. April 2018.
15 Greenberg, David: «Dog-Whistling Dixie: When Reagan said ‹states' rights›, he was talking about race», *Slate*, 20. Juli 2007.
16 Stuckey, Mary E.: *Deplorable. The Worst Presidential Campaigns from Jefferson to Trump*, University Park 2021, S. 132.
17 Crespino, Joseph: *In Search of Another Country. Mississippi and the Conservative Counterrevolution*, Princeton 2007, S. 205; Carter, Dan T.: *The Politics of Rage. George Wallace, the Origins of the New Conservatism, and the Transformation of American Politics*, Baton Rouge 2000, S. 326.
18 Kruse, Kevin M. / Zelizer, Julian E.: *Myth America*, S. 222.
19 Stuckey: *Deplorable*, S. 135.
20 Zit. nach Corn: *American Psychosis*, S. 95, 93.
21 Richardson: *To Make Men Free*, S. 378; Waxman, Olivia: «Before Fox News, Roger Ailes Helped Get Richard Nixon Elected», *Time*, 18. Mai 2017.
22 Rosenwald, Michael S.: «‹Television is not a gimmick›: How Roger Ailes made Richard Nixon likable», *The Washington Post*, 18. Mai 2017.
23 Corn: *American Psychosis*, S. 94, 108.
24 Stuckey: *Deplorable*, S. 140.
25 Farrell, John A.: «When a Candidate Conspired With a Foreign Power to Win An Election», *Politico*, 6. August 2017.
26 Waxman, Olivia B.: «‹Violence Was Inevitable›: How 7 Key Players Remember the Chaos of 1968's Democratic National Convention Protests», *Time*, 28. August 2018.
27 Baum, Dan: «Legalize It All. How to win the war on drugs», *Harper's Magazine*, April 2016.
28 Holden, Charles J.: «First Watergate, Then You: Spiro Agnew and the Making of an Emotional Community», American Political Science Association, Annual Conference Montreal, Canada, 15. September 2022.
29 Gorski, Philip / Perry, Samuel: *The Cross and the Flag*, Oxford 2022, S. 89–102.
30 Vgl. Marable, M.: *Race, Reform, and Rebellion. The Second Reconstruction and Beyond in Black America, 1945–2006*, Jackson 2007, S. 124.
31 Lasch, Christopher N.: «Sanctuary Cities and Dog-Whistle Politics», *New England Journal on Criminal and Civil Confinement* 42 (2016), S. 159–190, S. 163.
32 Corn: *American Psychosis*, S. 98.
33 Richardson: *To Make Men Free*, S. 371.
34 Phillips, Kevin: *The Emerging Republican Majority*, New York 1969.
35 Kruse, Kevin M. / Grohsgal, Dov: «How the Republican Majority Emerged», *The Atlantic*, 6. August 2019.
36 Johnson, Dennis W.: *Democracy for Hire: A History of American Political Consulting*, Oxford 2016, S. 205.
37 Richardson: *To Make Men Free*, S. 374.
38 Levy, Peter B.: «Spiro Agnew, the Forgotten Americans, and the Rise of the New Right», *The Historian*, Bd. 75, Nr. 4 (Winter 2013), S. 707–739.
39 Corn: *American Psychosis*, S. 104.
40 Daddis, Gregory A.: «President Nixon's invasion of Cambodia 50 years ago spurred Congress to act», *The Washington Post*, 30. April 2020.
41 Richardson: *To Make Men Free*, S. 373.
42 Serratore, Angela: «The ‹Hard Hat Riot› of 1970 Pitted Construction Workers Against Anti-War Protesters», *Smithsonian Magazine*, 8. Mai 2020.
43 Perlmutter, Emanuel: «Head of Building Trades Unions Here Says

Response Favors Friday's Action», *The New York Times*, 12. Mai 1970.

44 Cassidy, Alan: «Wie sich die Konservativen in den USA radikalisiert haben», *Neue Zürcher Zeitung*, 19. März 2023.

45 Perlstein: *Nixonland*, S. 498; Richardson: *To Make Men Free*, S. 373.

46 Reich, Robert B.: «The 1970 riot that anticipated today's culture wars. The hard-hat riot fueled the Republican courtship of White working-class voters through appeals on cultural issues, a former U. S. secretary of labor explains», *The Washington Post*, 9. Juni 2023.

47 «Haldeman Diary Shows Nixon Was Wary of Blacks and Jews», *AP Press*, 18. Mai 1994.

48 Warren, James: «Nixon, Graham anti-Semitism on tape», *Chicago Tribune*, 1. März 2002.

49 Butler, Anthea: *White Evangelical Racism. The Politics of Morality in America*, Chapel Hill 2021, S. 40 f.

50 «The Plumbers», *The New York Times*, 22. Juli 1973; Weiner, Tim: «E. Howard Hunt, Agent Who Organized Botched Watergate Break-In, Dies at 88», *The New York Times*, 24. Januar 2007.

51 Ebd.; Richardson: *To Make Men Free*, S. 372.

52 Farrell, John Aloysius: «Watergate Created Roger Stone. Trump Completed Him», *Politico*, 29. Januar 2019.

53 Pierce, Charles P.: «Triumph of the Ratfuckers», *Esquire*, 4. Oktober 2013.

54 Anderson, Jack: «Nixon Appears A Little Soft On Nazis», *The Washington Post*, 10. November 1971; Bellant, Russell C.: «Will Bush Purge Nazi Collaborators in the G. O. P.?», *The New York Times*, 19. November 1988; Anderson, Jack: «Wartime Nazi Editor, Pauco, Now Power on the Republican National Committee», *The Journal News*, 23. Oktober 1971; «ADL Calls for Removal of Accused Nazi Collaborator from Republican Committee», *Jewish Telegraphic Agency*, 5. Oktober 1971; Blumenthal, Paul: «Even Before Trump, The Republican Party Was Reluctant To Push Out Nazi-Linked Officials», *Huffington Post*, 12. April 2017.

55 Feldstein, Mark: «The Nixon White House plotted to assassinate a journalist 50 years ago», *The Washington Post*, 25. März 2022; «Liddy says he considered killing noted columnist», *AP*, 18. April 1980.

56 Ebd.

57 Richardson: *To Make Men Free*, S. 378 f.

58 Kopel, David: «The missing 18 1/2 minutes: Presidential destruction of incriminating evidence», *The Washington Post*, 16. Juni 2014.

59 Glass, Andrew: «Watergate ‹smoking gun› tape released Aug. 5, 1974», *Politico*, 5. August 2018.

60 Mackenzie, John P.: «Court Orders Nixon to Yield Tapes», *The Washington Post*, 25. Juli 1974.

61 Holland, Maurice J. Jr.: «Executive Privilege: A Constitutional Myth, by Raoul Berger», *Indiana Law Journal* 50, Nr. 1 (1974), S. 489–509.

62 Schlesinger, Arthur J.: *The Imperial Presidency*, New York 1973, Neuausgabe 2004, S. 432.

63 Cronin, Thomas E.: «A Resurgent Congress and the Imperial Presidency», *Political Science Quarterly* 95, Nr. 2 (Sommer 1980), S. 209–237, S. 215.

64 Glass, Andrew: «Budget and Impoundment Control Act becomes law, July 12, 1974», *Politico*, 12. Juli 2017.

65 Richardson: *To Make Men Free*, S. 380.

66 Transcript of David Frost's Interview with Richard Nixon, *Teaching American History*, 1977.

67 Bunch, Will: «When the president does it, that means it is not illegal», *Philadelphia Inquirer*, 23. November 2016.

68 «Gerald Ford begnadigt Richard Nixon», *SWR Kultur*, 8. September 1974.

6 **Make America Great Again.** Reagan und der Aufstieg der Rechten

1 Zit. nach Perlstein, Rick: *Reaganland. America's Right Turn 1976–1980*, New York 2020, S. 724.
2 Corn: *American Psychosis*, S. 78.
3 Dallek, Matthew: *The Right Moment. Ronald Reagan's First Victory and the Decisive Turning Point in American Politics*, New York 2000, S. 41.
4 Reagan, Ronald: «A Time for Choosing Speech», www.reaganlibrary.gov, 27. Oktober 1964.
5 Corn: *American Psychosis*, S. 78.
6 Corn: *American Psychosis*, S. 85.
7 Haney-López, Ian: «The racism at the heart of the Reagan presidency», *Salon*, 11. Januar 2014.
8 Diamond, Sarah: *Roads To Dominion*, New York 1995, S. 139.
9 Reft, Ryan: «Reagan's 1966 Gubernatorial Campaign Turns 50: California, Conservatism, and Donald Trump», *PBS*, 19. August 2016.
10 Jerkins, Morgan: «She Played a Key Role in the Police Response to the Watts Riots. The Memory Still Haunts Her – But Black History Is Full of Haunting Memories», *Time*, 3. August 2020.
11 Blumenthal, Sidney: «Look away Dixieland», *The Guardian*, 8. November 2003.
12 McGirr, Lisa: *Suburban Warriors*, S. 185.
13 Stevens, Stuart: *It Was All A Lie: How the Republican Party became Donald Trump*, London 2020, S. 27.
14 Reeves, Michelle: «‹Obey the Rules or Get Out: Ronald Reagan's 1966 Gubernatorial Campaign and the ‹Trouble in Berkeley›», in: *Southern California Quarterly* 92, Nr. 3 (Herbst 2010), S. 275–305, S. 277.
15 Spanberg, Erik: «‹Reagan› by H. W. Brands notes Reagan's failings, yet insists on his greatness», *The Christian Science Monitor*, 26. Mai 2015.
16 Roberts, Steven V.: «Ronald Reagan Is Giving 'Em Heck», *The New York Times*, 25. Oktober 1970.
17 «Flashback: Ronald Reagan and the Berkeley People's Park Riot», *Rolling Stone*, 15. Mai 2017.
18 Davies, Lawrence E.: «Reagan Links ‹People's Park› Battle to Politics; Says Dissidents at Berkeley Were Challenging System -- Backs Tear Gas Use», *The New York Times*, 14. Juni 1969.
19 «US-Wahlkampf: Reagan tritt gegen Ford an», *Der Spiegel*, 23. November 1975.
20 Ebd.
21 Foster, Carly Hayden: «The Welfare Queen: Race, Gender, Class, and Public Opinion», *Race, Gender & Class* 15, Nr. 3/4 (2008), S. 162–179; Brockell, Gillian: «She was stereotyped as ‹the welfare queen.› The truth was more disturbing, a new book says», *The Washington Post*, 21. Mai 2019.
22 «‹Welfare Queen› Becomes Issue in Reagan Campaign», *The New York Times*, 15. Februar 1976.
23 Wren, Adam: «‹It Was Riotous›: An Oral History of the GOP's Last Open Convention», *Politico*, 5. April 2016.
24 Maxwell: *The Long Southern Strategy*, S. 292.
25 Rampell, Catherine: «The other way George H. W. Bush's passing was the end of an era», *The Washington Post*, 3. Dezember 2018.
26 Komlos, John / Schubert, Hermann: «Reaganomics – Wegbereiter des Trumpismus», *Wirtschaftsdienst* 100 (2020), Heft 1, S. 64–71, hier S. 65.
27 Balmer, Randall: «Jimmy Carter's evangelical downfall: Reagan, religion and the 1980 presidential election», *Salon*, 25. Mai 2014.
28 Kobes Du Mez, Kristin: *Jesus and John Wayne. How White Evangelicals Corrupted a Faith and Fractured a Nation*, New York 2020, S. 106.
29 Williams, Daniel K.: *God's Own Party: The Making of the Christian Right*, Oxford 2012, S. 104.

30 FitzGerald, Frances: «A Disciplined, Charging Army», *The New Yorker*, 18. Mai 1981, online 16. Mai 2007.
31 Corn: *American Psychosis*, S. 143.
32 «Catholic Cleric Says Moral Majority ‹suggests a Kind of Moral Fascism›», *Jewish Telegraphic Agency*, 26. März 1981.
33 Nelson, Anne: *Shadow Network. Media, Money and the Secret Hub of the Radical Right*, London 2021, S. 19 und S. 25.
34 Viguerie, Richard: *America's Right Turn. How Conservatives Used New and Alternative Media to Take Power*, Los Angeles 2004, S. 109.
35 Corn, David: «It Didn't Start with Trump: The Decades-Long Saga of How the GOP Went Crazy», *Mother Jones*, September / Oktober 2022.
36 Maxwell, Angie: «What we get wrong about the Southern Strategy», *The Washington Post*, 26. Juli 2019.
37 «Murder in Mississippi», PBS, 21. März 2017.
38 Corn, David: «It Didn't Start with Trump».
39 Herbert, Bob: «Righting Reagan's Wrongs?», *The New York Times*, 13. November 2007.
40 Perlstein, Rick: «Lee Atwater's Infamous 1981 Interview on the Southern Strategy», *The Nation*, 13. November 2012.
41 Corn: *American Psychosis*, S. 142.
42 Sykes, Charlie: «All The GOP's Faustian Bargains», *Bulwark*, 14. September 2022.
43 Corn: *American Psychosis*, S. 140.
44 Zit. nach Corn: *American Psychosis*, S. 137.
45 Maxwell: «What We Get Wrong About the Southern Strategy»; Roberts, Diane: *Faulkner and Southern Womanhood*, Athens 1994, S. 104.
46 Maxwell, Angie / Shields, Todd: *The Long Southern Strategy. How Chasing White Voters in the South Changed American Politics*, Oxford 2019, S. 9, S. 17.
47 Middleton-Klein, Susan: «Magnolias and Microchips: Regional Subcultural Constructions of Femininity», *Sociological Spectrum* 6 (1986).
48 Maxwell / Shields: *The Long Southern Strategy*, S. 33.
49 Reagan, Ronald: «Address Accepting the Presidential Nomination at the Republican National Convention in Detroit», *The American Presidency Project*, 17. Juli 1980.
50 Perlstein: *Reaganland*, S. 739.
51 Smith, Daniel John: *«The False Song of Globalism». Anti-Globalist Politics and Ideology in the United States from 1945 to 2000*, Doktorarbeit, University of Cambridge, November 2021.
52 Corn: *American Psychosis*, S. 138.
53 «Excerpts from Opening Statement and Testimony at Senate Hearing on Bork», *The Washington Post*, 16. September 1987.
54 «Bork: Nixon offered next high court vacancy in '73», Associated Press, *Politico*, 26. Februar 2013.
55 Linkins, Jason: «Look Who's Defying the Supreme Court Now», *The New Republic*, 19. August 2023.
56 «Historisches Urteil zum US-Wahlrecht – mit Folgen», *Deutsche Welle*, 27. Juni 2013.
57 Krugman, Paul: «Reaganomics», *The New York Times*, 20. Januar 2008.
58 Komlos / Schubert: «Reaganomics», S. 67.
59 Richardson: *To Make Men Free*, S. 295.
60 Reagan, Ronald: «Evil Empire Speech», *Voices of Democracy*, 8. März 1983.
61 Komlos / Schubert: «Reaganomics», S. 65, S. 70.
62 «USA: Ronald Reagans größter Auftritt», *Der Spiegel*, 5. April 1981.
63 Robert, Brett: «On This Day: Reagan and the Air Traffic Controllers», 3. August 2016.
64 Komlos / Schubert: «Reaganomics», S. 69.
65 Brock, David: *The Republican Noise Machine. Right-Wing Media and How it Corrupted Democracy*, New York 2004, S. 40–42.

66 Ebd., S. 49.

67 Heritage Foundation: *Mandate for Leadership. Policy Management in a Conservative Administration*, Washington, D. C., 1981; Ball, Molly: «The Fall of the Heritage Foundation and the Death of Republican Ideas», *The Atlantic*, 25. September 2013.

68 Gailey, Phil: «Heritage Foundation Disappointed By Reagan», *The New York Times*, 22. November 1981.

69 Falwell, Jerry: Einleitung. In: Viguerie, Richard: *New Right. We're Ready to Lead*, Falls Church 1980, S. 4.

70 Schlozman, Daniel: *When Movements Anchor Parties. Electoral Alignments in American History*, Princeton 2015, S. 82.

71 Ebd.

72 Range, Peter Ross: «Thunder from the Right», *The New York Times Magazine*, 8. Februar 1981.

73 Clendinen, Dudley: «After 20 Years, Young Conservatives Enjoy a Long-Awaited Rise To Power», *The New York Times*, 22. August 1981.

74 Hague, Euan: «The neo-confederate Movement», *The Southern Poverty Law Center*, 26. Januar 2010; Reagan, Ronald: «Remarks at a Reagan-Bush Rally in Macon, Georgia», The American Presidency Project, UC Santa Barbara, 15. Oktober 1984.

75 Zit. nach Corn: *American Psychosis*, S. 157.

76 Beschloss, Michael: «The Ad That Helped Reagan Sell Good Times to an Uncertain Nation», *The New York Times*, 7. Mai 2016.

77 Hoffman, David: «Reagan rips into Mondale», *The Washington Post*, 26. Juli 1984.

78 Gillon, Steven M.: «Reagan tied Republicans to White Christians», *The Washington Post*, 22. März 2021.

79 Raines, Howell: «Reagan Wins By a Landslide, Sweeping at Least 48 States; G. O. P. Gains Strength in House», *The New York Times*, 7. November, 1984.

80 Brock: *The Republican Noise Machine*, S. 45.

81 Haney-López: *Dog Whistle Politics*, S. 171–174.

82 Kruse, Kevin M.: *White Flight. Atlanta and the Making of Modern Conservatism*, Princeton 2005.

83 Komlos / Schubert: «Reaganomics», S. 68.

84 Ebd., S. 65.

85 Ebd., S. 70.

86 Savage, Charlie: *Takeover. The Return of the Imperial Presidency*, Boston 2007, S. 44.

87 Ebd., S. 46.

88 Ebd., S. 49; Taylor Jr., Stuart: «Justice Kennedy Shuns Special Prosecutor Case», *The New York Times*, 27. Februar 1988.

89 Supreme Court of United States: *Morrison, Independent Counsel v. Olson et al.*, 487 U. S. 654, Nr. 87–1279, verhandelt am 26. April 1988, Urteil am 29. Juni 1988.

90 Millhiser, Ian: «How Justice Scalia paved the way for Trump's assault on the rule of law», *Vox*, 14. Februar 2020.

91 Knigge, Michael: «Die dunkle Vergangenheit von ‹America first›», *Deutsche Welle*, 1. Mai 2016,

92 Holland, Steve: «Trump to West Point grads: ‹We are ending the era of endless wars›», *Reuters*, 13. Juni 2020.

7 **Trumps Blaupause.** Pat Buchanan und der Geist der Old Right

1 Widmann, Carlos: «Beten, prahlen, dreinschlagen», *Der Spiegel*, 23. August 1992.

2 Buchanan, Pat: «Culture War Speech 1992», *Voices of Democracy*, 17. August 1992.

3 Ganz, John: «Good Old Pat», *Substack*, 26. Januar 2023.

4 Ebd.
5 Ebd.
6 Young, Neil J.: «How George H. W. Bush enabled the rise of the religious right», *The Washington Post,* 5. Dezember 2018.
7 Christian Coalition of America: «About Us: We Are the Christian Coalition of America – One of the Largest Conservative Grassroots Political Organizations in America», Website der Christian Coalition of America, o. D.
8 «USA: ‹Bush ist ein Opfer des Systems›», *Der Spiegel,* 30. Oktober 1988.
9 Parlapiano, Alicia / Quealy, Kevin / Waananen, Lisa et al.: «From $25 to $10,000,000: A Guide to Political Donations», *The New York Times,* 17. Oktober 2011.
10 Baker, Peter: «Bush Made Willie Horton an Issue in 1988, and the Racial Scars Are Still Fresh», *The New York Times,* 3. Dezember 2018.
11 «USA: ‹Bush ist ein Opfer des Systems›», *Der Spiegel.*
12 Fritz, Sara: «Rigid Anti-Abortion Platform Plank OKd», *Los Angeles Times,* 18. August 1992.
13 Bellant, Russ: «G. H. W. Bush used Nazi-Collaborators to get Elected», *Press for Conversion!,* August 2004; Anderson, Jack / Spear, Joseph: «Kemp's Questionable Associations», *The Washington Post,* 16. Juli 1987.
14 Bellant, Russ: *Old Nazis, the New Right, and the Republican Party,* Boston 1989, S. 129; «Ex-Nazis Among Leadership Ranks of Republican Outreach Groups», *Jewish Telegraphic Agency,* 26. September 1988.
15 U. S. Department of Justice Fact Sheet: «Violent Crime Control and Law Enforcement Act of 1994», 24. Oktober 1994.
16 Ofer, Udi: «How the 1994 Crime Bill Fed the Mass Incarceration Crisis», *ACLU,* 4. Juni 2019.
17 Ebd.
18 Pitzke, Marc: «Der Letzte seiner Art», *Der Spiegel,* 1. Dezember 2018.
19 Bertram, Christoph: «Wechsel auf eine ungewisse Zukunft», *Die Zeit,* 8. Januar 1993.
20 Widmann: «Beten, prahlen, dreinschlagen».
21 George H. W. Bush: «Bush ‹Out of these Troubled Times ... A New World Order›» (Transcript), *The Washington Post,* 12. September 1990.
22 Lussenhop, Jessica: «What is Planned Parenthood?», *BBC News,* 25. September 2015.
23 «Das Ende der Reaganomics», *Der Spiegel,* 1. Juli 1990.
24 Voss, Stephen D.: *Familiarity Doesn't Breed Contempt. The Political Geography of Racial Polarization,* Doktorarbeit, Harvard 2000, S. 157; Riley, Michael / Winbush, Don / Woodbury, Richard: «Louisiana The No-Win Election», *Time,* 25. November 1991.
25 Raspberry, William: «Bush, Civil Right, and the Spectre of David Duke», *The Washington Post,* 30. Oktober 1991.
26 Clymer, Adam: «Senators and Bush reach Agreement on Civil Rights Bill», *The New York Times,* 25. Oktober 1991.
27 Zit. nach Ganz, John: «The Year the Clock Broke», *The Baffler,* November 2018.
28 Horstman, Barry M.: «Christian Activists Using ‹Stealth› Campaign Tactics», *Los Angeles Times,* 5. April 1992.
29 Horstman, Barry M.: «Crusade for Public Office in 2nd Stage», *Los Angeles Times,* 22. März 1992.
30 Espin, Kathleen S.: «Defying the odds: The Christian Coalition in the life cycle of the Religious Right», Masterarbeit, University of Nevada 1997.
31 Berke, Richard L.: «Lawsuit Says Christian Coalition Gave Illegal Help to Candidates», *The New York Times,* 31. Juli 1996.
32 Clarkson, Frederick: «The Christian

Coalition: On The Road To Victory?», *Theocracy Watch*, Januar 1992.

33 Gagné, André: «Three Levels of ‹Spiritual Warfare›, Wagner's ‹Spiritual Warfare› Paradigm», Infografik, https://adioma.com/@ChristianRightXposed/infographic/three-levels-of-spiritual-warfare.

34 Corn, David: «It Didn't Start with Trump: The Decades-Long Saga of How the GOP Went Crazy», *Mother Jones*, September / Oktober 2022.

35 Isikoff, Michael: «The Robertson Right and the Grandest Conspiracy», *The Washington Post*, 11. Oktober 1992.

36 Corn: *American Psychosis*, S. 166.

37 Buchanan, Pat: «A Crossroads in Our Country's History», *4president.org*, 10. Dezember 1991.

38 Rosensaft, Menachem Z.: «It's ‹Respectable› Buchanan Who Tars the Republicans», *Los Angeles Times*, 1. Januar 1992.

39 Ebd.

40 Dionne Jr., E. J.: «Buchanan Challenges Bush with ‹America First› Call», *The Washington Post*, 11. Dezember 1991.

41 Toner, Robin: «Bush Jarred in First Primary», *The New York Times*, 19. Februar 1992.

42 Murray, Charles / Herrnstein, Richard: *The Bell Curve. Intelligence and Class Structure in American Life*, New York 1994.

43 Rotella, Sebastian: «Migrants Hear Buchanan Pitch a Tighter Border», *Los Angeles Times*, 13. Mai 1992.

44 Ebd.

45 Hemmer, Nicole: «The Man Who Won the Republican Party Before Trump Did», *The New York Times*, 8. September 2022; Buchanan, Pat: «Old Klansman, New Republican», *News Leader*, 9. März 1989, zit. nach Hemmer, Nicole: *Partisans. The Conservative Revolutionaries Who Remade American Politics in the 1990s*, New York 2022, S. 319.

46 Kurtz, Howard: «Pat Buchanan The Jewish Question», *The Washington Post*, 20. September 1990.

47 Probst, Robert / Sonnabend, Lisa: «John Demjanjuk – verurteilt, aber frei», *Süddeutsche Zeitung*, 12. Mai 2011.

48 Rosensaft, Menachem Z.: «The Sins of Pat Buchanan», *Jewish Telegraphic Agency*, 21. Februar 2012.

49 Trueheart, Charles: «Buchanan, on the Firing Line», *The Washington Post*, 12. Dezember 1991.

50 Ebd.

51 Ebd.

52 Tanenhaus, Sam: «When Pat Buchanan Tried To Make America Great Again», *Esquire*, 5. April 2017.

53 Corn: *American Psychosis*, S. 284.

54 Ebd.

55 Robertson, Pat: «Speech 1992 Republican Convention», *patrobertson.com*, o. D.

56 McManus, Doyle: «Nixon to Bush: California Lost, Avoid ‹Fanatics›», *Los Angeles Times*, 14. September 1992.

57 Widmann: «Beten, prahlen, dreinschlagen».

58 Rüesch, Andreas: «Im Ausland erfolgreich – zu Hause gescheitert: Zum Tod des früheren Präsidenten George H. W. Bush», *Neue Zürcher Zeitung*, 1. Dezember 2018.

59 Widmann: «Beten, prahlen, dreinschlagen».

60 Buchanan, Patrick: «A Fire Bell in the Night for Norway», *The American Conservative*, 26. Juli 2011. Der Artikel ist auf der Website von *The American Conservative* nicht mehr abrufbar, er findet sich aber noch auf der Propaganda-Seite *CNS News*, die zum rechten Media Research Center von Brent Bozell III. (dem Sohn des Ghostwriters von Goldwaters Buch) gehört.

61 Clift, Eleanor: «Pat Buchanan: Donald Trump Stole My Playbook», *The Daily Beast*, 1. April 2016.

62 Krauthammer, Charles: «Pat Buchanan's Fascist Underpinnings», *The Seattle Times*, 2. März 1992.

63 Lowndes, Joseph: «From Pat Buchanan to Donald Trump: The Nativist Turn in Right-Wing Populism», in: Belew, Kathleen / Gutierrez, Ramon A. (Hg.): *A Field Guide to White Supremacy*, Berkeley 2021, S. 265–286, hier S. 277.
64 Will, George F.: «Pitchfork Pat», *The Washington Post*, 29. Februar 1996.
65 Stark, Steven: «Right-Wing Populist», *The Atlantic*, Februar 1996.
66 Buchanan, Patrick J.: *A Republic, not an Empire. Reclaiming America's Destiny*, Washington 1999; Ball, Jeffrey: «The Wrong Man On the Right», *The New York Times*, 3. März 1992.
67 Hemmer: *Partisans*, S. 71.
68 Ebd., S. 10.

8 Vorboten der Apokalypse.
Gingrichs Revolution und der Aufstieg rechter Medien

1 Wu, Nicholas / Lee Hill, Meredith: «Two lawmakers nearly come to blows – and other crazy moments from McCarthy's final speaker votes», *Politico*, 7. Januar 2023.
2 Draper, Robert: «From Gingrich to McCarthy, the Roots of Governance by Chaos», *The New York Times*, 7. Januar 2023.
3 Zelizer, Julian E.: *Burning Down the House. Newt Gingrich, the Fall of a Speaker, and the Rise of the New Republican Party*, London 2020, S. 14–19.
4 Coppins, McKay: «The Man Who Broke Politics», *The Atlantic*, November 2018.
5 Draper: «From Gingrich to McCarthy, the Roots of Governance by Chaos».
6 Coppins: «The Man Who Broke Politics».
7 Shribman, David: «GOP's Right Wing, Bitter over Bush's Triumph, Debates Whether to Support Him in November», *The Wall Street Journal*, 26. April 1988, zit. n. Hemmer: *Partisans*, S. 62.
8 Hemmer: *Partisans*, S. 66.
9 Weigel, Moira: «Political correctness: how the right invented a phantom enemy», *The Guardian*, 30. November 2016.
10 Getlin, Josh: «Gingrich, Right's Bad Boy, Target of Angry Democrats», *Los Angeles Times*, 11. Juni 1989.
11 McFadden, Robert D. / Grynbaum M.: «Rush Limbaugh dies at 70; Turned Talk Radio Into a Right-Wing Attack Machine», *The New York Times*, 18. Februar 2021.
12 Carlson, Michael: «Rush Limbaugh Obituary», *The Guardian*, 17. Februar 2021.
13 Farhi, Paul: «Limbaugh's audience size?», *NBC News*, 7. März 2009.
14 McFadden / Grynbaum: «Rush Limbaugh dies at 70».
15 «Rush Limbaugh – American radio personality and author», *Britannica*, o. D.
16 Chavets, Zev: «Late-Period Limbaugh», *The New York Times*, 6. Juli 2008.
17 McFadden / Grynbaum: «Rush Limbaugh dies at 70».
18 Fallows, James: «Talent on Loan from the GOP», *The Atlantic*, Mai 1994, S. 133–138, zit. nach Hemmer: *Partisans*, S. 108.
19 Peters, Jeremy W.: «Rush Limbaugh's Legacy of Venom: As Trump Rose, ‹It All Sounded Familiar›», *The New York Times*,17. Februar 2021.
20 McFadden / Grynbaum: «Rush Limbaugh dies at 70».
21 Nicole Hemmer auf *Twitter*, 17. Februar 2021.
22 Evans, Rowl / Novak, Robert: «Bush's Problem», *The Washington Post*, 20. Mai 1992.
23 Hemmer: *Partisans*, S. 114.
24 Remnick, David: «Day of the Dittohead», *The Washington Post*, 20. Februar 1994.

25 Remnick: «Day of the Dittohead».
26 Hemmer: *Partisans*, S. 106.
27 Ebd., S. 105 f.
28 «Trauriger Tag für Arme», *Der Spiegel*, 4. August 1996.
29 «Whitewater-Affäre. Clintons konnten keine Straftaten nachgewiesen werden», *Der Standard*, 21. März 2002.
30 Von Drehle, David / Schneider, Howard: «Foster's Death a Suicide», *The Washington Post*, 1. Juli 1994.
31 «The Republican ‹Contract with America›», 1994.
32 «The Republican ‹Contract with America›», 1994
33 Morin, Richard: «Republican Strategist Luntz Censured by Pollsters for '94 Campaign Survey», *The Washington Post*, 27. April 1997.
34 Hemmer: *Partisans*, S. 131 f.
35 «Language: A Key Mechanism of Control», *GOPAC handout*, November 1990; «The Politics of Slash and Burn», *The New York Times*, 20. September 1990.
36 Hemmer: *Partisans*, S. 131 f.
37 Gespräch der Autorin mit David Corn am 8. September 2023.
38 Limbaugh, Rush: «Republican Freshman Orientation», *C-SPAN*, 10. Dezember 1994.
39 Rosenstiel, Thomas P.: «It's Rush Night for GOP's Lawmakers-in-Waiting», *Los Angeles Times*, 11. Dezember 1994; Hemmer: *Partisans*, S. 140.
40 Merida, Kevin: «Rush Limbaugh Saluted as a ‹Majority Maker›», *The Washington Post*, 11. Dezember 1994.
41 Hemmer: *Partisans*, S. 141 f.
42 Sohn, Gigi B. / Schwartzman, Andrew: «Fairness – Not Silence», *The Washington Post*, 31. Januar 1994.
43 Hemmer: *Partisans*, S. 136 f.
44 Drew, Christopher: «Religious Right Phone Banks Put Lobby Reform on Hold», *The Chicago Tribune*, 7. Oktober 1994.
45 Fuller, Jaime: «There are (at least) 173 RINOs in the 114th Congress», *The Washington Post*, 6. Januar 2015.
46 Finnegan, Jim: «Ralph the Tentmaker. Reply to Critics. Ross Should Reconsider», *Manchester Union-Leader*, 7. Dezember 1992.
47 Richardson, John H.: «Newt Gingrich: The Indispensable Republican», *Esquire*, 10. August 2010.
48 Gibbs, Nancy / Duffy, Michael: «Fall of the House of Newt», *CNN*, 9. November 1998.
49 Chaffee, Joshua: «How Republicans weaponized the debt ceiling», *NBC News*, 14. Oktober 2013.
50 «Unemployment rate continued to drop in early 1998, then stayed down», *U.S. Bureau of Labor Statistics*, 11. Januar 1999.
51 Gibbs / Duffy: «Fall of the House of Newt».
52 Zelizer: *Burning Down the House*, S. 301 f.
53 Gespräch der Autorin mit David Corn am 8. September 2023.
54 Gonyea, Don: «The Longest Government Shutdown In History, No Longer – How 1995 Changed Everything», *NPR*, 12. Januar 2019.
55 Zit. in Hemmer: *Partisans*, S. 137.
56 Zelizer: *Burning Down the House*, S. 301 f.

9 **Schwelbrand.** Wenn Extremismus salonfähig wird

1 Egan, Timothy: «Terror in Oklahoma; In Congress: Trying to Explain Contacts With Paramilitary Groups», *The New York Times*, 2. Mai 1995.
2 «Rules Of Engagement Focus Of FBI Probe Deputy Director's Job On Line As Vicki Weaver's Death Is Reinvestigated», *The Spokesman-Review*, 14. Juli 1995.
3 Löschner, Jasmin: «US-Polizeidesaster Ruby Ridge. Blutbad im Bergidyll», *Der Spiegel*, 13. Oktober 2017.
4 Miller, Michael E.: «The shadow of an assassinated American Nazi com-

mander hangs over Charlottesville», *The Washington Post*, 21. August 2017.

5 Löschner: «US-Polizeidesaster Ruby Ridge».

6 Gespräch der Autorin mit Kathleen Belew am 20. Juli 2023.

7 Sharlet, Jeff: «January 6 was only the Beginning», *Vanity Fair*, Juli / August 2022.

8 Gespräch der Autorin mit Jeff Sharlet am 11. August 2023.

9 The Associated Press: «Koresh Planned Waco Attack, Report Says», *The New York Times*, 3. Oktober 1993.

10 Gunkel, Christoph: «Waco-Drama 1993: Die erzwungene Apokalypse», *Der Spiegel*, 18. April 2013.

11 Belew, Kathleen: *Bring the War Home. The White Power Movement and Paramilitary America*, Cambridge 2018, S. 205. Michallon, Clémence: «Eighty people died in Waco after an FBI standoff gone wrong», *The Independent*, 19. April 2023.

12 Huber, Daniel: «Rassisten mit Sturmgewehr – warum die USA ein Problem mit Milizen haben», *Watson*, 2. Oktober 2020.

13 Ebd.

14 United States Senate: Roll Call Vote 103rd Congress – 1st Session, 19. November 1993.

15 «Standoff at Ruby Ridge», *The Spokesman-Review*, 18. August 2017.

16 Belew: *Bring the War Home*, S. 206 f.

17 Walsh, David A.: *Taking America Back. The Conservative Movement and the Far Right*, New Haven 2024, S. 4 (zitiert nach den Druckfahnen des fertigen Manuskripts, das der Autor mir freundlicherweise zur Verfügung gestellt hat).

18 Gespräch der Autorin mit Kathleen Belew am 20. Juli 2023.

19 Ebd.

20 Vgl. Walsh: *Taking America Back*, S. 157 f.

21 «Prof. Oliver, Known for Strong Anti-jewish Views, Quits Birch Society», *Jewish Telegraphic Agency*, 17. August 1966.

22 Walsh: *Taking America Back*, S. 3, 7, 157.

23 Miller: «The shadow of an assassinated American Nazi commander hangs over Charlottesville».

24 Gall, Corinn: «Was bei den Krawallen in Charlottesville geschah», *Neue Zürcher Zeitung*, 11. August 2018.

25 Gross, Terry: «How America's White Power Movement Coalesced After The Vietnam War», *NPR*, 25. April 2018.

26 Ebd.

27 Gespräch der Autorin mit Kathleen Belew am 20. Juli 2023

28 Ebd.

29 Bruckner, Johanna: «Rechtsradikalismus in den USA. Der abtrünnige Sohn von Amerikas Ultrarechten», *Süddeutsche Zeitung*, 18. Oktober 2017.

30 Eli Saslow: «The white flight of Derek Black», *The Washington Post*, 15. Oktober 2016.

31 Potok, Mark: «Activist Son of Key Racist Leader Renounces White Nationalism», *Southern Poverty Law Center*, 17. Juli 2013.

32 FBI: «The Oklahoma City Bombing. 20 Years Later», 2015.

33 Clay, Nolan: «Jury Views Slogan-Bearing Shirt, McVeigh's Other Clothes», *Oklahoman*, 16. Mai 1997.

34 Ramelsberger, Annette: «Der Terror-Ratgeber», *Süddeutsche Zeitung*, 26. Juni 2019.

35 «The Turner Diaries», *Anti-Defamation League*, 2. Mai 2017.

36 Thomas, Jo: «Behind a Book That Inspired McVeigh», *The New York Times*. 9. Juni 2001; Alter, Alexandra: «How ‹The Turner Diaries› Incites White Supremacists», *The New York Times*, 12. Januar 2021.

37 Pineda, Dorany: ...The Turner Diaries› didn't just inspire the Capitol attack. It warns us what might be next», *Los Angeles Times*, 8. Januar 2021.

38 Belew: *Bring the War Home*, S. 207.

39 Ebd.

40 «Another Federal Fiasco», *The New York Times*, 12. Juli 1993; Belew: *Bring the War Home*, S. 200.

41 Belew: *Bring the War Home*, S. 195.

42 Egan, Timothy: «Terror in Oklahoma: In Congress; Trying to Explain Contacts With Paramilitary Groups», *The New York Times*, 2. Mai 1995.

43 Hemmer: *Partisans*, S. 145.

44 Sullivan, Patricia: «Militia-Friendly Idaho Rep. Helen Chenoweth-Hage», *The Washington Post*, 4. Oktober 2006.

45 Goldberg, Michelle: «Women in Conservative Politics: The Original Mama Grizzlies», *The Daily Beast*, 14. Juli 2017.

46 Blumenthal, Sidney: «Her Own Private Idaho», *The New Yorker*, 10. Juli 1995.

47 Server, Adam: «‹Anglo-Saxon› Is What You Say When ‹Whites Only› Is Too Inclusive», *The Atlantic*, 20. April 2021.

48 Russell, Betsy Z.: «Tabloid's Praise Irks Chenoweth Racist Newspaper Again Praises Congresswoman», *The Spokesman-Review*, 15. Juni 1995.

49 Morgan, Dan: «Militias Flexing More Muscle in the Political Process», *The Washington Post*, 1. Mai 1995.

50 Egan, Timothy: «Terror in Oklahoma: In Congress; Trying to Explain Contacts With Paramilitary Groups», *The New York Times*, 2. Mai 1995; Heilig, René: «Und über allem kreisen ‹schwarze Hubschrauber›», *Neues Deutschland*, 29. Juli 1996.

51 *Associated Press*: «Former U. S. Rep. Chenoweth-Hage dies», *NBC News*, 3. Oktober 2006.

52 Morgan, Dan: «Militias Flexing More Muscle in the Political Process», *The Washington Post*, 1. Mai 1995.

53 SPLC: «Constitutional Sheriffs», *The Southern Poverty Law Center*, o. D.

54 Ebd.

55 Morgan: «Militias Flexing More Muscle».

56 Egan, Timothy: «Idaho Freshman Embodies G. O. P.'s Hope and Fear in '96», *The New York Times*, 15. Januar 1996.

57 Bush, George: «Letter of Resignation Sent By Bush to Rifle Association», *The New York Times*, 11. Mai 1995.

58 Mikkelson, David: «Did George H. W. Bush Resign from the NRA?», *Snopes*, 22. Dezember 2012.

59 Morgan: «Militias Flexing More Muscle».

60 Hemmer: *Partisans*, S. 197 f.

61 Burkett, Elinor: «Kellyanne Conway Has Been Quietly Revolutionizing D.C. Since the Late '90 s», *Harper's Bazaar*, 3. Februar 2017.

62 Konigsberg, Eric: «Washington's Sexual Awakening», *New York Magazine*, 9. Februar 1998.

63 Ebd.

64 Ebd.

65 Ebd.

66 Benton, Joshua, *Twitter*, 21. Juli 2016.

67 Bauer, A. J. / Nadler, Anthony: «Conservatives trust conservative media. Here's why», *Columbia Journalism Review*, 31. Oktober 2018.

68 Richardson: *To Make Men Free*, S. 424.

69 Smith, David: «Trump describes 2024 election as ‹the final battle› from podium in Waco», *The Guardian*, 26. März 2023.

70 «Former President Trump Holds Rally in Waco, Texas», *C-SPAN*, 25. März 2023.

71 Brockschmidt, Annika / Lecaque, Thomas: «At Launch Rally in Waco, Former President Sets the Stakes for Trump '24 Campaign With Apocalyptic, Violent, Genocidal Rhetoric», *Religion Dispatches*, 27. März 2023.

10 Schlurfen nach Gomorrha.
George W. Bush: Vom Erben Reagans zum Kreuzzügler

1 Filkins, Dexter / Canedy, Dana: «Counting the Vote: Miami-Dade County; Protest Influenced Miami-Dade's Decision to Stop Recount», *The New York Times*, 24. November 2000.

2 Widmann, Carlos: «Leichtgewicht, fest im Sattel», *Der Spiegel*, 22. April 2001.

3 Newport, Frank: «Republican Front-Runner One Year Before Presidential Election Almost Always Wins Nomination», *Gallup News Service*, 19. November 1999.

4 Müller, Jan-Werner: «Mitfühlender Konservatismus», *Blätter für deutsche und internationale Politik*, August 2006.

5 Magnet, Myron: «What Is Compassionate Conservatism?», *The Wall Street Journal*, 5. Februar 1999.

6 Bruni, Frank: «Bush Softens View of G. O. P. After Outcry by Conservatives», *The New York Times*, 7. Oktober 1999.

7 Krauthammer, Charles: «Slouching Toward The Center», *The Washington Post*, 8. Oktober 1999.

8 Corn, David: «It Didn't Start with Trump: The Decades-Long Saga of How the GOP Went Crazy», *Mother Jones*, September / Oktober 2022.

9 Eilperin, Juliet / Pianin, Eric: «Bush Criticism of GOP Proposal Surprised House», *The Washington Post*, 2. Oktober 1999.

10 Wilson, Jason: «Top Republicans rub shoulders with extremists in secretive rightwing group, leak reveals», *The Guardian*, 30. September 2021.

11 Ambinder, Marc J.: «Inside the Council for National Policy», *ABC News*, 2. Mai 2002.

12 Balz, Dan: «Bush to Launch Exploratory Effort», *The Washington Post*, 7. März 1999.

13 Saletan, William: *Bearing Right: How Conservatives Won the Abortion War*, Oakland 2003, S. 252.

14 McCain, John: «Excerpts from McCain's Speech Declaring Candidacy», *The New York Times*, 28. September 1999.

15 Berke, Richard L.: «Result Stuns Bush», *The New York Times*, 2. Februar 2000.

16 Weiner, Rachel: «What Really Happened To The Old John McCain», *The Huffington Post*, 10. Dezember 2008.

17 Broder, David S. / Allen, Mike: «Bush Cites Regret on Bob Jones», *The Washington Post*, 28. Februar 2000.

18 Tapper, Jake: «Jonesing for votes», *Salon*, 3. Februar 2000.

19 Kurtz, Howard: «McCain Likens Bush to Clinton», *The Washington Post*, 9. Februar 2000.

20 Steinhauer, Jennifer: «Confronting Ghosts of 2000 in South Carolina», *The New York Times*, 19. Oktober 2007.

21 Haslett, Adam: «How the Bush dynasty's tactics birthed the President Trump nightmare», *The Guardian*, 19. Februar 2016.

22 Neal, Terry M.: «McCain Reverses Flag Stance», *The Washington Post*, 20. April 2000.

23 Bruni, Frank: «Right-Wing Baggage Puts Drag on Bush Caravan», *The New York Times*, 24. Februar 2000.

24 Reuters: «Bush slams McCain for anti-Catholic ‹smear›», *Deseret News*, 29. Februar 2000.

25 Ebd.

26 Broder / Allen: «Bush Cites Regret on Bob Jones».

27 Kettle, Martin: «Forgive me, Bush asks Catholic voters», *The Guardian*, 29. Februar 2000.

28 «Excerpt From McCain's Speech on Religious Conservatives», *The New York Times*, 29. Februar 2000.

29 Ebd.; Saletan, William: «Storming Virgina Beach», *Slate*, 1. März 2000.
30 Ebd.; «McCain Campaign Town Hall Meeting», *C-Span*, 28. Februar 2000.
31 Corn: *American Psychosis*, S. 223.
32 «Excerpt From McCain's Speech on Religious Conservatives», *The New York Times*, 29. Februar 2000; Barstow, David: «McCain, in Further Attack, Calls Leaders of Christian Right ‹Evil›», *The New York Times*, 1. März 2000.
33 Barstow: «McCain, in Further Attack».
34 Bruni, Frank / Mitchell, Alison: «McCain Apologizes for Characterizing Falwell and Robertson as Forces of Evil», *The New York Times*, 2. März 2000.
35 Bruni, Frank: «Bush, in Reversal, to Meet With a Gay Republican Group», *The New York Times*, 8. April 2000.
36 Bush, George W.: «Acceptance Speech – Transcript», *ABC News*, 3. August 2000.
37 Toner, Robin: «Biding Time, Conservatives Hold Breath and Brimstone», *The New York Times*, 3. August 2000.
38 Stout, David: «Gore's Lead in the Popular Vote Now Exceeds 500,000», *The New York Times*, 30. Dezember 2000.
39 Rosenbaum, David E.: «Bush Holds Slim Lead Over Gore as Florida Recounts», *The New York Times*, 10. November 2000.
40 «Abstimmungs-Chaos in Florida», *Der Spiegel*, 9. November 2000.
41 Elving, Ron: «The Florida Recount Of 2000: A Nightmare That Goes On Haunting», *NPR*, 18. November 2018.
42 Widmann, Esther: «Nicht immer steht der Sieger der Wahl in den USA am nächsten Morgen fest», *Neue Zürcher Zeitung*, 3. November 2020; «Timeline of Florida Recount, Florida litigation, and Bush v. Gore», *Stanford Law School*.
43 Biskupic, Joan: «Supreme Court is about to have 3 Bush v. Gore alumni sitting on the bench», *CNN*, 17. Oktober 2020.
44 Flegenheimer, Matt: «Before Rise as Outsider, Ted Cruz Played Inside Role in 2000 Recount», *The New York Times*, 25. Januar 2016.
45 Bouie, Jamelle: «No One Can Stop Talking About Justice John Marshall Harlan», *The New York Times*, 7. Juli 2023.
46 Johnson, Theodore R.: «How Conservatives Turned the ‹Color-Blind Constitution› Against Racial Progress», *The Atlantic*, 19. November 2019.
47 Berman, Ari: «Inside John Roberts' Decades-Long Crusade Against the Voting Rights Act», *Politico*, 10. August 2015.
48 Miller, Michael E.: «‹It's insanity!›: How the ‹Brooks Brothers Riot› killed the 2000 recount in Miami», *The Washington Post*, 15. November 2018.
49 Lehmann, Chris: «How the ‹Brooks Brothers Riot› Set the Stage for Insurrection», *The Nation*, 4. August 2022.
50 Kleefeld, Eric: «Like the ‹Brooks Brothers riot› in Florida in 2000, once again there are riots to stop votes from being counted», *Media Matters*, 4. November 2020.
51 Miller: «‹It's insanity!›».
52 Supreme Court of the United States: «George W. Bush, et al., Petitioners v. Albert Gore, Jr., et al.», Legal Information Institute, 12. Dezember 2000; Flanders, Chad: «Please Don't Cite This Case! The Precedential Value of Bush v. Gore», *The Yale Law Journal*, 7. November 2006.
53 Savage: *Takeover*, S. 252.
54 Nellis, Ashley: «The Color of Justice: Racial and Ethnic Disparity in State Prisons», *The Sentencing Project*, 13. Oktober 2021.
55 Vgl. Berman, Ari: «How the 2000 Election in Florida Led to a New Wave of Voter Disenfranchisement», *The Nation*, 17.–24. August 2015.
56 Berman, Ari: *Give Us the Ballot: The*

Modern Struggle for Voting Rights in America, New York 2015, S. 213.

57 Miller: «‹It's insanity!›».

58 Ebd.

59 Cassidy, Christina A. / Whitehurst, Lindsay: «Election workers have gotten death threats and warnings they will be lynched, the US government says», *Associated Press*, 31. August 2023.

60 Center for Reproductive Rights: «The Bush Global Gag Rule: Endangering Women's Health, Free Speech and Democracy», 7. Januar 2003.

61 Milbank, Dana / Wax, Emily: «Bush Visits Mosque to Forestall Hate Crimes», *The Washington Post*, 18. September 2001.

62 Spang, Thomas: «God Bless America», *Deutschlandfunk*, 6. Mai 2002.

63 Barnes: «The ‹war on terror› and the battle for the definition of torture».

64 Böhm, Andrea: «Die Gesetze des Dschungels», *Die Zeit*, 9. September 2021.

65 APA / Reuters: «Bush kündigt ‹langen Kreuzzug gegen Terrorismus› an», *Der Standard*, 17. September 2001.

66 APA / AP: «Bush bedauert ‹Kreuzzugs›-Aussage», *Der Standard*, 18. September 2001.

67 Bush, George W.: «Krieg gegen den Terror», de.usembassy.gov, 20. September 2001.

68 Bundeszentrale für politische Bildung: «Vor 20 Jahren: Terroranschläge vom 11. September», *bpb*, 6. September 2021.

69 Böhm, Andrea: «Die Gesetze des Dschungels».

70 Deveraux, Ryan: «What's in a Name», *The Intercept*, 10. September 2021.

71 Barnes: «The ‹war on terror› and the battle for the definition of torture».

72 Lazare, Daniel: «Wer nicht für uns ist, ist gegen uns», *Le Monde Diplomatique*, 9. August 2002.

73 Jurecic, Quinta: «Donald Trump's State of Exception», *Lawfare*, 14. Dezember 2016; «Donald Trump's Post-9/11 Presidency and the Legacy of Carl Schmitt», *Verfassungsblog*, 10. März 2022.

74 UC Santa Barbara: «The American Presidency Project 2004»; Crawford, Neta C. / Lutz, Catherine: «Human Costs of Post-9/11 Wars: Direct War Deaths in Major War Zones», Brown University, Watson Institute for International & Public Affairs, 1. September 2021; Crawford / Lutz / et al.: «Costs of War: Iraqi Civilians»; «Costs of War: Afghan Civilians».

75 Böhm: «Die Gesetze des Dschungels».

76 Union of Concerned Scientists: «2004 Scientist Statement on Restoring Scientific Integrity to Federal Policy Making», 13. Juli 2008.

77 Woolhandler, Steffie, u. a.: «Public policy and health in the Trump era», *The Lancet*, 10. Februar 2021.

78 «Bilanz von Bush: ‹Ich tat, was ich für richtig hielt›».

79 Schratzenstaller: «Bushs zweite Amtszeit».

80 Bush, George W.: «Address to the Republican National Convention», *National Archives*, 2. September 2004.

81 Schratzenstaller: «Bushs zweite Amtszeit».

82 «Bilanz von Bush: ‹Ich tat, was ich für richtig hielt›».

83 Savage: *Takeover*, S. 248.

84 Suskind, Ron: «Faith, Certainty and the Presidency of George W. Bush», *The New York Times*, 17. Oktober 2004 (dt. Übersetzung des Zitats in: Breuer, Hubertus: «Was nicht passt, wird passend gemacht», *Süddeutsche Zeitung*, 28. November 2008).

85 Engelhardt, Tom: «Karl Rove Unintentionally Predicted the Current Chaos in Iraq», *Mother Jones*, 19. Juni 2014; Linker, Damon: «What if Karl Rove was right about the reality-based community?», *The Week*, 26. Juli 2019.

86 Haslett, Adam: «How the Bush dynasty's tactics birthed the President Trump nightmare», *The Guardian*, 19. Februar 2016.

11 Die dunkle Seite der Macht.
McCain, Palin und der Aufstieg des Rechtspopulismus

1 Adair, Bill: «McCain puts his lightsaber away», *Tampa Bay Times*, 27. September 2005.
2 Grann, David: «The Fall. John McCain's choices», *The New Yorker*, 8. November 2008.
3 Brooks, Jennifer: «McCain's ‹Lakeville moment› became his defining legacy, *StarTribune*, 28. August 2018.
4 Nematt, Salameh: «A Shock for Arab-Americans», *Daily Beast*, 13. Oktober 2008, aktualisiert am 14. Juli 2017.
5 Debusmann, Bernd: «In U.S. elections, fear of Muslims; Bernd Debusmann», *Reuters*, 27. Oktober 2008.
6 Voigt, Karsten D.: «Amerika vor der Wahl – Obama oder McCain – Was wird aus den deutsch-amerikanischen Beziehungen?», www.auswaertiges-amt.de, 16. September 2008.
7 Peters, Jeremy W.: *Insurgency. How Republicans Lost Their Party and Got Everything They Ever Wanted*, New York 2022, S. 13 f.
8 Peters: *Insurgency*, S. 25.
9 Palin, Sarah: «Palin Pit Bull», *CNN*, 3. September 2008.
10 Palin, Sarah: «Speech from The Republican Convention», *NPR*, 3. September 2008.
11 Buchanan, Pat: «Thoughts of war crash the party in St. Paul», *Mercury News*, 6. September 2008.
12 Peters: *Insurgency*, S. 27.
13 Interview der Autorin mit Tim Miller, 1. September 2023.
14 Ebd.
15 Interview der Autorin mit Bill Kristol, 3. Juli 2023.
16 Meyer, Jane: «The Insiders. How John McCain came to pick Sarah Palin», *The New Yorker*, 19. Oktober 2008.
17 Palin, Sarah: «Speech from The Republican Convention».
18 McWhorter, Diane: «Revisiting the controversial career of Westbrook Pegler», *Slate*, 4. März 2004.
19 Levitas, Daniel: *The Terrorist Next Door: The Militia Movement and The Radical Right*, New York 2004, S. 71.
20 Sharlet, Jeff: «Sarah Palin, American», *Religion Dispatches*, 12. Juli 2009.
21 Buckley, William F.: «Rabble Rouser», *The New Yorker*, 22. Februar 2004.
22 Ebd.
23 McCain, John: «Address Accepting The Presidential Nomination at The Republican National Convention in Saint Paul», *The American Presidency Project*, 4. September 2008.
24 Szep, Jason: «Palin says Obama friendly with terrorists», *Reuters*, 4. Oktober 2008.
25 Rohter, Larry / Luo, Michael: «'60s Radicals Become Issue in Campaign of 2008», *The New York Times*, 17. April 2008.
26 Pitzke, Marc: «Obama setzt auf TV Trommelfeuer, McCain auf üble Tricks», *Der Spiegel*, 22. Oktober 2008; Aarons, Dakarai I.: «Chicago Annenberg Challenge in Spotlight», *Education Weekly*, 9. Oktober 2008.
27 Novak, Viveca: «‹He Lied› About Bill Ayers?», *The Annenberg Public Policy Center*, 10. Oktober 2008.
28 Glaister, Dan: «McCain campaign's ‹robocalls› in swing states draw bipartisan fire», *The Guardian*, 19. Oktober 2008.
29 Smith, Ben: «McCain defends robocalls», *Politico*, 19. Oktober 2008.
30 Washkuch, Frank: «ViaNovo's Eskew Selected as strategist for Palin», *PRWeek*, 4. September 2008; Schmitz, Gregor Peter: «McCain's Bush-Style Campaign Worries the Center», *Der Spiegel International*, 3. September 2008.
31 Parker, Jennifer: «Obama Campaign Accuses McCain of Lies in Latest Attack Ads», *ABC News*, 15. September 2008.

32 Rich, Frank: «The Terrorist Barack Hussein Obama», *The New York Times*, 11. Oktober 2008.
33 Bumiller, Elisabeth: «McCain Draws Line on Attacks as Crowds Cry ‹Fight Back›», *The New York Times*, 10. Oktober 2008.
34 Russo, Garla Herreria: «The Real Story Behind John McCain's Famous Campaign Rally Moment», *Huffpost*, 26. August 2018.
35 Rich: «The Terrorist Barack Hussein Obama»; Szep, Jason: «Palin warns Florida voters of ‹rough› campaigning», *Reuters*, 8. Oktober 2008.
36 Dish, Daily: «The Dangerous Panic On The Far Right», *The Atlantic*, 10. Oktober 2008.
37 Schaeffer, Frank: «An Open Letter to John McCain», *Huffpost*, 10. November 2008, aktualisiert 25. Mai 2011.
38 Interview der Autorin mit Bill Kristol, 3. Juli 2023.
39 Pilkington, Ed: «The joke about Chelsea Clinton that should have sunk John McCain», *The Guardian*, 2. September 2008.
40 Blumenthal, Sidney: «The fighting side of McCain», *Salon*, 18. Januar 2007.
41 Peters: *Insurgency*, S. 25–28.

12 Die neue Revolution.

Die Tea Party und ihre Radikalisierungsmaschine

1 Glenn Beck Programme, 31. August 2009, zit. nach «Beck: ‹There is a coup going on … it has been done through the guise of an election›», *Media Matters*, 31. August 2009.
2 Obama, Barack: «Inaugural Address», *National Archives*, 21. Januar 2009.
3 Schröder, Thorsten: «Unbezahlbare Gesundheit», *Die Zeit*, 5. August 2017.
4 Lizza, Ryan: «Romney's Dilemma», *The New Yorker*, 30. Mai 2011.
5 Woltersdorf, Adrienne: «Proteste gegen Obamas Politik», *taz*, 14. September 2009.
6 Johnson, Alex M.: «Bush signs $700 billion financial bailout bill», *NBC News*, 2. Oktober 2008.
7 Krugman, Paul: «Reagan Did It», *The New York Times*, 31. Mai 2009.
8 Richardson: *To Make Men Free*, S. 338.
9 Lütjen, Torben: *Partei der Extreme: Die Republikaner. Über die Implosion des amerikanischen Konservativismus*, Bielefeld 2016, S. 171.
10 Peters: *Insurgency*, S. 208.
11 Kastan, Klaus: «Ein denkbar knapper Sieg für Obama», *Tagesschau*, 14. Februar 2009.
12 «CNBC's Rick Santelli's Chicago Tea Party», *YouTube*, hochgeladen von der Heritage Foundation am 19. Februar 2009; Transcript: *Freedom Eden*, 19. Februar 2009.
13 Ebd.
14 Altman, Alex: «Jenny Beth Martin», *Time*, 29. April 2010.
15 «Tea Party Patriots Inc. Form 990-O for period ending May 2013», *ProPublica*; Mencimer, Stephanie: «How a Feud Between Two Tea Party Leaders Helped Lay the Groundwork for the Capitol Insurrection», *Mother Jones*, 19. April 2021.
16 Thompson, Marc: «When Protesters Bear Arms Against Health-Care Reform», *Time*, 19. August 2009; «The Rachel Maddow Show», Transcript, *MSNBC*, 17. April 2015.
17 Urbina, Ian / Seelye, Katharine Q.: «Senator Goes Face to Face With Dissent», *The New York Times*, 11. August 2009; Montopoli, Brian: «Angry Man Tells Specter: God Will Judge You», *CBS News*, 11. August 2009.
18 Shanahan, Martha: «5 Memorable Moments When Town Hall Meetings Turned To Rage», *NPR*, 7. August 2013.
19 Peters: *Insurgency*, S. 53 f.

20 Mehta, Seema / Megerian, Chris: «Donnelly stands by tweet likening Obama to Hitler, Stalin over guns», *Los Angeles Times*, 5. März 2014; Blank, Joshua / Henson, Jim: «Cruz Registers Tea Party Embrace of Gun Rights», *Texas Tribune*, 11. April. 2013.

21 Stanley, Alessandra: «On Cable, a Fog of Words About Kerry's War Record», *The New York Times*, 24. August 2004; Meadows, Susan: «‹Unfit for Command›: Hostile Fire», *The New York Times*, 10. Oktober 2004.

22 Koppelman, Alex: «Glenn Beck makes nice with the John Birch Society», *Salon*, 26. Juli 2007.

23 Zaitchik, Alexander / Adell, Daniel: «Fringe Mormon Group Males Myths With Glenn Beck's Help», Southern Poverty Law Center, 23. Februar 2011.

24 Rosen, Jeffrey: «Radical Constitutionalism», *The New York Times*, 26. November 2010.

25 Wilentz, Sean: «Confounding Fathers», *The New Yorker*, 11. Oktober 2010; Zaitchik, Alexander: «Fringe Mormon Group Makes Myths With Glenn Beck's Help», *Southern Poverty Law Center*, 23. Februar 2011.

26 Zaitchik: «Fringe Mormon Group Makes Myths With Glenn Beck's Help».

27 Wilentz: «Confounding Fathers».

28 Dallek: *Birchers*, S. 256.

29 Associated Press: «Fox News host says Obama is ‹a racist›», *NBC News*, 29. Juli 2009.

30 Edwards, Jim: «Beck Compares Obama to the Nazis», *NBC News*, 28. August 2009.

31 Corn: *American Psychosis*, S. 262.

32 Mast, Nina: «Flashback: How Fox News Promoted Trump's Birtherism», *Media Matters*, 16. September 2016; «Hannity: President Obama Has ‹An Affinity For, A Sympathy For› ‹The Practice Of Sharia›», *Media Matters*, 14. Juni 2014; Henehan, Kathleen: «Hume falsely claimed Obama's half brother told The Jerusalem Post that Obama had a ‹Muslim background›», *Media Matters*, 18. Juni 2008.

33 Siddiqui, Sabrina: «Fox News: how an anti-Obama fringe set the stage for Trump», *The Guardian*, 19. März 2019.

34 Nesbit, Jeff: «The Secret Origins of the Tea Party», *Time*, April 2016.

35 Maxwell, Angie: «How Southern racism found a home in the Tea Party», *Vox*, 7. Juli 2016.

36 Maxwell, Angie: «Tea Party Distinguished by Racial Views and Fear of the Future», Blair Center-Clinton School Poll, 2010.

37 Maxwell: «How Southern racism found a home in the Tea Party».

38 Buchter, Heike: «Tea Party: Die Reue der Koch-Brüder», *Die Zeit*, 10. November 2015.

39 Nesbit: «The Secret Origins of the Tea Party».

40 Pilkington, Ed: «America's Toughest Sheriff rallies Tea Party troops against illegal immigrants», *The Guardian*, 20. Oktober 2010.

41 Harwood, John: «Libertarian Legion Stands Ready to Accept Torch From Paul», *The New York Times*, 25. August 2012.

42 Markon, Jerry / Crites, Alice: «Ron Paul signed off on racist 1990s newsletters, associates say», *The Washington Post*, 27. Januar 2012.

43 Piper, Nikolaus: «‹Schafft die Fed ab›», *Süddeutsche Zeitung*, 21. Dezember 2010.

44 Smerconish, Michael: «The Purged Moderate Speaks», *The Daily Beast*, 5. November 2009, aktualisiert 14. Juli 2017.

45 Peters: *Insurgency*, S. 41 f.

46 Kraushaar, Josh / Isenstadt, Alex: «GOP pick sparks revolt on right», *Politico*, 8. Oktober 2009.

47 Horowitz, Jason: «How lowly lawmaker became a GOP headache», *NBC News*, 10. November 2009.

48 Peters: *Insurgency*, S. 208.

49 Observer Staff: «The Collapse of Dede Scozzafava, Moderate Republican», *The Observer*, 1. November 2009.

50 Seabrook, Andrea: «Ambitious ‹Young Guns› Shake Up GOP», *NPR*, 20. September 2010.

51 «Election 2010 House Map», *The New York Times*, o. D.

52 Associated Press: «State-by-state glance: Republicans win solid House majority», *Arkansas Democrat Gazette*, 3. November 2010.

53 Palmer, Griff / Cooper, Michael: «How Maps Helped Republicans Keep an Edge in the House», *The New York Times*, 14. Dezember 2012.

54 Peters: *Insurgency*, S. 104 f.

55 Smith, Ben / Martin, Jonathan: «Republicans tear up Obama's map», *Politico*, 3. November 2010.

56 Warren, James: «Surprise Representative Plans Surprises of His Own in Washington», *The New York Times*, 25. Dezember 2010.

57 Peters: *Insurgency*, S. 102.

58 Ebd.; Hirschkorn, Phil / Andrews, Wyatt: «One-Fifth of House Freshmen Sleep in Offices», *CBS News*, 22. Januar 2011; Draper, Robert: «How Kevin McCarthy Wrangles the Tea Party in Washington», *The New York Times Magazine*, 13. Juli 2011.

13 Autopsie einer Partei.

Romneys Niederlage und der Kontrollverlust des Partei-Establishments

1 Peters: *Insurgency*, S. 12.

2 Rubin, Jennifer: «Sarah Palin changes advisers, and her worldview», *The Washington Post*, 3. Mai 2011.

3 McLure, Jason: «Romney says he is ‹in sync› with Tea Party», *Reuters*, 17. August 2011.

4 Halloran, Liz: «Where They Stand: Obama, Romney On Immigration», *NPR*, 11. Juli 2012.

5 Balz, Dan: «Mitt Romney's immigration problem», *The Washington Post*, 26. Juni 2012.

6 Steve Bannon war mit einem Investor 2011 für die Gründung von *Breitbart* verantwortlich, das er als Nachrichten- und Meinungsplattform auch leitete. Bannon gehörte 2014 zu den Mitgründern von *Cambridge Analytica*.

7 «Steve Bannon, Biography & Facts», *Britannica*, 10. September 2023.

8 Posner, Sarah: «Amazing Disgrace», *The New Republic*, 20. März 2017.

9 Bannon, Steve: «Bannon Speech to Grizzly Coalition at CPAC», *YouTube*, 10. Februar 2012.

10 Dixon, Matt: «Trump delivers fiery post-indictment speech: ‹They're coming after you›», *NBC News*, 10. Juni 2023.

11 Borchers, Callum: «Jake Tapper asked whether Sarah Palin was harassed at Fox News. She didn't exactly say no», *The Washington Post*, 20. April 2017; Peters: *Insurgency*, S. 113.

12 Calderone, Michael: «How Fox News Chief Roger Ailes Tried To Win Republicans The White House», *The Huffington Post*, 12. Januar 2014.

13 Ebd.

14 Peters: *Insurgency*, S. 121, 124.

15 Barstow, David / Craig, Susanne / Buettner, Russ: «Trump Engaged in Suspect Tax Schemes as He Reaped Riches From His Father», *The New York Times*, 2. Oktober 2018.

16 McIntire et al.: «How Reality-TV Fame Handed Trump A $ 427 Million Lifeline», *The New York Times*, 28. September 2020.

17 Gonyea, Don / Montanaro, Domenico: «Donald Trump's Been Saying The Same Thing For 30 Years», *NPR*, 20. Januar 2017.

18 Media Matters Staff: «Samantha Bee Rips Roger Ailes' Fox News For ‹Racist Fearmongering› That Built Trump's Candidacy», *Media Matters*, 20. September 2016.

19 Ackerman, Spencer: «How the ‹Ground Zero Mosque› Meltdown

Set the Table for Trump», *Vanity Fair*, 9. August 2021.

20 Trump, Donald: «Donald Trump Remarks», *C-Span*, 10. Februar 2011.

21 Peters: *Insurgency*, S. 135 f.

22 Tanenhaus, Sam: «The Promise of Polarization», *The New Republic*, 29. Oktober 2018.

23 Peters: *Insurgency*, S. 136 f.

24 Real Clear Politics: «Latest Election Polls», *RealClearPolitics*, 19. Juli 2023.

25 Easley, Jonathan: «GOP takes aim at ‹skewed› polls», *The Hill*, 25. September 2012.

26 Scheiber, Noam: «The Internal Polls That Made Mitt Romney Think He'd Win», *The New Republic*, 30. November 2012.

27 Wyler, Grace: «The Republican Party Is Imploding», *Insider*, 8. November 2012.

28 «Election Results for the U.S. President, The U.S. Senate and The U.S. House of Representatives», Federal Election Commission, 6. Dezember 2012.

29 Hill, Miriam / Seidman, Andrew / Duchneskie, John: «In 59 Philadelphia voting divisions, Mitt Romney got zero votes», *The Philadelphia Inquirer*, 4. November 2015.

30 Owens, Cassie: «Internet: Philly rigged the 2012 presidential election. Experts: Still no», *Politifact*, 12. August 2016; Hill et al.: «In 59 Philadelphia voting divisions, Mitt Romney got zero votes».

31 Hill et al: Ebd.

32 Badger, Emily: «Fraud Claims in Philadelphia? They Add Up to Zero», *The New York Times*, 26. Oktober 2016.

33 Bishop, Thomas: «Ignoring History, Fox's Hannity Claims Voter Fraud in Philly Precincts Where No One Voted For Romney», *Media Matters*, 14. November 2012.

34 Trump, Donald R., *Twitter*, 7. November 2012.

35 RNC: «Growth & Opportunity Project 2012», *The Wall Street Journal*, 18. März 2013.

36 Growth & Opportunity Project: «RNC Autopsy», *Guardian News Desk*, S. 7 f.

37 Lopez, Mark Hugo / Taylor, Paul: «Latino Voters in the 2012 Election», *Pew Hispanic Center*, 7. November 2012.

38 Growth & Opportunity Project: «RNC Autopsy», S. 12.

39 Growth & Opportunity Project: «RNC Autopsy», S. 6.

40 Ebd., S. 8.

41 Ebd., S. 6.

42 Peters: *Insurgency*, S. 142 f.

43 Ebd.

44 Tau, Byron: «Obama: Republican ‹fever› will break after the election», *Politico*, 1. Juni 2012.

45 Cannon, Francis / Gallagher, Maggie / Danker, Rich: *Building a Winning GOP Coalition: The Lessons of 2012*, American Principles in Action, 2013.

46 Limbaugh, Rush: «The GOP's Real Problem is Simple», *RushLimbaugh.com*, 18. März 2013.

47 Alberta, Tim: «John Boehner Unchained», *Politico Magazine*, November / Dezember 2017.

48 Ebd.

49 Alberta, Tim: *American Carnage. On the Front Lines of the Republican Civil War and the Rise of President Trump*, New York 2019, S. 57.

50 Sargent, Greg: «Paul Ryan regrets that ‹makers and takers› stuff. Sort of, anyway», *The Washington Post*, 23. März 2016.

51 Vinik, Danny: «Paul Ryan's favorite poverty talking point debunked», *Politico*, 7. Juni 2016.

52 Gibson, Ginger: «Boehner: No vote on Senate immigration bill», *Politico*, 8. Juli 2013.

53 Peters: *Insurgency*, S. 162 f.

54 Zornick, George: «Hard Right Rallies Against ‹Amnesty› Outside Capitol», *The Nation*, 19. Juni 2013.

55 Kim, Seung Min / Shernan, Jake: «Boehner squashes immigration talks», *Politico*, 13. November 2013.

56 Alberta: *American Carnage*, S. 157.
57 Ebd., S. 83.
58 Boorstein, Michelle: «Overwhelmingly liberal, many U.S. Jews still took pride in Eric Cantor», *The Washington Post*, 11. Juni 2014.
59 Alberta: «John Boehner Unchained».
60 Ebd.
61 Ebd.
62 Treyz, Catherine: «Lindsey Graham jokes about how to get away with murdering Ted Cruz», *CNN*, 26. Februar 2016.
63 Timm, Jane C.: «They're Still Drawing Crazy-Looking Districts. Can't It Be Stopped?», *NBC News*, 21. September 2017.
64 Dumain, Emma: «‹Defund Obamacare› Letter to Be Unveiled After Heritage Push», *Roll Call*, 20. August 2013.
65 Ebd.
66 Alberta: *American Carnage*, S. 174.
67 Fischer, Sebastian: «Einigung in US-Haushaltsstreit gescheitert – nichts geht mehr», *Spiegel Online*, 1. Oktober 2013.
68 «Fast-Pleite und Government Shutdown in den USA», *boerse.de*, 2013.
69 Fischer: «Einigung im US-Haushaltsstreit gescheitert».
70 Alberta: *American Carnage*, S. 176, 180.
71 Ebd., S. 189.
72 Alberta: «John Boehner Unchained».
73 Boehner, John: «Panic Rooms, Birth Certificates and the Birth of GOP Paranoia», *Politico*, 2. April 2021.
74 Dickinson, Tim: «Eric Cantor: Burned at the Steakhouse», *Rolling Stone*, 11. Juni 2014.
75 Peters, Jeremy W.: «Potent Voices of Conservative Media Propelled Cantor Opponent», *The New York Times*, 11. Juni 2014.
76 Vinik, Danny: «Immigration Reform Died With Eric Cantor's Shocking Loss to a Tea Party Challenger», *The New Republic*, 11. Juni 2014.
77 Umana, Brian: «I'm a Democrat and I helped the tea party unseat Eric Cantor», *The Washington Post*, 13. Juni 2014.
78 Steinhauser, Paul / Walsh, Deirdre: «Cantor ‹earthquake› rattles Capitol Hill», *CNN*, 11. Juni 2014; Klein, Rick: «How Eric Cantor's Shocking Loss Changes Everything», *ABC News*, 11. Juni 2014.
79 Vinik: «Immigration Reform Died With Eric Cantor's Shocking Loss to a Tea Party Challenger».
80 Alberta: *American Carnage*, S. 205.
81 Breitman, Kendall: «David Duke says he ‹might› challenge Rep. Scalise», *Politico*, 29. Januar 2015.
82 Glasser, Susan B.: «Without Mark Meadows, January Sixth might have never happened», *The New Yorker*, 7. Juni 2022.
83 Newton-Small, Jay: «The ‹Reasonable Nut Job Caucus›», *Time*, 15. Oktober 2015.
84 Newhouser, Daniel: «Mark Meadows Tries to Boot Boehner From Speakership», *The Atlantic*, 28. Juli 2015.
85 Alberta: «Boehner Unchained».
86 Raju, Manu / Walsh, Deirdre: «Why John Boehner quit», *CNN*, 29. September 2015.
87 «Exit polls: Romney, Huckabee split conservative vote», *CNN*, 6. Februar 2008; MacAskill, Ewen: «Newt Gingrich to Rick Santorum supporters: vote for me», *The Guardian*, 10. April 2012.
88 Carswell, Simon: «Paul Ryan's ‹bottom-up approach› aims to unite Republicans», *The Irish Times*, 3. November 2015; Alberta: *American Carnage*, S. 253.
89 Stelloh, Tim: «John Boehner Used ‹Catholic Guilt› to Convince Paul Ryan to Take House Speaker Job», *NBC News*, 1. November 2015.
90 DeBonis, Mike: «Paul Ryan elected House speaker», *The Washington Post*, 29. Oktober 2015.
91 Newton-Small, Jay: «Paul Ryan's New Republican Playbook», *Time*, 29. Oktober 2015.

14 **Eine neue Ära.** Die Übernahme der GOP durch Trump

1 «Donald Trump Presidential Campaign Announcement», *C-SPAN*, 16. Juni 2015.
2 Peters: *Insurgency*, S. 187.
3 Pearce, Matt: «Stephen Bannon found inspiration in ancient thinkers, Ronald Reagan and Nazi propaganda», *Los Angeles Times*, 9. Dezember 2016.
4 Bump, Philip: «Even the firm that hired actors to cheer Trump's campaign launch had to wait to be paid», *The Washington Post*, 20. Januar 2017.
5 Trump, Donald: «Speech at the ‹Freedom Summit› in Manchester, New Hampshire», *C-SPAN*, 12. April 2014.
6 «Medicare and Medicaid Act», *National Archives*, 30. Juli 1965.
7 Peters: *Insurgency*, S. 177.
8 Ebd., S. 176 f.
9 Trump: «Speech at the ‹Freedom Summit› in Manchester, NH».
10 Trump, Donald: «Iowa Freedom Summit, Hoyt-Sherman Place, Des Moines, Iowa», *Democracy in Action Transcript*, 24. Januar 2015.
11 Phillips, Amber: «‹They're rapists.› President Trump's campaign launch speech two years later, annotated», *The Washington Post*, 16. Juni 2017.
12 Scott, Eugene: «Trump defends inflammatory comments, asks ‹Who is doing the raping?›», *CNN*, 2. Juli 2015.
13 Peters: *Insurgency*, S. 189.
14 Campbell, Colin: «Donald Trump's campaign says this poll shows he's a ‹front-runner› in 2016», *Business Insider*, 25. Juni 2015.
15 Walker, Hunter: «Donald Trump just dodged two questions about the Bible», *Insider*, 26. August 2015.
16 Tumulty, Karen / Rucker, Philip: «Trump roils first debate among GOP contenders», *The Washington Post*, 6. August 2015; Healy, Patrick / Martin, Jonathan: «Rivals Jab at Donald Trump as Republican Debate Becomes Testy», *The New York Times*, 6. August 2015.
17 Koffler, Jacob: «Donald Trump Tweets Racially Charged Jab at Jeb Bush's Wife», *Time*, 6. Juli 2015.
18 Robillard, Kevin: «Barbara Bush: ‹Enough Bushes›», *Politico*, 25. April 2013.
19 Peters: *Insurgency*, S. 208.
20 Trump, Donald: «Donald Trump op-ed: My vision for a culture of life», *Washington Examiner*, 23. Januar 2016.
21 Haberkorn, Jennifer: «Anti-abortion groups say they distrust Trump», *Politico*, 26. Januar 2023.
22 Johnson, Jenna: «Antiabortion activists to Iowa voters: ‹Support anyone but Donald Trump›», *The Washington Post*, 26. Januar 2016.
23 Collins, Gail: «Just Steele Yourselves», *The New York Times*, 6. März 2009; Zengerle, Jason: «Get Mitch», *Politico Magazine*, November 2013.
24 Weigel, David: «The Darth Vader Moment That Made Mitch McConnell», Bloomberg, 14. Oktober 2014.
25 Green, Joshua: «Strict Obstructionist», *The Atlantic*, Januar / Februar 2011.
26 Everett, Burgess / Trush, Glenn: «McConnell throws down the gauntlet: No Scalia replacement under Obama», *Politico*, 13. Februar 2016; Neidig, Harper: «McConnell: Don't replace Scalia until after election», *The Hill*, 13. Februar 2016.
27 Milbank, Dana: «Mitch McConnell undid 213 years of Senate history in 33 minutes», *The Washington Post*, 3. April 2019.
28 «Nuclear option: Why Trump's Supreme Court pick needs only 51 votes», *CBS News*, 9. Juli 2018.
29 Scherer, Michael / Dawsey, Josh / Kitchener, Caroline / Roubein, Rachel: «A 49-year crusade: Inside the movement to overturn

Roe v. Wade», *The Washington Post*, 7. Mai 2022.
30 Green, Emma: «How the Federalist Society Won», *The New Yorker*, 24. Juli 2022.
31 «The conservative club that came to dominate the Supreme Court», *The Harvard Gazette*, 4. März 2021.
32 O'Harrow, Robert / Boburg, Shawn: «A conservative activist's behind-the-scenes campaign to remake the nation's courts», *The Washington Post*, 21. Mai 2019.
33 Ebd.
34 Perez, Andrew / Kroll, Andy / Elliott, Justin: «How a Secretive Billionaire Handed His Fortune to the Architect of the Right-Wing Takeover of the Courts», *ProPublica*, 22. August 2022.
35 Vogel, Kenneth P. / Goldmacher, Shane: «An Unusual $1.6 Billion Donation Bolsters Conservatives», *The New York Times*, 22. August 2022.
36 Peters: *Insurgency*, S. 213.
37 Woodward, Bob / Costa, Robert: «In a revealing interview, Trump predicts a ‹massive recession› but intends to eliminate the national debt in 8 years», *The Washington Post*, 2. April 2016.
38 Gibson, Ginger / Hurley, Lawrence: «Trump identifies 11 potential Supreme Court nominees», *Reuters*, 18. März 2016.
39 Cassidy, John: «Seven Reasons It Made Sense for Donald Trump to Pick Mike Pence», *The New Yorker*, 15. Juli 2016.
40 Briggs, David: «How the Mike Pence Rule challenges women in evangelical workplace», *The ARDA*, 20. Dezember 2019; Mimms, Sarah: «Why Some Male Members of Congress Won't Be Alone With Female Staffers», *The Atlantic*, 14. Mai 2015.
41 Rucker, Philip / Costa, Robert: «Donald Trump officially picks Mike Pence as his running mate», *The Washington Post*, 15. Juli 2016.
42 Interview der Autorin mit A. J. Bauer am 22. August 2023.
43 D'Aprile, Shane: «Boehner on birthers: ‹It's not my job to tell the American people what to think›», *The Hill*, 13. Februar 2011.
44 Golshan, Tara: «Paul Ryan wants you to know he has identified what's wrong with the Republican Party», *Vox*, 3. Januar 2019.
45 Interview der Autorin mit A. J. Bauer am 22. August 2023.
46 Neumann, Scott: «Trump Lashes Out At McCain: ‹I Like People Who Weren't Captured›», *NPR*, 18. Juli 2015.
47 Fahrenthold, David A.: «Trump recorded having extremely lewd conversation about women in 2005», *The Washington Post*, 8. Oktober 2015.
48 Alberta: *American Carnage*, S. 374.
49 Kobes Du Mez, Kristin: *Jesus and John Wayne. How White Evangelicals Corrupted a Faith and Fractured a Nation*, New York, 2020, S. 11; Brockschmidt: *Amerikas Gotteskrieger*, S. 198.
50 Reilly, Katie: «Donald Trump's ‹Locker Room Talk› Was the Last Straw for Many Young Voters», *Time*, 14. Oktober 2016.
51 Interview der Autorin mit Jeff Sharlet am 11. August 2023.
52 Ebd.
53 Mus, Publius Decius: «The Flight 93 Election», *Claremont Review of Books*, 5. September 2016.
54 Chait, Jonathan: «How Michael Anton's ‹Flight 93 Election› Essay Defined the Trump Era», *New York Magazine*, 11. Dezember 2020.
55 Zerolfsky, Elisabeth: «How the Claremont Institute Became a Nerve Center of the American Right». *The New York Times Magazine*, 3. August 2022, aktualisiert 15. Juni 2023.
56 Chait, Jonathan: «How Michael Anton's ‹Flight 93 Election› Essay Defined the Trump Era», *New York Magazine*, 11. Dezember 2020.

57 «AG Barr on the Mueller Report: ‹I'm landing the plane right›», *MSNBC*, 10. April 2019.

58 Zapotosky, Matt / Dawsey, Josh / Barrett, Devlin: «‹I can land the plane›: How Rosenstein tried to mollify Trump, protect Mueller and save his job», *The Washington Post*, 26. April 2019.

59 Swan, Jonathan: «Scoop: Trump's advisers brace for loss, point fingers», *Axios*, 16. Oktober 2020.

60 Interview der Autorin mit A. J. Bauer am 22. August 2023.

61 Donatelli, Frank: «Has the GOP Turned the Corner Toward Authoritarianism?», *Newsweek*, 29. Dezember 2020.

62 Cohn, Nate: «Did Comey Cost Clinton the Election? Why We'll Never Know», *The New York Times*, 14. Juni 2018.

63 Sullivan, Margaret: «But Her Emails! Behind *The New York Times'* Maddening Hillary Clinton Coverage», *Vanity Fair*, 17. Oktober 2020.

64 Allsop, Jon: «Biden coverage and the But her emails! trap», *Columbia Journalism Review*, 18. September 2023.

65 Rupar, Aaron: «Trump says ‹Russia, if you're listening› was a joke. There's tape to prove otherwise», *Vox*, 29. September 2020.

66 Reuters: «Donald Trump: ‹I could shoot somebody and I wouldn't lose any voters›», *The Guardian*, 24. Januar 2016.

67 Zimmer, Thomas: «The Reactionary Right Mobilizes», *Substack*, 22. Dezember 2022.

68 Golshan, Tara: «Paul Ryan».

69 Ebd.

70 Blackwell, Morton C.: «A Tribute to Paul Weyrich», *Leadership Institute*, 6. Oktober 2015.

71 Golshan: «Paul Ryan».

72 Douthat, Ross: «Profiles in Paralysis», *The New York Times*, 19. März 2016.

73 Dwyer, Colin: «A Brief History Of Anthony Kennedy's Swing Vote – And The Landmark Cases It Swayed», *NPR*, 27. Juni 2018.

74 «Full transcript: Christine Blasey Ford's opening statement to the Senate Judiciary Committee», *Politico*, 26. September 2018.

75 Baer, Stephanie K.: «Here Are All The Times Brett Kavanaugh Said He Likes Beer At His Senate Hearing On Sexual Assault Allegations», *BuzzFeed News*, 28. September 2018.

76 Chait, Jonathan: «Brett Kavanaugh Is Probably a Goner Now», *New York Magazine*, 23. September 2018.

77 Edwards, Haley Sweetland: «How Christine Blasey Ford's Testimony Changed America», *Time*, 4. Oktober 2018.

78 Ferris, Sarah / Bresnahan, John: «Graham erupts in anger at Kavanaugh hearing», *Politico*, 27. September 2018.

79 Kirschner, Glenn: «The FBI didn't investigate Brett Kavanaugh. We deserve to know why», *MSNBC*, 27. Juli 2021; Kirchgaessner, Stephanie: «FBI facing allegation that its 2018 background check of Brett Kavanaugh was ‹fake›», *The Guardian*, 16. März 2021.

80 Robinson, Nathan J.: «How We Know Kavanaugh Is Lying», *Current Affairs*, 29. September 2018.

81 Higgins, Tucker: «Facing pressure at home, Democrat Manchin and Republican Murkowski buck their party lines in procedural vote on Kavanaugh confirmation», *CNBC*, 5. Oktober 2018.

82 Talbot, Margaret: «Amy Coney Barrett's Long Game», *The New Yorker*, 7. Februar 2022.

83 Shear, Michael D. / Haberman, Maggie: «‹Do Us a Favor›: Call Shows Trump's Interest in Using U.S. Power for His Gain», *The New York Times*, 25. September 2019.

84 U.S. Government Accountability Office: «Decision, Matter of: Office of Management and Budget – Withholding of Ukraine Security As-

sistance», Akte B-331564, 16. Januar 2020.

85 Cai, Weiyi / Daniel, Annie / Gamio, Lazaro / Parlapiano, Alicia: «Impeachment Results: How Democrats and Republicans Voted», *The New York Times*, 13. Januar 2021.

86 Scott, Eugene: «What happened to the 10 Republicans who voted to impeach Trump?», *The Washington Post*, 23. November 2022.

87 Brown, Emma / Strauss, Valerie / Douglas-Gabriel, Danielle: «Trump's first full education budget: Deep cuts to public school programs pursuit of school choice», *The Washington Post*, 17. Mai 2017.

88 Klein, Rebecca: «Voucher Schools Championed By Betsy DeVos Teach Whatever They Want Turns Out They Teach Lies», *Huffpost*, 7. Dezember 2017.

89 «Pompeo says God may have sent Trump to save Israel from Iran», *BBC*, 22. März 2019.

90 Kinzelmann, Fabienne: «Bilanz nach 4 Jahren Trump. Was er zerstörte, was er bewirkte», *Blick*, 19. Januar 2021.

91 McFall, Caitlyn: «Barr says ‹notion› of separation of church and state misunderstood because of ‹militant secularists›», *Fox News*, 23. September 2020.

92 Boot, Max: «William Barr's chilling defense of virtually unlimited presidential power», *The Washington Post*, 17. November 2019.

93 Brody, David: «Unraveling the ‹Weaponization› of the EPA is Top Priority for Scott Pruitt», *CBN*, 26. Februar 2018.

94 Nelson, Libby / Swanson, Kelly: «Full Transcript: Donald Trump's press conference defending the Charlottesville rally», *Vox*, 15. April 2017; Woodward, Bob / Costa, Robert: *Peril*, New York 2021, S. 6 f.

95 Collins, Sean: «Trump once flirted with white nationalism. Now it's a centerpiece of his White House», *Vox*, 21. Juli 2020.

96 Dickerson, Caitlin: «We Need to Take away Children», *The Atlantic*, 7. August 2022; Hesson, Ted: «Close to 1,000 migrant children separated by Trump yet to be reunited with parents», *Reuters*, 2. Februar 2023; Miroff, Nick: «‹Kids in cages›: It's true that Obama built the cages at the border. But Trump's ‹zero tolerance› immigration policy had no precedent», *The Washington Post*, 23. Oktober 2020.

97 Rutenberg, Jim / Corasaniti, Nick / Feuer, Alan: «Trump's Fraud Claims Died in Court, but the Myth of Stolen Elections Lives On», *The New York Times*, 26. Dezember 2020, aktualisiert 11. Oktober 2021.

98 Marantz, Andrew: «How a Fringe Legal Theory Became a Threat to Democracy», *The New Yorker*, 5. Juni 2023.

99 Pierce, Charles C. «Not Wanting to Hurt Trump's Feelings, Mike Pence Briefly Considered Not Showing Up to Certify the Election», *Esquire*, 29. November 2023.

100 Blake, Aaron: «New details undermine Pence's supposed ‹hero› turn on Jan. 6», *The Washington Post*, 14. September 2021.

101 Woodward / Costa: *Peril*, S. 198–200.

102 Naylor, Brian: «Trump's Jan. 6 Speech», *NPR*, 10. Februar 2021.

103 Ebd.

104 «Son of prominent conservative activist convicted on US Capitol attack charges», *The Guardian*, 9. September 2023.

15 **Herrschaft der Minderheit.** Die antidemokratischen Pläne der GOP

1 Dawsey, Josh / Knowles, Hannah et al: «How 91 felony charges boosted Trump's standing in the GOP», *The Washington Post*, 13. Oktober 2023.
2 Lysen, Dylan / Ziegler, Laura / Mesa, Blaise: «Voters in Kansas decide to keep abortion legal in the state, rejecting an amendment», *NPR*, 3. August 2022; McCammon, Sarah: «Where abortion was on the ballot, midterm voters largely signaled support», *NPR*, 9. November 2022.
3 «Where Do Americans Stand on Abortion?», *Gallup*, 7. Juli 2023.
4 McCarthy, Justin: «U.S. Same-Sex Marriage Support Holds at 71% High», *Gallup*, 5. Juni 2023.
5 Adams, Char: «Majority of Americans favor affirmative action in colleges as Supreme Court seems poised to end it, poll says», *NBC News*, 31. Mai 2023.
6 Totenberg, Nina: «Supreme Court guts affirmative action, effectively ending race-conscious admissions», *NPR*, 29. Juni 2023.
7 Levitsky, Steven / Ziblatt, Daniel: *Tyranny of the Minority: How to Reverse an Authoritarian Turn, and Forge a Democracy for All*, New York 2023, S. 8 f.
8 Ebd., S. 171 f.
9 Rüesch, Andreas: «Clinton erhält fast 3 Millionen Stimmen mehr als Trump», *NZZ*, 22. Dezember 2016.
10 Stevens, Stuart: *The Conspiracy to End America: Five Ways My Old Party Is Driving Our Democracy to Autocracy*, New York 2023, S. 160.
11 Ebd. S. 169.
12 Millhiser: «America's anti-democratic Senate, in one number», *Vox*, 6. Januar 2021.
13 Millhiser, Ian: «America's democracy is failing. Here's why», *Vox*, 13. Januar 2021.
14 Mettler, Suzanne / Brown, Trevor: «The Growing Rural-Urban Political Divide and Democratic Vulnerability», in: Annals of the American Academy of Political and Social Science, Bd. 699, Nr. 1 (2022), S. 130–142.
15 Levitsky / Ziblatt: *Tyranny of the Minority*, S. 170.
16 «The Senate is an irredeemable Institution», Data for Progress, 17. Dezember 2019, S. 9.
17 Ebd., S. 176 f.
18 Bump, Philipp: «By 2040, two-thirds of Americans will be represented by 30 percent of the Senate», *The Washington Post*, 28. November 2017.
19 Jentleson, Adam: *Kill Switch: The Rise of the Modern Senate and the Crippling of American Democracy*, New York 2021:, S. 108. Coleburn, Christina: «Issue Explainer: The Filibuster», Equal Democracy Project, Harvard Law School, 21. März 2021.
20 Beauchamp, Zack: «The filibuster's racist history, explained», *Vox*, 25. März 2021.
21 Binder, Sarah: «Mitch McConnell is wrong. Here's the filibuster's ‹racial history.›», *The Washington Post*, 24. März 2021.
22 Jentleson: *Kill Switch*, S. 212.
23 Levitsky / Ziblatt: *Tyranny of the Minority*, S. 94.
24 «Tracking Abortion Bans Across the Country», *The New York Times*, 7. November 2022.
25 National Archives: Distribution of Electoral Votes, https://www.archives.gov/electoral-college/allocation
26 Levitsky / Ziblatt: *Tyranny of the Minority*, S. 193.
27 Ebd., S. 174.
28 Lee, Mike: «Democracy isn't the objective», *Twitter*, 8. Oktober 2020.
29 Gespräch der Autorin mit dem Historiker Seth Cotlar von der Willamette University in Salem, Oregon, am 18. September 2023.
30 Devega, Chauncey: «Mike Johnson

is not a ‹culture warrior› – he's an enemy of democracy», *Salon*, 3. November 2023; Brockschmidt: «Mike Johnson isn't just your average Christian Right avatar – he's influenced by fringe movements unfamiliar to most political analysts», *Religion Dispatches*, 5. November 2023.

31 Raju, Manu: *Twitter*, 8. November 2023.

32 Rupar, Aaron: *Twitter*, 8. November 2023.

33 Stevens: *The Conspiracy to End America*, S. 159–160.

34 Fowler, Stephen / Censky, Abigail / Giles, Ben / Neely, Brett: «After Record 2020 Turnout, State Republicans Weigh Making It Harder To Vote», *NPR*, 7. Februar 2021.

35 «Voting Laws Roundup: January 2021», Brennan Center for Justice, 26. Januar 2021.

36 «Voting Laws Roundup: October 2023», Brennan Center for Justice, 19. Oktober 2023.

37 Ebd. Einige dieser Wahlgesetzverschärfungen werden noch von Bundesgerichten blockiert.

38 Phillips, Cabell: «G. O. P. Opens Drive to Prevent Fraud», *The New York Times*, 30. Oktober 1964.

39 Transcript: «The meanest, dirtiest, low-down stuff», Rachel Maddow Presents: Déjà News, Episode 3, *MSNBC*, 26. Juni 2023.

40 Wang, Tova Andrea: *The Politics of Voter Suppression: Defending and Expanding Americans' Right to Vote*, Ithaca 2012, S. 45 ff; Perlstein, Rick: «GOP Voting Fraud Squads Are Nothing New», *The Washington Spectator*, 4. November 2016.

41 Barnes, Robert: «Supreme Court stops use of key part of Voting Rights Act», *The Washington Post*, 25. Juni 2013.

42 So, Linda: «Trump-inspired death threats are terrorizing election workers», *Reuters*, 11. Juni 2021.

43 Zimmer, Thomas: *Twitter*, 23. Oktober 2023.

44 American Civil Liberties Union: «Fact Sheet on Voter ID Laws», August 2021; Millhiser, Ian: «How the Supreme Court revived Jim Crow voter suppression tactics», *Vox*, 21. September 2021; Hurley, Lawrence: «Supreme Court rejects challenge to Jim Crow-era Mississippi voting law», *MSNBC*, 30. Juni 2023.

45 Zimmer, Thomas: *Twitter*, 24. Oktober 2023.

46 Robin, Corey: «Republicans Are Moving Rapidly to Cement Minority Rule», *Politico*, 5. Januar 2023; Anderson, Carol: «The US supreme court is letting racist discrimination run wild in the election system», *The Guardian*, 12. Februar 2022.

47 Krasno, Jonathan et al.: «Wisconsin's state legislative districts are a big Republican gerrymander», *The Washington Post*, 24. Mai 2016; Millhiser, Ian: «America's worst gerrymander may soon finally die», *Vox*, 3. August 2023.

48 Bauer, Scott: «Wisconsin Republican leader won't back down from impeachment threat against Supreme Court justice», *AP News*, 12. Oktober 2023.

49 Levitsky / Ziblatt: *Tyranny of the Minority*, S. 181.

50 Li, Michael / Miller, Peter / Leaverton, Chris: «The Road Not Taken on Gerrymandering», Brennan Center for Justice, 3. November 2022.

51 Gespräch der Autorin mit dem Historiker Olivier Burtin von der Université de Picardie Jules Verne in Amiens am 21. August 2023.

52 Epstein, Reid J. / Mazzei, Patricia: «G. O. P. Bills Target Protesters (and Absolve Motorists Who Hit Them)», *The New York Times*, 21. April 2021, aktualisiert 23. Juni 2023; Zimmer: *Twitter*, 24. Oktober 2023.

53 Epstein, Reid J. / Mazzei, Patricia: «G. O. P. Bills Target Protesters (and Absolve Motorists Who Hit Them)», *The New York Times*, 21. April 2021, aktualisiert 23. Juni 2023.

54 Brockschmidt: «The chilling response to the Pelosi attack isn't simply a matter of partisanship, it's a sign of the Right's embrace of fascism», *Religion Dispatches*, 10. November 2022.
55 Hall, Madison: «DeSantis says he'd slash federal bureaucratic jobs on his first day as president: ‹We are going to start slitting throats›», *Business Insider*, 3. August 2023.
56 Pengelly, Martin: «Outrage after DeSantis says he'd ‹start slitting throats› if elected president», *The Guardian*, 4. August 2023.
57 Gespräch der Autorin mit Seth Cotlar am 16. September 2023.
58 Ibssa, Lalee / Cathey, Libby: «Trump will stay in 2024 presidential race even if indicted, tells CPAC crowd: ‹I am your retribution›», *ABC News*, 5. März 2023.
59 Karl, Jonathan D.: «What the 2024 Election is really about for Trump», *The Atlantic*, 2. November 2023.
60 LeVine, Marianne: «Trump calls political enemies ‹vermin›, echoing dictators Hitler, Mussolini», *The Washington Post*, 13. November 2023.
61 Ebd.
62 Ebd.
63 Arnsdorf, Isaac / Dawsey, Josh / Barrett, Devlin: «Trump and allies plot revenge, Justice Department control in a second term», *The Washington Post*, 6. November 2023.
64 Matthews, Dylan: «The F Word, The debate over whether to call Donald Trump a fascist and why it matters», *Vox*, 14. Januar 2021.
65 Gespräch der Autorin mit dem Historiker Seth Cotlar am 26. September 2023.
66 Ebd.; Steigmann-Gall, Richard: «Star-spangled fascism: American interwar political extremism in comparative perspective», in: *Social History*, Bd. 42, Nr. 1, S. 94–119.
67 Daneke, Greg: «Fascism is more American than apple pie», *Medium*, 7. Februar 2021.
68 Gespräch der Autorin mit Olivier Burtin am 21. August 2023.
69 First Baptist Dallas: «LIVE: First Dallas Worship, Sunday», *YouTube*, 25. Juni 2023.
70 Austausch der Autorin mit dem Religionswissenschaftler Bradley Onishi von der University of San Francisco am 21. November 2023.
71 Markham-Cantor, Alice / Cheng, Britina / Aceves, Paula: «A running tally of how Republicans are remaking the American classroom», *New York Magazine*, 8. Mai 2023.
72 Lecaque, Thomas / Tomlin, J. L.: «Pastors claiming the mantle of the ‹Black-Robed Regiment› get the history wrong», *The Washington Post*, 15. Oktober 2021.
73 Brockschmidt: «Das Ende des Abtreibungsrechts ist erst der Anfang», *Annabelle*, 29. Juni 2022.
74 Brockschmidt: «Herrschaft der Minderheit», *taz*, 1. Juli 2022.
75 Brockschmidt: «Interview mit der Geistlichen Remington Johnson: ‹Ich befürchte, wir werden mehr Gewalt gegen trans Menschen sehen›», *Der Tagesspiegel*, 18. Juli 2022.
76 Trotta, Daniel: «US Republican transgender laws pile up, setting 2024 battle lines», *Reuters*, 18. Mai 2023.
77 Gespräch der Autorin mit der Religionswissenschaftlerin Anthea Butler, Geraldine R. Segal Professorin für American Social Thought an der University of Pennsylvania, am 9. Oktober 2023.
78 Gespräch der Autorin mit dem Historiker Seth Cotlar am 26. September 2023.
79 Elmers, Glenn: «Conservatism Is No Longer Enough», *The American Mind*, 24. März 2021.
80 Sneed, Tierney: «California bar unveils disciplinary charges against Trump lawyer John Eastman», *Politico*, 26. Januar 2023.
81 Mizelle, Shawna / Chowdhury, Maureen / Hammond, Elise: «August

21, 2023 – Trump plans to surrender Thursday in Georgia election case», *CNN*, 21. August 2023.

82 John C. Eastman, Senior Fellow, The Claremont Institute, www.claremont.org/scholar-bio/john-c-eastman/

83 Swan, Jonathan / Haberman, Maggie: «Heritage Foundation Makes Plans to Staff Next G.O.P. Administration», *The New York Times*, 20. April 2023.

84 The Heritage Foundation: *Mandate for Leadership. The Conservative Promise*, Washington, D.C., 2023.

85 Berman, Russell: «The Open Plot to Dismantle the Federal Government», *The Atlantic*, 24. September 2023.

86 Ebd.

87 Glass, Andrew: «Budget and Impoundment Control Act becomes law, July 12, 1974», *Politico*, 12. Juli 2017; Schlesinger: *The Imperial Presidency*, S. 421 f.

88 Devega, Chauncey: «Trump plans to become a dictator – denial will not save you», *Salon*, 7. September 2023.

89 Velshi, Ali: «‹They're already putting this plan into action›: The chilling truth about Project 2025's radical agenda», MSNBC, 24. September 2023; Pengelly, Martin: «US hard-right policy group condemned for ‹dehumanising› anti-LGBTQ+ rhetoric», *The Guardian*, 15. September 2023.

90 Smith, David: «‹An end of American democracy›: Heather Cox Richardson on Trump's historic threat», *The Guardian*, 7. Oktober 2023.

91 Irwin, Lauren: «Liz Cheney warns US ‹sleepwalking into dictatorship›», *The Hill*, 1. Dezember 2023.

92 Harvey, Josephine: «Joe Scarborough Warns Trump Is ‹Going Full-On Hitler› After Weekend Rhetoric», *The Huffington Post*, 13. November 2023.

93 Ganz, John: «It's Official», *Unpopular Front*, 17. November 2023.

94 Neiwert, David: *The Age of Insurrection. The Radical Right's Assault on American Democracy*, New York 2023, S. 445.